桥梁结构火灾理论与计算方法

张　岗　贺拴海　著

人民交通出版社股份有限公司
北　京

内 容 提 要

本书系统介绍了桥梁结构的热力耦合计算原理、理论及方法。其主要内容包括：绪论、桥梁火灾事件回顾与研究进展、桥梁结构使用材料的高温性能、桥梁结构热-力耦合效应与计算方法、环境火灾模式的计算方法与建立、火灾下预应力混凝土桥梁承载能力计算方法、火灾下混凝土桥梁有效预应力衰变计算方法、高温爆裂时预应力混凝土桥梁抗火性能计算方法、火灾下钢-混凝土组合箱梁抗火性能计算方法及工程应用。本书着重于理论、原理及方法的叙述、推导、相关应用示例及其评述，与火灾化学相关的基础知识涉及较少。

本书可作为研究生学习用书、高等院校教师教学及研究参考用书，也可供桥梁及结构工程领域的高级技术人员参考使用。

图书在版编目(CIP)数据

桥梁结构火灾理论与计算方法 / 张岗，贺拴海著. — 北京：人民交通出版社股份有限公司，2020.8

ISBN 978-7-114-16537-5

Ⅰ. ①桥…　Ⅱ. ①张… ②贺…　Ⅲ. ①桥梁结构—建筑火灾—研究　Ⅳ. ①U443

中国版本图书馆 CIP 数据核字(2020)第 169486 号

Qiaoliang Jiegou Huozai Lilun yu Jisuan Fangfa

书　　名：桥梁结构火灾理论与计算方法
著 作 者：张　岗　贺拴海
责任编辑：李　喆　冀爱芳
责任校对：孙国靖　龙　雪
责任印制：刘高彤
出版发行：人民交通出版社股份有限公司
地　　址：(100011)北京市朝阳区安定门外外馆斜街 3 号
网　　址：http://www.ccpcl.com.cn
销售电话：(010)59757973
总 经 销：人民交通出版社股份有限公司发行部
经　　销：各地新华书店
印　　刷：北京武英文博科技有限公司
开　　本：787 × 1092　1/16
印　　张：19.5
字　　数：499 千
版　　次：2020 年 8 月　第 1 版
印　　次：2020 年 8 月　第 1 次印刷
书　　号：ISBN 978-7-114-16537-5
定　　价：60.00 元
(有印刷、装订质量问题的图书由本公司负责调换)

前言

21 世纪以来，我国交通基础建设规模宏大，桥梁事业迅猛发展，建设成就举世瞩目。桥梁建设数量超过 80 万座，桥梁工程学科整体水平已进入国际先进行列。随着桥梁结构全寿命建设及维护的需要，桥梁结构的研究工作越来越具有学科交叉性、多样性等特点，其中，桥梁结构遭遇的极端荷载备受关注，其研究成为保障桥梁结构全寿命发展的新趋势。研究难点不断被突破，新的问题又不断涌现，解决问题的理论、方法和技术不断向学科交叉和纵深发展。

桥是一种用来跨越障碍的大型构造物，是历史发展的产物。桥无处不在，它在为人类带来文明、做出贡献的同时也遭受着各种各样的灾害威胁。现实生活中，台风、地震、碰撞、爆炸和火灾尤为常见，均威胁着桥梁结构的安全与长久。其中，火灾的发生频率相对较高，是桥梁工程结构所遭遇的严重灾害之一。究其原因，随着经济和交通建设的快速发展，穿越桥梁的重型硬脂酸车、苯酚运输槽（列）车、运油（气）罐车、航道油（气）轮等易燃易爆物质运输工具日益增多，该类物质在运输过程中遭遇碰撞而突发爆炸所导致的桥梁火灾事件频频发生。其引发的化学类火灾热密度大、峰值高，严重威胁桥梁结构，甚至致其垮塌。因此，桥梁火灾作用对桥梁造成的破坏损失是不可估量的。

出版本书的目的是使读者系统掌握桥梁结构热力耦合计算方法，能够对桥梁结构的抗火性能进行计算、分析及预测,并指导相应的极端荷载后的评估工作。

本书共分10章,内容起点基于学习了“热力学原理”“桥梁工程”“结构力学”和“有限元理论”及“数值计算方法”等知识。第1章为绪论,第2章介绍了桥梁火灾事件回顾与研究进展,第3章介绍了桥梁结构使用材料的高温性能,第4章介绍了桥梁结构热-力耦合效应与计算方法,第5章介绍了环境火灾模式的计算方法与建立,第6章介绍了火灾下预应力混凝土桥梁承载能力计算方法,第7章介绍了火灾下混凝土桥梁有效预应力衰变计算方法,第8章介绍了高温爆裂时预应力混凝土桥梁抗火性能计算方法,第9章介绍了火灾下钢-混凝土组合箱梁抗火性能计算方法,第10章介绍了相关工程应用。

本书一大特色就是对桥梁结构的热力耦合效应分析进行了系统的阐述,指明了桥梁结构的火灾行为计算方法与安全评价,并配有相关实例分析。本书可作为研究生学习用书,高等院校教师教学及研究参考用书,也可供从事桥梁及结构工程专业的高级技术人员参考使用。

本书大纲的拟定由张岗和贺拴海教授负责,其中第3章由宋超杰执笔,第6章由程海鲲执笔,第7章由刘天龙执笔,第8章由侯章伟执笔,第9章由宗如欢执笔,其余章节由张岗执笔。本书的编写和编排及文字校稿工作中得到了博士研究生汤陈皓、李徐阳、马振兴和硕士研究生谢金成、王高峰、秦智源、帅超、万豪、冯玉良、黄来喜及王宝莹的大力支持和帮助。本书得到了国家自然科学基金(项目批准号:51308056;51878057)、国家交通运输建设科技项目(项目批准号:2011318812970)和国家留学基金项目(项目批准号:201406565013)的资助。

本书的前期资料收集工作得到了东南大学黄侨教授、长安大学宋一凡教授、石家庄铁道大学王新敏教授在理论和方法上的指导,得到了长安大学李世安博士、王翠娟博士、侯炜博士及东南大学姚伟发博士的大力支持。在撰写过程中得到了长安大学赵小星高级工程师、赵煜教授、李加武教授、周勇军教授、周敉副教授、任伟副教授、闫磊副教授、王凌波副教授、李源博士、郑小博博士、张永飞博士,浙江工业大学施颖教授级高级工程师的帮助。

特别感谢密歇根州立大学杰出教授Kodur院士在桥梁结构火灾理论与计算方法及试验与测试等方面提供的指导与提升及支持。

同时感谢中交二公局第五工程有限公司李昊天正高级工程师,中交第一公路勘察设计研究院有限公司周新平高级工程师、侯旭正高级工程师，江西省长大桥隧研究设计院有限公司俞博正高级工程师，中铁第一勘察设计院集团有限公司赵永超高级工程师，广东交科检测有限公司许肇峰高级工程师和安徽省高速公路试验检测中心程华才正高级工程师。

本书的每一章后列出了众多参考文献，在此对文献作者一并表示衷心感谢和敬意。

希望本书能为读者的学习和工作提供帮助。限于作者的水平，书中难免有不妥之处，欢迎读者批评指正（E-mail：zhangg_2004@126.com）。

作　者

2019 年 5 月于西安

目录

第1章

绪论

1.1 桥梁的发展

桥梁作为道路的主要枢纽，是交通建设和交通发展中的关键节点。桥梁工程是社会发展和国家经济建设的重要基础设施，体现着一个国家和地区的经济实力、科学技术水平、生产力发展和文化水平等综合国力。截至目前，中国公路桥梁建设的数量已超过80万座，高铁桥梁建设的里程数累计已超过1万千米。在全世界已建成的主跨跨径排名前十的桥梁结构形式中，中国的斜拉桥有7座(见表1.1)、悬索桥有6座(见表1.2)、拱桥有5座(见表1.3)、梁式桥有5座。中国在桥梁建设水平、建设规模等方面跻身于世界一流行列，中国桥梁建设已成为中国建造的靓丽名片[1]。

世界主跨跨径排名前十的斜拉桥　　表1.1

序　　列	名　　称	国　　家	跨径(m)
1	俄罗斯岛大桥	俄罗斯	1104
2	沪通长江大桥	中国	1092
3	苏通大桥	中国	1088
4	香港昂船洲大桥	中国	1018
5	鄂东长江大桥	中国	926

续上表

序　列	名　称	国　家	跨径(m)
6	多多罗大桥	日本	890
7	诺曼底大桥	法国	856
8	九江长江公路大桥	中国	818
9	荆岳长江大桥	中国	816
10	芜湖长江公路二桥	中国	806

世界主跨跨径排名前十的悬索桥　　表 1.2

序　列	名　称	国　家	跨径(m)
1	明石海峡大桥	日本	1991
2	武汉杨泗港长江大桥	中国	1700
3	舟山西堠门大桥	中国	1650
4	大贝尔特桥	丹麦	1624
5	润扬长江公路大桥	中国	1490
6	亨伯尔桥	英国	1410
7	江阴长江公路大桥	中国	1385
8	香港青马大桥	中国	1377
9	维拉扎诺桥	美国	1298
10	武汉阳逻长江大桥	中国	1280

世界主跨跨径排名前十的拱桥　　表 1.3

序　列	名　称	国　家	跨径(m)
1	重庆朝天门长江大桥	中国	552
2	上海卢浦大桥	中国	550
3	美国新河峡谷大桥	美国	518
4	美国贝永大桥	美国	503.6
5	澳大利亚悉尼港大桥	澳大利亚	503
6	重庆巫山长江大桥	中国	492
7	重庆万州长江大桥	中国	420
8	重庆菜园坝长江大桥	中国	420
9	克罗地亚克尔克桥	克罗地亚	390
10	美国弗里芝特桥	美国	383

1.2　作用于桥梁的极端荷载

在国家中长期发展规划中，交通基础建设摆在了重要位置，随着交通量的增大、经济需求量的提升、城市空间格局的加密，交通基础设施风险日益增多，面临爆炸、地震、台风、水毁、碰撞和火灾等极端荷载的威胁(见图1.1)。如何确保大桥的全寿命服务周期,防灾减灾至关重要。火灾作为重要风险之一,威胁桥梁结构的安全,可能导致桥梁局部构件破坏甚至桥梁结构整体坍塌,是桥梁结构在施工及运营中面临的巨大挑战。桥梁结构火灾行为与安全是桥梁防灾减灾的重要研究方向之一,若能对桥梁结构火灾进行全面、及时的预警及控制,桥梁结构的安全和人民的生命财产安全就能够得到保障。桥梁抗火与防灾技术是从根本上解决桥梁灾害的重要途径[1-9]。

a)地震[10]

b)碰撞[11]

c)台风[12]

d)爆炸[13]

e)火灾[14]

图1.1　桥梁遭遇的极端荷载

1.3 桥梁火灾、建筑火灾和隧道火灾

桥梁火灾、建筑火灾和隧道火灾在燃烧空间、温升速度和温度峰值方面是有区别的。表1.4对桥梁火灾、建筑火灾和隧道火灾在火灾原因、火灾类型、火灾发展过程、火灾曲线、防火设计和防火目标方面进行了对比分析，并给出了它们之间的区别。

桥梁火灾、建筑火灾和隧道火灾的区别 表1.4

类别	桥梁火灾	建筑火灾	隧道火灾
火灾原因	碰撞和翻倾（如油罐车等易燃易爆车辆火灾事故）。 施工过程中建材着火（如木模板、竹胶板着火）。 存放在桥下的堆放物或相关设施着火。 （更多相关信息，见 Garlock 等人的相关文献[5]和 Peris-Sayol 等人的相关文献[15]）	存放在建筑物内的材料着火	碰撞和翻倾（如油罐车等易燃易爆物质运输车辆火灾事故）
火灾类型和火灾发展过程	碳氢火灾（最极端、最不利情况），燃烧速度快，火灾强度高，温度高，持续时间长，消防救援困难（详细信息参见 Payá-Zaforteza 和 Garlock 等人的相关文献[16]）。 火灾大小由可燃物的总量控制。 火焰对桥梁表面传导的热能主要取决于火焰体积、可燃物的位置和桥梁的几何尺寸（见 Peris-Sayol 等人的相关文献[17]）	典型的建筑火灾的火源是易燃的纤维物质等。与碳氢化合物火灾相比，这种火灾强度较低，火灾温度较低，烟雾毒气含量高。 火灾可以通过燃料量和氧气含量来控制。 闪电也可以引发火灾。 （更多有关信息，见 Buchanan 和 Abu 相关文献[18]）	碳氢火灾（最极端不利情况）。 隧道火灾的情况可由可燃物（车辆燃烧中未完全反应的可燃气体）或者通风情况控制（含有大量有毒燃烧产物或有毒化学物质和不完全燃烧产物）。 火焰对周围环境传导的热能主要决于火焰体积、隧道衬砌、隧道横截面面积和隧道通风等。（更多有关信息请见 Ingason 等人的相关文献[19]）
火灾曲线	没有明确的火灾曲线	ISO-834 和 ASTM E119 给出了标准火灾曲线。 相关火灾曲线参数可见 EC-1 中的1-2部分[20]	具有认可的火灾曲线，如修正碳氢化合物曲线、RWS 曲线、RABT-ZTV 升温曲线等，见 ITA 相关文献[21]
防火设计	设计规范中没有指定桥梁的抗火性能，且桥梁设计中没有考虑任何火灾温度的不利影响，因此通常没有任何类型的防火设施。 桥梁的跨度和设计荷载通常比建筑结构物高得多，边界条件也不相同。因此，桥梁结构的构件更纤细，且易发生建筑结构中较为少见的破坏模式，如整体垮塌、腹板屈曲、支座烧毁（见 Payá-Zaforteza 和 Garlock 的相关文献[16]，Glassman 和 Garlock 等人的相关文献[22]）	设计规范规定了建筑物的防火要求，因此，建筑物的设计考虑了火灾的危险性，被动防火或主动防火能力	一些规范给出了道路隧道防火设计准则（ITA[21]和 NFPA[23]）。 由于隧道火灾较为常见，相关工程具备被动防火或主动防火能力

续上表

类别	桥梁火灾	建筑火灾	隧道火灾
防火目标	主要目标是防止桥梁结构部分损毁甚至倒塌,从而导致桥梁拆除,交通不畅,产生巨大的国民经济损失。 确保大桥能够继续运营,避免产生交通问题	主要目标是避免建筑物使用寿命降低,防止倒塌,保护生命安全	主要目标是避免隧道使用寿命降低

1.4 本章小结

本章总结了桥梁结构极端荷载的类型,给出了桥梁结构极端荷载的概念,并定义了桥梁结构火灾,给出了桥梁火灾、建筑火灾和隧道火灾的火灾原因、火灾类型、火灾发展过程、火灾曲线、防火设计和防火目标。

本章参考文献

[1] 贺拴海.桥梁结构理论与计算方法[M].2版.北京:人民交通出版社股份有限公司,2017.

[2] 张岗,贺拴海,侯炜,等.预应力混凝土桥梁抗火研究综述[J].长安大学学报(自然科学版),2018,38(6):1-9.

[3] 贺拴海,张岗,黄侨.火灾下桥梁结构灾变机理及安全性评价与加固技术研究[R].西安:长安大学,2014.

[4] Garlock M. Bridge fire incidents in New York State[R]. USA: New York State Department of Transportation (Private correspondence with Prof. M), 2008.

[5] Garlock M, Paya-Zaforteza I, Kodur V K R, et al. Fire hazard in bridges: Review, assessment and repair strategies[J]. Engineering Structures, 2012, 35(1): 89-98.

[6] 工一.美国州际公路乔治亚州一大桥起火坍塌[EB/OL]. http://world. huanqiu. com/photo/2017-03/2866100. html. 2017-03-31.

[7] 亚城热点.大火烧断I85 [EB/OL]. http://www. sohu. coma131391599_206381. 2017-03-31.

[8] Gong X. Behavior of bridges during fire[D]. USA, New York: The City College of New York, 2015.

[9] 侯炜.预应力混凝土箱梁结构抗火性能研究[D].西安:长安大学,2014.

[10] 太平洋电脑网. 5·12地震遗址[EB/OL]. https://dp. pconline. com. cn/sphoto/list_1830669. html. 2010-03-23.

[11] 大洋网. 搜救工作最新进展(组图) [EB/OL]. http://news. sohu. com/20070616/n250605545. shtml. 2007-06-06.

[12] 建筑网. 塔科马海峡吊桥[EB/OL]. https://www. cbi360. net/hyjd/20170508/70987. html. 2017-05-08.

[13] 人民网-人民日报. 连霍高速河南段发生车辆爆炸桥梁垮塌事故(组图)[EB/OL]. http://news. 163. com/13/0202/06/8MMI2MTT00014AED. html. 2013-02-02.

[14] 云南网. 广昆高速油罐车自燃致桥梁受损或需抢修 30 天(图)[EB/OL]. http://www. china. com. cn/news/2017 -06/23/content_41083485. htm. 2017-06-23.

[15] G Peris-Sayol, I Paya-Zaforteza, S Balasch-Parisi, et al. Detailed analysis of the causes of bridge fires and their associated damage levels[J]. J. Perform. Constr. Facil, 2017, 31 (3).

[16] I Payá - Zaforteza, M Garlock. A numerical investigation on the fire response of a steel girder bridge[J]. J. Constr. Steel Res, 2012, 75: 93-103.

[17] G Peris-Sayol, I Paya-Zaforteza, S Balasch-Parisi, et al. Analysis of the Factors that Influence the Maximum Adiabatic Temperatures in I-girder Bridges[J]. 9th International Conference on Structures in Fire (SiF), Princeton, 2016: 743-750.

[18] A H Buchanan, A K Abu. Structural Design for Fire Safety[J]. JohnWiley & Sons, 2017.

[19] H Ingason, Y Z Li, A Lönnermark. Tunnel fire dynamics[M]. Spinger, (2015) http://dx. doi. org/10. 1007/978-1-4939-2199-7.

[20] CEN (European Committee for Standardization). Actions on Structures, Part 1-2: General Actions-Actions on Structures Exposed to Fire(Brussels (Belgium)[Z]. 2002.

[21] ITA (International Tunneling and Underground Space Association). Structural Fire Protection for Road Tunnels[Z]. ITA Report 18, 2017.

[22] J D Glassman, M E Moreyra Garlock. Compression model for ultimate postbuckling shear strength at elevated temperatures[J]. J. Struct. Eng, 2017, 143 (6).

[23] NFPA (National Fire Protection Association). NFPA 502: Standard for Road Tunnels, Bridges, and Other Limited Highways(Quincy, MA, USA)[Z]. 2017.

第2章

桥梁火灾事件回顾与研究进展

全世界范围内每年都有多起严重的桥梁火灾事故发生[1-2]。调查表明,美国平均每年有37600起交通火灾事故,导致570人伤亡和1.28亿美元的财产损失[3]。纽约运输署曾在2008年开展了18个州的桥梁火灾事故调查[4],结果表明共有52座桥梁因火灾垮塌,约是地震垮塌的2.7倍。

2.1 国外桥梁火灾

2002年1月5日,一辆装有37000L燃料的油罐车在经过I-65桥时,意外翻车而发生火灾,导致该桥垮塌,该公路关闭约2个月,经济损失巨大,如图2.1所示[5]。

2007年4月29日,一辆满载32551L汽油的油罐车在美国州际公路I-80/880桥上行驶至I-80/580立交桥(每跨横桥向由6片钢板梁组成)下时发生翻车事故,导致油料外泄并引发严重火灾。消防人员14min内赶到火灾现场进行灭火,但是事故现场的温度已经达到1100℃,钢结构桥梁已经无法承受如此高的温度,火灾发生22min后,I-80/580立交桥中两孔桥梁发生了垮塌,相邻桥跨及桥梁下部结构的重要构件受到了严重的损坏,联邦政府花费900多万美元修复,其中拆除费用430万美元[6-7]。交通中断期间,每天的经济损失约有600万美元[7](见图2.2)。

图 2.1　I-65 桥梁垮塌

图 2.2　I-80/580 立交桥梁垮塌

2009 年 7 月 15 日,一辆装载 49205L 爆燃液体的油罐车与一辆卡车在 Hazel Park 附近的 I-75高速公路 9 英里处立交桥(该立交桥的跨径 24m,横桥向由 10 片钢板梁组成)下方发生事故,造成油罐车爆燃,温度很快超过 1100℃,超过了钢结构桥梁的极限承受能力,火灾发生 20min 后该桥发生垮塌,消防人员灭火时间长达 105min,如图 2.3 所示。双向交通均需要大量时间修复和重建,封闭交通造成了严重经济损失[3-13]。

2013 年 5 月,美国得克萨斯州两油罐列车相撞,致使科罗拉多河的高架桥起火,发生连续倒塌。

2017 年 3 月 30 日晚,美国乔治亚州州际公路 I-85 北行线,乔治亚州 400 号公路以南的一座大桥(该桥梁为预应力混凝土 T 梁)发生火灾,40min 后,桥梁垮塌(见图 2.4)[11-12]。

图 2.3　Hazel Park 立交桥垮塌

图 2.4　I-85 州际公路桥梁垮塌

美国其他大桥也发生过重大油罐车火灾,如加利福尼亚州的 I-20、I-59、I-65 立交桥、康涅狄格州的 I-95 段高架桥、康涅狄格州的诺沃克河大桥、阿肯色州的比尔·威廉姆斯河大桥等[13]。

此外,2004 年 8 月 26 日,一辆汽车和一辆载着 32000L(约 32t)燃料的油罐车在德国 WIEHLTAL 大桥相撞起火,导致该桥坍塌[13]。

表 2.1 对国外桥梁部分火灾进行了汇总。

表 2.1 国外桥梁火灾汇总

桥梁/地点	日期	火灾原因	桥梁材料	受损描述
Cove Creek 桥/美国阿拉斯加州 克劳福德小镇	1999	缺失		毁坏
I-80W/I-580E 坡道/美国加利福尼亚州 埃默里维尔	1995.2.5	油罐车碰撞	组合桥面板（钢主梁 + 混凝土桥面板）	桥面板、护栏和一些辅助设施受损
I-20/I-59/I-65 道路立交/美国亚拉巴马州 伯明翰	2002.1.5	满载燃料油罐车碰撞	钢主梁	主跨下挠大约 3m
Jeffries Ford 棚桥/美国印第安纳州 帕克小镇	2002.4.2	纵火	过火转覆盖的桁架拱桥	毁坏
I-95 霍华德大道立交/美国康涅狄格州 布里奇波特	2003.3.26	一辆小车撞击一辆载货汽车，泄漏 $30.3m^3$ 的燃油	组合桥面板（钢主梁 + 钢筋混凝土桥面板）	南向车道倒塌，北向车道部分倒塌
Delta 棚桥/美国艾奥瓦州 基奥卡克	2003.9.3	纵火	木质拱桥	毁坏
Wiehltal 大桥/德国 A4 高速公路	2004.8.26	一辆油罐车在桥梁第一跨的地方掉落，并在桥下燃烧	正交异性钢桥面板，混凝土墩柱和桥塔	其中一个主梁腹板发生屈曲，钢桥面板悬臂端发生局部塑性变形
Old Bridgeton 棚桥/美国 印第安纳州 帕克小镇	2005.4.29	纵火	双拱木质拱桥	毁坏
Norwalk 河上的一座桥/美国华盛顿州 里奇菲尔德	2005.7.12	载着 $30.3m^3$ 燃料的油罐车侧翻，着火，并在桥上燃烧殆尽	混凝土桥面板（预制预应力箱梁 + 现浇钢筋混凝土桥面板）	更换新桥面板，横梁由美国联邦公路局（FHWA）做测试
Queensboro 桥/美国纽约州	2005.10.18	覆盖在脚手架上的防水布着火	悬臂桁架结构	缺失
Belle Isle 桥/美国俄克拉何马州 俄克拉何马城	2006.1.28	一辆载货汽车撞到桥上	混凝土桥面板（预制预应力主梁 + 现浇钢筋混凝土桥面板）	混凝土主梁在火灾中轻微受损，经过安全评估后重新开放交通

续上表

桥梁/地点	日　期	火灾原因	桥梁材料	受损描述
Norfolk Southern 铁路桥/美国宾夕法尼亚州 新布赖顿	2006.10.20	20 节装有乙醇的列车脱轨起火，足足烧了 48h	10 跨钢-混凝土组合结构梁桥	东侧桥梁的钢主梁持续维修，混凝土桥面板大面积损坏
I-80/880 道路立交/美国加利福尼亚州 奥克兰	2007.4.29	油罐车碰撞	组合桥面板（钢主梁＋钢筋混凝土桥面板），钢筋混凝土柱	一节 160m 的立交桥倒塌
Stop Thirty 高速/美国 田纳西州	2007.6.14	油罐车和自卸汽车相撞起火	缺失	缺失
Stop Thirty 大道/美国田纳西州 那什维尔 386 州道	2007.6.20	燃料油罐车追尾满载自卸汽车，油罐车在桥下起火爆炸	空心混凝土箱梁桥	桥梁的损坏程度较低，在稍加维修后就开放交通
Bill Williams 桥/美国亚利桑那州	2007.6.20	一辆油罐车侧翻	混凝土桥面板（预制预应力 I 形梁＋钢筋混凝土桥面板）	混凝土主梁在火灾中受损，随即进行维修，但不需要更换任何主梁
Big Four 桥/美国肯塔基州 路易斯维尔	2008.5.7	照明系统的电力问题引发了两个半小时的火灾	钢桁架桥	对结构受损部位进行了辅修
160 号大街大桥/美国艾奥瓦州	2008.6.18	缺失	木桥	毁坏
Gudgeonville 棚桥/美国宾西法尼亚州 伊利	2008.11.8	纵火	多主柱的木质桁架桥	毁坏
I-75 公路附近天桥/美国密歇根州 榛园公寓	2009.7.15	油罐车在 I-75 公路上相撞	组合桥面板（钢主梁＋钢筋混凝土桥面板）	桥梁完全坍塌，掉落在高速公路上
蒙特贝罗高速公路上第 60 天桥/美国加利福尼亚州 蒙特贝罗	2011.12.14	运载着 33800L 燃油的半挂车着火	钢筋混凝土桥面板	导致天桥受损，最后被拆毁
Charilaos Trikoupis 大桥/希腊	2005.1.28	电路短路而引起了斜拉索着火	斜拉桥	桥塔上的一条斜拉索损坏，需要维修相邻的斜拉索，调整桥面板
美国乔治亚州　85 号公路	2017.3.30	桥下储存物着火	预应力混凝土 T 梁桥	坍塌，重新修建

2.2 国内桥梁火灾

我国地域辽阔,地形条件多样,交通状况相对比较复杂。据不完全统计,我国每年发生火灾的桥梁有几十座,以油罐车火灾最为严重。尤其是近年来,我国每年均有多座桥梁发生不同程度的油罐车火灾,大部分需拆除重建,不仅影响了交通质量、造成经济浪费,而且严重威胁生命安全。为深刻认识油罐车火灾对桥梁的危害,管理部门和学者们投入了大量的精力研究桥梁火灾。发生火灾的桥梁形式多样,包括索桥和梁桥;发生桥梁火灾的道路复杂,从过江河大桥、高速公路立交桥、城市快速干道高架桥到普通的小型桥涵,均发生过不同程度的火灾;发生火灾的桥梁材质类型划分,有混凝土桥、钢桥、木桥、组合材料桥。

其中预应力混凝土桥梁遭遇的重大油罐车火灾如下[2-14,21]:

2007 年,广州虎门大桥发生多辆油罐车碰撞事故,燃料泄漏至桥面,造成大面积火灾,桥梁栏杆被烧成波浪形[15]。

2010 年,油罐车在途经位于沈海高速公路主线泉州过坑高架桥时翻车起火,大火造成过坑高架桥多跨梁体严重损伤,并导致沈海高速公路泉州段交通中断[16]。

2011 年,浙江金丽温高速公路青田往温州方向一辆运输轮胎添加剂的重型半挂货车发生火灾,致使剑石隧道出口处的高架桥梁(8 片预应力混凝土箱梁)因烧损严重无法评估剩余承载能力而拆除;同年,在 210 国道榆林城区过境线草沟大桥,一辆油罐车发生爆燃,事故导致草沟大桥梁体变形严重、腹板开裂,终被拆除[2,14,17-18]。

2012 年,广东沿江高速公路大沙东高架桥多跨预应力混凝土连续梁遭遇严重的油罐车火灾,损失惨重[19]。

2014 年,汝郴高速公路赤石特大桥 19A 标 6 号桥墩左幅塔顶上焊割作业时失火,导致大桥 9 根斜拉索断裂,断索侧桥面下沉,大桥受损,直接经济损失 1058.57 余万元[19]。

2017 年,G80 广昆高速公路平锁段发生油罐车火灾(燃烧物为柴油),桥梁(预应力混凝土 T 梁)损坏严重,部分需要更换[21]。

侯炜对国内 2009 ~ 2017 年桥梁火灾实例进行了不完全统计(见表 2.2)[14]。

中国 2009~2017 年部分桥梁火灾统计

表 2.2

桥梁/地点	日期	火灾起因	火灾后果
里仁村路段高架桥/福州通往长乐国际机场的高速公路	2009.2.2	堆放在桥墩下废弃的橡胶电缆线引起火灾	大火长时间在桥墩周围燃烧，部分地方已出现水泥脱皮
K184+100m 处沈海高速过坑高架桥/324 国道洛江万福路口	2010.6.27	桥下油罐车翻车引燃	熊熊大火吞噬了高架桥体，汽油不断从罐口处流出，地面上有大面积的流淌火
坝陵河大桥/沪昆高速公路从关岭县向贵阳市方向 1985km 处	2011.3.4	一辆行驶的运煤车突发大火	严重影响交通及大桥安全
高立庄村铁路桥/北京市丰台区	2011.5.15	桥下一废品收购站引发大火	大火导致铁路桥桥体被熏黑，桥墩表面也出现了崩裂现象
南关路南关桥/陕西省宝鸡市	2011.9.29	桥墩间的临建和木料堆积物引发火灾	火烧超过 2h，梁底混凝土爆裂，局部露出钢筋
高架廊桥/沈阳桃仙机场 T2 航站楼外	2012.2.21	在加宽施工中因夹层木材等点燃起火	幸被及时扑灭，未造成更大损失
高家花园大桥/重庆内环快速路	2012.8.27	货车油箱起火	大桥路面受到高温烘烤，沥青遭烤化
东二环互助路立交/陕西省西安市	2012.10.18	立交桥堆放的果皮箱和木头花架引起火灾	火烧超过 1h，桥底部被完全熏黑，桥上护栏 7 块玻璃被完全损毁
金州匝道桥/沈海高速公路	2013.3.29	货车将其装载的机油等甩落桥下引起火灾	火烧超过半小时，桥面铁质栏杆弯曲
黄大仙龙翔道人行天桥/香港	2013.8.26	10 辆电动车引起火灾	人行天桥底部被完全熏黑
大淇线与京港澳高速公路 561km 交会处的涵洞/河南省鹤壁市淇县	2013.12.30	炮竹车挂箱与涵洞剧烈摩擦，导致爆竹爆炸起火	涵洞被完全熏黑
肖家河桥/北京市海淀区	2014.1.18	桥下的彩钢板房和电动车、配电机柜引起火灾	火烧超过 3h，大火正上方的桥体底面水泥被烧得脱落了一大片，邻近桥体底面和桥上护栏被熏黑
11km 处的桥梁/郑少高速公路郑州至新密段	2014.1.29	汽油罐车着火	过火面积约 $60m^2$
汝郴高速公路赤石特大桥 19A 标 6 号桥墩左幅塔	2014.10.29	焊渣起火	导致大桥 9 根斜拉索断裂，断索侧桥面下沉
平锁段桥梁 G80/广昆高速公路	2017.6.21	油罐车着火	部分梁体需要更换

2.3 油罐车火灾的特点

置于自然环境中的桥梁发生火灾的形式复杂，火源多样，有桥下堆积物发生火灾（桥梁木材、垃圾等），桥下作业空间发生火灾（如桥下停车厂、桥下建筑等），威胁最为严重的就是油源类火灾（油罐车、油轮及其他油源）。

随着经济的快速增长，能源的需求量急剧增大，运输硬脂酸、燃气、燃油（主要成分为烃类）等易燃物的挂车（统称油罐车）络绎不绝，由油罐车燃烧而导致的交通类火灾频频发生（见图2.5）。桥梁作为交通要道，屡遭火灾。由于桥梁所处环境的开放性和监控的盲目性以及消防的滞后性等因素，一旦起火往往一发而不可收。此外，油罐车火灾热量集中，燃烧剧烈，温度峰值过高，对桥梁结构的破坏相比其他火灾更为严重，不可估量[1-24]。

图2.5 油罐车火灾

2.4 桥梁结构火灾行为研究发展的历史过程

2.4.1 桥梁材料的高温特性

结构钢、普通钢筋、混凝土和预应力钢束是组成桥梁的主要材料。材料的高温特性是研究火灾作用下桥梁结构力学行为的关键。材料的高温热力学特性是热工特性和力学特性的总称[25-40]。热工特性主要包括比热容、导热系数、重度、含水率，力学特性主要包括强度、刚度、本构关系、热膨胀系数。另外，预应力钢束存有高温蠕变行为。欧洲规范认为混凝土的导热系数处于一个范围，不同成分混凝土的导热系数差异性较大。导热系数直接影响混凝土的热传导速度，比热容、重度和含水率影响温度分布梯度的宽度和分布形态，所以温度场的分析是进行力学行为分析的基础。温度场差异性越大，力学行为分布差异性就越大。

对火灾下桥梁结构的力学行为进行分析，材料在高温下的强度、刚度、本构关系、热膨胀系数缺一不可：强度决定不同温度状态的应力分布极限；刚度影响不同温度下的结构变形；本构关系影响桥梁结构的挠度随延火时间的变化轨迹；预应力钢束的高温蠕变影响预应力混凝土桥梁挠度轨迹的变化程度；热膨胀系数是结构热力耦合效应发生的力学本质。混凝土的强度和刚度随温度的升高较结构钢、预应力钢束衰减缓慢。欧洲规范认为混凝土本构下降段模型为直线或曲线均可[32-35]，过镇海给出的混凝土在不同温度下的下降段模型为曲线[31]。预应力钢束在700℃时其强度和刚度损失殆尽。ASTM E119 认为预应力钢束超过400℃时，其相应的预加应力结构失效[36]。欧洲规范建议预应力钢束的本构模型与普通钢筋和结构钢的本构模型相同，区别仅在于强度峰值[34]。实际上，预应力钢束与普通钢筋和结构钢的制造工艺差距非常大，其本构模型应该在水平段有很大差异。

2.4.2 预应力混凝土的高温爆裂

国内外学者从混凝土内部存有压应力差的角度分析了混凝土爆裂规律[41]。对火灾下预应力板混凝土的爆裂规律进行了试验研究，提出了高温混凝土爆裂的临界温度[42-43]，用ANSYS成功模拟了火灾下预应力空心板的混凝土爆裂特征[45]，研究了碳氢（HC）火灾下不同板的爆裂机理，通过实例从微观结构分析了火损混凝土的结构特征[47]。

低强度的混凝土在火灾高温下不易爆裂，只有高强度的混凝土在火灾高温下容易产生爆裂。爆裂和混凝土的含水率密切相关，混凝土含水率大易于爆裂，养护龄期内的混凝土极易发生深度爆裂。混凝土的爆裂和混凝土的存在应力状态密切相关，高应力状态下的混凝土易于爆裂。混凝土爆裂与截面材料的组成结构密切相关，混凝土保护层厚度越小，爆裂的概率相对越大。爆裂与混凝土的孔隙率密切相关，孔隙率越大，混凝土的爆裂概率越大。混凝土的爆裂与外部火灾的剧烈性密切相关，燃烧越剧烈，混凝土的爆裂程度越大。混凝土的爆裂与其所在截面的位置密切相关，预应力管道附近，混凝土梁的底板易于爆裂。

对于高强度混凝土桥梁，升温迅速的油罐车火灾极易导致混凝土发生爆裂，严重的混凝土爆裂使得受力钢筋直接暴露在火灾环境中，钢筋的失效会导致桥梁的突然垮塌。混凝土的高温爆裂导致内层混凝土的温度升高，加剧混凝土的劣化。混凝土的爆裂导致预应力钢束与普通钢筋的有效保护层厚度减少，温度迅速升高，预应力钢束与普通钢筋的力学性能将会出现显著的退化。

对于钢-混凝土组合结构桥梁，混凝土处于受压区，受到沥青铺装层的保护，所以混凝土的爆裂概率会降低。

2.4.3 桥梁预应力存在状态

桥梁建设中，预应力混凝土桥梁的数量占有绝对优势。预应力是混凝土桥梁增大跨径和增加承载性能的关键，其提供给混凝土桥梁的抗力占80%以上。火灾下混凝土桥梁的预应力损失可直接导致结构刚度和抗力的骤然下降，而预应力钢束对高温异常敏感，高温可导致钢束在高强应力作用下的松弛，有效预应力大幅衰减。虽然预应力钢束与预应力管道的黏结性能可使这种损失大大降低，然而预应力管道灌浆的饱满性严重影响高温下预应力的损失程度。另外，预应力钢束与普通钢筋相比，在高温状态下延性较差，发生脆断的概率较大，可导致预应力混凝土桥梁的意外垮塌。混凝土的烧损程度也直接影响混凝土桥梁的预应力损失。

与钢结构桥梁相比，混凝土桥梁有效预应力在桥梁工程领域是一个非常复杂的问题，仍需要深入的系统研究。有效预应力是影响预应力混凝土桥梁耐火性能的关键因素之一，而高温下预应力钢束的力学性能与有效预应力直接相关。国内外对预应力钢束的高温力学性能进行了大量的试验研究和理论分析，主要集中在钢丝或钢绞线的泊松比、弹性模量、强度和应力-应变关系、高温蠕变模型及相关计算方法[25-30,48-49]方面。

笔者考虑高温下混凝土、钢筋和预应力钢束的力学特性损失，结合大量的实桥有效预应力测试数据，通过数值模拟揭示了混凝土桥梁有效预应力衰变的基本规律及影响因素，提出了火灾全过程中有效预应力的预测方法[50-51]。

2.4.4 火灾全过程桥梁结构的试验测试方法

国内外学者对火灾下预应力混凝土结构进行了试验与分析，得到了结构的整体性能[52,54]。然而，火灾下预应力混凝土模型梁的试验难点在于预应力的测试技术和方法。常温下有效预应力的测试是基于横张增量等方法实现的，此方法也可用于火灾后混凝土桥梁的有效预应力测试[55]，而无法用于高温中预应力混凝土桥梁的有效预应力测试。现阶段，能够获取火灾下混凝土桥梁有效预应力的变化规律的方法是数值模拟，以锚下试验验证的方法建立正确的数值模型，旨在分析火灾全过程中混凝土桥梁的有效预应力衰变规律。另外，由于截面尺寸的影响，预应力混凝土梁式结构比板式结构的火灾试验时间长。

在国家交通运输部交通建设项目（项目批准号：2011318812970）的支持下，长安大学和东南大学桥梁抗火研究团队合作完成了大量的桥梁结构火灾试验与实桥测试，包括环境燃油火灾模式下桥梁用混凝土立方体和棱柱体抗压试验及预应力混凝土桥梁结构中的受压构件高温爆裂试验，预应力混凝土箱梁火灾试验和钢结构桥梁火灾试验[2]。其中，张岗等进行了环境燃油火灾下具有不同预应力度的预应力混凝土桥梁结构中的轴心受压构件高温爆裂试验，火灾后 35m 预应力混凝土箱梁（实桥）承载性能试验[2]；李世安对火灾后的三跨连续预应力混凝土梁桥进行了有效预应力测试、仿真分析与评估[55]；侯炜等完成了长时间炉内火灾下（180min）和火灾后（240min）预应力混凝土模型箱梁的锚下应力试验与测试，获得了锚下应力和模型梁的火损程度随火灾时间变化的规律，并对火灾下和火灾后预应力混凝土模型梁的跨中挠度进行了测试，获得了跨中挠度随火灾时间和模型梁的火损程度变化的规律[14]；黄侨和姚伟发等完成了炉内火灾下不同体系的钢结构桥梁火灾试验与测试分析。

另外，东南大学刘其伟等对火灾下（约 150min）预应力混凝土空心板梁的爆裂进行了火灾试验，获得了预应力混凝土空心板在高温下的爆裂规律[45]。

许肇峰等从服役多年的空心板桥上截取长 2.6m 的梁段进行明火高温试验和数值仿真分析，获得了火灾下混凝土空心板的损伤规律[46]。

然而，试验条件的控制程度直接影响数据的可用性，如测试人员对桥梁火灾的认知特征、炉温的均匀性、加载设备的恒定性、混凝土的养护龄期、模型梁的制作偏差、加载设备与模型梁之间的接触性、测试设备对温度的敏感性。这些因素均导致数据产生较大的离散性，并影响对规律的判断。

与预应力混凝土桥梁相比，钢结构桥梁的试验数据较为丰富，测试难度小，测试准确性高。

2.4.5 火灾全过程桥梁结构力学性能的数值模拟与仿真

火灾下预应力混凝土桥梁的数值模拟难度远大于普通钢筋混凝土桥梁和钢结构桥梁[56-69]，难点之一在于，无法准确定位预应力钢束在梁体内的工作状态。另外，由于混凝土的拉压本构模型不一致，加之预应力集中应力的存在，预应力混凝土梁的火灾模拟收敛相对困难。试验中，采用多种方法并行计算，加密网格，增加荷载步和迭代次数，直接导致计算的规模和存储空间迅速增加，从而降低计算效率。所以亟须探索一种新型的计算方法，研发出一种新的复合单元,来解决预应力混凝土的抗火分析问题。探索和研究的出发点就是在计算效率、存储空间、精确度这三个方面有所权衡,在满足求解精度的条件下,尽量使计算效率高、存储空间小。笔者编制了大量的桥梁结构抗火非线性分析程序,建立了高温复合本构模型。经研究发现,钢-混凝土组合桥梁、普通钢筋混凝土桥梁的非线性迭代与收敛效果优于预应力混凝土桥梁,其收敛轨迹明显顺滑。预应力混凝土梁的收敛规律具有一定的阶跃性,收敛点难以捕捉,须采用多种方法获取收敛路径。

2.4.6 桥梁结构耐火极限

桥梁结构耐火极限是指桥梁工程中的结构整体或局部在火灾高温下无法继续承载时所经历的时间。国外学者对预应力混凝土结构的耐火极限的研究起步相对较早,20 世纪 60 年代,开始了预应力混凝土简支板的耐火极限研究;随后,分析了后张法预应力混凝土的耐火性能,提出了预制预应力混凝土的耐火性能设计[53-54];90 年代末,研究了施工过程中模板火灾对桥梁结构性能的破坏影响[64]。21 世纪初,无损检测方法用于研究预制混凝土的火灾破坏特征[63];数值模拟方法用于分析火灾事故中桥梁遭遇严重的局部火灾时的破坏过程和耐火性能,研究给出了结构热力耦合的非线性迭代计算方法[56-57]。

由于 2007 年美国发生了重大的桥梁火灾垮塌事故,美国杰出教授 Kodur 院士等开始对钢结构桥梁和混凝土桥梁火灾展开系列研究,指出了欧洲规范[32-35]中关于结构耐火设计的不足和桥梁结构抗火设计的空白,调查了美国等多国桥梁火灾发生的原因,研究了决定桥梁耐火性能的几个主要内部参数和外部参数,提出了根据桥梁的分类进行火灾下安全预测的可靠性方法,同时也提出了钢结构桥梁抗火的相关设计方法[70-71]。

国内学者在有黏结预应力混凝土单向简支板的耐火试验基础上提出了合理考虑温度膨胀、高温蠕变影响的荷载项对应的火灾下无黏结预应力筋应变及应力计算方法[42,52];通过火损截面等效换算,建立了等效截面模型,提出了能够预测火灾下预应力混凝土桥梁及受弯构件承载能力的计算方法[62,68]。同时,考虑桥梁结构所处的环境特点,引入气流参数的影响,建立了桥梁环境火灾模型。大量的系列研究表明,数值仿真能够预测火灾下预应力混凝土桥梁的变形、承载能力及有效预应力的变化规律[41,50,62]。

钢结构桥梁和混凝土桥梁的耐火极限相差很大,主要原因在于受火区域材料上的高温差别,钢结构桥梁是承重的钢构件直接受火,而混凝土桥梁是通过外部的热传导至受力区的预应力钢束和钢筋接受高温作用。影响混凝土桥梁耐火极限的因素有混凝土保护层厚度、混凝土裂缝宽度、钢束管道的偏位及受火过程中混凝土的高温爆裂等。

笔者经过桥梁结构抗火性能的系列研究发现,在不考虑混凝土高温爆裂的情况下,对于简支体系桥梁,如预应力混凝土薄壁 T 梁的耐火时间大约为 100min,预应力混凝土薄壁箱梁的耐火时间为 120min,钢结构桥梁的耐火时间大约为 25min;连续体系下,预应力混凝土桥梁的耐火时间可提升约 20min,钢结构桥梁的耐火时间可提升约 10min。在考虑混凝土高温爆裂的情况下,预应力混凝土桥梁的耐火极限将会降低许多。

2.4.7 桥梁结构抗火研究的工程应用

桥梁结构抗火研究的目的之一在于火灾后进行预应力混凝土桥梁的损伤评估、加固及桥梁抗火设计。

火灾后桥梁修复或重建势必面临各方面及多样化评估，目前采用的多种评估方法可近似获取火灾后预应力混凝土桥梁的工作状态，如材料测损法、荷载试验法、有效预应力测试法、损伤反演法、场景复活法、损伤度区别法、经验法及综合评定法；这些方法的独立应用或者结合，基本能够获取桥梁的火损状态[2,14,55]。为了使遭遇不同火灾的预应力混凝土桥梁评估更精确并量化，就必须了解火灾全过程中预应力混凝土桥梁的力学行为和火灾后预应力混凝土桥梁的性能静置演化过程。对于不同的火损程度，应采用不同的修正评估方法，以使评估过程快速精准、经济合理。盲目或过度评判，将导致后续的修复及加固行为升级，导致意外事故的发生、交通长时间封闭和经济的大量浪费。

火灾后预应力混凝土桥梁的紧急处理措施包括临时保通和封闭道路维修加固。轻者临时保通，重者必须封闭道路、维修加固。其中，临时保通有多种方法。而火灾后预应力混凝土桥梁加固的基本理念体现在两个方面：材料补强和结构补强。加固技术包括普通加固技术和复合加固技术。具体的加固方法包括粘贴加固、增强加固和补筋加固等，偶见体系加固，重者则拆除重建。无论采用何种思路，定损是关键。

提高桥梁结构抗火能力，要从主动防火和被动耐火两个方面着手[72-74]。主动防火是指智能预警、抗火涂料和及时灭火；被动耐火主要是提高结构的耐火能力，延长耐火时间，通过研究结构的内部参数及外部火源位置，给出不同状况下的桥梁耐火极限。Kodur 等通过桥梁结构的重要性系数，研究给出了桥梁抗火设计的内部参数和外部参数，以指导桥梁抗火设计[70]。

2.5 桥梁结构火灾行为研究方向

(1)深入研究火灾全过程中桥梁局部与整体结构的力学行为，明确火灾全过程中桥梁整体结构的性能退化过程，揭示火灾全过程中桥梁结构局部或整体突然垮塌机理。

(2)精细化火灾下大型桥梁工程的数值仿真过程，完善超高度的非线性迭代方法，进一步开发新型复合热力耦合单元，提出快速模拟火灾下大型桥梁火灾全过程的动态仿真技术。

(3)获取更多火灾下各种结构形式的桥梁模型试验中的测试信息，提升测试手段和水平，完善各种结构形式的桥梁模型抗火性能试验与测试方法。

(4)提升并进一步完善火灾后桥梁工程的精准评估方法，防止不恰当的火损评判所导致的经济损失和人员伤亡。

(5)进一步提升桥梁工程的抗火设计理念，形成大数据，建立桥梁工程抗火设计标准、规程和规范。

(6)研发智慧桥梁结构与构件及火灾智能防控系统，以防桥梁突然垮塌事件的发生。

2.6 本章小结

本章对国内外近年来发生的桥梁火灾事故进行了不完全统计，给出了公路桥梁油罐车火灾的发生与燃烧特点，梳理了桥梁抗火研究发展的历史过程，总结了桥梁抗火的研究现状，包括桥梁用材料的高温特性、混凝土的高温爆裂、预应力存在状态、火灾下桥梁结构的试验与测试方法、火灾全过程桥梁结构力学性能的数值仿真、桥梁结构的耐火极限及抗火研究的工程应用,指出了桥梁抗火今后的研究方向。

本章参考文献

[1] 张岗,贺拴海,侯炜,等.预应力混凝土桥梁抗火研究综述[J].长安大学学报:自然科学版,2018,38(6):1-9.

[2] 贺拴海,张岗,黄侨.火灾下桥梁结构灾变机理及安全性评价与加固技术研究[R].西安:长安大学,2014.

[3] Battelle. Comparative risks of hazardous materials and non-hazardous materials truck shipment accidents/incidents[D]. Washington DC:Federal Motor Carrier Safety Administration,2004.

[4] Garlock M. Bridge fire incidents in New York State[R]. USA:New York State Department of Transportation (Private correspondence with Prof. M.), 2008.

[5] Kodur V. K. R., NASER M. Z. Designing steel bridges for fire safety[J]. Journal of Constructional Steel Research, 2019, 156:46-53.

[6] Bulwa D, FIMRITE P. Tanker fire destroys part of MacArthur maze. https://www.sfgate.com, 2007 [Accessed 29.4.2007].

[7] ASTANEH-ASL A, NOBLE C R, SON J, et al. Fire protection of steel bridges and the case of the MacArthur maze fire collapse [C]//Proceedings of the ASCE TCLEE lifeline earthquake engineering in a multi-hazard environment conference, Oakland (CA), 2009:1-12.

[8] Kodur V K R, AZIZ E, Dwaikat M. Evaluating fire resistance of steel girders in bridges[J]. Journal of Bridge Engineering, 2013,18(7): 633-643.

[9] Chung P, Wolfe R W, Ostrom T, et al. Accelerated bridge construction applications in California-a lessons learned report[R]. USA: California Department of Transportation (CALTRANS), 2008.

[10] Garlock M, Paya-Zaforteza I, Kodur V K R, et al. Fire hazard in bridges: Review, assessment and repair strategies [J]. Engineering Structures, 2012, 35(1):89-98.

[11] 王一.美国州际公路乔治亚州一大桥起火坍塌[EB/OL].(2017-03-31)[2018-11-05]. http://world.huanqiu.com/photo/2017-03/2866100.html.

[12] 亚城热点.大火烧断I-85[EB/OL].(2017-03-31)[2018-11-05]. http://www.sohu.coma131391599_206381.

[13] Gong X. Behavior of bridges during fire[D]. USA, New York: The City College of New York, 2015.

[14] 侯炜.预应力混凝土箱梁结构抗火性能研究[D].西安:长安大学,2014.

[15] 金羊网-羊城晚报(广州).虎门大桥油罐车爆炸六死一伤(图)[EB/OL].(2007-10-06)[2018-11-05]. http://news.163.com/07/1006/21/3Q5DT7O30001124J.html.

[16] 东南新闻网.福建泉州一辆油罐车侧翻 大火烧坏高架桥(组图)[EB/OL].(2010-06-27)[2018-11-05]. http://news.sohu.com/20100627/n273111396_2.shtml.

[17] 盛伟. 高速上一装载化学品货车爆炸 烧伤高架桥(图)_新闻_腾讯网[EB/OL]. (2011-08-18)[2018-11-05]. https://news. qq. com/a/20110818/000791. htm.

[18] 李瑛. 陕西榆林油罐车被追尾漏油起火 引燃 9 辆车烧裂桥梁[EB/OL]. (2011-08-04)[2018-11-05]. http://news. cri. cngb2782420110804782s3327969. htm.

[19] 中国新闻网. 广州油罐车爆炸现场:千米高架桥被大火熏得乌黑[EB/OL]. (2012-06-29)[2018-11-05]. http://www. chinanews. com/gn/2012/06 – 29/3997741. shtml 1/.

[20] 每日工程案例. 汝郴高速赤石特大桥"10·29"较大施工火灾事故[EB/OL]. (2014-10-29) [2018-07-26]. http://www. sohu. com/a/243372630_683111.

[21] 养护在线. G80 广昆高速平锁段桥梁火灾扑救和应急处治纪实. [EB/OL]. (2017-08-01)[2018-11-05]. http://www. sohu. com/a/161425875_99915349.

[22] 李国强,许炎彬,ASIF U. 油罐车火灾下钢 – 混凝土组合梁桥结构响应研究[J]. 防灾减灾工程学报,2016,36(3):444-452.

[23] 郑文忠,侯晓萌,王英. 混凝土及预应力混凝土结构抗火研究现状与展望[J]. 哈尔滨工业大学学报,2016,48(12):1-18.

[24] 吴波,唐贵和. 近年来混凝土结构抗火研究进展[J]. 建筑结构学报,2010,31(6):110-121.

[25] UTTING W S, JONES N. The response of wire rope strands to axial tensile loads-Part Ⅱ. comparison of experimental results and theoretical predictions[J]. International Journal of Mechanical Sciences, 1987, 29(9):605-619.

[26] Wei Y, Zhang L, AU F T K, et al. Thermal creep and relaxation of prestressing steel[J]. Construction & Building Materials, 2016, 128:118-127.

[27] 张昊宇,郑文忠. 1860 级低松弛钢绞线高温下力学性能[J]. 哈尔滨工业大学学报,2007,39(6):861-865.

[28] 宗钟凌,张晋,蒋德稳,等. 高温下 1860 级钢绞线钢丝力学性能试验研究[J]. 建筑科学,2016,32(1):43-47.

[29] 周焕廷,聂河斌,李国强,等. 高温作用下 1860 级预应力钢绞线蠕变性能试验研究[J]. 建筑结构学报,2014,35(6):123-129.

[30] 王俊,蔡跃,黄鼎业. 预应力钢筋高温蠕变试验研究及有限元分析应用[J]. 土木工程学报,2004,37(11):1-5.

[31] 过镇海,时旭东. 钢筋混凝土原理和分析[M]. 北京:清华大学出版社,2003.

[32] European Committee for Standardization (CEN). EN 1991-01-02: 2002 Eurocode 1:Actions on Structures. Part 1.2 General Action—Action on Structures Exposed to Fire[S].

[33] European Committee for Standardization (CEN). EN 1992-01-02: 2004 Eurocode 2: Design of Concrete Structures. Part 1.2 General Rules-Structural Fire Design[S].

[34] European Committee for Standardization (CEN). EN 1993-01-02: 2005 Eurocode 3: Design of Steel Structures. Part 1.2 General Rules-Structural Fire Design[S].

[35] European Committee for Standardization (CEN). EN 1994-01-02: 2005 Eurocode 4: Design of Composite Steel and Concrete Structures. Part 1.2 General Rules-Structural Fire Design[S].

[36] ASTM E1529-14a: Standard test methods for determining effects of large hydrocarbon pool

fires in structural members and assemblies, 2014[S].

[37] American Society for Testing and Materials(ASTM). (2001). "Standard methods of fire test of building construction and materials (test method)." ASTM E119-E201, West Conshohocken, PA[S].

[38] American Society of Civil Engineering(ASCE). (2005). "minimum design loads for building construction." ASCE7-05, Restion, VA[S].

[39] British Standard(BS) (1987), Fire tests on building materials and structures-Part 20: Method from determination of the fire resistance of elements of construction (general principles). BS476-20, UK[S].

[40] American Society for Testing and Materials (ASTM). (2014) "Standard test methods for determining effects of large hydrocarbon pool fires on structural members and assemblies." ASTM E1529-14a, West Conshohocken, PA[S].

[41] 张岗,贺拴海. 焰流效应下混凝土空心薄壁墩热力耦合形差与层剥分析[J]. 中国公路学报,2014,27(11):46-54.

[42] 郑文忠,许名鑫,石东升,等. 火灾下预应力板混凝土爆裂规律试验研究[J]. 土木工程学报,2006,39(10):48-53.

[43] 陈明阳,侯晓萌,郑文忠,等. 混凝土高温爆裂临界温度和防爆裂纤维掺量研究综述与分析[J]. 建筑结构学报,2017,38(1):161-170.

[44] 姚伟发. 钢-混凝土组合梁桥火灾下的反应与灾后剩余承载力研究[D]. 南京:东南大学,2016.

[45] 刘其伟,夏凌,王成明. 预应力混凝土空心板梁火灾中行为特点的试验研究[J]. 公路交通科技,2017,34(1):67-75.

[46] 许肇峰,陈映贞,饶瑞. 火灾下混凝土空心板温度场及损伤规律研究[J]. 中国公路学报,2019,32(1):91-102.

[47] Guerrieri M, Fragomeni S. Mechanisms of spalling of concrete panels of different geometry in hydrocarbon fire[J]. Journal of Materials in Civil Engineering, 2016,28(12):164-176.

[48] 杜咏,陆亚珍. 钢索在火灾升温历程中瞬态张力的解析计算方法[J]. 工程力学,2013,30(3):159-165.

[49] 丁勇,章伟,萧寒,等. 预应力混凝土梁板在桥下空间火灾时的温度场与预应力筋松弛研究[J]. 土木工程学报,2015(S1):42-47.

[50] 张岗,刘天龙,王翠娟,等. 强度减损下混凝土箱梁预应力高温损失分析[J]. 解放军理工大学学报(自然科学版),2015(4):345-352.

[51] 张岗,施颖,宣纪明,等. 混凝土连续箱梁支点处钢束预应力高温衰变研究[J]. 桥梁建设,2016,46(1):76-80.

[52] 郑文忠,许名鑫,杨杰,等. 预应力混凝土简支板抗火性能试验与分析[J]. 建筑结构学报,2006,27(6):48-59.

[53] Gustaferro A H, Selvaggio S L. Fire endurance of simply supported prestressed concrete slabs [J]. Journal of the Prestressed Concrete Institute, 1967, 12(1):37-52.

[54] Gustaferro A H. Fire resistance of post-tensioned structures[J]. Journal of Prestressed Con-

crete Institute, 1973, 18(2):39-63.

[55] 李世安.火灾过程预应力混凝土梁桥力学性能分析及灾后评价方法[D].西安:长安大学,2012.

[56] Franssen J M. SAFIR: A thermal/structural program for modeling structures under fire[J]. Engineering Journal, 2005, 42(3):143-150.

[57] Capua D D, Mari A R. Nonlinear analysis of reinforced concrete cross-sections exposed to fire [J]. Fire Safety Journal, 2007, 42(2):139-149.

[58] Dwaikat M B, Kodur V K R. A numerical approach for modeling the fire induced restraint effects in reinforced concrete beams[J]. Fire Safety Journal, 2008, 43(4):291-307.

[59] Kodur V K R, Dwaikat M. A numerical model for predicting the fire resistance of concrete beams[J]. Cement Concrete Composites, 2008, 30(5):431-443.

[60] Zhang G, Kodur V, Xie J C, et al. Behavior of prestressed concrete box bridge girders under hydrocarbon fire condition[J]. Procedia Engineering, 2017, 210:449-455.

[61] Zhang G, Kodur V, HOU W, et al. Evaluating fire resistance of prestressed concrete bridge girders[J]. Structural Engineering & Mechanics, 2017, 62(6):663-674.

[62] 张岗,朱美春,贺拴海,等.火灾下预应力混凝土T形截面梁破坏模式研究[J].中国公路学报,2017,30(2):77-85.

[63] Dilek U. Evaluation of fire damage to a precast concrete structure nondestructive, laboratory, and load testing[J]. Journal of Performance of Constructed Facilities, 2005, 19(1):42-48.

[64] Cabrita Neves I, Branco F A, Valente J C. Effects of formwork fires in bridge construction [J]. Concrete International, 1997, 19(3):41-46.

[65] Dotreppe JC, Majkut S, Franssen JM. Failure of a tied-arch bridge submitted to a severe localized fire, structures and extreme events[C]//. IABSE Symposium, 2006, 272-273.

[66] Kodur V K R, Dwaikat M. Performance-based fire safety design of reinforced concrete beams [J]. Journal of Fire Protection Engineering, 2007, 17(4):293-320.

[67] Kodur V K R, Dwaikat M. Fire performance of reinforced concrete beams under design fire exposure[J]. Structures Congress, 2008, 314:1-10.

[68] 董毓利,房圆圆.火灾作用下混凝土双向简支板的挠度计算[J].建筑结构学报,2018,39(5):63-68.

[69] 王新敏. ANSYS 工程结构数值分析[M].北京:人民交通出版社,2007.

[70] Kodur V K R, Naser M Z. Importance factor for design of bridges against fire hazard[J]. Engineering Structures, 2013, 54(3):207-220.

[71] Naser M Z, Kodur V K R. A probabilistic assessment for classification of bridges against fire hazard[J]. Fire Safety Journal, 2015, 76:65-73.

[72] Gustaferro A H, Martin L D. Design for fire resistance of precast prestressed concrete[M]. Chicago, IL (USA): Prestressed Concrete Institute (PCI), 1988.

[73] Nagarajan P. Reliability studies on RC beams exposed to fire based on IS456:2000 design methods[J]. Structures Engineering and Mechanics, 2016, 50(6): 853-866.

[74] 张岗,王高峰,毛东,等.火灾后钢管混凝土拱桥的承载力研究[J].公路,2018(1):56-63.

第3章

桥梁结构使用材料的高温性能

3.1 混凝土的热工性能

3.1.1 混凝土的种类

混凝土是由石(粗集料)、砂(细集料)和水泥石(胶黏材料)及多种添加剂等组成的一种多相复合材料。由于组成混凝土原材料的矿物物理特性和化学成分、混凝土的配合比和含水率等因素的影响,导致不同环境条件下混凝土的材料特性有很大差异,因此,混凝土的材料特性相对钢材的材料特性而言非常复杂,但性能相对稳定。

混凝土的种类很多。按组成的成分可分为钙质混凝土和硅质混凝土,按重量可分为轻质混凝土,按强度可分为普通混凝土和高强混凝土,按结构的用途可分为钢筋混凝土和预应力混凝土。随着桥梁结构形式的发展和建设需求,高性能混凝土不断涌现,包括纤维混凝土和高耐久性混凝土等,种类繁多。不同状态下的混凝土的力学特性均有变化,但规律和趋势基本相同。本节主要介绍普通混凝土。高温下混凝土的热工性能包括热传导性能、比热容和重度。

火灾高温作用下混凝土的组成成分会发生一系列的物理和化学变化,包括水分子的脱离、材料分解和相界面分离等,均会导致混凝土在高温场中的热工性能和力学性能发生变化[1]。

高温下混凝土的微观结构会发生一系列连续或间断的变化[1]:

(1)温度高于300℃时,混凝土会逐渐失去一些自由水和部分凝结水而发生体积上的收缩,体内的粗集料随着温度的升高而略加膨胀,混凝土内部会产生相互的挤压应力,导致混凝土的组织结构变得更加密实,但其强度不会有太大变化。

(2)温度达到400℃时,组成混凝土的水化硅酸钙(简称C-S-H)凝胶体会逐渐松散,部分$Ca(OH)_2$发生分解。

(3)温度达到500℃时,混凝土将会完全脱水,具有水化作用的胶体发生收缩,但粗集料继续受热膨胀,混凝土体内产生较大的挤压-错位拉应力,相界面分离,混凝土组织发生破坏,同时,$Ca(OH)_2$大量分解。

(4)温度达到600℃时,混凝土体内挤压-移位拉应力(也可称为挤压剪切应力,简称挤剪应力)继续增大,微裂缝进一步扩展并加大。

(5)温度达到700℃时,$Ca(OH)_2$大量分解,混凝土结构松散的残余物增多,骨料与胶结体间裂缝迅速发展,相界面分离。

(6)温度达到900℃时,石灰石开始分解,相界面弯曲分离。

(7)温度达到1000℃以上时,混凝土强度损失殆尽,混凝土结构彻底崩溃。

3.1.2 热传导系数 $\boldsymbol{\lambda_c}$

热传导系数为单位时间(h)内,在单位温度梯度(℃/m)下,材料单位面积(m^2)内所能够通过的热量,单位为W/(m·℃),表达式为

$$\lambda_c = \frac{Q}{S_a t}\frac{H_c}{\Delta T} = \frac{Q}{S_a t}\frac{H_c}{T_{i+1} - T_i} \tag{3.1.1}$$

式中:λ_c——混凝土的热传导系数[W/(m·℃)];

H_c——混凝土的厚度;

ΔT——相邻质量单元之间的温度差。

随着火灾温度的升高,混凝土热传导系数受集料类型、水分含量和温度影响严重。硅质集料混凝土的热传导性能比钙质集料混凝土热传导性能好;混凝土的热传导系数与含水率基本保持线性变化;混凝土的高温热传导性能相对钢结构的较弱[1]。

欧洲规范建议的普通混凝土高温热传导系数上限为[2]

$$\lambda_c = 2.0 - 0.2451\frac{T}{100} + 0.0107\left(\frac{T}{100}\right)^2 \quad (20℃ \leqslant T \leqslant 1200℃) \tag{3.1.2}$$

普通混凝土高温热传导系数下限为

$$\lambda_c = 1.36 - 0.136\frac{T}{100} + 0.0057\left(\frac{T}{100}\right)^2 \quad (T \leqslant 1200℃) \tag{3.1.3}$$

式中:λ_c——任意温度场材料热传导系数[W/(m·℃)];

T——材料温度(℃)。

或采用简化计算模型,认为混凝土热传导系数与温度无关,取:

$$\lambda_c = 1.60 \tag{3.1.4}$$

轻质混凝土热传导系数为

$$\lambda_c = \begin{cases} 1.0 - \dfrac{T}{1600} & (20℃ \leqslant T \leqslant 800℃) \\ 0.5 & (T > 800℃) \end{cases} \tag{3.1.5}$$

LIE 等建议的钙质混凝土高温热传导系数为[3]

$$\lambda_c = \begin{cases} 1.355 & (0℃ < T \leqslant 293℃) \\ 1.7162 - 0.001241T & (T > 293℃) \end{cases} \tag{3.1.6}$$

硅质混凝土高温热传导系数为

$$\lambda_c = \begin{cases} 1.9 - 0.00085T & (0℃ < T \leqslant 800℃) \\ 1.22 & (T > 800℃) \end{cases} \tag{3.1.7}$$

陆洲导测得的混凝土高温热传导系数为[4]

$$\lambda_c = 1.6 - \frac{0.6}{850}T \tag{3.1.8}$$

3.1.3 比热容 c_c 和密度 ρ_c

比热容定义为单位质量的材料，温度每升高 1℃ 所需吸入的热量，单位为 J/(kg · ℃)。混凝土的比热容主要受温度、集料类型、配合比和水分的影响。混凝土的比热容随着温度的升高而缓慢增大，但在 100 ~ 200℃ 时，混凝土会产生水蒸气，这个过程会吸收汽化热量而使比热容突然增加，混凝土的密度由于自由水的蒸发有所降低，所以混凝土的比热容和密度之间由于水分子的存在有一定的联系，本书将比热容和密度合为一节编写。不同集料和配合比对混凝土的比热容影响不大[1]。

欧洲规范给出的任意温度场普通混凝土的比热容与密度无直接关系，其计算式如下[2]：

$$c_c = \begin{cases} 900 & (20℃ \leqslant T \leqslant 115℃) \\ 900 + (T - 100) & (115℃ < T \leqslant 200℃) \\ 1000 + \dfrac{(T - 200)}{2} & (200℃ < T \leqslant 400℃) \\ 1100 & (400℃ < T \leqslant 1200℃) \end{cases} \tag{3.1.9}$$

式中：c_c——任意温度场混凝土比热容[J/(kg · ℃)]。

也可采用下式进行估算：

$$c_c = 890 + 56.2\frac{T}{100} - 3.4\left(\frac{T}{100}\right)^2 \tag{3.1.10}$$

或采用简化计算模型，认为混凝土比热容与温度无关，取：

$$c_c = 1000 \tag{3.1.11}$$

轻质混凝土比热容为

$$c_c = 840 \tag{3.1.12}$$

普通混凝土任意温度场的密度为

$$\rho_c = \begin{cases} \rho_{c,20} & (20℃ \leqslant T \leqslant 115℃) \\ \rho_{c,20}\left[1 - 0.02\dfrac{(T - 115)}{85}\right] & (115℃ < T \leqslant 200℃) \\ \rho_{c,20}\left[0.98 - 0.03\dfrac{(T - 200)}{200}\right] & (200℃ < T \leqslant 400℃) \\ \rho_{c,20}\left[0.95 - 0.078\dfrac{(T - 400)}{400}\right] & (400℃ < T \leqslant 1200℃) \end{cases} \tag{3.1.13}$$

式中：ρ_c——任意温度场材料密度(kg/m³)；

$\rho_{c,20}$——材料常温下密度(kg/m³)。

也可采用下式进行估算：

$$\rho_c = 2354 - 23.47\frac{T}{100}(\mathrm{kg/m^3}) \tag{3.1.14}$$

轻质混凝土密度为：

$$\rho_c = 1600 \sim 2000(\mathrm{kg/m^3}) \tag{3.1.15}$$

陆洲导[4]测得的混凝土比热容与温度之间的关系为

$$c_c = 840 + 420\frac{T}{120} \tag{3.1.16}$$

研究发现，混凝土的比热容与密度存在某种关系[3]。LIE 等建议的硅质混凝土高温比热容和密度关系为[3]

$$\rho_c c_c = \begin{cases} (1.7 + 0.005T) \times 10^6 & (0℃ \leqslant T \leqslant 200℃) \\ 2.7 \times 10^6 & (200℃ < T \leqslant 400℃) \\ (-2.5 + 0.013T) \times 10^6 & (400℃ < T \leqslant 500℃) \\ (10.5 - 0.013T) \times 10^6 & (500℃ < T \leqslant 600℃) \\ 2.7 \times 10^6 & (T > 600℃) \end{cases} \tag{3.1.17}$$

钙质混凝土高温比热容和密度关系为

$$\rho_c c_c = \begin{cases} 2.566 \times 10^6 & (0℃ \leqslant T \leqslant 400℃) \\ (0.1765T - 68.034) \times 10^6 & (400℃ < T \leqslant 410℃) \\ (-0.05043T + 25.00671) \times 10^6 & (410℃ < T \leqslant 445℃) \\ 2.566 \times 10^6 & (445℃ < T \leqslant 500℃) \\ (0.01603T - 5.44881) \times 10^6 & (500℃ < T \leqslant 635℃) \\ (0.16635T - 100.90225) \times 10^6 & (635℃ < T \leqslant 715℃) \\ (-0.22103T + 176.07343) \times 10^6 & (715℃ < T \leqslant 785℃) \\ 2.566 \times 10^6 & (T > 785℃) \end{cases} \tag{3.1.18}$$

3.2 混凝土的热力学性能

高温下混凝土的力学性能包括混凝土的热膨胀系数、抗拉强度、抗压强度、弹性模量、泊松比、高温本构(应力-应变关系)。

3.2.1 热膨胀系数 α_c

混凝土热膨胀系数直接影响混凝土结构温度应力场的计算，是混凝土结构热－力耦合计算的一个重要参数，决定混凝土结构的高温应力传递程度。高温应力作用下，混凝土的变形包括四部分：自由热膨胀引起的变形、应力导致的变形、热膨胀与自由膨胀的差值(也称为瞬时高温徐变)和高温蠕变[1-12]。混凝土的高温蠕变很难单独从总的热膨胀变形中剥离出来，一般反映在混凝土的高温本构模型中，所以计算分析时可作修正。

混凝土由水泥浆和粗细集料两种材质组成，因此，混凝土热膨胀系数取决于这两种材质的含量和各自的热胀系数以及混凝土的水饱和程度[5]。

水泥浆的热膨胀系数介于 $1.1\times10^{-4}\sim2.0\times10^{-4}$（单位为 1/℃），高于集料的热膨胀系数；含石英岩的混凝土热膨胀系数高于含石灰岩的混凝土热膨胀系数，其比值大约是 3.0；CEB-FIP 规范规定混凝土的热膨胀系数介于 $6.0\times10^{-6}\sim15.0\times10^{-6}$（单位为 1/℃）[6]，该系数取决于组成集料的种类和混凝土的潮湿状态；中国规范规定混凝土的热膨胀系数为 1.0×10^{-5}（单位为 1/℃）；国内外学者相应建议了混凝土的热膨胀系数，有的偏大，有的则偏小[12]，热膨胀系数的取值对计算结果有较大的影响，如何选取以模型验证为准。

影响混凝土自由热膨胀的主要因素如下[12]：

(1)混凝土的集料类型和组成决定混凝土的热膨胀程度。硅质集料混凝土的热膨胀程度比钙质集料混凝土的热膨胀程度大，水泥石（不含粗细集料）在温度升至 100～400℃时由于水分的蒸发会发生收缩。

(2)试件的养护质量。

(3)混凝土的浇筑质量。

欧洲规范[2]建议的不同集料混凝土在高温下的自由热膨胀为：

硅质集料混凝土：

$$\frac{\Delta l}{l}=\begin{cases}-1.8\times10^{-4}+9\times10^{-6}T+2.3\times10^{-11}T^3 & (20℃<T\leqslant700℃)\\ 14\times10^{-3} & (700℃<T\leqslant1200℃)\end{cases}\tag{3.2.1}$$

式中：Δl——试件从常温下升高到 T 时的伸长量；

l——常温下的原始长度。

钙质集料混凝土：

$$\frac{\Delta l}{l}=\begin{cases}-1.2\times10^{-4}+6.0\times10^{-6}T+1.4\times10^{-11}T^3 & (20℃<T\leqslant805℃)\\ 12\times10^{-3} & (805℃<T\leqslant1200℃)\end{cases}\tag{3.2.2}$$

或采用简化计算模型，认为混凝土比热容与温度无关，取：

$$\frac{\Delta l}{l}=18\times10^{-6}(T-20)\tag{3.2.3}$$

轻质混凝土自由热膨胀为

$$\frac{\Delta l}{l}=8\times10^{-6}(T-20)\tag{3.2.4}$$

LIE 等建议的混凝土热膨胀系数（在这里，热膨胀系数为构件自由热膨胀关于温度的导数）为[3]

$$\alpha_c=(0.008T+6)\times10^{-6}\tag{3.2.5}$$

式中：α_c——任意温度场材料热膨胀系数。

陆洲导测得的混凝土自由热膨胀为[4]

$$\frac{\Delta l}{l}=\begin{cases}10^{-6}T & (20℃<T\leqslant400℃)\\ 2.5\times10^{-5}T-0.006 & (400℃<T\leqslant700℃)\end{cases}\tag{3.2.6}$$

侯晓萌通过考虑混凝土自由膨胀应变、高温蠕变和瞬态热应变建议的热膨胀系数为[7]

$$\alpha_c = \begin{cases} (0.60 + 1.75 \times 10^{-3}T) \times 10^{-5} & (0℃ \leqslant T \leqslant 800℃) \\ (3.40 - 1.75 \times 10^{-3}T) \times 10^{-5} & (800℃ < T \leqslant 1200℃) \end{cases} \tag{3.2.7}$$

文献[8]通过试验给出的压应力作用下混凝土总热膨胀应变为

$$\varepsilon_{th} = 0.01(1 - 1.6\delta\gamma)(T - 20)^{2.2} \times 10^{-6} \tag{3.2.8}$$

式中：ε_{th}——高温瞬时应变；

γ——压应力水平。

$$\delta = \begin{cases} 1 & (\alpha < 0.05) \\ 0 & (\alpha \geqslant 0.05) \end{cases} \tag{3.2.9}$$

式中：α——拉应力指标。

在进行数值分析时，可采用线性迭代的增量方法求解升温过程中应力水平不断发生变化的总热膨胀应变。

$$T(t + \Delta t) = T(t) + \dot{T}(t)\Delta t \tag{3.2.10}$$

将式(3.1.28)代入式(3.1.26)得到：

$$\varepsilon_{th}(t + \Delta t) = 0.01(1 - 1.6\delta\gamma)\left[(T(t) + \dot{T}(t)\Delta t - 20\right]^{2.2} \times 10^{-6} \tag{3.2.11}$$

3.2.2 抗拉强度 f_t

混凝土极限拉伸是鉴定混凝土抗裂性的重要指标[9]。国内外采取了不同的试验方法，对于混凝土的极限拉伸做了很多测试，这些试验测试以混凝土轴心受拉断裂时的极限拉应变值作为极限拉伸值。影响混凝土极限拉伸的因素较多，可参阅节后所列相关文献[12]。

混凝土在火灾高温场中的抗拉强度的变化规律为：当温度在100～300℃时，混凝土抗拉强度比常温下降约20%；当温度超过400℃后，混凝土抗拉强度直线下降；当温度达到500℃时，混凝土抗拉强度下降约50%；当温度达到600℃时，混凝土抗拉强度下降约70%；当温度接近1000℃时，混凝土抗拉强度损失殆尽[12]。

过镇海[10]给出的高温下混凝土抗拉强度计算式为

$$f_{t,T} = (1 - 0.001T)f_t \qquad (20℃ \leqslant T < 1000℃) \tag{3.2.12}$$

式中：$f_{t,T}$——温度 T 时混凝土的抗拉强度(MPa)；

f_t——常温下混凝土的抗拉强度(MPa)。

欧洲规范建议的高温下混凝土抗拉强度计算式为[2]

$$f_{t,T} = \begin{cases} f_t & (20℃ \leqslant T \leqslant 100℃) \\ 1.0 - 1.0\left(\dfrac{T - 100}{500}\right) & (100℃ < T \leqslant 600℃) \end{cases} \tag{3.2.13}$$

3.2.3 抗压强度 f_c

如前所述，混凝土的抗压强度随温度的升高而逐渐下降，导致高温下混凝土抗压强度下降的主要原因可总结如下[12]：

(1)由于混凝土为多相混合物，所以混凝土各组成成分的热膨胀系数各不相同。同时，混凝土的热传导系数小，混凝土内外的温差较大，使得混凝土各温度层由于热膨胀产生不同的温度变形，从而导致高温压应力或拉应力。

(2)高温下混凝土内部的结晶水和自由水发生逃逸,其形成水蒸气后逃逸过程受阻,便在混凝土内部空隙中形成内腔蒸压力,使混凝土局部受拉产生微裂缝,随温度升高,裂缝进一步扩展。

(3)高温持续作用下,混凝土内部水分大量蒸发,水泥石颗粒化,其胶结作用被大大削弱,乃至失效,各集料之间的相界面分离,混凝土强度显著降低。

(4)高温持续作用下,混凝土集料本身发生物理、化学作用,如石英成分形成晶体膨胀、水泥石中氢氧化钙等成分分解、集料功能失效,混凝土破坏。

欧洲规范建议的混凝土在不同温度下的抗压强度折减系数见表3.1[2]。

欧洲规范建议的混凝土温变过程的抗压强度折减[2] 表3.1

温度(℃)	抗压强度折减系数$f_{c,T}/f_c$		峰值应变$\varepsilon_{cp,T}$	极限应变$\varepsilon_{cu,T}$
	普通混凝土	轻质混凝土	($10^{-3}\varepsilon$)	($10^{-3}\varepsilon$)
20	1.000	1.000	2.5	20.0
100	0.950	1.000	4.0	22.5
200	0.900	1.000	5.5	25.0
300	0.850	1.000	7.0	27.5
400	0.750	0.880	10.0	30.0
500	0.600	0.760	15.0	32.5
600	0.450	0.640	25.0	35.0
700	0.300	0.520	25.0	37.5
800	0.150	0.400	25.0	40.0
900	0.080	0.280	25.0	42.5
1000	0.040	0.160	25.0	45.0
1100	0.010	0.040	25.0	47.5
1200	0.000	0.000	—	—

注:表中其他温度时的折减系数通过内插法得到。

LIE给出的高温下混凝土抗压强度计算式为[3]

$$f_{c,T}=\begin{cases}f_c & (20℃<T<450℃)\\ f_c\left[2.011-2.353\left(\dfrac{T-20}{1000}\right)\right] & (450℃\leqslant T\leqslant 874℃)\end{cases}\tag{3.2.14}$$

式中:$f_{c,T}$——温度T时混凝土的棱柱体抗压强度(MPa);

f_c——常温下混凝土的棱柱体抗压强度(MPa)。

过镇海给出的高温下混凝土抗压强度计算式为[10]

$$f_{c,T}=\frac{f_c}{1+2.4(T-20)^6\times10^{-17}}\qquad(20℃\leqslant T\leqslant 1000℃)\tag{3.2.15}$$

陆洲导给出的高温下混凝土抗压强度计算式为[4]

$$f_{c,T}=\begin{cases}f_c & (0℃<T\leqslant 400℃)\\ f_c(1.6-0.0015T) & (400℃<T\leqslant 800℃)\end{cases}\tag{3.2.16}$$

时旭东给出的高温下混凝土抗压强度计算式为[14]

$$f_{c,T}=\frac{f_c}{1+1.183(T-20)^{7.1}\times 10^{-20}} \tag{3.2.17}$$

结合上述抗压强度计算公式可以得到以下结论[12]：

(1)温度在300℃以内时，混凝土抗压强度与常温一致；温度达到400℃时，混凝土抗压强度开始急剧下降，其值为常温下抗压强度的80%；温度达到700℃时，混凝土抗压强度下降到常温下抗压强度的30%～50%；温度达到800℃时，混凝土抗压强度下降到常温下抗压强度的10%～20%；超过1000℃后，普通混凝土强度和轻质混凝土强度损失殆尽。

(2)混凝土的水泥含量和集料的类型对混凝土在高温下的强度有显著影响，水泥含量大，高温下混凝土的抗压强度下降快，轻质混凝土在高温下的抗压强度比普通混凝土下降慢。

(3)受火模式和火灾场景对高温下混凝土的强度也有一定影响，全受火模式下的试件强度比局部受热模式下的试件强度下降快，碳氢(HC)火灾下的试件强度比《建筑构件耐火试验方法》(ISO 834)下的试件强度下降快。

3.2.4 弹性模量 E_c

弹性模量是瞬时荷载作用于结构时的应力-应变之间关系的反映，直接关系到结构的最终应力状态。常温状态的混凝土在瞬时荷载作用下，多相材料之间挤压或拉伸，具有瞬时的非弹性性能，但是其变形并不明显，材料基本呈现弹性性质，所以，弹性模量也可称为瞬时变形模量[13]。

火灾下混凝土的弹性模量随着温度的增加而逐渐减小。混凝土的集料类型和胶黏材料性能是影响高温下混凝土的弹性模量的主要因素。例如，轻质集料混凝土的弹性模量随温度升高时的下降速度较小，硅质集料混凝土的弹性模量随温度升高时的下降速度较大[12]；胶黏材料性能好的混凝土随温度升高下降较慢，胶黏材料性能差的混凝土随温度升高下降较快。混凝土的水灰比、浇筑质量、养护方式、常温下混凝土的强度对高温下混凝土的弹性模量变化规律均有影响。

过镇海给出的高温下混凝土的弹性模量计算公式为[10]

$$E_{c,T}=(0.83-0.0011T)E_c \qquad (60℃\leqslant T<700℃) \tag{3.2.18}$$

式中：$E_{c,T}$——温度 T 时混凝土的初始切线弹性模量(MPa)；

E_c——常温下混凝土的初始切线弹性模量(MPa)。

陆洲导给出的高温下混凝土的弹性模量计算公式为[4]

$$E_{c,T}=\begin{cases}\left(1.0-\dfrac{0.30}{200}T\right)E_c & (20℃\leqslant T<200℃)\\ \left(0.87-\dfrac{0.42}{500}T\right)E_c & (200℃\leqslant T\leqslant 700℃)\\ 0.28E_c & (700℃<T<800℃)\end{cases} \tag{3.2.19}$$

时旭东给出的高温下混凝土的弹性模量计算公式为[14]

$$E_{c,T}=(1.084-1.384\times 10^{-3}T)E_c \qquad (20℃\leqslant T<1100℃) \tag{3.2.20}$$

蒋首超给出了普通混凝土在不同温度下的弹性模量折减值，见表3.2[12]。

普通混凝土温变过程的弹性模量折减　　表3.2

温度(℃)	弹性模量折减系数 $E_{c,T}/E_c$	温度(℃)	弹性模量折减系数 $E_{c,T}/E_c$
20	1.000	700	0.044
100	0.757	800	0.016
200	0.505	900	0.002
300	0.341	1000	0.001
400	0.240	1100	0.001
500	0.155	1200	0.001
600	0.085	—	—

注：表中其他温度时的折减系数通过内插法得到。

3.2.5 泊松比 γ

泊松比是单轴向应力作用下，横向应变与轴向应变的比值。混凝土的泊松比随着温度的升高而略有增加，同一温度状态下混凝土的泊松比随应力水平的提高也会增加。

根据常温下混凝土泊松比随应力变化的规律，高温下混凝土的泊松比与常温下混凝土的泊松比变化规律相同，只将应力比用高温下的应力比代替。割线泊松比和切线泊松比按下式计算[12]：

$$\gamma = \frac{|\sigma|}{\sigma_c} \tag{3.2.21}$$

式中：γ——应力水平指标。

$$\nu_s = \nu_t = \nu_0 \quad \gamma \leqslant 0.8 \tag{3.2.22}$$

式中：ν_s——割线泊松比；

ν_t——切线泊松比；

$\nu_0 = 0.2$。

$\gamma > 0.8$ 时：

$$\begin{cases} \nu_s = \nu_{sf} - (\nu_{sf} - \nu_0)\sqrt{1 - (5\beta - 4)^2} \\ \nu_t = \nu_{tf} - (\nu_{tf} - \nu_0)\sqrt{1 - (5\beta - 4)^2} \end{cases} \tag{3.2.23}$$

其中，$\sigma < 0$ 时：

$$\begin{cases} \nu_{sf} = 0.36 \\ \nu_{tf} = 0.36 \end{cases} \tag{3.2.24}$$

$\sigma > 0$ 时：

$$\nu_{sf} = \nu_{tf} = 0.15 \tag{3.2.25}$$

3.2.6 高温本构

高温本构实际是高温下材料的应力-应变关系。欧洲规范建议的应力-应变全曲线方程为[2]

上升段：

$$\frac{\sigma_c}{f_{c,T}} = \frac{3x}{2+x^3} \qquad \left(x = \frac{\varepsilon_c}{\varepsilon_{cp,T}} \leqslant 1.0\right) \tag{3.2.26}$$

式中：$\varepsilon_{cp,T}$——温度 T 时混凝土的抗压峰值应变，按表 3.1 取值；

ε_c——任意时刻混凝土的应变；

σ_c——任意时刻混凝土的应力（MPa）。

下降段可自定义。

欧洲规范建议的 C50 混凝土应力-应变关系如图 3.1 所示。

过镇海建议的应力-应变全曲线关系为[10]

上升段：

$$\frac{\sigma_c}{f_{c,T}} = 2.2x - 1.4x^2 + 0.2x^3 \qquad \left(x = \frac{\varepsilon_c}{\varepsilon_{cp,T}} \leqslant 1.0\right) \tag{3.2.27}$$

下降段：

$$\frac{\sigma_c}{f_{c,T}} = \frac{x}{0.8(x-1)^2 + x} \qquad \left(x = \frac{\varepsilon_c}{\varepsilon_{cp,T}} > 1.0\right) \tag{3.2.28}$$

其中，

$$\frac{\varepsilon_{cp,T}}{\varepsilon_{cp}} = 1 + (1500T + 5.0T^2) \times 10^{-6} \tag{3.2.29}$$

式中：ε_{cp}——常温下混凝土的抗压峰值应变。

过镇海建议的 C50 混凝土应力-应变关系如图 3.2 所示。

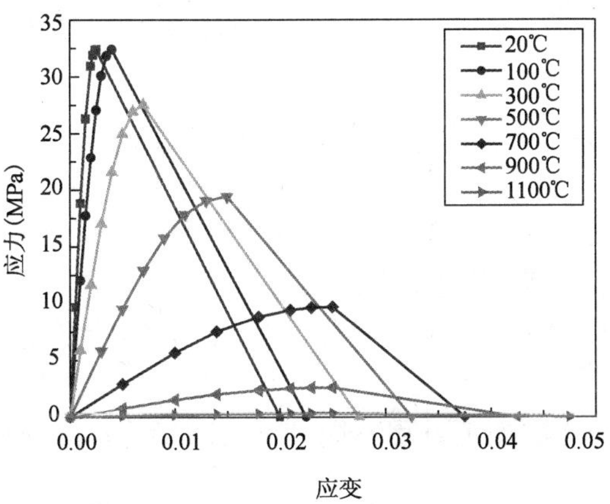

图 3.1 欧洲规范 C50 混凝土应力-应变关系

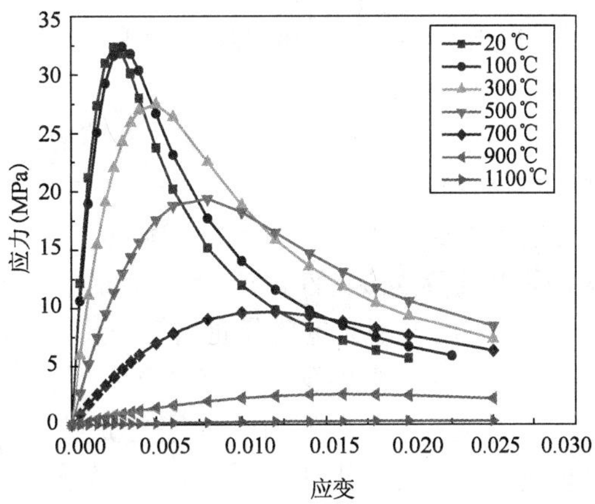

图 3.2 过镇海 C50 混凝土应力-应变关系

LIE 建议的应力-应变全曲线关系为[3]

上升段：

$$\frac{\sigma_c}{f_{c,T}} = 1 - (1-x)^2 \qquad \left(x = \frac{\varepsilon_c}{\varepsilon_{cp,T}} \leqslant 1.0\right) \tag{3.2.30}$$

下降段：

$$\frac{\sigma_c}{f_{c,T}} = 1 - \frac{(x-1)^2}{9} \quad \left(x = \frac{\varepsilon_c}{\varepsilon_{cp,T}} \leqslant 1.0\right) \tag{3.2.31}$$

其中，

$$\varepsilon_{cp,T} = 0.0025 + (6 \times T + 0.04T^2) \times 10^{-6} \tag{3.2.32}$$

陆洲导建议的应力-应变全曲线关系为[4]

上升段：

$$\frac{\sigma_c}{f_{c,T}} = 2x - x^2 \quad \left(x = \frac{\varepsilon_c}{\varepsilon_{cp,T}} \leqslant 1.0\right) \tag{3.2.33}$$

下降段：

$$\frac{\sigma_c}{f_{c,T}} = \begin{cases} 1 - 100(\varepsilon_c - \varepsilon_{cp,T}) & (x > 1.0 \text{ 且 } 0℃ < T \leqslant 400℃) \\ 1.0 & (x > 1.0 \text{ 且 } 400℃ < T \leqslant 800℃) \end{cases} \tag{3.2.34}$$

其中，

$$\frac{\varepsilon_{cp,T}}{\varepsilon_{cp}} = 1.0 + 0.002T \tag{3.2.35}$$

3.3 钢的热工性能

3.3.1 钢的种类

不同结构使用的钢材不同，桥梁结构中常用的钢材可分为以下四类：

(1)普通结构钢。桥梁用结构钢有Q235q、Q345q、Q370q、Q420q四个牌号，我国钢结构桥梁中应用最多的是Q345q钢。

(2)耐候钢。耐候钢是介于普通结构钢和低合金钢之间的系列，耐气候腐蚀性能较好，常用于海湾大桥的建设。

(3)高强度钢。屈服强度$f_y \geqslant 440$MPa，抗拉强度$f_u \geqslant 590$MPa的钢材，均属于高强度钢。常用于螺栓等连接构件，我国有少数钢结构桥梁采用高强度钢。

(4)钢筋。钢筋包括普通热轧钢筋、冷拔钢筋、热处理预应力钢筋、钢绞线、斜拉索和缆索等经过冷加工制成的预应力钢筋。

不同结构中使用的钢材，其化学成分及其所经受的加工过程不同，所以，高温下不同钢材性能随温度变化的规律差别较大。

高温下低碳钢从熔融状态到凝固状态内部微观结构会经过一系列的变化[1]：

1520℃时，开始凝固；1460℃时，全部凝固；900～1460℃时，全部为奥氏体；780～900℃，铁素体从奥氏体颗粒边缘析出，碳和奥氏体形成共晶奥氏体；727℃时，铁素体全部析出，共晶奥氏体开始分解为铁素体和碳化铁；冷却至室温时，共晶奥氏体全部分解为88%铁素体和12%碳化铁，并形成珠光体，钢材最终由连续的铁素体颗粒和岛状的珠光体颗粒组成。

各种钢材在高温下的热工性能略有差别，在计算中不作严格区分，数值分析时取决于试验验证。高温下各种钢材的力学性能差别较大，本节主要介绍桥梁结构中常用的普通结构钢和钢筋的力学性能。钢的热工性能主要包括钢的热传导性能、比热容和密度。

3.3.2 热传导系数 λ_s

钢材的热传导系数比混凝土大很多，是导热性能非常好的材料。受内部晶体之间的变化影响，钢材的热传导系数随温度的升高而递减，温度达到 800℃左右时，则不再减小，基本保持不变。各国规范对钢材的热传导系数的取值如下：

欧洲规范给出的钢任意温度场的热传导率计算公式：

$$\lambda_s = \begin{cases} 54 - 3.33 \times 10^{-2} T & (20℃ \leqslant T \leqslant 800℃) \\ 27.3 & (800℃ < T < 1200℃) \end{cases} \tag{3.3.1}$$

式中：λ_s——任意温度场钢的热传导系数[W/(m·℃)]；

T——材料温度(℃)。

或采用简化计算模型，认为钢材热传导系数与温度无关，取：

$$\lambda_s = 45 \tag{3.3.2}$$

英国规范 BS5950[15] 中钢的热传导系数取常数：

$$\lambda_s = 37.5 \tag{3.3.3}$$

日本《建筑物综合防火设计规范》研究表明，钢的热传导系数随温度的升高而减小，其表达式为[16]

$$\lambda_s = 52.08 - 5.05 \times 10^{-5} T^2 \tag{3.3.4}$$

3.3.3 比热容 c_s

钢材的比热容相对混凝土较小，并且随温度而变化。钢材在 725℃左右时，内部颗粒成分与微观结构发生显著变化，比热容迅速增大。随后，当内部颗粒成分与微观结构稳定后，比热容又迅速回落。

欧洲规范[2]建议钢任意温度场的比热容为

$$c_s = \begin{cases} 425 + 0.773T - 1.69 \times 10^{-3} T + 2.22 \times 10^{-6} T^3 & (20℃ \leqslant T \leqslant 600℃) \\ 666 - \dfrac{13002}{738 - T} & (600℃ < T \leqslant 735℃) \\ 545 + \dfrac{17820}{T - 731} & (735℃ < T \leqslant 900℃) \\ 650 & (900℃ \leqslant T \leqslant 1200℃) \end{cases} \tag{3.3.5}$$

式中：c_s——任意温度场钢的比热容[J/(kg·℃)]。

或采用简化计算模型，建议比热容采用常数：

$$c_s = 600 \tag{3.3.6}$$

英国规范 BS5950 建议比热容采用常数[15]：

$$c_s = 520 \tag{3.3.7}$$

日本《建筑物综合防火设计规范》给出比热容计算公式[16]：

$$c_s = 483 + 8.02 \times 10^{-4} T^2 \tag{3.3.8}$$

3.3.4 重度 $\boldsymbol{\rho}_s$

任意温度场钢的密度均为常数[2]：

$$\rho_s = 7850 \tag{3.3.9}$$

式中：ρ_s——任意温度场钢的密度(kg/m^3)。

3.4 钢的热力学性能

钢的热力学性能包括热膨胀系数、屈服强度、弹性模量、泊松比、高温本构(应力-应变关系)和高温蠕变。

3.4.1 热膨胀系数 $\boldsymbol{\alpha}_s$

欧洲规范采用的结构钢热膨胀为[2]

$$\frac{\Delta l}{l} = \begin{cases} 1.2\times10^{-5}T + 0.4\times10^{-8}T^2 - 2.416\times10^{-4} & (20℃ \leqslant T \leqslant 750℃) \\ 1.1\times10^{-2} & (750℃ < T \leqslant 860℃) \\ 2.0\times10^{-5}T - 6.2\times10^{-3} & (860℃ < T \leqslant 1200℃) \end{cases} \tag{3.4.1}$$

式中：Δl——试件从常温下升高到 T 时的伸长量；

l——常温下的原始长度。

或采用简化计算模型，建议热膨胀为

$$\frac{\Delta l}{l} = 1.4\times10^{-6}(T-20) \tag{3.4.2}$$

欧洲规范建议的预应力钢筋热膨胀为[11]

$$\frac{\Delta l}{l} = 10^{-5}T + 0.4\times10^{-8}T^2 - 2.016\times10^{-4} \quad (20℃ \leqslant T \leqslant 1200℃) \tag{3.4.3}$$

英国规范 BS 5950 采用的热膨胀系数与欧洲的简化模型热膨胀系数相同，取值如下[15]：

$$\alpha_s = 1.4\times10^{-5} \tag{3.4.4}$$

式中：α_s——任意温度场钢的热膨胀系数。

日本《建筑物综合防火设计规范》采用的热膨胀系数为[16]

$$\alpha_s = (11.0 + 5.75\times10^{-3}T)\times10^{-6} \tag{3.4.5}$$

澳大利亚 AS4100 建议的热膨胀系数为[19]

$$\alpha_s = (11.4 + 0.01T)\times10^{-6} \quad (20℃ \leqslant T \leqslant 600℃) \tag{3.4.6}$$

殷颖智建议的 20MnTi 钢的热膨胀系数为[20]

$$\frac{\Delta l}{l} = 7.99\times10^{-6} + 2.0\times10^{-9}T \quad (T \leqslant 700℃) \tag{3.4.7}$$

陆洲导建议的热膨胀系数大约为[4]

$$\alpha_s = 9.58\times10^{-6} + 2.4\times10^{-9}T \quad (T \leqslant 700℃) \tag{3.4.8}$$

3.4.2 强度 f_s

(1)普通结构钢

ECCS 给出的普通结构钢高温屈服强度公式为[8]

$$\frac{f_{sy,T}}{f_{sy}}=\begin{cases}1+\dfrac{T}{767\ln\dfrac{T}{1750}} & (0℃\leqslant T<600℃)\\[2ex] \dfrac{1080\left(1-\dfrac{T}{1000}\right)}{T-440} & (600℃\leqslant T\leqslant 1000℃)\end{cases} \tag{3.4.9}$$

式中:$f_{sy,T}$——温度 T 时结构钢屈服强度(MPa);

f_{sy}——常温下结构钢屈服强度(MPa)。

澳大利亚 AS4100 给出的普通结构钢高温屈服强度公式为[19]

$$\frac{f_{sy,T}}{f_{sy}}=\begin{cases}1 & (0℃<T\leqslant 215℃)\\[1ex] \dfrac{905-T}{690} & (215℃<T\leqslant 905℃)\end{cases} \tag{3.4.10}$$

日本《建筑物综合防火设计规范》提出的公式为[16]

$$\frac{f_{sy,T}}{f_{sy}}=S_1-S_2T-S_3T^2 \tag{3.4.11}$$

式中:S_1、S_2、S_3——回归系数,根据钢材种类选用。

欧洲规范在试验的基础上,采用参数补充的方法以表 3.3 的形式给出了结构钢高温强度折减系数[2]。

欧洲规范建议的普通结构钢温变过程的强度折减 表 3.3

温度(℃)	比例极限强度/折减系数,$f_{sp,T}/f_{sp}$	屈服强度/折减系数,$f_{sy,T}/f_{sy}$
20	1.000	1.000
100	1.000	1.000
200	0.807	1.000
300	0.613	1.000
400	0.420	1.000
500	0.360	0.780
600	0.180	0.470
700	0.075	0.230
800	0.050	0.110
900	0.038	0.060
1000	0.025	0.040
1100	0.013	0.020
1200	0.000	0.000

注:表中其他温度时的折减系数通过内插法得到。

(2)普通热轧钢筋

普通热轧钢筋的高温力学特性与普通结构钢很相近,欧洲规范对这两类钢材采用了完全相同的强度折减公式[2]。

陆洲导在试验基础上分布拟合得到的热轧钢筋高温屈服强度的计算公式为[4]

$$\frac{f_{sy,T}}{f_{sy}}=\begin{cases}1 & (20℃<T\leqslant 200℃)\\ 1.33-1.64\times 10^{-3}T & (200℃<T\leqslant 700℃)\end{cases} \tag{3.4.12}$$

吕彤光在试验的基础上分布拟合得到的热轧钢筋高温屈服强度公式为[21]

$$\frac{f_{sy,T}}{f_{sy}}=\frac{1.0}{1.0+6.0\,(T-20)^{6}\times 10^{-17}}\quad (20℃<T\leqslant 800℃) \tag{3.4.13}$$

澳大利亚 AS4100 给出的公式为[19]

$$\frac{f_{sy,T}}{f_{sy}}=\begin{cases}1 & (0℃<T\leqslant 250℃)\\ \dfrac{720-T}{470} & (250℃<T\leqslant 720℃)\end{cases} \tag{3.4.14}$$

(3)预应力钢筋

预应力钢筋有热处理预应力钢筋和冷拔预应力钢筋(钢绞线)。欧洲规范给出的热处理预应力钢筋和冷拔预应力筋的高温强度折减系数取值见表 3.4[2]。

欧洲规范建议的预应力钢筋温变过程的强度折减 表 3.4

温度(℃)	比例极限强度/折减系数,$f_{sp,T}/f_{sp}$		屈服强度/折减系数,$f_{sy,T}/f_{sy}$		$\varepsilon_{st,T}$	$\varepsilon_{su,T}$
	冷拔	热处理	冷拔	热处理		
20	1.00	1.00	1.00	1.00	0.050	0.100
100	0.68	0.77	1.00	0.98	0.050	0.100
200	0.51	0.62	0.87	0.92	0.050	0.100
300	0.32	0.58	0.70	0.86	0.055	0.105
400	0.13	0.52	0.50	0.69	0.060	0.110
500	0.07	0.14	0.30	0.26	0.065	0.115
600	0.05	0.11	0.14	0.21	0.070	0.120
700	0.03	0.09	0.06	0.15	0.075	0.125
800	0.02	0.06	0.04	0.09	0.080	0.130
900	0.01	0.03	0.02	0.04	0.085	0.135
1000	0.00	0.00	0.00	0.00	0.090	0.140

注:表中其他温度时的折减系数通过内插法得到。

澳大利亚 AS4100 对热处理预应力钢筋和冷拔预应力钢筋高温强度采用了同样的折减系数,表达式如下[19]:

$$\frac{f_{sy,T}}{f_{sy}}=\begin{cases}1 & (0℃<T\leqslant 150℃)\\ \dfrac{700-T}{550} & (150℃<T\leqslant 700℃)\end{cases} \tag{3.4.15}$$

宗钟凌等给出的 1860 级钢绞线比例极限强度公式为[22]:

$$\begin{aligned}\frac{f_{sp,T}}{f_{sp}}=&\,1.017-4.789\times 10^{-4}\times T+5.898\times 10^{-7}\times T^{2}-\\ &\,9.627\times 10^{-9}\times T^{3}+9.905\times 10^{-12}\times T^{4}\end{aligned} \tag{3.4.16}$$

式中：$f_{sp,T}$——温度 T 时钢材的比例极限强度(MPa)；

f_{sp}——常温下钢材的比例极限强度(MPa)。

条件屈服强度公式为

$$\frac{f_{s0.2,T}}{f_{s0.2}} = 1.019 - 9.249 \times 10^{-4} \times T + 2.679 \times 10^{-6} \times T^2 - 1.418 \times 10^{-8} \times T^3 + 1.344 \times 10^{-11} \times T^4 \quad (3.4.17)$$

式中：$f_{s0.2,T}$——温度 T 时钢材的条件屈服强度(MPa)；

$f_{s0.2}$——常温下钢材的条件屈服强度(MPa)。

张昊宇等给出的1860级钢绞线比例极限强度计算公式为[23]

$$\frac{f_{sp,T}}{f_{sp}} = 1.03 - 8.5 \times 10^{-4} \times T - 3.88 \times 10^{-6} \times T^2 + 4.33 \times 10^{-9} \times T^3 \quad (3.4.18)$$

条件屈服强度计算公式为

$$\frac{f_{s0.2,T}}{f_{s0.2}} = 1.013 - 8.47 \times 10^{-4} \times T + 1.269 \times 10^{-7} \times T^2 - 7.8 \times 10^{-9} \times T^3 + 9.24 \times 10^{-12} \times T^4 \quad (3.4.19)$$

极限强度计算公式为

$$\frac{f_{su,T}}{f_{su}} = 0.99 + 4.75 \times 10^{-4} \times T - 5.57 \times 10^{-6} \times T^2 + 1.02 \times 10^{-9} \times T^3 + 4.55 \times 10^{-12} \times T^4 \quad (3.4.20)$$

式中：$f_{su,T}$——温度 T 时钢材的极限强度(MPa)；

f_{su}——常温下钢材的极限强度(MPa)。

3.4.3 弹性模量 E_s

(1)普通结构钢

ECCS 建议的普通结构钢弹性模量计算公式为[8]

$$\frac{E_{s,T}}{E_s} = -17.2 \times 10^{-12}T^4 + 11.8 \times 10^{-9}T^3 - 34.5 \times 10^{-7}T^2 + 15.9 \times 10^{-5}T + 1 \quad (20℃ < T \leqslant 800℃) \quad (3.4.21)$$

式中：$E_{s,T}$——温度 T 时结构钢的初始切线弹性模量(MPa)；

E_s——常温下结构钢的初始切线弹性模量(MPa)。

日本《建筑物综合防火设计规范》提出的计算方法为[16]

$$\frac{E_{s,T}}{E_s} = -aT^2 - bT + c \quad (3.4.22)$$

式中：a、b、c——回归系数，依据钢材种类而定。

澳大利亚规范 AS4100 所采用的公式为[19]

$$\frac{E_{s,T}}{E_s} = \begin{cases} 1.0 + \dfrac{T}{2000\ln\left(\dfrac{T}{1100}\right)} & (20℃ \leqslant T \leqslant 600℃) \\ \dfrac{690 - 0.69T}{T - 53.5} & (600℃ < T \leqslant 1000℃) \end{cases} \quad (3.4.23)$$

欧洲规范在试验的基础上，给出了普通结构钢高温弹性模量折减系数，见表3.5[2]。

欧洲规范建议的普通结构钢温变过程的弹性模量折减系数 表3.5

温度(℃)	弹性模量折减系数 $E_{s,T}/E_s$	温度(℃)	弹性模量折减系数 $E_{s,T}/E_s$
20	1.000	700	0.130
100	1.000	800	0.090
200	0.900	900	0.068
300	0.800	1000	0.045
400	0.700	1100	0.023
500	0.600	1200	0.000
600	0.310	—	—

注：表中其他温度时的折减系数通过内插法得到。

(2)热轧钢筋

热轧钢筋的高温力学特性与普通结构钢很相近，欧洲规范对这两类钢材采用了完全相同的弹性模量折减公式[2]。

陆洲导在试验的基础上分布拟合得到了火灾场热轧钢筋的高温弹性模量计算公式[4]为

$$\frac{E_{s,T}}{E_s}=\begin{cases}1.0-4.86\times10^{-4}T & (20℃<T\leqslant370℃)\\1.515-1.879\times10^{-3}T & (370℃<T\leqslant800℃)\end{cases}\tag{3.4.24}$$

吕彤光在试验的基础上分布拟合得到了火灾场热轧钢筋的高温弹性模量计算公式[21]为

$$\frac{E_{s,T}}{E_s}=\frac{1}{1.03+7\times10^{-17}\times(T-20)^6}\quad(20℃<T\leqslant800℃)\tag{3.4.25}$$

(3)预应力钢筋

欧洲规范在试验的基础上，给出了预应力钢筋温变过程弹性模量折减系数，见表3.6[2]。

欧洲规范建议的预应力钢筋温变过程的弹性模量折减系数 表3.6

温度(℃)	弹性模量折减系数 $E_{s,T}/E_s$	
	冷拔	热处理
20	1.00	1.00
100	0.98	0.76
200	0.95	0.61
300	0.88	0.52
400	0.81	0.41
500	0.54	0.20
600	0.41	0.15
700	0.10	0.10
800	0.07	0.06
900	0.03	0.03
1000	0.00	0.00

注：表中其他温度时的折减系数通过内插法得到。

宗钟凌等给出的 1860 级钢绞线弹性模量计算公式为[22]

$$\frac{E_{s,T}}{E_s} = \frac{1}{1.03} + 23.875 \times (T/1000)^{4.792} \tag{3.4.26}$$

张昊宇等给出的 1860 级钢绞线弹性模量计算公式为[23]

$$E_{s,T} = \frac{E_s}{1.03 + 32 \times (T + 108)^6 \times 10^{-18}} \tag{3.4.27}$$

3.4.4 泊松比 ν_s

钢材的泊松比受高温影响较小,基本保持定值,所以钢材的高温泊松比与常温泊松比相同:

$$\nu_s = 0.28 \tag{3.4.28}$$

3.4.5 高温本构

钢材的高温本构(应力-应变关系)具有许多分段模型,其中包括直线模型,即给出一定温度下各控制应力点的应变值,在相邻点之间进行插值连直线。欧洲规范采用的不考虑强化的应力 - 应变关系为基础建立钢材的高温本构关系,其结构钢和钢筋均采用相同的应力-应变曲线,该曲线为连续光滑曲线[2]。

$$\sigma_s = \begin{cases} \varepsilon_s E_{s,T} & (\varepsilon_s \leqslant \varepsilon_{sp,T}) \\ f_{sp,T} - c + \left(\dfrac{b}{a}\right)\sqrt{a^2 - (\varepsilon_{sy,T} - \varepsilon_s)^2} & (\varepsilon_{sp,T} \leqslant \varepsilon_s \leqslant \varepsilon_{sy,T}) \\ f_{sy,T} & (\varepsilon_{sy,T} \leqslant \varepsilon_s \leqslant \varepsilon_{st,T}) \\ f_{sy,T}\left(1 - \dfrac{\varepsilon_s - \varepsilon_{st,T}}{\varepsilon_{su,T} - \varepsilon_{st,T}}\right) & (\varepsilon_{st,T} \leqslant \varepsilon_s \leqslant \varepsilon_{su,T}) \end{cases} \tag{3.4.29}$$

式中:σ_s——任意时刻钢的应力(MPa);

ε_s——任意时刻钢的应变;

$\varepsilon_{sp,T}$——温度 T 时钢的比例极限应变;

$\varepsilon_{sy,T}$——温度 T 时钢的屈服应变;

$\varepsilon_{st,T}$——温度 T 时钢的最大屈服应变;

$\varepsilon_{su,T}$——温度 T 时钢的极限应变;

a、b、c——系数,其计算式为

$$a = \sqrt{(\varepsilon_{sy,T} - \varepsilon_{sp,T})\left(\varepsilon_{sy,T} - \varepsilon_{sp,T} + \frac{c}{E_{s,T}}\right)} \tag{3.4.30}$$

$$b = \sqrt{c(\varepsilon_{sy,T} - \varepsilon_{sp,T})E_{s,T} + c^2} \tag{3.4.31}$$

$$c = \frac{(f_{sy,T} - f_{sp,T})^2}{(\varepsilon_{sy,T} - \varepsilon_{sp,T})E_{s,T} - 2(f_{sy,T} - f_{sp,T})} \tag{3.4.32}$$

对普通结构钢和热轧钢筋:

$\varepsilon_{sp,T} = \dfrac{f_{sp,T}}{E_{s,T}}$;$\varepsilon_{sy,T} = 0.02$;$\varepsilon_{st,T} = 0.15$;$\varepsilon_{su,T} = 0.2$。

对预应力钢筋:

$\varepsilon_{sp,T}=\dfrac{f_{sp,T}}{E_{s,T}}$;$\varepsilon_{sy,T}=0.02$。其中,$\varepsilon_{st,T}$、$\varepsilon_{su,T}$ 见表 3.4。

宗钟凌等对 1860 级钢绞线采用三折线拟合其应力-应变曲线[22]:

$$\sigma_s=\begin{cases}\varepsilon_s E_{s,T} & (\varepsilon_s\leqslant\varepsilon_{sp,T})\\ \dfrac{f_{s0.2,T}-f_{sp,T}}{\varepsilon_{s0.2,T}-\varepsilon_{sp,T}}(\varepsilon_s-\varepsilon_{sp,T})+f_{sp,T} & (\varepsilon_{sp,T}\leqslant\varepsilon_s\leqslant\varepsilon_{s0.2,T})\\ f_{s0.2,T} & (\varepsilon_{s0.2,T}\leqslant\varepsilon_s)\end{cases} \tag{3.4.33}$$

式中:$\varepsilon_{s0.2,T}$——温度 T 时钢的条件屈服应变。

$\varepsilon_{sp,T}$,$\varepsilon_{s0.2,T}$分别按下式计算:

$$\varepsilon_{sp,T}=\frac{f_{sp,T}}{E_{s,T}} \tag{3.4.34}$$

$$\frac{\varepsilon_{s0.2,T}}{\varepsilon_{s0.2}}=1.018-4.715\times10^{-4}\times T-2.046\times10^{-7}\times T^2-7.481\times10^{-10}\times T^3 \tag{3.4.35}$$

桥梁结构中常用的 Q345 钢和 1860 级预应力钢绞线应力-应变关系如图 3.3 所示。

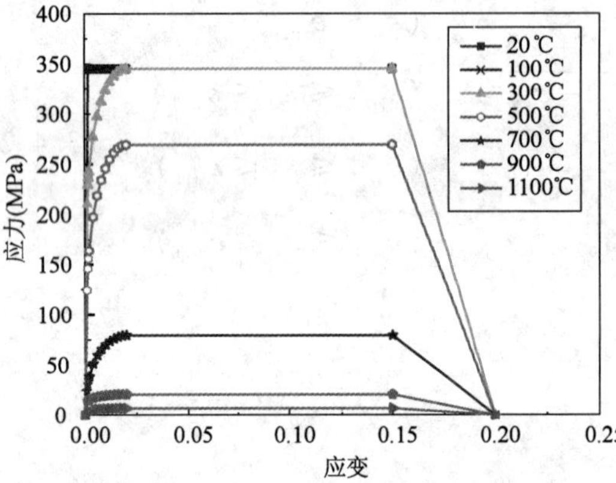

a) Q345钢

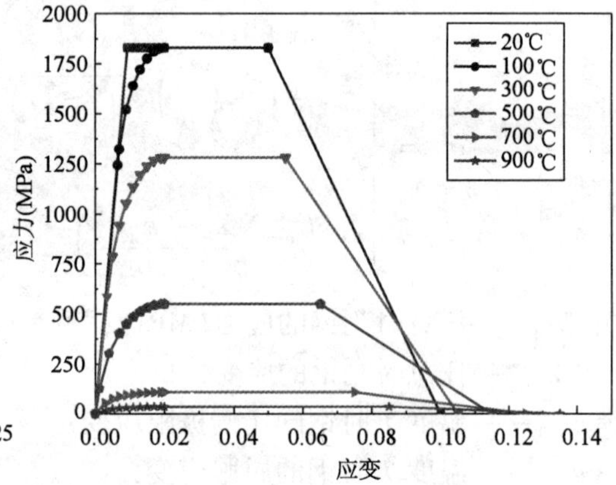

b)1860级预应力钢绞线

图 3.3 Q345 钢和 1860 级预应力钢绞线应力-应变关系

3.4.6 高温蠕变

钢的高温蠕变是钢材在高温下的一个显著特征,其影响钢结构的变形和位移,会导致钢构件过早发生屈曲,在这里仅列出桥梁结构用的 1860 级钢绞线的高温蠕变模型,其余钢材的高温蠕变请参阅相关文献。

张昊宇等给出的 1860 级钢绞线短期高温蠕变应变计算式为[23]

$$\varepsilon_{cr}=(-10.5+10.68\times t^{0.01268})\times a\times t^{b} \tag{3.4.36}$$

式中:ε_{cr}——蠕变应变;

t——时间(min);

a、b——系数,其计算式为:

$$a = 0.01\exp\left[\begin{aligned}&-762.0636-704.4403\frac{\sigma}{f_{su}}+1793.576\left(\frac{\sigma}{f_{su}}\right)^{1.5}-887.7549\left(\frac{\sigma}{f_{su}}\right)^{2}-316.2806\sqrt{\frac{\sigma}{f_{su}}}\ln\frac{\sigma}{f_{su}}\\&-90.52215T+8.668559T\ln T-0.2506741T^{1.5}+\frac{269.4188T}{\ln T}\end{aligned}\right] \tag{3.4.37}$$

式中：σ——高温下钢绞线中的蠕变应力(MPa)。

$$b = 8\times10^{-4}\times T+0.1467 \tag{3.4.38}$$

周焕廷等给出的1860级钢绞线短期高温蠕变应变计算式为[24]

$$\varepsilon_{cr} = at^{b} \tag{3.4.39}$$

式中：a、b——系数，其计算式为

$$a = \frac{a_1}{a_2} \tag{3.4.40}$$

$$a_1 = 5.3949\times10^{-6}-1.2072\times10^{-5}\ln(\ln\sigma)+7.18758\times10^{-6}\left[\ln(\ln\sigma)\right]^2-1.08177\times10^{-6}\ln T \tag{3.4.41}$$

$$a_2 = 1+1.3914461\times10^{-2}\ln(\ln\sigma)-0.328424386\ln T+2.630365\times10^{-2}(\ln T)^2 \tag{3.4.42}$$

$$b = -87.4359943-\frac{15.3306826}{\ln\sigma}+1.696749T-0.012045T^2+4.03218\times10^{-5}T^3-6.4124\times10^{-8}T^4+3.90773\times10^{-11}T^5 \tag{3.4.43}$$

3.5 本章小结

在现行标准的指导下，桥梁建设要求高性能混凝土、高性能钢，桥梁结构上部的混凝土强度等级均处于C50及以上，钢绞线采用1860级。对于高性能材料的高温力学性能还需要进行深入的试验与测试，系统地梳理高性能材料在不同温度环境下的工作特征，全面揭示其工作机理。

本章参考文献

[1] 李国强.钢结构及钢-混凝土组合结构抗火设计[M].北京：中国建筑工业出版社，2006.

[2] European Committee for Standardization. ENV 1994-1-2, Eurocode4, Design of Composite and Concrete Structures, Part1-2: General Rules-Structural Fire Design, 2014.

[3] LIE T T, DENHAM E M A. Factors affecting the fire resistance of circular hollow steel columns filled with bar-reinforced concrete[R]. NRC-CNRC Internal Report, No. 651, 1993.

[4] 陆洲导.钢筋混凝土梁对火灾反应的研究[D].上海：同济大学，1989.

[5] 朱伯芳.水工混凝土结构的温度应力与温度控制[M].北京：水利电力出版社，1976.

[6] Comite Euro-International du Beton. Bulletin D'information No. 213/214 CEB-FIP Model Code 1990 (Concrete Structures). Lausanne, May 1993.

[7] 侯晓萌. 预应力混凝土梁板抗火性能与抗火设计方法研究[D]. 哈尔滨:哈尔滨工业大学, 2009.

[8] ECCS. Technical Committee 3-Fire Safety of Steel Structures, Design Manual on the European Recommendations for the Fire Safety of Steel Structures, 1st edition, 1985.

[9] 王铁梦. 工程结构裂缝控制[M]. 北京:中国建筑工业出版社,1997.

[10] 过镇海. 常温和高温下混凝土材料和构件的力学性能[M]. 北京:清华大学出版社,2005.

[11] European Committee for Standardization, ENV 1994-1-2, Eurocode 2, Design of Concrete Structures, Part1-2: General Rules-Structural Fire Design, 2004.

[12] 蒋首超. 钢-混凝土组合楼盖抗火性能理论与试验研究[D]. 上海:同济大学,2001.

[13] Zhu B F, Rao B, Jia J S, et al. Shape Optimization of Arch Dams for Static and Dynamic Loads[J]. Journal of Structural Engineering, 1992, 118(11):2996-3015.

[14] 时旭东. 高温下钢筋混凝土杆系结构试验研究和非线性有限元分析[D]. 北京:清华大学,1992.

[15] British Standards Institution (BSI), BS 5950. The Structural Use of Steelwork in Buildings, Part 8: Code of Practice for Fire Resistant Design, 1990.

[16] 孙金香,高伟. 建筑物综合防火设计[M]. 天津:天津科技翻译出版公司,1994.

[17] 张岗,贺拴海,侯炜,等. 预应力混凝土桥梁抗火研究综述[J]. 长安大学学报(自然科学版),2018,38(6):1-9.

[18] 贺拴海,张岗,黄侨. 火灾下桥梁结构灾变机理及安全性评价与加固技术研究[R]. 西安:长安大学,2014.

[19] Standards Association of Australian (SAA), AS100-1990, Steel Structures, 1990.

[20] 殷颖智. 钢结构高强度螺栓受拉及受剪连接在高温(火灾)下的性能[D]. 上海:同济大学,2000.

[21] 吕彤光. 高温下钢筋的强度和变形试验研究[D]. 北京:清华大学,1996.

[22] 宗钟凌,张晋,蒋德稳,等. 高温下1860级钢绞线钢丝力学性能试验研究[J]. 建筑科学,2016,32(1):43-47.

[23] 张昊宇,郑文忠. 1860级低松弛钢绞线高温下力学性能[J]. 哈尔滨工业大学学报,2007,39(6):861-865.

[24] 周焕廷,聂河斌,李国强,等. 高温作用下1860级预应力钢绞线蠕变性能试验研究[J]. 建筑结构学报,2014(6):123-129.

第4章

桥梁结构热-力耦合效应与计算方法

4.1 火灾致桥梁结构热-力耦合

4.1.1 热-力耦合作用

桥梁结构火灾性能的研究,一般遵循火灾—温度场—应力场过程,而应力场可由温度直接产生,也可由温度和作用共同产生,后者称为热-力耦合。火灾中桥梁结构既要遭受剧烈的热场(高温场)作用,也要承受结构的荷载作用。桥梁遭遇火灾的过程实际上是结构上的一种热力耦合。火灾可以称作火荷载,桥梁火灾既可以称作桥梁火荷载,也可以称作桥梁火灾作用,火灾下桥梁结构的热-力耦合作用主要是指逐渐劣化的结构随受火时间的延伸持续不断地抵抗相关作用的一种过程[1-19]。

研究火灾高温场中的桥梁结构性能,离不开其材料特性。桥梁结构材料包括混凝土、普通钢筋、钢和预应力钢束。混凝土是一种多相复合材料,在热场中,混凝土组成成分粗、细集料和水泥胶结材料的化学反应敏感,热工性能各不相同,有些组分在火灾高温场中的物理特性发生了较大的变化,导致混凝土在热场中的力学性能变异性很大。混凝土的热工性能主要包括对流热换系数、热传导系数、比热容、密度等。钢材是一种组分分布均匀、高温下化学性质相对稳定的材料，由于高温下钢材材性试验所得到的有关参数离散性较小，所以材料各种热学性能试验结果稳定性好。钢的热工性能包括热传导系数、比热容、密度，钢具有导热系数大、比热容小的特点，受热后温度迅速升高。这些参数主要用于结构内部的热场分布，作为结构热应力计算的前提条件。

高温下混凝土的力学性能包括抗拉强度、抗压强度、弹性模量、高温本构（应力-应变关系）和热膨胀应变等，钢的力学性能包括屈服强度、极限强度、弹性模量、高温本构（应力-应变关系）、热膨胀应变和高温蠕变等。

4.1.2 桥梁结构受火模式

桥梁结构火灾性能研究一般需要根据实际情况设定受火模式。受火模式是指火灾产生时，结构可能受到的高温程度，包括火源的长度、火源的位置和火灾场景的选取等。根据桥梁结构的火源发生特性，可将受火模式分为环境火灾模式、整跨受火模式和局部受火模式。

（1）环境火灾模式（Environment-Fire Model，EFM）。由于受环境气流和结构物高度的影响，火灾高温场在空间上的分布存有差异性。结构处于火灾场迎火面与背火面的温度分布效应是不相同的，往往迎火面的结构火灾损伤程度较高。把处于受气流影响的火灾场桥梁结构温度效应称为流-固耦合传热系统中的高温环境效应模式，也称为环境火灾模型。

（2）整跨受火模式（Entire-span Fire Model，ESFM）。部分跨径小、桥下空间狭窄或有建筑设施的梁式结构，由于意外原因发生火灾后，形成近似封闭或半封闭的空间，火灾高温场包络桥梁三侧，温升曲线按火源焰围空间温度随时间的变化值计算，将此梁式结构受火模式称为整跨受火模式。整跨受火模式可分为底板受火、腹板底部受火、腹板单侧受火和腹板两侧与底板同时受火，后者破坏性强。

（3）局部火灾模式（Localized Fire Model，LFM）。跨径大、桥下空间小的梁式结构发生火灾后，不会整跨受火，而是沿跨径的某一部分受火，高温区按火源焰围空间温度随时间的变化值计算，高温区外按焰围空间辐射温度计算，将此称为局部高温模式。局部受火模式可分为翼缘板局部受火、腹板局部受火、底板局部受火、支座区域受火以及受力薄弱部位受火，后者破坏性强。

桥梁结构火灾高温场的描述一般应给出结构内温度随时间、空间的变化规律，因此，火灾场景的选择非常重要。目前可用于桥梁结构的火灾场景有 ISO 834、ASTM E119、RWS、HC、外部火灾及自定义火灾场景等。可根据桥梁结构的特点、燃烧过程及火灾现场确定火灾场景的选取。火灾下桥梁结构在空间上的温度分布规律，取决于如下几个方面：

（1）桥梁结构自身的温升速率。它会影响桥梁结构温度峰值出现的时间。

（2）桥梁结构受火区域达到的最高温度。它会影响混凝土、钢筋和预应力钢束等材料的物理-化学特性，并可能影响材料性能劣化程度的大小。

（3）火灾场持续时间。持续时间的长短会影响结构内部或迎火面的温度分布，进而影响结构的力学性能。

（4）对流换热方式。自然对流换热方式会对混凝土结构的材料性能及温度分布产生不同的影响。选取一个准确的火灾场景，以便为分析材料力学性能的变化以及各类桥梁结构的安全性能服务。

(5)热辐射系数。薄壁空腹桥梁结构内部的温度取决于辐射系数的大小,从而也直接影响整个结构的抗火性能。

长安大学的科研团队近年来致力于桥梁结构热力耦合计算方法的研究,取得了一系列成果,本章就其分析计算的理论部分做一介绍[1,4-9,16,17,19]。

4.2 热-力耦合系统

4.2.1 热焓计算

热焓是表示物质系统能量的一个状态函数,亦称为焓,具有能量的量纲,但没有确切的物理意义,其变化量称为焓变。焓法采用热焓和温度一起作为待求变量,在整个区域(包括液相、固相或流固两相界面)建立统一的能量方程:

$$H[T(t),c(t),\rho(t),\sum M_i,P]-H[T(t_0),c(t_0),\rho(t_0),\sum M_i,P]=\iiint_{\Omega}\left[\int_{T(t_0)}^{T(t)}c(t)\rho(t)\,\mathrm{d}T(t)\right]\mathrm{d}\Omega \tag{4.2.1}$$

式中:$H[T(t),c(t),\rho(t),\sum M_i,P]$——组合元总焓;

P——压强;

M_i——物体体系的分子质量。

物体体系所能吸收的热量在数值上等于焓的增加,得到如下能量平衡方程[11,20]:

$$\frac{\partial^2 H(t)}{\partial t^2}=\dot{Q}(t)+\frac{\partial\vec{\nabla}\{k(t)[\vec{\nabla}T(t)]^{\mathrm{T}}\}}{\partial t} \tag{4.2.2}$$

式中:$H(t)$——热场中混凝土某时总焓。

$\vec{\nabla}$ 可表示为如下方程:

$$\vec{\nabla}=\left\{\frac{\partial}{\partial x},\frac{\partial}{\partial y},\frac{\partial}{\partial z}\right\} \tag{4.2.3}$$

由式(4.2.3)代入式(4.2.2)可得热焓变率表达式:

$$\frac{\partial\dot{H}(t)}{\partial t}=\dot{Q}(t)+\vec{\nabla}[k(t)\,\vec{\nabla}^{\mathrm{T}}\dot{T}(t)] \tag{4.2.4}$$

若将任意时刻热焓传导率描述为密度、比热容、温度和潜热的函数,则有:

$$\frac{\partial H(t)}{\partial t}=\rho(t)c(t)\dot{T}(t)+\frac{\partial L_{\mathrm{w}}(t)}{\partial t} \tag{4.2.5}$$

式中:$L_{\mathrm{w}}(t)$——潜热函数,见4.2.2节。

用焓变率表示节点温度梯度,得到:

$$\vec{\nabla}T(t)=\{T'_{x}(t),T'_{y}(t),T'_{z}(t)\}=\left\{\frac{\int[\dot{H}(t)-Q(t)]\mathrm{d}x}{k(t)},\frac{\int[\dot{H}(t)-Q(t)]\mathrm{d}y}{k(t)},\frac{\int[\dot{H}(t)-Q(t)]\mathrm{d}z}{k(t)}\right\} \tag{4.2.6}$$

式中：$T'_x(t)$、$T'_y(t)$、$T'_z(t)$——沿 x、y、z 方向的温度梯度(℃/m)；

$\dot{H}(t)$——梯焓变率。

4.2.2 潜热函数

热场中混凝土体内黏滞的自由水和结晶水会随着温度的升高逐渐散失，因水分的蒸发所消耗的能量称为蒸发潜热[11]（见图 4.1），表达式如下：

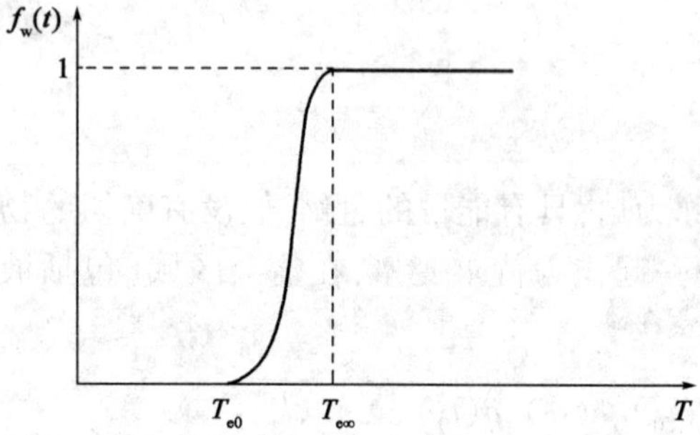

图 4.1 潜热函数

$$f_w(t)=\begin{cases}0 & (T(t)<T_{e0})\\ f_1(t) & (T_{e0}\leqslant T(t)\leqslant T_{e\infty})\\ 1 & (T(t)\geqslant T_{e\infty})\end{cases} \tag{4.2.7}$$

式中：$f_w(t)$——水蒸发百分函数；

$f_1(t)$——线性函数；

T_{e0}——水蒸发初时温度；

$T_{e\infty}$——水蒸发至尽的终极温度。

则潜热函数为：

$$L_w(t)=\rho(t)w_0 l_{h20} f_w(t) \tag{4.2.8}$$

式中：w_0——混凝土初时湿度（自由水与总水重之比）；

l_{h20}——水蒸发潜热系数。

对式(4.2.8)求导，可得如下表达式：

$$\frac{\partial L_w(t)}{\partial t}=\frac{\partial L_w(t)}{\partial T(t)}\frac{\partial T(t)}{\partial t}=\begin{cases}0 & (T(t)<T_{e0})\\ \rho(t)w_0 l_{h20}\dfrac{\partial f_1(t)}{\partial T(t)}\dot{T}(t) & (T_{e0}\leqslant T(t)\leqslant T_{e\infty})\\ 0 & (T(t)>T_{e\infty})\end{cases} \tag{4.2.9}$$

4.2.3 流场运动

假设空气为不可压缩的理想流体，考虑稳态下的情形，有如下基本方程组[20-22]。

连续方程：

$$\frac{\partial \rho_a}{\partial t}+\frac{\partial(\rho_a u_i)}{\partial x_i}=0 \tag{4.2.10}$$

动量方程：

$$\frac{\partial(\rho_a u_i)}{\partial t}+\frac{\partial(\rho_a u_i u_j)}{\partial u_j}=\frac{\partial}{\partial x_i}\left(u_i\frac{\partial u_j}{\partial x_j}\right)+Q_{u_i} \tag{4.2.11}$$

能量方程：

$$\frac{\partial[\rho_a T(t)]}{\partial t}+\frac{\partial[\rho_a u_i T(t)]}{\partial x_i}=\frac{\partial}{\partial x_i}\left[\frac{k(t)}{c(t)}\frac{\partial T(t)}{\partial x_i}\right]+Q_T \tag{4.2.12}$$

式中：ρ_a——各流体密度；

u_i——流体运动速度；

x_i——空间几何坐标；

Q_{u_i}、Q_T——方程源项。

热力耦合系统中，只存在相界间能量（热量）的转移，简化得：

$$\frac{\partial[\rho_a T(t)]}{\partial t}=\frac{\partial}{\partial x_i}\left[\frac{k(t)}{c(t)}\frac{\partial T(t)}{\partial x_i}\right] \tag{4.2.13}$$

4.2.4 边界条件

从微观组分析，边界条件原指在分子运动边界上能够满足方程组的解的条件。在混凝土结构温度场分析中，边界条件为混凝土与介质（如空气、水以及固体接触物）之间温度相互作用与传递的规律。边界条件可分为单相边界条件、复合边界条件和多相边界条件。单相边界条件用于分析混凝土箱梁墩顶块浇筑内生热场效应（水化热温度场）；多相边界条件用于分析深基础混凝土浇筑水化热温度场、大坝混凝土浇筑水化热温度场、混凝土工程爆破等剧烈反应的边界条件以及流体力学的冲刷边界；复合边界条件用于分析桥梁结构的火灾高温场效应，是将若干类单相边界条件综合为统一的表达式[23-32]。

(1)单相边界条件

单相边界条件的计算可分为如下五类表达式。

①第一类边界条件（边界 Γ'）。

$$T=\bar{T}(t)=f[\Phi_1(t)] \tag{4.2.14}$$

式中：$\bar{T}(t)$——边界 Γ' 已知物体表面的温度函数；

$\Phi_1(t)$——物体表面所具有的全部热量。

②第二类边界条件（边界 Γ）。

$$\frac{\partial}{\partial t}\left[k(t)\frac{\partial T(t)}{\partial x}\cos(n,x)\right]+\frac{\partial}{\partial t}\left[k(t)\frac{\partial T(t)}{\partial y}\cos(n,y)\right]+\frac{\partial}{\partial t}\left[k(t)\frac{\partial T(t)}{\partial z}\cos(n,z)\right]=\frac{\partial\Phi_2(t)}{\partial t} \tag{4.2.15}$$

式中：$\cos(n,x)$、$\cos(n,y)$、$\cos(n,z)$——边界 Γ 上的外法线方向与坐标轴的夹角；

$\Phi_2(t)$——外在第二类边界上流入的热量函数。

$$\dot{\Phi}_2(t)=\frac{\partial\Phi_2(t)}{\partial t} \tag{4.2.16}$$

方向向量为

$$\boldsymbol{n}=\{\cos(n,x),\cos(n,y),\cos(n,z)\}^{\mathrm{T}} \tag{4.2.17}$$

式中：$\{*\}^{\mathrm{T}}$——向量的转置，则有：

$$k(t)\vec{\nabla}\dot{T}(t)\boldsymbol{n}=\dot{\Phi}_2(t) \tag{4.2.18}$$

式中：$\boldsymbol{n}$——边界 Γ 上的外法线方向向量；

$\dot{\Phi}_2(t)$——在第二类边界上所须求解的热流率。

若热场中结构的几何形状和边界条件都是对称的，则结构表面的热流率为零，第二类边界条件转化为绝热边界条件，故可取结构对称的一部分进行热场效应分析。

$$\vec{\nabla}\dot{T}(t)=\{0\} \tag{4.2.19}$$

③第三类边界条件(边界 Γ)。

$$k(t)\ \vec{\nabla}\dot{T}(t)n = \beta\frac{\partial[T_a(t) - T(t)]}{\partial t} \tag{4.2.20}$$

式中:β——三维平均换热系数(假设对称场中换热系数均值相同);

$T_a(t)$——在第三类边界条件下的外界温度函数,可按现场温度测试值分布拟合得到。

在实际工程中,多数情况下第一、二类边界条件都可用第三类边界条件表示。

若 $T_a(t)$ 为常数,式(4.2.19)可简写为如下温度变化率微分方程:

$$k(t)\ \vec{\nabla}\dot{T}(t)\boldsymbol{n} = -\beta\dot{T}(t) \tag{4.2.21}$$

④第四类边界条件。

第四类边界条件为两种不同的固体接触面,当两种不同的固体接触时,如果接触良好,则在接触面上温度和热流量都是连续的,边界条件如:$T_1(t) = T_2(t)$。

$$\left[k_2(t)\frac{\partial T_2(t)}{\partial x} - k_1(t)\frac{\partial T_1(t)}{\partial x}\right]\cos(n,x) + \left[k_2(t)\frac{\partial T_2(t)}{\partial y} - k_1(t)\frac{\partial T_1(t)}{\partial y}\right]\cos(n,y) +$$

$$\left[k_2(t)\frac{\partial T_2(t)}{\partial z} - k_1(t)\frac{\partial T_1(t)}{\partial z}\right]\cos(n,z) = 0 \tag{4.2.22}$$

如果两固体之间接触不良,则温度变化是不连续的,$T_1(n,x) \neq T_2(n,x)$。忽略接触缝隙中的热容量,假设接触面上热流量保持平衡,引入两相接触传导热阻尼,得到第四类热场计算边界条件。

$$\begin{cases} k_2(t)\dfrac{\partial T_2(t)}{\partial x}\cos(n,x) + k_2(t)\dfrac{\partial T_2(t)}{\partial y}\cos(n,y) + k_2(t)\dfrac{\partial T_2(t)}{\partial z}\cos(n,z) \\ = \dfrac{1}{R_c}[T_2(t) - T_1(t)] \\ k_2(t)\dfrac{\partial T_2(t)}{\partial x}\cos(n,x) + k_2(t)\dfrac{\partial T_2(t)}{\partial y}\cos(n,y) + k_2(t)\dfrac{\partial T_2(t)}{\partial z}\cos(n,z) \\ = k_1(t)\dfrac{\partial T_1(t)}{\partial x}\cos(n,x) + k_1(t)\dfrac{\partial T_1(t)}{\partial y}\cos(n,y) + k_1(t)\dfrac{\partial T_1(t)}{\partial z}\cos(n,z) \end{cases} \tag{4.2.23}$$

式中:R_c——接触不良产生的热阻,通过试验确定。

由此可得:

$$\begin{aligned} k_1(t)\ \vec{\nabla}T_1(t)\boldsymbol{n}_1 &= \frac{1}{R_c}[T(t) - T_1(t)] \\ k_2(t)\ \vec{\nabla}T_2(t)\boldsymbol{n}_2 - k_1(t)\ \vec{\nabla}T_1(t)\boldsymbol{n}_1 &= 0 \end{aligned} \tag{4.2.24}$$

⑤第五类边界条件。

第五类边界条件适合火灾高温场边界计算,也称为高温边界场。介于空气和混凝土表面的对流传热方程为

$$q_1(t) = \beta[T_a(t) - T(t)]^n \tag{4.2.25}$$

式中:$q_1(t)$——对流传热函数;

β——热场中结构与环境的对流换热系数;

$T_a(t)$ ——热场中环境温度；

n——对流功率因子。

介于高温场和混凝土结构表面的辐射传热方程为

$$q_2(t) = \nu\delta[\alpha e_a T_a^4(t) - e_s T^4(t)] \tag{4.2.26}$$

式中：$q_2(t)$ ——热辐射函数；

ν——热辐射系数；

δ——Stefan-Boltzman 常数，其值为 $5.67\times10^{-8}[\mathrm{W/(m^2\cdot K^4)}]$；

α——表面吸热系数；

e_a——热场辐射系数；

e_s——结构表面辐射系数。

初始边界场为

$$T(x,y,t)\mid_{t=0} = T_0(x,y) \tag{4.2.27}$$

(2)复合边界条件(流固耦合传热边界条件)

复合边界条件是以上五类边界条件归为统一的边界计算方程。

$$\Phi_F(t) = \beta[T_a(t) - T(t)]^n + \alpha_1\nu\delta[\alpha e_a T_a^4(t) - e_s T^4(t)] + \alpha_2 T(x,y,t_0) \tag{4.2.28}$$

式中：$\Phi_F(t)$ ——热流量函数；

α_1——辐射传热系数；

α_2——初始边界系数。

其余符号意义同前。

各系数取不同值，复合边界条件可转化为上述五类中任一边界场计算。例如，当 $\beta = h_c$、$n=1$、$\alpha_1=0$、$\alpha_2=0$、$\Phi_F(t) = k(t)\vec{\nabla}T(t)\boldsymbol{n}$ 时，上式转化为第三类边界条件。

4.2.5 复合控制方程

采用虚温原理可得非线性含复合边界条件的热传导控制方程的积分增量形式[11]。将式(4.2.28)代入式(4.2.5)进行积分，在空间域得到如下复合控制方程：

$$\begin{aligned}
&\int_\Omega \boldsymbol{T}(t+\Delta t)\rho(t+\Delta t)c(t+\Delta t)\dot{\boldsymbol{T}}(t+\Delta t)\mathrm{d}\Omega\int_\Omega \boldsymbol{T}(t+\Delta t)\,\dot{L}_w(t+\Delta t)\mathrm{d}\Omega + \\
&\int_\Omega \{\boldsymbol{T}(t+\Delta t)\}[\boldsymbol{K}(t+\Delta t)]\{\boldsymbol{T}'(t+\Delta t)\}^{\mathrm{T}}\mathrm{d}\Omega \\
&= \oint_\Gamma \boldsymbol{T}(t+\Delta t)\beta[\boldsymbol{T}_a(t+\Delta t) - \boldsymbol{T}(t+\Delta t)]^n\mathrm{d}l + \\
&\quad \oint_{\Gamma'} \alpha_1\nu\delta[\alpha e_a T_a^4(t+\Delta t) - e_s T^4(t+\Delta t)]\mathrm{d}l + \alpha_2 S_T
\end{aligned} \tag{4.2.29}$$

式中：$\boldsymbol{T}(t+\Delta t)$ ——温度向量；

$\boldsymbol{K}(t+\Delta t)$ ——热传导矩阵；

$\boldsymbol{T}'(t+\Delta t)$ ——温度梯度向量；

S_T——常数项。

令：

$$\dot{\boldsymbol{T}}(t+\Delta t) = \frac{\partial \boldsymbol{T}(t+\Delta t)}{\partial t} \tag{4.2.30}$$

$$\dot{L}_{w}(t+\Delta t)=\frac{\partial L_{w}(t+\Delta t)}{\partial t} \tag{4.2.31}$$

$$[\boldsymbol{T}'(t+\Delta t)]=\left\{\frac{\partial \boldsymbol{T}(t+\Delta t)}{\partial x},\frac{\partial \boldsymbol{T}(t+\Delta t)}{\partial y},\frac{\partial \boldsymbol{T}(t+\Delta t)}{\partial z}\right\} \tag{4.2.32}$$

$$\boldsymbol{K}(t+\Delta t)=\begin{bmatrix} k(t+\Delta t) & & \\ & k(t+\Delta t) & \\ & & k(t+\Delta t)\end{bmatrix}=k(t+\Delta t)\boldsymbol{I} \tag{4.2.33}$$

式中:$\boldsymbol{I}$——单位对角阵。

式(4.2.30)和式(4.2.31)中考虑虚拟温度分布,采用欧拉倒退法,$\dot{\boldsymbol{T}}(t+\Delta t)$ 和 $\dot{L}_{w}(t+\Delta t)$ 可表示如下:

$$\dot{\boldsymbol{T}}(t+\Delta t)=\frac{\boldsymbol{T}(t+\Delta t)-T(t)}{\Delta t} \tag{4.2.34}$$

$$\dot{L}_{w}(t+\Delta t)=\frac{L_{w}(t+\Delta t)-L_{w}(t)}{\Delta t} \tag{4.2.35}$$

将式(4.2.7)、式(4.2.34)和式(4.2.35)代入控制方程(4.2.29)中,可得如下方程:

$$\begin{aligned}&\int_{\Omega}\boldsymbol{T}(t+\Delta t)\left[\rho(t+\Delta t)c(t+\Delta t)+\frac{\partial L_{w}(t+\Delta t)}{\partial T}\right]\left[\frac{\boldsymbol{T}(t+\Delta t)-\boldsymbol{T}(t)}{\Delta t}\right]\mathrm{d}\Omega+\\&\int_{\Omega}[\boldsymbol{T}(t+\Delta t)][\boldsymbol{K}(t+\Delta t)][\boldsymbol{T}'(t+\Delta t)]\mathrm{d}\Omega\\&=\oint_{\Gamma}\boldsymbol{T}(t+\Delta t)\beta[\boldsymbol{T}_{a}(t+\Delta t)-\boldsymbol{T}(t+\Delta t)]^{n}\mathrm{d}l+\\&\oint_{\Gamma'}\alpha_{1}\nu\delta[\alpha e_{a}\boldsymbol{T}_{a}^{4}(t+\Delta t)-e_{s}\boldsymbol{T}^{4}(t+\Delta t)]\mathrm{d}l+\alpha_{2}S_{T}\end{aligned} \tag{4.2.36}$$

其中

$$\frac{\partial L_{w}(t)}{\partial \boldsymbol{T}(t)}=\frac{\partial L_{w}(t)}{\partial t}\frac{\partial t}{\partial \boldsymbol{T}(t)}=\frac{\dot{L}_{w}(t)}{\dot{\boldsymbol{T}}(t)} \tag{4.2.37}$$

采用牛顿迭代法,得如下公式:

$${}^{i}\boldsymbol{T}(t+\Delta t)={}^{i-1}\boldsymbol{T}(t+\Delta t)+\Delta^{i}\boldsymbol{T} \tag{4.2.38}$$

式中:i——迭代次数。

对上式求导并加以集合,得第 i 迭代次的温变率矩阵:

$${}^{i}\dot{\boldsymbol{T}}(t+\Delta t)=\frac{{}^{i}\boldsymbol{T}(t+\Delta t)-{}^{i}\boldsymbol{T}(t)}{\Delta t} \tag{4.2.39}$$

依据相同方法,可得到潜热迭代方程和潜热率:

$${}^{i}L_{w}(t+\Delta t)={}^{i-1}L_{w}(t+\Delta t)+\Delta^{i}L_{w} \tag{4.2.40}$$

$${}^{i}\dot{L}_{w}(t+\Delta t)=\frac{{}^{i}L_{w}(t+\Delta t)-{}^{i}L_{w}(t)}{\Delta t} \tag{4.2.41}$$

将式(4.2.38)和式(4.2.40)代入式(4.2.36)中,得到:

$$
\begin{aligned}
&\int_{\Omega}\boldsymbol{T}(t+\Delta t)\left[{}^{i-1}\rho(t+\Delta t)^{i-1}c(t+\Delta t)+\frac{\partial^{i-1}L_{\mathrm{w}}(t+\Delta t)}{\partial T}\right]\frac{\Delta^{i}\boldsymbol{T}}{\Delta t}\mathrm{d}\Omega+\\
&\int_{\Omega}\Delta^{i}\boldsymbol{T}'^{i-1}\boldsymbol{K}(t+\Delta t)\boldsymbol{T}'(t+\Delta t)^{\mathrm{T}}\mathrm{d}\Omega+\\
&\oint_{\Gamma}\boldsymbol{T}(t+\Delta t)\beta n\,[T_{\mathrm{a}}(t+\Delta t)-{}^{i-1}\boldsymbol{T}(t+\Delta t)]^{n-1}\Delta^{i}T\mathrm{d}l+\\
&\oint_{\Gamma'}\boldsymbol{T}(t+\Delta t)4\alpha_{1}\nu\delta e_{\mathrm{a}}{}^{i-1}\boldsymbol{T}_{\mathrm{a}}^{3}(t+\Delta t)\Delta^{i}\boldsymbol{T}\mathrm{d}l\\
&=\oint_{\Gamma}\boldsymbol{T}(t+\Delta t)\beta\,[\boldsymbol{T}_{\mathrm{a}}(t+\Delta t)-{}^{i-1}\boldsymbol{T}(t+\Delta t)]^{n}\mathrm{d}l+\\
&\quad\oint_{\Gamma'}\alpha_{1}\nu\delta\{\alpha e_{\mathrm{a}}T_{\mathrm{a}}^{4}(t+\Delta t)-e_{\mathrm{s}}[{}^{i-1}\boldsymbol{T}(t+\Delta t)]^{4}\}\mathrm{d}l+\alpha_{2}S_{\mathrm{T}}-\\
&\quad\int_{\Omega}\boldsymbol{T}(t+\Delta t)\left[{}^{i-1}\rho(t+\Delta t)^{i-1}c(t+\Delta t)+\frac{\partial^{i-1}L_{\mathrm{w}}(t+\Delta t)}{\partial T}\right]^{i-1}\\
&\quad\left[\frac{\boldsymbol{T}(t+\Delta t)-\boldsymbol{T}(t)}{\Delta t}\right]\mathrm{d}\Omega-\int_{\Omega}\Delta^{i}\boldsymbol{T}'^{i-1}\boldsymbol{K}(t+\Delta t)[\boldsymbol{T}'(t+\Delta t)]^{\mathrm{T}}\mathrm{d}\Omega\\
&=\oint_{\Gamma}\boldsymbol{T}(t+\Delta t)\beta\,[T_{\mathrm{a}}(t+\Delta t)-{}^{i-1}\boldsymbol{T}(t+\Delta t)]^{n}\mathrm{d}l+\\
&\quad\oint_{\Gamma'}\alpha_{1}\nu\delta\{\alpha e_{\mathrm{a}}T_{\mathrm{a}}^{4}(t+\Delta t)-e_{\mathrm{s}}[{}^{i-1}\boldsymbol{T}(t+\Delta t)]^{4}\}\mathrm{d}l+\alpha_{2}S_{\mathrm{T}}-\\
&\quad\int_{\Omega}\boldsymbol{T}(t+\Delta t)\left[({}^{i-1}\rho(t+\Delta t)^{i-1}c(t+\Delta t)+\frac{\partial^{i-1}L_{\mathrm{w}}(t+\Delta t)}{\partial T}\right]\\
&\quad{}^{i-1}\left[\frac{T(t+\Delta t)-T(t)}{\Delta t}\right]\mathrm{d}\Omega-\int_{\Omega}\Delta^{i}\boldsymbol{T}'^{i-1}K(t+\Delta t)[T'(t+\Delta t)]^{\mathrm{T}}\mathrm{d}\Omega
\end{aligned}
\tag{4.2.42}
$$

将式(4.2.36)代入式(4.2.37)中,得到:

$$
\begin{aligned}
&\int_{\Omega}\boldsymbol{T}(t+\Delta t)\left\{{}^{i-1}\rho(t+\Delta t)^{i-1}c(t+\Delta t)+{}^{i-1}\left[\frac{\dot{L}_{\mathrm{w}}(t+\Delta t)}{\dot{\boldsymbol{T}}(t+\Delta t)}\right]\right\}\frac{\Delta^{i}\boldsymbol{T}}{\Delta t}\mathrm{d}\Omega+\\
&\int_{\Omega}[\Delta^{i}\boldsymbol{T}'][{}^{i-1}K(t+\Delta t)][\boldsymbol{T}'(t+\Delta t)]^{\mathrm{T}}\mathrm{d}\Omega+\\
&\oint_{\Gamma}\boldsymbol{T}(t+\Delta t)\beta n\,[T(t+\Delta t)-{}^{i-1}\boldsymbol{T}_{\mathrm{a}}(t+\Delta t)]^{n-1}\Delta^{i}T\mathrm{d}l+\\
&\oint_{\Gamma'}\boldsymbol{T}(t+\Delta t)4\alpha_{1}\nu\delta e_{\mathrm{s}}{}^{i-1}\boldsymbol{T}_{\mathrm{a}}^{3}(t+\Delta t)\Delta^{i}\boldsymbol{T}\mathrm{d}l+\alpha_{2}S_{\mathrm{T}}\\
&=\oint_{\Gamma}\boldsymbol{T}(t+\Delta t)\beta\,[\boldsymbol{T}_{\mathrm{a}}(t+\Delta t)-{}^{i-1}\boldsymbol{T}(t+\Delta t)]^{n}\mathrm{d}l+\\
&\quad\oint_{\Gamma'}\alpha_{1}\nu\delta\{\alpha e_{\mathrm{a}}\boldsymbol{T}_{\mathrm{a}}^{4}(t+\Delta t)-e_{\mathrm{s}}[{}^{i-1}\boldsymbol{T}(t+\Delta t)]^{4}\}\mathrm{d}l+\alpha_{2}S_{\mathrm{T}}-\\
&\quad\int_{\Omega}\boldsymbol{T}(t+\Delta t)\left\{{}^{i-1}\rho(t+\Delta t)^{i-1}c(t+\Delta t)+{}^{i-1}\left[\frac{\dot{L}_{\mathrm{w}}(t+\Delta t)}{\dot{\boldsymbol{T}}(t+\Delta t)}\right]\right\}\\
&\quad\left[\frac{{}^{i-1}\boldsymbol{T}(t+\Delta t)-\boldsymbol{T}(t)}{\Delta t}\right]\mathrm{d}\Omega-\int_{\Omega}\Delta^{i}\boldsymbol{T}'^{i-1}K(t+\Delta t)[\boldsymbol{T}'(t+\Delta t)]^{\mathrm{T}}\mathrm{d}\Omega
\end{aligned}
\tag{4.2.43}
$$

4.2.6 质量元热增量

热场中混凝土质量元的热增量应该由三部分组成[23-32]:一是内部产生的热量,每质量元 $\rho(t)\mathrm{d}V$ 产生热量 $q(t)\rho(t)\mathrm{d}V$;二是相邻质量元通过热传导方式从表面流进去或者从表面流到(包括对流方式、热传导方式和热辐射方式)其他质量元的热量 $\oint_{\Delta S}\boldsymbol{n}J(t)\,\boldsymbol{e}_i\mathrm{d}s$;三是由外环境提供给质量元的热量 $Q_s(t)$。综合此三部分热量,则混凝土质量元的热增量计算式为

$$Q(t) = A_1\iiint_{\Delta V}q(t)\rho(t)\mathrm{d}V - \oint_{\Delta S}\boldsymbol{n}J(t)\,\boldsymbol{e}_i\mathrm{d}s + A_2Q_s(t) \tag{4.2.44}$$

式中:$q(t)$ ——任意时刻每质量元内生热量;

A_1、A_2——不同热量的组成系数。

在混凝土内生热(水化热反应)过程中,混凝土水化热增量 $Q(t)$ 由式(4.2.43)前两部分组成,当 $A_2 = 0$ 时,内生热增量表达式为

$$Q(t) = A_1\iiint_{\Delta V}q(t)\rho(t)\mathrm{d}V - \oint_{\Delta S}\boldsymbol{n}J(t)\,\boldsymbol{e}_i\mathrm{d}s \tag{4.2.45}$$

当 $A_1 = 0$ 时,则为外热增量表达式:

$$Q(t) = A_2Q_s(t) - \oint_{\Delta S}\boldsymbol{n}J(t)\,\boldsymbol{e}_i\mathrm{d}s \tag{4.2.46}$$

引入哈密顿算子 $\nabla = \frac{\partial}{\partial x} + \frac{\partial}{\partial y} + \frac{\partial}{\partial z}$,应用高斯定理得:

$$Q(t) = \iiint_{\Delta V}[q(t)\rho(t) - \nabla J(t)]\mathrm{d}V + A_2Q_s(t) \tag{4.2.47}$$

外环境提供给质量元的热量 $Q_s(t)$ 可分为两种方式:

第一种方式热源附着于质量元,其计算方程为

$$Q_s(t) = Q_s[T_a(t)] = Q_s[T_s(t)] \tag{4.2.48}$$

式中:$T_s(t)$ ——热源温度。

第二种方式热源与质量元有媒介物存在(流体),属于流固耦合传热系统、或者流-热-固耦合系统的环境计算模式,质量元所获得热量的表达式为:

$$Q_s(t) = Q_s[T_a(t)] \neq Q'_s[T_s(t)] \tag{4.2.49}$$

4.3 热-力耦合模型

4.3.1 温度微功

将热场中质量元体系分解[20-22],每 ΔV 内能增加可用如下公式表示:

$$\Delta E = \delta U + \Delta W \tag{4.3.1}$$

式中:δU——内能的增加量;

ΔE——能量判别条件;

ΔW——温度所产生的微功。

如图4.2所示,温度变化 ΔT 在单位体积中所产生的微功为:

$$\Delta W = \int_{\Delta V}^{\Delta T} \sum_{i,j} \boldsymbol{P}_{ij} \frac{\partial \delta \xi_j}{\partial x_i} dV = \int_{\Delta V}^{\Delta T} \sum_{i} \boldsymbol{R}_i \boldsymbol{\delta}_i dV = \int_{\Delta V}^{\Delta T} \boldsymbol{R} \boldsymbol{\delta}^{T} dV \tag{4.3.2}$$

式中:$\boldsymbol{P}_{ij}$——温度变化 ΔT 在单位体积产生微小位移 $\delta\xi_j$ 所形成的表面力;

$\boldsymbol{R}_i$——温度等效节点荷载;

x_i——空间几何坐标;

$\boldsymbol{\delta}_i$——单元节点温效位移列阵;

$\boldsymbol{R}$——荷载向量;

$\boldsymbol{\delta}$——位移向量。

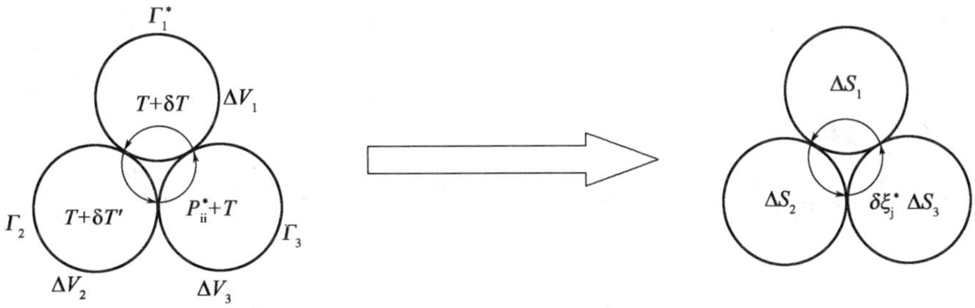

图4.2 热-力耦合模型

4.3.2 变熵函数

熵是表征热量转化为功的函数,是根据热力学第二定律引出的一个反映自发过程不可逆性的物质能量状态参量。引入熵函数[20-22],通过温度增量的积分计算,求得变熵计算方程:

$$\delta S = \int_{T_t}^{T_{t+\Delta t}} c(t) \frac{dT(t)}{T(t)} = \int_{t}^{t+\Delta t} \frac{\dot{T}(t) c(t)}{T(t)} dt \tag{4.3.3}$$

根据热力学能量不可逆原理,求得各单元能量差,再加以集合并进行积分,得单位体积内能增量方程:

$$\Delta U = \iiint_{\Delta V} \sum_{m} \left[{}^{n}T_{t+\Delta t}^{m} \int_{T_t}^{T_{t+\Delta t}} \frac{\dot{T}(t) c(t)}{T(t)} dt - {}^{n}T_{t}^{m} \int_{T_{t-\Delta t}}^{T_t} \frac{\dot{T}(t) c(t)}{T(t)} d \right] dV \tag{4.3.4}$$

式中:m——单元数量;

n——时间步。

根据能量平衡判别原理 $\delta E=0$,由热力学变数熵原理,得热-力耦合平衡方程。

$$\Delta W = \Delta U \tag{4.3.5}$$

4.3.3 温度数值

增量计算迭代方程明确给出了复合边界条件下(以潜热率的形式给出)热时空场解析过程。在此基础上,用有限元矩阵将计算对象离散,将增量计算迭代方程表达为有限元矩阵列式。综合式(4.2.4),可得热场中单元任意时刻温度矩阵计算方程组[31]:

$$\boldsymbol{K}\boldsymbol{T}(t) + \boldsymbol{C}\dot{\boldsymbol{T}}(t) + \boldsymbol{Q}(t) = 0 \tag{4.3.6}$$

则时间增量温度方程组为

$$\boldsymbol{KT}(t+\Delta t)+\boldsymbol{C}\dot{\boldsymbol{T}}(t+\Delta t)+\boldsymbol{Q}(t+\Delta t)=0 \tag{4.3.7}$$

$$\begin{cases}\boldsymbol{K}_{\mathrm{ij}}=\sum\limits_{e}(\boldsymbol{G}_{\mathrm{ij}}+\boldsymbol{G}'_{\mathrm{ij}})\\ \boldsymbol{C}_{\mathrm{i.}}=\sum\limits_{e}\boldsymbol{P}_{\mathrm{i.}}\\ \boldsymbol{Q}_{\mathrm{i}}=-\sum\limits_{e}[\boldsymbol{P}_{\mathrm{i}}\dot{\theta}(t)+\boldsymbol{P'}_{\mathrm{i}}\dot{\boldsymbol{T}}(t)]\end{cases} \tag{4.3.8}$$

式中：$\sum\limits_{e}$——对与节点 i 相关单元求和；

$\boldsymbol{K}$——热传导矩阵；

$\boldsymbol{C}$——比热容矩阵；

$\{\boldsymbol{T}(t)\}$——温度向量；

$\{\dot{\boldsymbol{T}}(t)\}$——温变率向量；

$\{\boldsymbol{Q}(t)\}$——热向量。

在时间域采用有限元差分法，并假定 $\dot{T}(t)$ 在 Δt 呈线性变化状态，应用中点差分法得温度差值方程：

$$\Delta\boldsymbol{T}(t)=\boldsymbol{T}(t+\Delta t)-\boldsymbol{T}(t)=\frac{[\dot{\boldsymbol{T}}(t+\Delta t)+\dot{\boldsymbol{T}}(t)]\Delta t}{2} \tag{4.3.9}$$

由式(4.3.9)，有：

$$\dot{\boldsymbol{T}}(t+\Delta t)=\frac{1}{2\Delta t}[\boldsymbol{T}(t+\Delta t)-\boldsymbol{T}(t)]-\dot{\boldsymbol{T}}(t) \tag{4.3.10}$$

将式(4.3.9)代入式(4.3.7)，得到：

$$\boldsymbol{KT}(t)+\frac{1}{2\Delta t}\boldsymbol{C}[\boldsymbol{T}(t+\Delta t)-\boldsymbol{T}(t)]-\boldsymbol{C}\dot{\boldsymbol{T}}(t)+\boldsymbol{Q}(t+\Delta t)=0 \tag{4.3.11}$$

由式(4.3.9)，得到：

$$-\boldsymbol{C}\dot{\boldsymbol{T}}(t)=\boldsymbol{KT}(t)+\boldsymbol{Q}(t) \tag{4.3.12}$$

将式(4.3.12)代入式(4.3.11)，得到：

$$\left(\boldsymbol{K}+\frac{1}{2\Delta t}\boldsymbol{C}\right)\boldsymbol{T}(t+\Delta t)+\left(\boldsymbol{K}-\frac{1}{2\Delta t}\boldsymbol{C}\right)\boldsymbol{T}(t)+\frac{1}{2}\boldsymbol{Q}(t)+\boldsymbol{Q}(t+\Delta t)=0 \tag{4.3.13}$$

式(4.3.13)为 $\boldsymbol{T}(t+\Delta t)$ 的线性方程，$\boldsymbol{T}(t+\Delta t)$ 为未知量；$\boldsymbol{T}(t+\Delta t)$、$\boldsymbol{Q}(t)$ 和 $\boldsymbol{Q}(t+\Delta t)$ 为已知量，将已知量代入线性方程可得节点温度。在有限元的处理中，温度值将以节点的形式存储。

$$\boldsymbol{T}(t+\Delta t)=\frac{\left[\frac{1}{2\Delta t}c(t)-k(t)\right]\boldsymbol{T}(t)-\frac{1}{2}\boldsymbol{Q}(t)-\boldsymbol{Q}(t+\Delta t)}{\left[k(t)+\frac{c(t)}{2\Delta t}\right]} \tag{4.3.14}$$

4.3.4 耦合流程

耦合场分析是指考虑了两个(热场和结构应力场)或多个工程物理场(热场、流场和结构应力场)之间相互作用的分析。同样的模型和同样的网分形式，不同的单元组合，只改变结构单元属性,不改变节点形函数值。

如图 4.3 所示：

(1)对于每个单元和实体模型图元,定义一套属性编号,包括单元类型号、材料编号、实常数编、界面特性编号及单元坐标编号。

(2)施加热量和流固耦合边界条件进行热分析。

(3)流固耦合传热分析中得到节点温度作为“体荷载”,施加到随后的结构分析中。

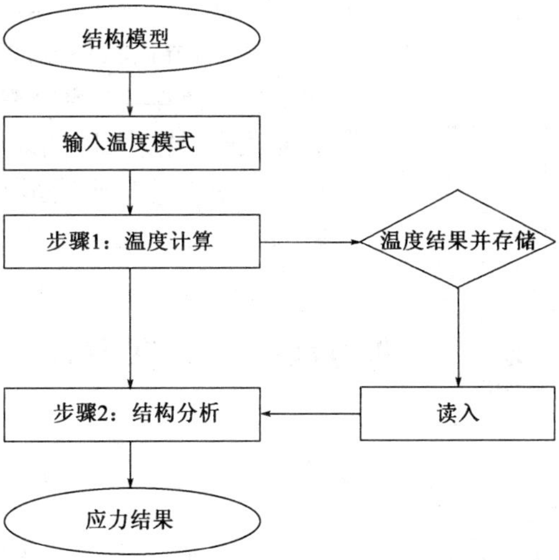

图 4.3　火灾热温模式

4.4 火 灾 场 景

火灾场景大多是指物体表面被加热的温度变化模式,部分是指火灾源中心及焰域空间的温度,国际上规定为前者。火灾温升曲线包括 ISO 834、ASTME 119、CNS 12514、BS 476、UL 263、HC 等温升曲线[11-17]。

ISO 834 建议的标准温度曲线模式为

$$T = 345\lg(8t+1) + T_0 \tag{4.4.1}$$

式中：T——任意延火时间的温度；

t——延火时间；

T_0——初始温度。

ASTME 119 建议的温度曲线模式为

$$T = 750\left[1 - e^{\left(-3.79553\sqrt{\frac{t}{60}}\right)}\right] + 170.1\sqrt{\frac{t}{60}} + T_0 \tag{4.4.2}$$

$$T = 1166 - 532e^{-0.01t} + 186e^{-0.05t} - 820e^{-0.2t} + T_0 \tag{4.4.3}$$

碳氢(HC)温升曲线模式为

$$T = 1080 \times (1 - 0.325e^{-\frac{t}{6}} - 0.675e^{-2.5t}) + T_0 \tag{4.4.4}$$

根据相关研究资料,碳氢(HC)温升曲线按面积等效是偏于不安全的,建议适当放大等效

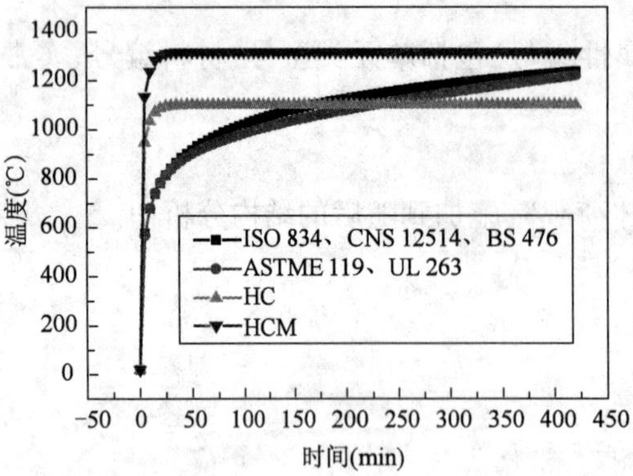

图 4.4　温升模式比较

时间(1.2 倍),即 HCM 温升曲线。

$$T = 1296 \times (1 - 0.325e^{-\frac{t}{6}} - 0.675e^{-2.5t}) + T_0 \tag{4.4.5}$$

图 4.4 为 ISO 834、CNS 12514、BS 476、ASTME 119、UL 263 和 HC 曲线的比较。ISO 834、CNS 12514 和 BS 476 三条曲线保持一致,ASTME 119 和 UL 263 两曲线保持一致。ISO 834 和 ASTME 119 温升过程比较相似,前期温升剧烈,后期温度缓慢变化,后期温度 ISO 834 比 ASTME 119 高;HC 温升曲线升温剧烈,瞬间即可升至 1100℃,HCM 温升曲线与 HC 温升曲线最高值平行,但最大值相对较高。

4.5　热-力耦合计算方法

4.5.1　荷载因子法

任意时间 t,对于火灾下结构高温场-力学性能耦合分析,截面内力必须与截面外力保持平衡,有如下表达式[11-17]:

$$\boldsymbol{F}_i[\varphi_x(t),\varphi_y(t),\varepsilon_z(t),T(t)] = \lambda(t)\boldsymbol{F}_e(t) \tag{4.5.1}$$

式中:$\boldsymbol{F}_i[\varphi_x(t),\varphi_y(t),\varepsilon_z(t),T(t)]$——火场任意时刻内力向量;

$\boldsymbol{F}_e(t)$——火场任意时刻外力向量;

$\varphi_x(t)$、$\varphi_y(t)$——火场任意时刻截面沿 x 轴和 y 轴的弯曲曲率;

$\varepsilon_z(t)$——火场任意时刻结构的轴向应变;

$T(t)$——任意时刻受火结构单元温度;

$\lambda(t)$——火场任意时刻外部荷载因子,如图 4.5 所示。

随着时间 t 的增加,在 $t+\Delta t$ 时刻,新的温度场形成。在迭代残差范围内,式(4.5.1)可表示为

$$\boldsymbol{F}_i[\varphi_x(t),\varphi_y(t),\varepsilon_z(t),T(t+\Delta t)] + \Delta\boldsymbol{F}(t+\Delta t) = \lambda(t+\Delta t)\boldsymbol{F}_e(t+\Delta t) \tag{4.5.2}$$

$$\Delta F(t+\Delta t) = \boldsymbol{F}_i[\varphi_x(t),\varphi_y(t),\varepsilon_z(t),T(t+\Delta t)] - \lambda(t+\Delta t)\boldsymbol{F}_e(t+\Delta t) \tag{4.5.3}$$

$$\Delta\boldsymbol{F}(t+\Delta t) = \boldsymbol{F}_i[\boldsymbol{u}(t),T(t+\Delta t)] - \lambda(t+\Delta t)\boldsymbol{F}_e(t+\Delta t) \tag{4.5.4}$$

式中:$\boldsymbol{u}(t)$——任意时刻温度场结构截面位移向量,其值

$$\boldsymbol{u}(t) = [\varphi_x(t),\varphi_y(t),\varepsilon_z(t)]^T$$

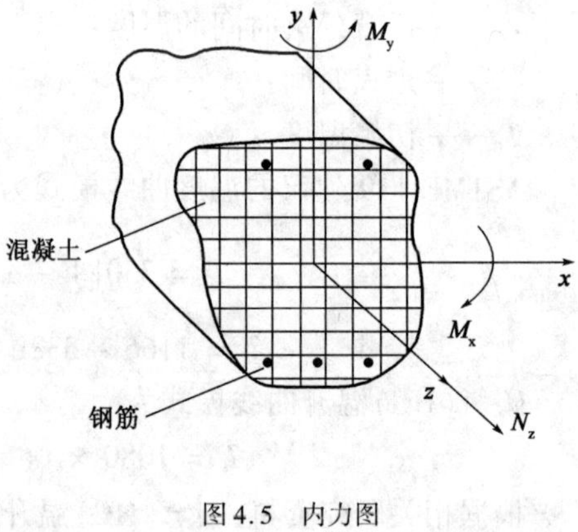

图 4.5　内力图

令弧长半径为 r，弦切角增量为 $\Delta\alpha$，则弧长增量 $\Delta l = 2r\Delta\alpha$；令 $\boldsymbol{F}_e = \boldsymbol{F}_e(t+\Delta t)$，$\lambda = \lambda(t+\Delta t)$，$\Delta\lambda = \lambda(\Delta t)$，附加约束方程为

$$\begin{aligned} a &= ([\Delta \boldsymbol{u}]^{\mathrm{T}}\Delta \boldsymbol{u} + \Delta\lambda^2\psi^2 \boldsymbol{F}_e^{\mathrm{T}}\boldsymbol{F}_e) - \Delta l^2 \\ &= ([\Delta \boldsymbol{u}]^{\mathrm{T}}\Delta \boldsymbol{u} + \Delta\lambda^2\psi^2 \boldsymbol{F}_e^{\mathrm{T}}\boldsymbol{F}_e) - 4r^2\Delta\alpha^2 = 0 \end{aligned} \tag{4.5.5}$$

式中：a——附加约束量；

$[\Delta u]^{\mathrm{T}}$——截面位移向量的转置；

ψ——弧长控制参数；

$\Delta\lambda$——荷载因子增量。

令 $\boldsymbol{P} = \Delta\boldsymbol{F}_e(t+\Delta t)$，采用 N-R 法求解式(4.5.4)和式(4.5.5)，得：

$$\begin{aligned} {}^{i}\boldsymbol{P} &= {}^{i-1}\boldsymbol{P} + {}^{i-1}\left[\frac{\partial\{\boldsymbol{P}\}}{\partial\boldsymbol{u}}\right]^{i}\delta\boldsymbol{u} + {}^{i-1}\frac{\partial\boldsymbol{P}^{i}}{\partial\lambda}(\delta\lambda) \\ &= {}^{i-1}\boldsymbol{P} + \boldsymbol{K}_t\delta\boldsymbol{u} - \boldsymbol{F}_e\delta\lambda = 0 \end{aligned} \tag{4.5.6}$$

$${}^{i}a = {}^{i-1}a + 2\,{}^{i-1}[\Delta u]^{\mathrm{T}i}\delta\boldsymbol{u} + 2\,{}^{i-1}(\Delta\lambda)^{i}(\delta\lambda)\psi^2 \boldsymbol{F}_e^{\mathrm{T}}\boldsymbol{F}_e = 0 \tag{4.5.7}$$

式(4.5.6)和式(4.5.7)中，i 为迭代次数，$\boldsymbol{K}_t = \dfrac{\partial\boldsymbol{F}_{\mathrm{out}}}{\partial\boldsymbol{u}}$ 为任意时刻截面刚度矩阵，式(4.5.7)可用如下矩阵表示：

$$\begin{bmatrix} \boldsymbol{K}_t & -\boldsymbol{F}_e \\ 2[\Delta u]^{\mathrm{T}} & 2\Delta\lambda\psi^2 \boldsymbol{F}_e^{\mathrm{T}}\boldsymbol{F}_e \end{bmatrix} \begin{Bmatrix} {}^{i}[\delta u] \\ {}^{i}(\delta\lambda) \end{Bmatrix} = -\begin{Bmatrix} {}^{i-1}\boldsymbol{P} \\ {}^{i-1}a \end{Bmatrix} \tag{4.5.8}$$

由式(4.5.7)和式(4.5.8)计算 ${}^{i}[\delta u]$ 和 ${}^{i}(\delta\lambda)$，得增量方程：

$${}^{i}[\Delta u] = {}^{i-1}[\Delta u] + {}^{i}[\delta u] \tag{4.5.9}$$

$${}^{i}(\Delta\lambda) = {}^{i-1}(\Delta\lambda) + {}^{i}(\delta\lambda) \tag{4.5.10}$$

设 $t+\Delta t$ 时刻位移收敛值为 $\Delta\boldsymbol{u}$，弦切角收敛值为 $\Delta\alpha$，荷载因子收敛值为 $\Delta\lambda$，则荷载残余向量为

$$\boldsymbol{P}(t+\Delta t) = \boldsymbol{F}_{\mathrm{i}}[\boldsymbol{u}(t),\theta(t+\Delta t)] - \lambda(t)\boldsymbol{F}_e \tag{4.5.11}$$

采用欧拉前进法得位移增量 $[\Delta u(t)]$，则有：

$$\boldsymbol{K}_{\mathrm{t}}[\boldsymbol{u}(t),\theta(t+\Delta t)][\Delta u(t)] = \boldsymbol{P}(t+\Delta t) \tag{4.5.12}$$

用 $\Delta\boldsymbol{P}$ 替代 $\boldsymbol{P}(t+\Delta t)$，$\Delta\boldsymbol{u}$ 替代 $[\Delta u(t)]$，则有：

$$\Delta\alpha = \sqrt{\frac{\Delta\boldsymbol{u}^{\mathrm{T}}\Delta u + \psi^2[\Delta P]^{\mathrm{T}}\Delta\boldsymbol{P}}{4r^2}} \tag{4.5.13}$$

4.5.2 加速迭代法

非线性加速迭代法能明确荷载因子法的计算迭代过程，是荷载因子法计算过程的延续。当采用荷载因子法进行节点量大、网分形式繁杂、模型单元组合种类多的非线性计算时，非线性加速迭代法可减少机耗资源、节约计算时间，是非线性计算理想的选择。改进式(4.5.11)欧拉法的求解精度，采用非线性加速迭代法可跟踪各种复杂的非线性平衡路径全过程，适用于求解纯弯结构或压弯结构全过程极值点问题，以及追踪极限破坏或屈曲后的形变情况[12-17]。令：

$$\boldsymbol{F}_{\mathrm{i}} = \boldsymbol{F}_{\mathrm{i}}[\varphi_{\mathrm{x}}(t),\varphi_{\mathrm{y}}(t),\varepsilon_{\mathrm{z}}(t),T(t+\Delta t)] \tag{4.5.14}$$

使用 N-R 求解方法,在每一增量步内进行多次迭代,则有:

$$\begin{aligned}{}^{n+1}[\Delta P]_{m+1} &= {}^{n+1}[F_i]_{m+1} - {}^{n+1}\lambda^t_{m+1}[F_e]_{m+1} \\ &= {}^{n}[F_i]_{m+1} - {}^{n+1}\lambda^t_{m+1}[F_e]_{m+1} + {}^{n}[K_t]_{m+1}{}^{n}[\Delta u]_m \\ &= \{0\}\end{aligned} \tag{4.5.15}$$

式中:${}^{n+1}[\Delta P]_{m+1}$——$m+1$ 次增量步的第 $n+1$ 次迭代残余值;

${}^{n+1}[F_i]_{m+1}$——$m+1$ 次增量步的第 $n+1$ 次迭代内力;

${}^{n}[F_i]_{m+1}$——$m+1$ 次增量步的第 n 次迭代内力;

$[F_e]_{m+1}$——$m+1$ 次增量步的外力向量;

${}^{n+1}\lambda^t_{m+1}$——λ 在 t 时刻的 $m+1$ 次增量步的第 $n+1$ 次迭代因子;

${}^{n}[\Delta u]_m$——第 n 次迭代修正量;

${}^{n}[K_t]_{m+1}$——$m+1$ 次增量步的第 n 次迭代切线刚度矩阵。

由式(4.5.15)求得:

$${}^{n}[\Delta u]_m = {}^{n}[K_t]^{-1}_{m+1}({}^{n+1}\lambda^t_{m+1}[F_e]_{m+1} - {}^{n}[F_i]_{m+1}) \tag{4.5.16}$$

使用 N-R 法迭代时,每次迭代后重新形成和分解 ${}^{n}[K_t]^{-1}_{m+1}$ 矩阵,计算量较大,可采用 mN-R 法,其方程如下:

$${}^{n}[K_t]_{m+1} = {}^{l}[K_t]_{m+1} = \boldsymbol{K}_t({}^{n}[u]_{m+1}) \tag{4.5.17}$$

式中:${}^{n}[u]_{m+1}$——$m+1$ 次增量步的第 n 次迭代位移;

${}^{l}[K_t]_{m+1}$——$m+1$ 次增量步的第 l 次迭代切线刚度矩阵。

采用等比数列,令 $l = \dfrac{n}{2^q}$,缩减式(4.5.17)的求解次数,则有:

$${}^{l}[\Delta u]_m = {}^{l}[K_t]^{-1}_{m+1}\{{}^{l+1}\lambda^t_{m+1}[F_e]_{m+1} - {}^{l}[F_i]_{m+1}\} \tag{4.5.18}$$

式中:${}^{l}[\Delta u]_m$——m 次增量步的第 l 次迭代位移修正量;

${}^{l+1}\lambda^t_{m+1}$——λ 在 t 时刻的 $m+1$ 次增量步的第 $l+1$ 次迭代因子;

${}^{l}[F_i]_{m+1}$——$m+1$ 次增量步的第 l 次迭代内力;

${}^{l}[K_t]^{-1}_{m+1}$——$m+1$ 次增量步的第 l 次迭代切线刚度矩阵的逆。

4.5.3 内力积分法

如图 4.6 所示,截面某点 (x,y) 处的总应变为

$$\varepsilon_{tt} = \varepsilon_z(t) + x\varphi_y(t) + y\varphi_x(t) \tag{4.5.19}$$

式中:ε_{tt}——任意时刻总应变。

表达为矩阵形式

$$\varepsilon_{tt} = [1 \quad x \quad y]\begin{bmatrix}\varepsilon_z(t) \\ \varphi_y(t) \\ \varphi_x(t)\end{bmatrix} \tag{4.5.20}$$

式(4.5.19)可改写为

$$\begin{aligned}\varepsilon_{tt} &= \varepsilon_\sigma(t) + \varepsilon_T(t) + \varepsilon_{th}(t) \\ \varepsilon_\sigma(t) &= \varepsilon_{tt} - \varepsilon_T(t) - \varepsilon_{th}(t)\end{aligned} \tag{4.5.21}$$

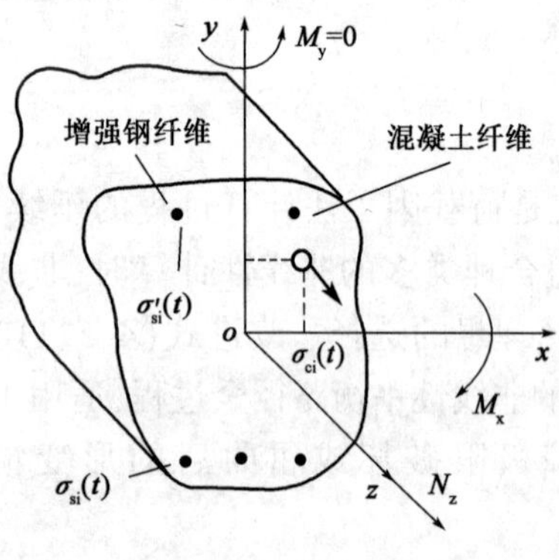

图 4.6 应力分布

式中：$\varepsilon_{\sigma}(t)$ ——某时刻弹性应变；

$\varepsilon_{th}(t)$ ——高温瞬时徐变所产生的应变；

$\varepsilon_{T}(t)$ ——温度变化所导致的应变。

混凝土高温瞬时徐变表达式为

$$\frac{\partial \varepsilon_{c}(t)}{\partial t}=\frac{\beta_{c}\gamma_{c}\sigma_{c}(t)}{\sigma_{c,20}}\frac{\partial T(t)}{\partial t}=\frac{\beta_{c}\gamma_{c}\sigma_{c}(t)}{\sigma_{c,20}}\dot{T}(t) \tag{4.5.22}$$

式中：β_{c}——温度膨胀线性系数；

γ_{c}——膨胀材料参数，其值介于1.8~2.35；

$\sigma_{c,20}$——常温20℃下混凝土材料抗压强度。

高温瞬态徐变产生的应变 $\varepsilon_{th}(t)$ 与 $\varepsilon_{\sigma}(t)$ 密切相关，采用迭代法可得：

$$\varepsilon_{th}(t+\Delta t)=\varepsilon_{th}(t)+\frac{\beta_{c}\gamma_{c}}{\sigma_{c,20}}\Delta T(t)E_{c}(t)\varepsilon_{\sigma}(t) \tag{4.5.23}$$

式中：$E_{c}(t)$——任意时刻混凝土弹性模量。

截面任意点(x,y)的应力$\sigma(t)$可表示为

$$\begin{aligned}\sigma(t)&=\sigma[\varepsilon_{\sigma}(t),T(t)]\\&=\sigma[\varepsilon_{t}-\varepsilon_{\sigma}(t)-\varepsilon_{c}(t)-\varepsilon_{T}(t),T(t)]\end{aligned} \tag{4.5.24}$$

如图4.5所示，选取某钢筋混凝土梁正截面分析其内力状态，把式(4.5.14)代入式(4.5.2)，可得如下方程：

$$\Delta \boldsymbol{P}=\boldsymbol{F}_{i}-\lambda \boldsymbol{F}_{e} \tag{4.5.25}$$

式中：$\boldsymbol{F}_{i}$ ——截面内力向量；

$\boldsymbol{F}_{e}$ ——外部荷载向量；

λ——外部荷载因子；

$\Delta\boldsymbol{P}$ ——荷载残余向量。

将不同温度状态下任意截面内力分为两部分(见图4.6)。

$$\boldsymbol{F}_{i}=\boldsymbol{F}_{i}^{s}+\boldsymbol{F}_{i}^{c} \tag{4.5.26}$$

式中：$\boldsymbol{F}_{i}^{s}$ ——截面钢筋的内力向量，为

$$\boldsymbol{F}_{i}^{s}=\begin{bmatrix}\boldsymbol{M}_{x}^{s}\\\boldsymbol{M}_{y}^{s}\\\boldsymbol{N}_{z}^{s}\end{bmatrix}=\begin{bmatrix}\sum_{i=1}^{n}\boldsymbol{\sigma}_{si}(t)y_{s}A_{s}\\\sum_{i=1}^{n}\boldsymbol{\sigma}_{si}(t)x_{s}A_{s}\\\sum_{i=1}^{n}\boldsymbol{\sigma}_{si}(t)A_{s}\end{bmatrix} \tag{4.5.27}$$

$\boldsymbol{M}_{x}^{s}$——钢筋对x轴方向的弯矩；

$\boldsymbol{M}_{y}^{s}$——钢筋对y轴方向的弯矩；

$\boldsymbol{N}_{z}^{s}$——钢筋轴向合力；

$\boldsymbol{\sigma}_{si}(t)$ ——火灾下任意时刻钢筋应力；

x_{s}、y_{s} ——钢筋至截面中性轴的距离；

A_{s}——钢筋截面面积。

$\boldsymbol{F}_{\mathrm{i}}^{\mathrm{c}}$——截面混凝土的内力向量，为

$$\boldsymbol{F}_{\mathrm{i}}^{\mathrm{c}}=\begin{bmatrix}\boldsymbol{M}_{\mathrm{x}}^{\mathrm{c}}\\ \boldsymbol{M}_{\mathrm{y}}^{\mathrm{c}}\\ \boldsymbol{N}_{\mathrm{z}}^{\mathrm{c}}\end{bmatrix}=\begin{bmatrix}\iint\boldsymbol{\sigma}_{\mathrm{c}}(t)y_{\mathrm{c}}\mathrm{d}A_{\mathrm{c}}\\ \iint\boldsymbol{\sigma}_{\mathrm{c}}(t)x_{\mathrm{c}}\mathrm{d}A_{\mathrm{c}}\\ \iint\boldsymbol{\sigma}_{\mathrm{c}}(t)\mathrm{d}A_{\mathrm{c}}\end{bmatrix}\tag{4.5.28}$$

式中：$\boldsymbol{M}_{\mathrm{x}}^{\mathrm{c}}$——混凝土对 x 轴方向的弯矩；

$\boldsymbol{M}_{\mathrm{y}}^{\mathrm{c}}$——混凝土对 y 轴方向的弯矩；

$\boldsymbol{N}_{\mathrm{z}}^{\mathrm{c}}$——混凝土轴向合力；

$\boldsymbol{\sigma}_{\mathrm{c}}(t)$——混凝土某积分点应力；

x_{c}、y_{c}——混凝土积分点至截面中性轴的距离；

$\mathrm{d}A_{\mathrm{c}}$——混凝土积分元面积。

4.5.4 有效力矩法

若不考虑高温下混凝土与钢筋之间的化学反应，认为钢筋与混凝土之间无滑移情况，在平截面假定下，整个截面的极限弯矩 $M_{\mathrm{u}}(t)$ 广义积分式为

$$M_{\mathrm{u}}(t)=\iint|\boldsymbol{\sigma}(t)|l_{\mathrm{x}}\mathrm{d}A\tag{4.5.29}$$

式中：l_{x}——积分元至截面中性轴的距离；

$\mathrm{d}A$——面积微元。

假设 $M_{\mathrm{y}}(t)=0$，截面上只有 $M_{\mathrm{x}}(t)$，即单向受力。将正截面面积离散，对受拉区钢筋取矩，式(4.5.29)可写为

$$M_{\mathrm{x}}(t)=M_{\mathrm{u}}(t)=\sum_{i=1}^{m}\sigma_{\mathrm{ci}}(t)A_{\mathrm{ci}}l_{\mathrm{i}}+\sum_{i=1}^{m}\sigma'_{\mathrm{si}}(t)A'_{\mathrm{si}}l'\tag{4.5.30}$$

式中：$\sigma_{\mathrm{ci}}(t)$——混凝土截面微元中的应力；

$\sigma'_{\mathrm{si}}(t)$——钢筋截面微元中的应力；

A_{ci}——混凝土微元面积；

A'_{si}——钢筋微元面积；

l_{i}——受压区混凝土截面微元应力作用点至受拉区钢筋中心的距离；

l'——受压区钢筋截面合力作用点至受拉区钢筋截面中心的距离；

m——截面面积离散元数量；

i——某个离散元，其划分方式及划分顺序为从中性轴开始依次分割。

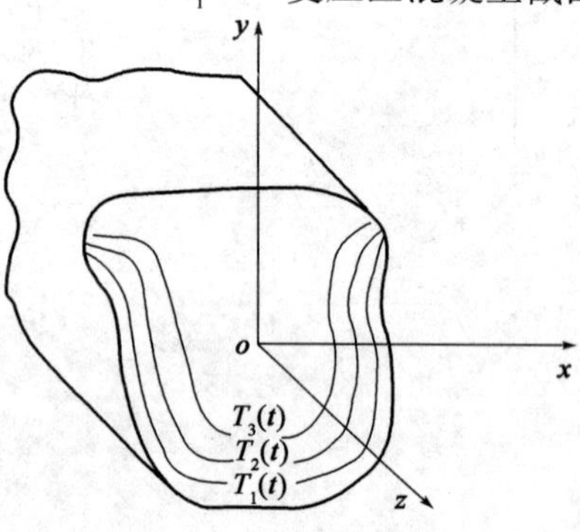

图 4.7　受压区边缘混凝土压应力

对于某计算时刻，混凝土压应力与其所在位置到中性轴的距离成正比。所以，从中性轴至混凝土受压区边缘混凝土压应力逐渐增大(见图 4.7)，则有：$\sigma_{\mathrm{ci}}(t)\leqslant\sigma_{\mathrm{c(i+1)}}(t)(i\geqslant 0)$，根据柯西不等式模块，得：

$$M_u(t) = \sum_{i=1}^{m}\sigma_{ci}(t)A_{ci}l_i + \sum_{i=1}^{m}\sigma'_{si}(t)A'_{si}l' \geqslant$$
$$\frac{1}{m}\sum_{i=1}^{m}\sigma_{ci}(t)A_{ci}\sum_{i=1}^{m}l_i + \frac{1}{m}\sum_{i=1}^{m}\sigma'_{si}(t)A'_{si}l' \geqslant \tag{4.5.31}$$
$$\frac{1}{m^2}\sum_{i=1}^{m}\sigma_{ci}(t)\sum_{i=1}^{m}A_{ci}\sum_{i=1}^{m}l_i + \frac{1}{m}\sum_{i=1}^{m}\sigma'_{si}(t)\sum_{i=1}^{m}A'_{si}l'$$

$$M_u(t) = \frac{1}{m^2}\sum_{i=1}^{m}\sigma_{ci}(t)\sum_{i=1}^{m}A_{ci}\sum_{i=1}^{m}l_i + \frac{1}{m}\sum_{i=1}^{m}\sigma'_{si}(t)\sum_{i=1}^{m}A'_{si}l' + M_\Delta(t) \tag{4.5.32}$$

令 $M_\Delta(t)=0$，可知 $\sigma_c(t)=\frac{1}{m}\sum_{i=1}^{m}\sigma_{ci}(t)$，$A_c=\sum_{i=1}^{m}A_{ci}$，$l=\frac{1}{m}\sum_{i=1}^{m}l_i$，$\sigma_s(t)=\frac{1}{m}\sum_{i=1}^{m}\sigma_{si}(t)$，$A'_s=\sum_{i=1}^{m}A'_{si}$。

式(4.5.32)可简写为

$$M_u(t) = \sigma_c(t)A_cl + \sigma'_s(t)A'_sl' \tag{4.5.33}$$

以下是钢筋混凝土矩形截面梁的有效力矩推导过程。

图4.8所示为钢筋混凝土矩形截面梁的受火过程。如图4.9所示，考虑火灾高温后材料损伤，有效面积减小，式(4.5.33)可改写为有效面积极限弯矩求和式：

$$M_u(t) = \xi_c(t)\sigma_{c,20}A_cl + \xi'_s(t)\sigma'_{s,20}A'_sl' \tag{4.5.34}$$

式中：$\sigma_{c,20}$——受压区混凝土常温下抗压强度；

$\sigma'_{s,20}$——受拉区钢筋常温下抗拉强度；

$\xi_c(t)$——混凝土面积折减系数，$\xi_c(t)=\sigma_c(t)/\sigma_{c,20}$；

$\xi'_s(t)$——受压区钢筋面积折减系数，$\xi'_s(t)=\sigma'_s(t)/\sigma'_{s,20}$。

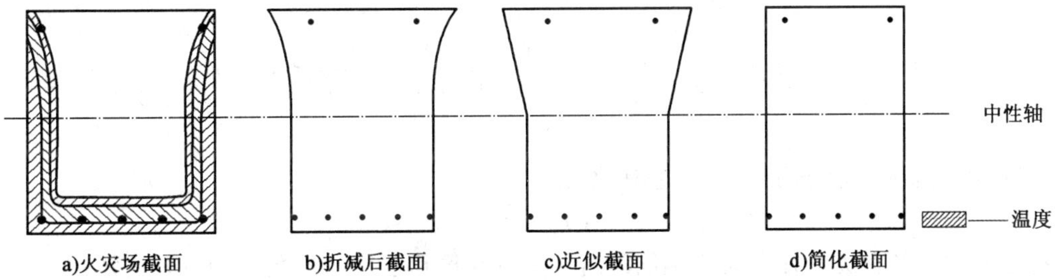

图4.8 火灾场钢筋混凝土梁正截面折减简化计算示意

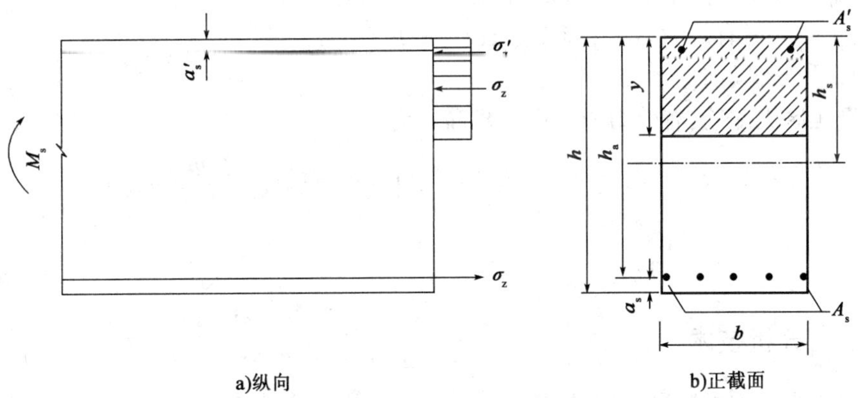

图4.9 钢筋混凝土梁火灾场正截面极限弯矩计算

任意时刻混凝土受压区高度 $y(t)$ 按下式计算：

$$\xi_c(t)\sigma_{c,20}A_c+\xi'_s(t)\sigma'_{s,20}A'_s=\xi_s(t)\sigma_{s,20}A_s \tag{4.5.35}$$

$$\xi_c(t)\sigma_{c,20}by(t)+\xi'_s(t)\sigma'_{s,20}A'_s=\xi_s(t)\sigma_{s,20}A_s \tag{4.5.36}$$

$$y(t)=\frac{\xi_s(t)\sigma_{s,20}A_s-\xi'_s(t)\sigma'_{s,20}A'_s}{\xi_c(t)\sigma_c(t)b} \tag{4.5.37}$$

式中：$\xi_s(t)$ ——受压区钢筋面积折减系数，$\xi'_s(t)=\xi_s(t)$；

$\xi_c(t)$ 和 $\xi_s(t)$ 按试验取值。

将 $y(t)$ 代入式(4.5.34)中，得：

$$\begin{aligned}M_u(t)&=\xi_c(t)b\sigma_{c,20}\frac{\xi_s(t)\sigma_{s,20}A_s-\xi'_s(t)\sigma'_{s,20}A'_s}{\xi_c(t)b\sigma_{c,20}}\left[h_0-\frac{\xi_s(t)\sigma_{s,20}A_s-\xi'_s(t)\sigma'_{s,20}A'_s}{2\xi_c(t)b\sigma_{c,20}}\right]+\\&\quad\xi'_s(t)\sigma'_{s,20}A'_s(h_0-a'_s)\\&=[\xi_s(t)\sigma_{s,20}A_s-\xi'_s(t)\sigma'_{s,20}A'_s]\left[h_0-\frac{\xi_s(t)\sigma_{s,20}A_s-\xi'_s(t)\sigma'_{s,20}A'_s}{2\xi_c(t)b\sigma_{c,20}}\right]+\\&\quad\xi'_s(t)\sigma'_{s,20}A'_s(h_0-a'_s)\end{aligned} \tag{4.5.38}$$

式中：$n=\dfrac{\sigma_{s,20}}{\sigma_{c,20}}$。

如 $\sigma_s(t)=\sigma'_s(t)$，式(4.5.38)可简化为

$$M_u(t)=\sigma_{s,20}A_s\left\{\left[\xi_s(t)-\xi'_s(t)\frac{A'_s}{A_s}\right]\left[h_0-\frac{n(\xi_s(t)A_s-\xi'_s(t)A'_s)}{2\xi_s(t)b}\right]+\xi'_s(t)\frac{A'_s}{A_s}(h_0-a'_s)\right\} \tag{4.5.39}$$

令

$$L_m(t)=\left(\xi_s(t)-\xi'_s(t)\frac{A'_s}{A_s}\right)\left\{h_0-\frac{n[\xi_s(t)A_s-\xi'_s(t)A'_s]}{2\xi_c(t)b}\right\}+\xi'_s(t)\frac{A'_s}{A_s}(h_0-a'_s) \tag{4.5.40}$$

得到火灾场钢筋混凝土截面极限弯矩有效力矩为

$$M_u(t)=\sigma_{g,20}A_sL_m(t)=\mu(t)\sigma_{s,20}A_sL_0 \tag{4.5.41}$$

式中：$L_m(t)$ ——火灾下任意时刻钢筋混凝土梁受拉区钢筋合力作用点的有效力矩；

L_0 ——正常温度下钢筋混凝土梁受拉区钢筋合力作用点的力矩；

$\mu(t)$ ——温有效力矩时效系数，$\mu(t)=L_m(t)/L_0$。

其余符号意义同前。

如果受压区无配筋，有效力矩可进一步简写为

$$L_m(t)=\xi_s(t)\left[h_0-\frac{n\xi_s(t)A_s}{2\xi_c(t)b}\right]=\xi_s(t)\left[h_0-\frac{n\eta h\xi_s(t)}{200\xi_c(t)}\right] \tag{4.5.42}$$

式中：η——含筋率，$\eta=\dfrac{100A_s}{bh}$。

4.5.5 分析技术

钢筋混凝土结构可以采用整体式、分离式、组合式等方法来模拟钢筋和混凝土的组合方

式。采用整体式时,是将钢筋按体含筋率或面含筋率分布在整个单元中。假定钢筋和混凝土黏结很好,并把所建立的模型用单元视为连续均匀材料,它求出的是综合了钢筋和混凝土的刚度矩阵。在热-力耦合计算中,若采用整体式模型,会减缓计算速度[33-35]。

分离式模型是把钢筋和混凝土作为不同的单元来处理,即钢筋和混凝土是各自被划分成足够保证计算精度的单元来处理,两者的刚度矩阵是分开来求解的。将钢筋作为线单元来处理,钢筋和混凝土之间可以插入黏结单元来模拟钢筋和混凝土之间的黏结和滑移,也可以共用节点忽略钢筋和混凝土之间的黏结与滑移。这种模型应用最为广泛。假定混凝土和钢筋黏结很好,考虑分离式模型时,其裂缝的处理方式则为分布裂缝模型。屈服准则可采用 William-Warnker 五参数强度准则[33-35]。

对于火灾下多种复合材料(钢筋混凝土结构)的热-力耦合效应的数值模拟,2D 单元则无法实现热-力耦合分析,目前须使用3D 实体单元和3D 杆单元。因为3D 实体单元和3D 杆单元仅有3 个平动自由度,其自由度匹配有较好的耦合效果。

4.6 算例分析

4.6.1 火灾模型

以钢筋混凝土矩形截面简支梁为例。其火灾场矩形截面简支梁模型如图4.10 所示。主筋采用Ⅲ级钢,整跨受热模式(SFM),三面升温,按均布荷载加载 q(kN/m)。计算 ISO 834 建议的标准火灾升温曲线加热时,高温200min 不同保护层厚度下矩形截面简支梁的极限弯矩,分析不同荷载等级下简支梁的变形状况;分析其承载力时变效应过程,确定耐火极限。

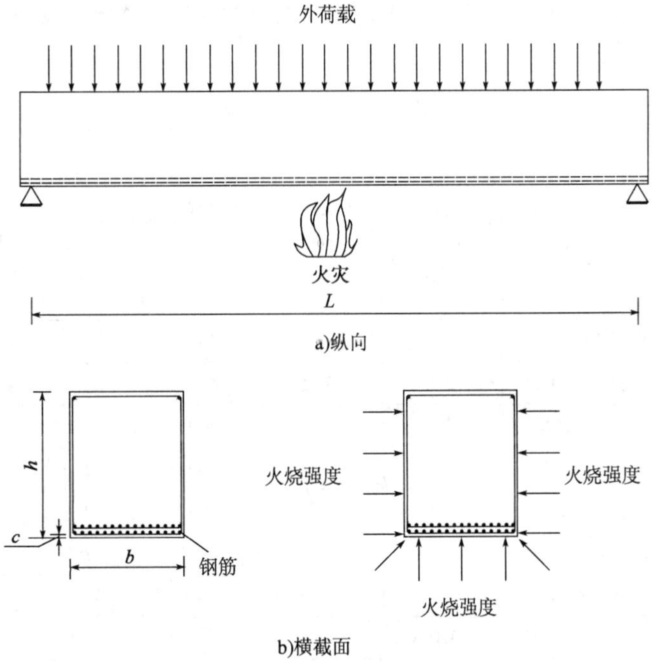

图4.10 火灾场矩形截面简支梁模型

ISO 834 建议的建筑构件抗火试验曲线如图 4.11 所示,其计算式为

$$\theta(t) = 345\lg(8t + 1) + \theta_0 \tag{4.6.1}$$

式中:θ_0——试验炉内的初始温度(℃);

$\theta(t)$——炉燃烧开始后 $t$min 时试验炉的空气平均温度(℃)。

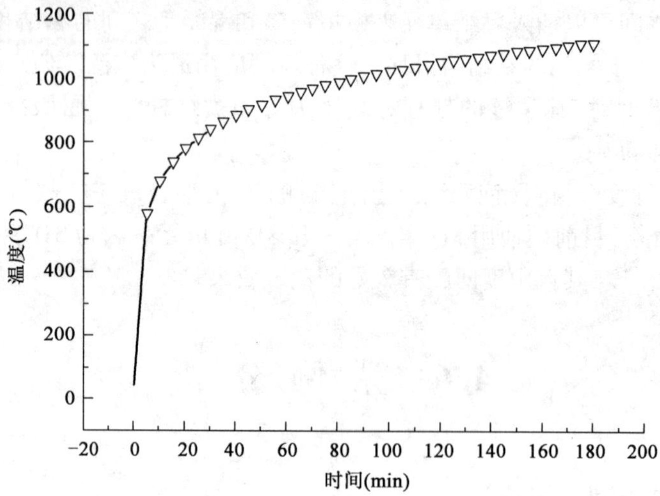

图 4.11　标准火灾温度-时间曲线

ISO 834 标准火灾温度-时间曲线升温过程单调,无论燃烧时间多长,温度一直上升,始终没有衰减熄灭过程。作为一个标准,它在结构构件的抗火试验、高温性能分析或火极限验算中统一应用,可保证结构具有一致的抗火性能,并可给出不同结构的抗火安全性及火场评价。表 4.1 为钢筋混凝土矩形截面简支梁火灾模型设计参数(设计含筋率标准计为 $\eta = 1.0$,其他以相对值计算)。

火灾模型梁设计参数　　　　表 4.1

荷载工况	截面尺寸 b (cm)	钢筋型号 (mm)	跨径 L (m)	保护层厚度 c (cm)	钢筋常温屈服强度 $\sigma_{sy,20}$ (MPa)	混凝土常温强度 $\sigma_{c,20}$ (MPa)	荷载等级 ($kN \cdot m^{-2}$)	荷载比
SSB-1	160×200	2×15ϕ25	12.0	3/4/5	400	32.0	$q = 100$	$\zeta = 1.0$
	160×200	2×15ϕ25	12.0	3/4/5	400	32.0	$q = 150$	$\zeta = 1.5$
	160×200	2×15ϕ25	12.0	3/4/5	400	32.0	$q = 200$	$\zeta = 2.0$
SSB-2	160×200	2×15ϕ25	11.0	3/4/5	400	32.0	$q = 100$	$\zeta = 1.0$
	160×200	2×15ϕ25	11.0	3/4/5	400	32.0	$q = 150$	$\zeta = 1.5$
	160×200	2×15ϕ25	11.0	3/4/5	400	32.0	$q = 200$	$\zeta = 2.0$
SSB-3	160×200	2×15ϕ25	9.0	3/4/5	400	32.0	$q = 100$	$\zeta = 1.0$
	160×200	2×15ϕ25	9.0	3/4/5	400	32.0	$q = 150$	$\zeta = 1.5$
	160×200	2×15ϕ25	9.0	3/4/5	400	32.0	$q = 200$	$\zeta = 2.0$

4.6.2 计算分析

(1)混凝土材料

按照第3章选取计算材料的热工参数,混凝土任意温度场的热传导率为

$$\lambda_c = 1.36 - 0.136\frac{T}{100} + 0.0057\left(\frac{T}{100}\right)^2 \quad (T \leqslant 1200℃) \tag{4.6.2}$$

混凝土任意温度场的比热容为

$$c_c = \begin{cases} 900 & (20℃ \leqslant T \leqslant 115℃) \\ 900 + (T - 100) & (115℃ < T \leqslant 200℃) \\ 1000 + \dfrac{T - 200}{2} & (200℃ < T \leqslant 400℃) \\ 1100 & (400℃ < T \leqslant 1200℃) \end{cases} \tag{4.6.3}$$

混凝土任意温度场的密度为

$$\rho_c = \begin{cases} \rho_{c,20} & (20℃ \leqslant T \leqslant 115℃) \\ \rho_{c,20}\left[1 - 0.02\dfrac{(T - 115)}{85}\right] & (115℃ < T \leqslant 200℃) \\ \rho_{c,20}\left[0.98 - 0.03\dfrac{(T - 200)}{200}\right] & (200℃ < T \leqslant 400℃) \\ \rho_{c,20}\left[0.95 - 0.078\dfrac{(T - 400)}{400}\right] & (400℃ < T \leqslant 1200℃) \end{cases} \tag{4.6.4}$$

(2)钢筋材料

钢筋任意温度场的热传导率为

$$\lambda_s = \begin{cases} 54 - 3.33 \times 10^{-2}T & (20℃ \leqslant T \leqslant 800℃) \\ 27.3 & (800℃ < T < 1200℃) \end{cases} \tag{4.6.5}$$

钢筋任意温度场的比热容为

$$c_s = \begin{cases} 425 + 0.773T - 1.69 \times 10^{-3}T + 2.22 \times 10^{-6}T^3 & (20℃ \leqslant T \leqslant 600℃) \\ 666 - \dfrac{13002}{738 - T} & (600℃ < T \leqslant 735℃) \\ 545 + \dfrac{17820}{T - 731} & (735℃ < T \leqslant 900℃) \\ 650 & (900℃ < T \leqslant 1200℃) \end{cases} \tag{4.6.6}$$

钢筋任意温度场的密度为

$$\rho_s = 7850 \tag{4.6.7}$$

式中:$\theta(t)$——t 时刻的火场温度。

按以上格式计算的混凝土和钢筋高温下的热工参数见表4.2。

材料热工参数　　表4.2

温度(℃)	混凝土热工参数			钢筋热工参数		
	热传导率[kJ/(m·h·℃)]	比热容[J/(kg℃)]	密度(kg/m³)	热传导率[kJ/(m·h·℃)]	比热容[J/(kg℃)]	密度(kg/m³)
20	7.1	913	2489	192.0	440	7850
200	5.9	1022	2388	170.4	530	7850
400	4.8	1122	2276	146.4	606	7850
600	4.0	1200	2164	122.4	760	7850
800	3.4	1256	2052	98.3	803	7850
1000	3.0	1289	1940	98.3	650	7850
1200	2.9	1300	1828	98.3	650	7850

(3)受火过程分析

由于钢筋混凝土矩形截面简支梁截面对称,对称结构在对称火灾场下,温度效应分布也存在对称性。为验证理论结果,在钢筋混凝土矩形截面火灾模型梁截面中心线一侧布置了5个温度测点,测点 T_1 位于截面最下缘外侧迎火面,直接得到火灾场的升温曲线;测点 T_2 和测点 T_3 分别布置在外底侧钢筋层和中底钢筋层处,实时监测钢筋温度;测点 T_4 布置在第二层钢筋处,可测得火灾场中的钢筋混凝土结构第二钢筋层温度时程曲线;测点 T_5 布置在迎火面和背火层交合处,测背火面和迎火面的交合温度;C 为混凝土保护层厚度,测点 T_2 和测点 T_3 的温度随混凝土保护层厚度变化;跨中挠度观测采用竖直刻度尺随时跟踪观测。火灾模型截面温度测点布置如图4.12所示。

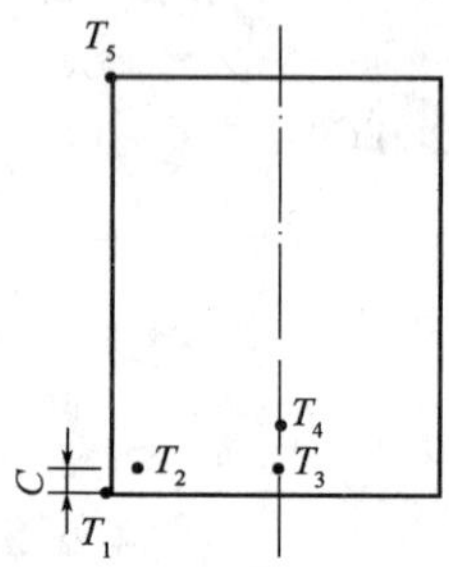

图4.12　火灾模型截面温度测点布置

结合多种结构火灾场温度试验参数,计算整跨受火三面升温模式下高温场各测点温度时程曲线、钢筋混凝土简支梁极限弯矩和跨中挠度时程曲线,分析钢筋混凝土矩形截面简支梁的温度场分布状况、极限弯矩时程状况和形变状况,从而确定在三维重建(SFM)场景中钢筋混凝土简支梁的耐火极限。

(4)温度分布

三面火灾作用下钢筋混凝土矩形截面简支梁高温场的温度梯度分布分析表明:由于截面三侧受热,受热侧温度相对其他部位较高;从截面受火外侧到截面内部,火灾温度逐渐降低,呈明显的U形梯度分布带过渡,背火面的低温度梯度呈外拢现象;受火初期(10min以内),高温层呈薄层状密集型分布,沿三侧受火面的面积占整个横截面的比例较低,约90%的面积处于100℃以内,随着火灾时间的增加,高温层逐渐向内扩展,高温层分布厚度小于相应低温层分布厚度,梯度分布宽度由外及内逐渐增大;受火时间较长(100min以上)时,约15%的面积处于500℃以上;超过200min时,约30%的面积处于500℃以上,并且高温层呈完全穿透混凝土保护层的趋势,钢筋被熔化,强度基本消失,结构处于崩溃坍塌阶段。

图4.13所示为混凝土保护层为3cm任意时刻矩形截面各测点温度分布曲线。由图4.13

可见,各测点温度随时间增加而升高,测点 T_1 和测点 T_5 直接受火场高温辐射,短时间内温度骤然上升,其曲线形式类似于 ISO 834 火灾温度-时间曲线升温形式;由于混凝土是不良热传导体,所以测点 T_2、测点 T_3 和测点 T_4 的温度通过混凝土的热传导而缓慢升高;测点 T_4 处于火场第二钢筋层处,未能受火场高温辐射,所以温度相对于其他测点较低,测点 T_2、测点 T_3 至混凝土表面距离小,温度高于测点 T_4 温度。测点温度高低及升温速度与火场的接触程度密切相关:靠近火场,升温快、升温幅度大;远离火场,升温慢,温度低。

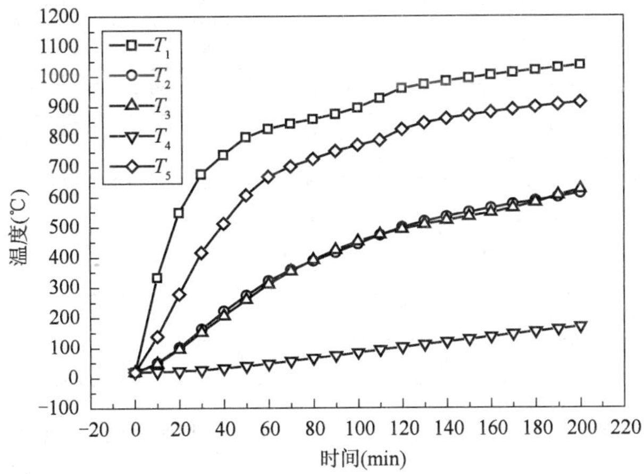

图 4.13 混凝土保护层为 3cm 任意时刻矩形截面各测点温度时程曲线

(5)荷载因子

表 4.3 和表 4.4 分别为不同荷载条件下各种工况荷载因子时变效应规律。

等荷载条件下各工况荷载因子 **λ(t)** 的时变效应规律 表 4.3

时间(min)	荷载等级(kN/m^2)	保护层厚度(3cm)			保护层厚度(4cm)			保护层厚度(5cm)		
		SSB-1	SSB-2	SSB-3	SSB-1	SSB-2	SSB-3	SSB-1	SSB-2	SSB-3
		λ(t)			λ(t)			λ(t)		
0	250	0.56	0.66	0.80	0.55	0.66	0.80	0.55	0.66	0.79
20	240	0.55	0.66	0.80	0.55	0.66	0.79	0.55	0.65	0.79
40	230	0.53	0.63	0.76	0.54	0.65	0.78	0.55	0.65	0.79
60	220	0.49	0.59	0.71	0.51	0.60	0.73	0.53	0.63	0.77
80	210	0.46	0.55	0.67	0.47	0.56	0.68	0.50	0.59	0.72
100	200	0.42	0.51	0.61	0.45	0.53	0.64	0.47	0.56	0.68
120	190	0.40	0.48	0.58	0.42	0.50	0.61	0.45	0.54	0.65
140	180	0.37	0.45	0.54	0.40	0.47	0.57	0.43	0.51	0.62
160	170	0.35	0.42	0.50	0.38	0.45	0.55	0.41	0.49	0.60
180	160	0.32	0.38	0.46	0.36	0.43	0.52	0.40	0.47	0.57
200	150	0.30	0.36	0.43	0.34	0.41	0.49	0.37	0.45	0.54

变荷载条件下各工况荷载因子 $\lambda(t)$ 的时变效应规律　　表 4.4

时间(min)	荷载等级(kN/m²)	保护层厚度(3cm)			保护层厚度(4cm)			保护层厚度(5cm)		
		SSB-1	SSB-2	SSB-3	SSB-1	SSB-2	SSB-3	SSB-2	SSB-3	SSB-3
		$\lambda(t)$			$\lambda(t)$			$\lambda(t)$		
0	250	0.56	0.66	0.80	0.55	0.66	0.80	0.55	0.66	0.79
20	240	0.58	0.69	0.83	0.57	0.68	0.83	0.57	0.68	0.82
40	230	0.58	0.69	0.83	0.59	0.70	0.85	0.59	0.71	0.86
60	220	0.56	0.67	0.81	0.58	0.69	0.83	0.61	0.72	0.87
80	210	0.55	0.66	0.79	0.56	0.67	0.81	0.59	0.70	0.85
100	200	0.53	0.63	0.76	0.56	0.66	0.80	0.59	0.71	0.85
120	190	0.53	0.63	0.76	0.56	0.66	0.80	0.60	0.71	0.86
140	180	0.52	0.62	0.75	0.55	0.66	0.80	0.60	0.71	0.86
160	170	0.51	0.61	0.74	0.56	0.66	0.80	0.61	0.72	0.88
180	160	0.50	0.60	0.73	0.57	0.67	0.82	0.62	0.74	0.89
200	150	0.50	0.60	0.72	0.57	0.68	0.82	0.62	0.74	0.90

由表 4.3 和表 4.4 可知,当外部荷载值相同时,荷载因子随简支梁跨径的增大而减小;当外部荷载呈递减数列减小时,对于相同跨径的简支梁,荷载因子不与外部荷载值变化同步。因为极限弯矩取决于截面参数(材料以及力学参数),对于截面参数一定的三侧整跨受火钢筋混凝土简支梁,高温下极限弯矩仅随火灾时间的延伸而变化,不随跨径的大小而改变,所以荷载因子能够清楚地反映等荷载条件下和变荷载条件下梁的极限弯矩随火延时间的变化规律,也表明外部荷载实际提供给火灾场钢筋混凝土结构的有效程度,还表明荷载因子与外部荷载值随时间变化的对应关系。

(6)有效力矩系数

表 4.5 为火灾下不同保护层厚度矩形截面简支梁结构极限弯矩的荷载因子法、有效力矩法与内力积分法的计算结果比较。

极限弯矩有效力矩系数计算结果　　表 4.5

时间	t(min)	10	20	30	40	50	60	70	80	90	100
保护层厚度	$c=3$cm	1.00	1.00	0.99	0.96	0.92	0.89	0.86	0.84	0.80	0.77
	$c=4$cm	1.00	1.00	0.99	0.98	0.95	0.92	0.88	0.86	0.83	0.81
	$c=5$cm	1.00	0.99	0.99	0.99	0.98	0.96	0.93	0.90	0.88	0.86
时间	t(min)	110	120	130	140	150	160	170	180	190	200
保护层厚度	$c=3$cm	0.74	0.72	0.69	0.68	0.65	0.63	0.60	0.58	0.56	0.54
	$c=4$cm	0.79	0.77	0.74	0.72	0.71	0.69	0.67	0.66	0.63	0.62
	$c=5$cm	0.84	0.82	0.80	0.78	0.76	0.75	0.73	0.72	0.70	0.68

如表 4.5 所示,根据式(4.5.42)计算得到火灾高温 200min 过程中,整跨受热模式下不同保护层厚度 c(3cm、4cm、5cm)钢筋混凝土矩形截面简支梁随火灾高温时间变化的极限弯矩有效力矩系数。其他厚度保护层与时间的有效力矩系数可采用内插外延法计算。

(7)计算方法比较

由图4.14可见,三种方法的计算结果规律一致,曲线保持相同趋势。火灾高温40min之内,钢筋混凝土矩形截面简支梁极限弯矩基本保持不变,梁体的整体状况良好;随着时间的延伸,温度升高,受拉钢筋的强度折减量增加,相对于正常温度极限弯矩直线下降。

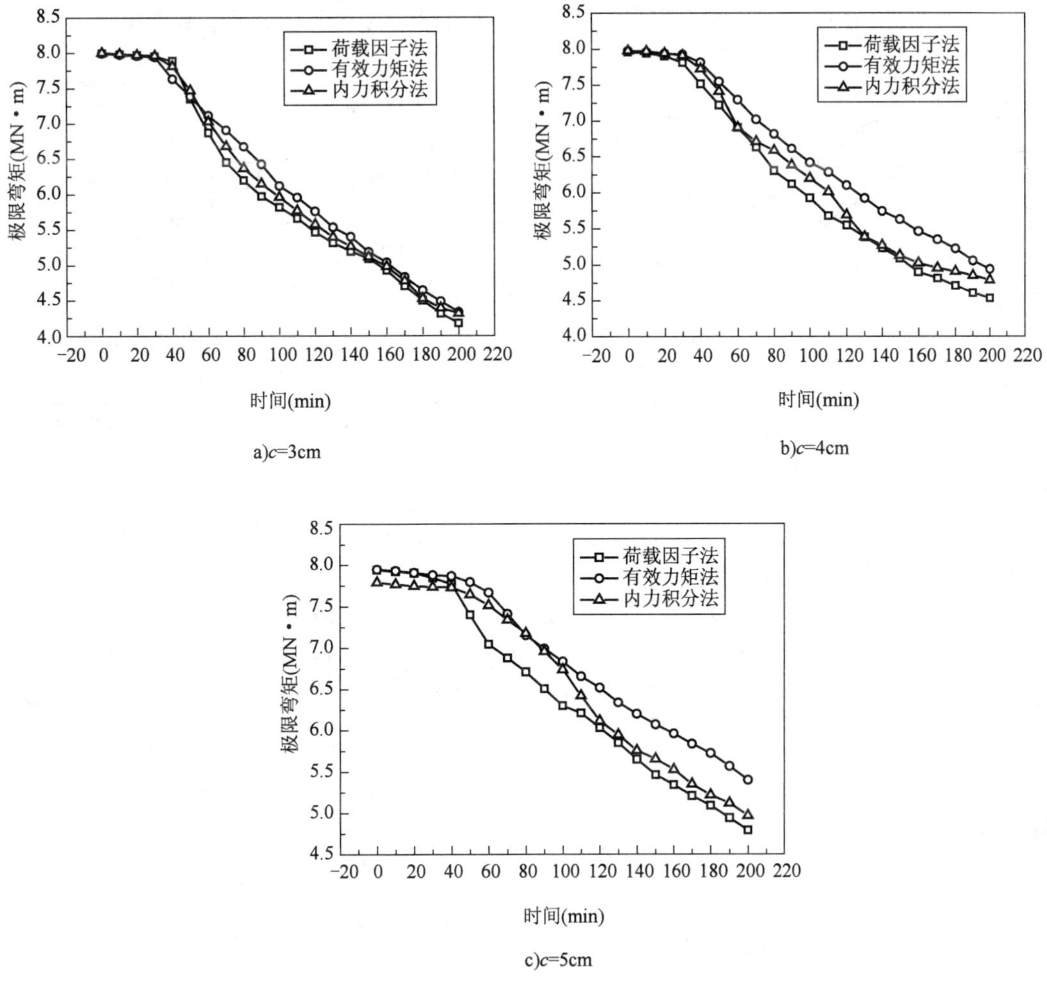

a)c=3cm

b)c=4cm

c)c=5cm

图4.14 火灾下不同保护层厚度各计算方法时程曲线

因为有限元分析结果与有限元模型的单元个数相关,随着温度场时间的增加,部分单元由于其参数的设定而退出计算,截面应力由于裂缝的开展又闭合,其发生状态接近实际情况,应力值稍有波动,相应内力积分值与计算值相比稍有偏差,所以有效力矩法计算曲线较有限元分析曲线光滑。

迎火面混凝土的温度比内部混凝土温度高出很多,受拉区钢筋的混凝土保护层厚度越大,受拉钢筋的温度就越低;其强度损失得越少,剩余强度越大。保护层厚度分别为3cm、4cm和5cm,火灾高温时间为200min时,梁的极限弯矩分别为4.0MN·m、4.5MN·m和5.0MN·m,分别为常温下梁极限弯矩的50%、55.6%和62.5%左右。

(8)含筋率

图4.15为火灾下不同配筋率的钢筋混凝土矩形截面简支梁结构极限弯矩随火延时间变化的时程曲线。分析可知,随着钢筋混凝土简支梁截面受拉区钢筋配筋率的增加,钢筋混凝土简支梁的极限弯矩提高,各温度点极限弯矩提高的程度与受拉区钢筋含筋率成正比。火灾时间延长,则温度升高,相当于受拉钢筋的有效面积减小,适当增加钢筋配筋率可提高钢筋混凝土梁的抗火性能,可有效保证在火灾高温作用下一段时间内,梁仍能满足承载要求。

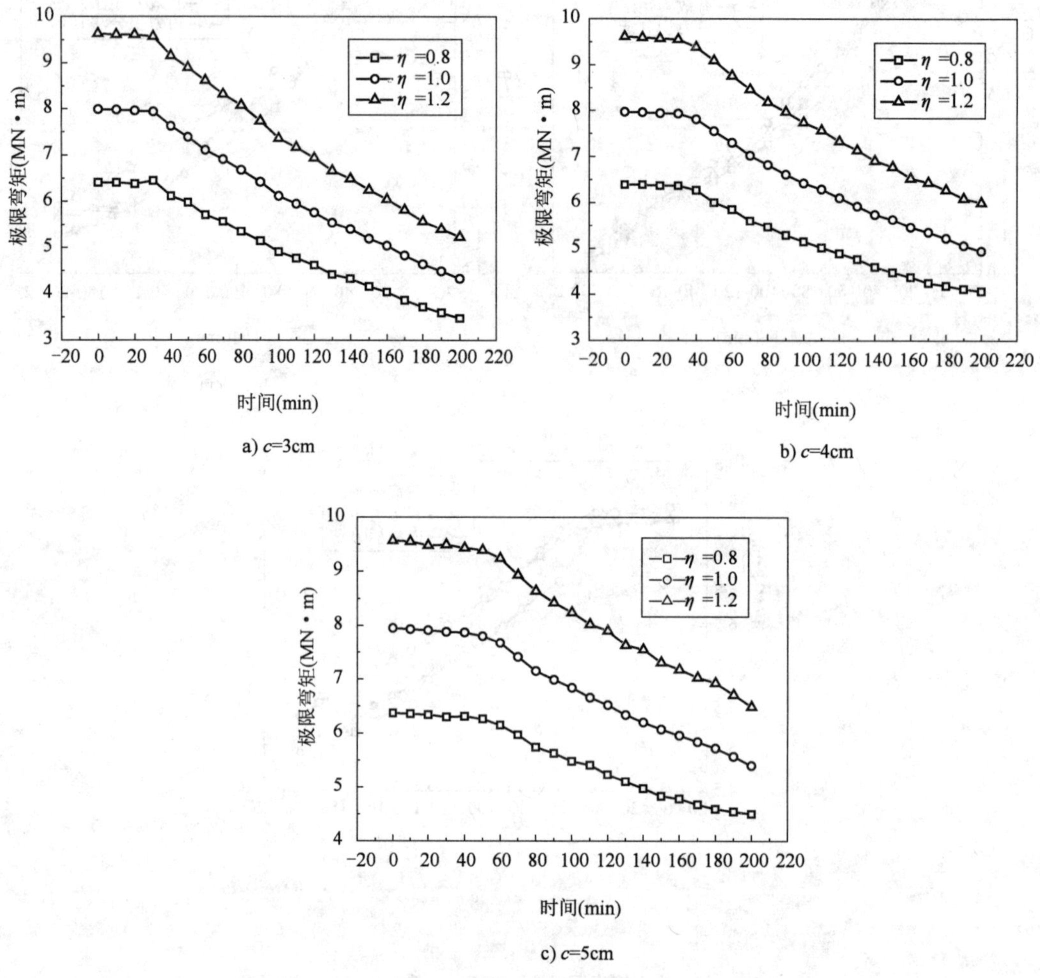

图4.15　火灾下不同配筋率钢筋混凝土简支梁极限弯矩时程曲线

当火延时间过长,各配筋率钢筋混凝土简支梁的极限弯矩时程曲线随火延时间有缩拢趋势,从而导致在温度过高的情况下,增加含筋率对提高梁的极限弯矩效果不明显。所以,要达到较好的抗火效果,既要增加梁的保护层厚度,又要提高受拉区钢筋的含筋率,并控制火延时间,即及时灭火。

图4.16为不同保护层厚度和含筋率下各荷载等级钢筋混凝土矩形截面简支梁跨中挠度时程曲线。其表明,火灾场钢筋混凝土矩形截面简支梁跨中挠度时程曲线随荷载等级的增加呈非线性变化趋势。挠度时程曲线增大的程度随保护层厚度增加而减小;挠度值随荷载比ζ的增大而增大,随火延时间的延长而增大,随含筋率的增大而减小。

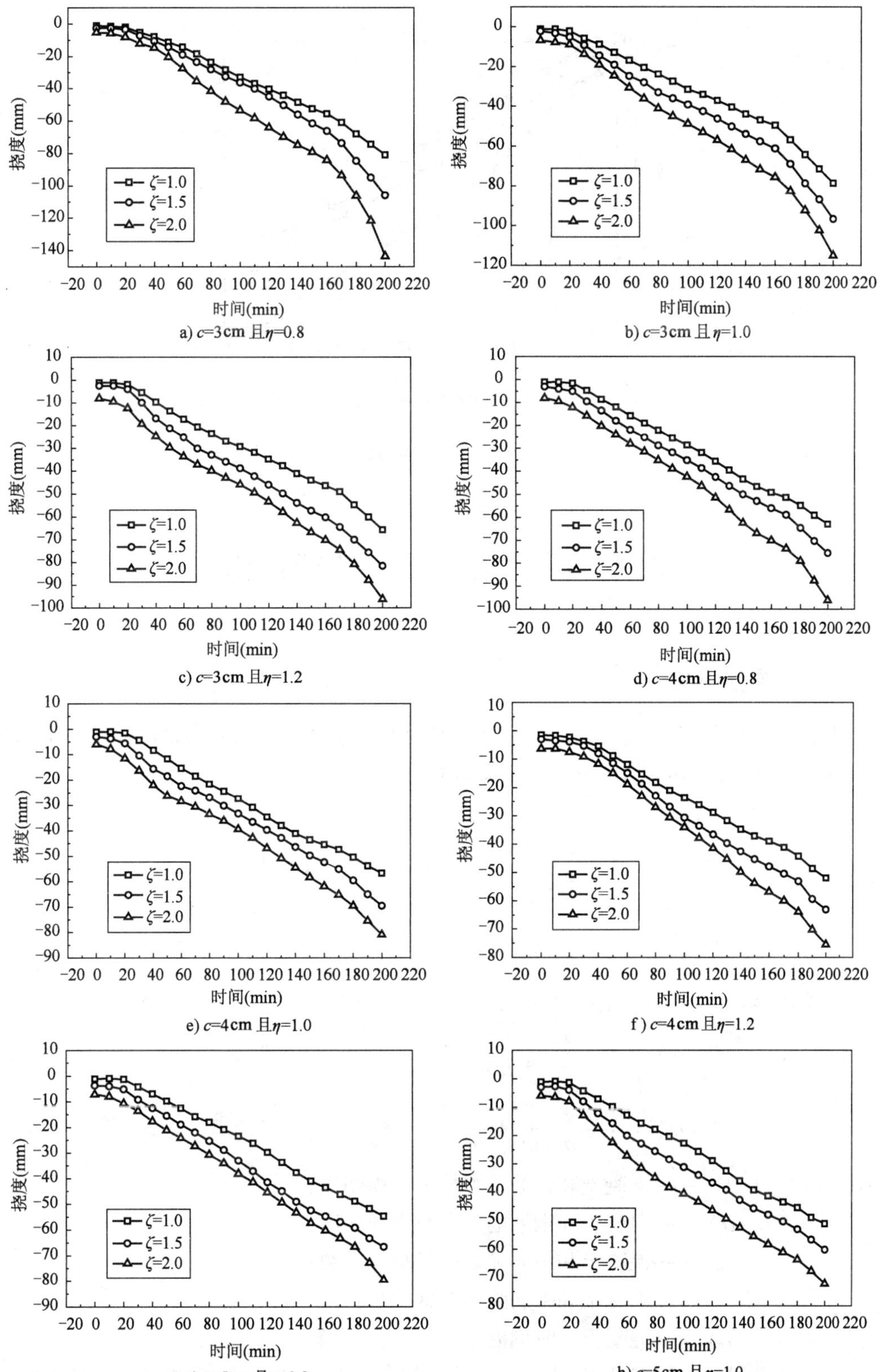

a) c=3cm 且η=0.8

b) c=3cm 且η=1.0

c) c=3cm 且η=1.2

d) c=4cm 且η=0.8

e) c=4cm 且η=1.0

f) c=4cm 且η=1.2

g) c=5cm 且η=0.8

h) c=5cm 且η=1.0

图 4.16

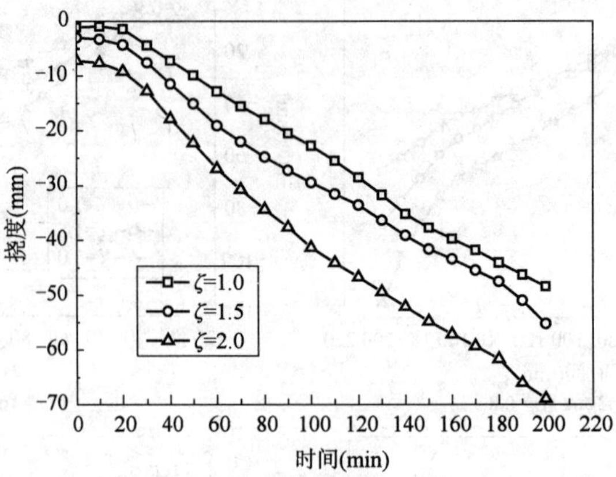

i) c=5cm 且η=1.2

图4.16　不同保护层厚度和含筋率下各荷载等级钢筋混凝土矩形截面简支梁跨中挠度时程曲线

4.7　桥梁结构抗火性能评价

4.7.1　损伤评价

随着温度的升高，火灾场中钢筋混凝土梁混凝土弹性模量和强度及钢筋弹性模量和强度存在不同程度的损伤，其损伤度可分别定义如下：

弹性模量损伤度：

$$D_c(E) = 1 - \frac{E_c[\theta(t_j)]}{E_c[\theta(t_0)]} = 1 - \zeta_c \qquad (j = 1,2,3,\cdots) \tag{4.7.1}$$

$$D_s(E) = 1 - \frac{E_s[\theta(t_j)]}{E_s[\theta(t_0)]} = 1 - \zeta_s \qquad (j = 1,2,3,\cdots) \tag{4.7.2}$$

强度损伤度：

$$D_c(\sigma) = 1 - \frac{\sigma_h[\theta(t_j)]}{\sigma_h[\theta(t_0)]} = 1 - \xi_c \qquad (j = 1,2,3,\cdots) \tag{4.7.3}$$

$$D_s(\sigma) = 1 - \frac{\sigma_s[\theta(t_j)]}{\sigma_s[\theta(t_0)]} = 1 - \xi_s \qquad (j = 1,2,3,\cdots) \tag{4.7.4}$$

式中：$D_c(E)$、$D_s(E)$——混凝土和钢筋的弹性模量损伤度；

$D_c(\sigma)$、$D_s(\sigma)$——混凝土和钢筋的应力强度损伤度；

ζ_c、ζ_s——混凝土和钢筋弹性模量折减系数；

ξ_c、ξ_s——混凝土和钢筋强度折减系数；

$\theta(t_j)$——混凝土某时刻温度。

按以上各式计算的混凝土和钢筋的高温力学参数见表4.6；钢筋和混凝土的损伤度见表4.7。

材料高温力学参数　　表4.6

温度(℃)	混凝土力学参数			钢筋力学参数		
	热膨胀系数/×10⁻⁶	强度折减系数	弹性模量折减系数	屈服强度折减系数	比例极限折减系数	弹性模量折减系数
20	6.160	1.000	1.000	1.000	1.000	1.000
200	7.600	0.900	0.505	1.000	0.807	0.900
400	9.200	0.750	0.240	1.000	0.420	0.700
600	10.800	0.450	0.085	0.470	0.180	0.310
800	12.400	0.400	0.016	0.110	0.050	0.090
1000	14.000	0.160	0.001	0.040	0.025	0.045
1200	15.600	0.000	0.001	0.000	0.000	0.000

钢筋和混凝土损伤度分析　　表4.7

时间(min)	温度(℃)	混凝土损伤度(%)		钢筋损伤度(%)	
		$D_c(E)$	$D_c(\sigma)$	$D_s(E)$	$D_s(\sigma)$
0.0	20	0	0	0	0
0.1	100	24	5	0	3.7
0.3	200	49	10	10	10
0.7	300	66	15	20	22
1.4	400	76	25	30	30
3.0	500	85	40	40	41
6.0	600	92	55	69	60
12.0	700	96	70	87	78
23.0	800	98	85	91	89
45.0	900	99	92	93	94
87.0	1000	100	96	95	96
170.0	1100	100	99	97	98
327.0	1200	100	100	100	100

可见,混凝土火灾高温87min后,混凝土弹性模量损伤度可达100%;由文献可知,混凝土温度达到1000℃时,开始熔融;达到1200℃时,强度损失殆尽。当火灾温度为200℃以下时,普通钢筋强度几乎无变化;当火灾温度大于200℃时,钢筋强度开始下降。

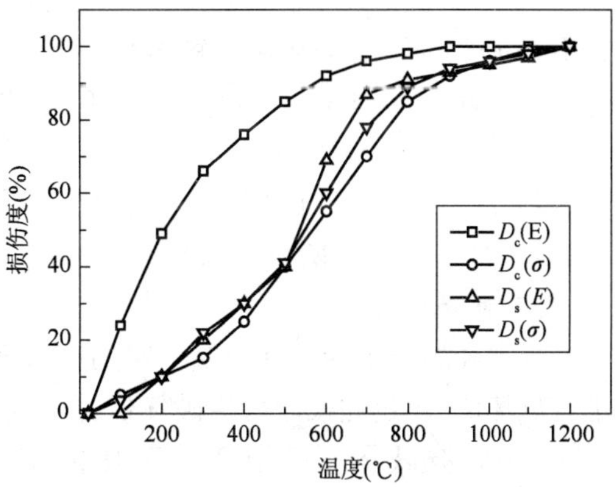

图4.17　火灾场钢筋及混凝土高温损伤曲线

图4.17所示为火灾场钢筋及混凝土高度损伤曲线。可见,混凝土弹性模量损伤速度远大于强度损伤速度,意味着火灾高温场混凝土构件的变形大于应力-应变的变化程度,混凝土的高温变

形更加明显;钢筋弹性模量和屈服强度损伤度大致相同,损伤曲线走向基本一致。

4.7.2 安全评价

火灾场钢筋混凝土结构极限弯矩安全评价模型包括临界模型和破坏模型。

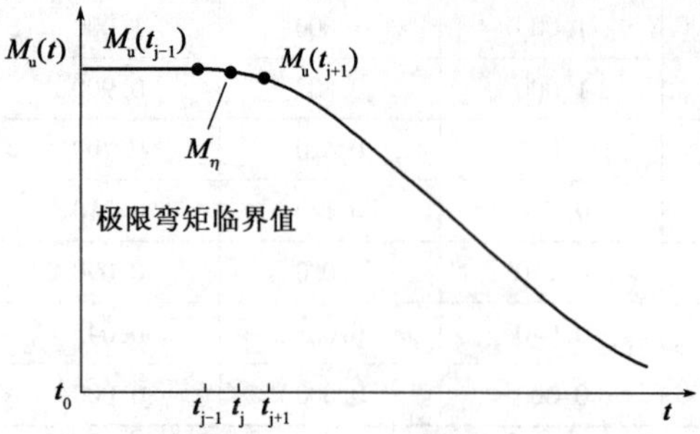

图 4.18 极限弯矩临界值定义

(1)临界模型

火灾高温场中的钢筋混凝土梁桥正截面极限弯矩有临界值,超过此临界值,正截面极限弯矩随着温度的升高迅速下降;在此临界值之前,正截面极限弯矩下降速度较慢。

极限弯矩临界值 M_η 定义如图 4.18 所示。在极限弯矩随时间变化的曲线上,对于任意温度 $\theta(t_j)$ 的时间 t_j,存在 $\eta(t_j)$,使得:

$$
\begin{aligned}
\eta(t_j) &= \frac{|M_u(t_j) - M_u(t_j + \Delta t)|}{\Delta t} \quad (j = 1,2,3,\cdots) \\
\eta(t_{j-1}) &= \frac{|M_u(t_{j-1}) - M(t_{j-1} + \Delta t)|}{\Delta t} \quad (j = 1,2,3,\cdots) \\
\eta(t_{j+1}) &= \frac{|M_u(t_{j+1}) - M_u(t_{j+1} + \Delta t)|}{\Delta t} \quad (j = 1,2,3,\cdots)
\end{aligned}
\tag{4.7.5}
$$

令 $M_\eta = M_u(t_j)$,根据区间优化估计原则,当 $t_{j-1} < t_j$ 时,$M_u(t_{j-1}) \geqslant M_\eta$:

$$\eta(t_{j-1}) \approx \eta(t_j) \quad (j = 1,2,3,\cdots) \tag{4.7.6}$$

$t_{j+1} > t_j$ 时,$M_u(t_{j+1}) < M_\eta$:

$$\eta(t_{j+1}) > \eta(t_j) \quad (j = 1,2,3,\cdots) \tag{4.7.7}$$

可知:

$$
\begin{aligned}
M(t_{j-1}) \geqslant M_\eta > M(t_{j+1}) \quad [t_j \in (t_{j-1}, t_{j+1})] \\
\eta(t_{j-1}) \approx \eta(t_j) > \eta(t_{j+1}) \quad [t_j \in (t_{j-1}, t_{j+1})]
\end{aligned}
\tag{4.7.8}
$$

存在 $t \in (t_{j-1}, t_j)$,使得:

$$M_\eta = M_u(t_j) \tag{4.7.9}$$

式中:$\eta(t_j)$ ——临界极限弯矩系数;

M_η——与 $\eta(t_j)$ 对应的 t_j 时刻的极限弯矩(kN · m);

(t_{j-1}, t_j) ——估计区间,在实际工程应用中,可取 $M_\eta = 0.9M_u(t_0)$。

(2)破坏模型

火灾高温场中的钢筋混凝土梁的正截面极限弯矩有破坏值,超过此极限弯矩破坏值,梁不能承受其自重,因此被破坏。极限弯矩破坏值 M_G 定义如图 4.19 所示。

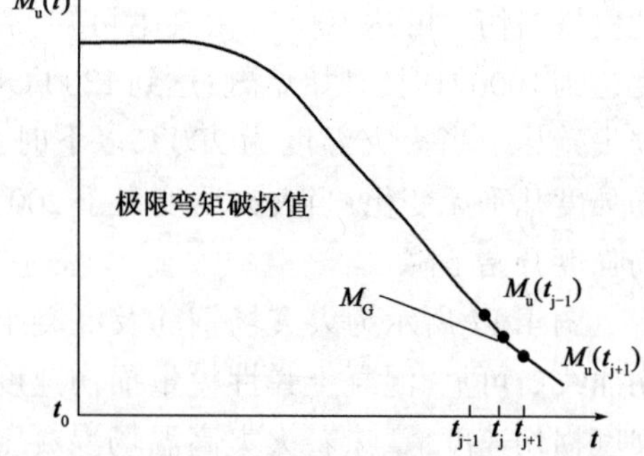

图 4.19 极限弯矩破坏值定义

在极限弯矩随时间变化的曲线上，对于任意时间 t_j，当 $t_{j-1} < t_j$ 时：

$$M_u(t_{j-1}) \geqslant M_u(t_j) \qquad (j = 1,2,3,\cdots) \tag{4.7.10}$$

当 $t_{j+1} > t_j$ 时：

$$M_u(t_{j+1}) \leqslant M_u(t_j) \qquad (j = 1,2,3,\cdots) \tag{4.7.11}$$

令 $M_G = M_u(t_j)$，建立的火灾后钢筋混凝土梁桥极限弯矩评价指标等级见表4.8。

火灾后钢筋混凝土梁桥极限弯矩评价指标 表4.8

评价等级	判别标准	评价结果
Ⅰ类	$M_u(t_j) > M_\eta$	轻度损伤
Ⅱ类	$M_\eta > M_u(t_j) > \gamma_1 M_\eta$	中度损伤
Ⅲ类	$\gamma_2 M_\eta < M_u(t_j) < \gamma_1 M_\eta$	重度损伤
Ⅳ类	$\gamma_3 M_G < M_u(t_j) < \gamma_2 M_\eta$	严重损伤
Ⅴ类	$M_u(t_j) < \gamma_3 M_G$	破坏

注：各等级安全系数 $\gamma_1 = 0.7$，$\gamma_2 = 0.5$，$\gamma_3 = 3.0$；M_G 为自重作用下的弯矩值。

表4.9为火灾高温场钢筋混凝土不同保护层厚度的矩形截面简支梁极限弯矩安全评价分析结果。临界弯矩 M_η 约为 7.2×10^3kN·m，M_G 约为 1.5×10^2kN·m。由表4.9可知，混凝土保护层 $c=3$cm 时、40min 内，$c=4$cm 时、60min 内，$c=5$cm 时、80min 内，钢筋混凝土梁极限弯矩基本无变化，均为轻度损伤。即混凝土保护层厚度越大，结构损伤程度越小。

钢筋混凝土矩形截面简支梁极限弯矩安全评价分析结果 表4.9

<table>
<tr><th rowspan="3">计算时间(min)</th><th colspan="9">保护层厚度(cm)</th></tr>
<tr><th colspan="3">$c=3$</th><th colspan="3">$c=4$</th><th colspan="3">$c=5$</th></tr>
<tr><th>M_u (MN·m)</th><th>判别标准(表4.8)</th><th>结果</th><th>M_u (MN·m)</th><th>判别标准(表4.8)</th><th>结果</th><th>M_u (MN·m)</th><th>判别标准(表4.8)</th><th>结果</th></tr>
<tr><td>0</td><td>8.01</td><td rowspan="3">$>M_\eta$</td><td rowspan="3">轻度损伤</td><td>7.98</td><td rowspan="4">$>M_\eta$</td><td rowspan="4">轻度损伤</td><td>7.95</td><td rowspan="5">$>M_\eta$</td><td rowspan="5">轻度损伤</td></tr>
<tr><td>20</td><td>7.97</td><td>7.94</td><td>7.91</td></tr>
<tr><td>40</td><td>7.65</td><td>7.82</td><td>7.87</td></tr>
<tr><td>60</td><td>7.13</td><td rowspan="4">$>\gamma_1 M_\eta$</td><td rowspan="4">中度损伤</td><td>7.30</td><td>7.67</td></tr>
<tr><td>80</td><td>6.69</td><td>6.82</td><td rowspan="4">$>\gamma_1 M_\eta$</td><td rowspan="4">中度损伤</td><td>7.15</td></tr>
<tr><td>100</td><td>6.13</td><td>6.42</td><td>6.84</td><td rowspan="5">$>\gamma_1 M_\eta$</td><td rowspan="5">中度损伤</td></tr>
<tr><td>120</td><td>5.77</td><td>6.10</td><td>6.52</td></tr>
<tr><td>140</td><td>5.41</td><td rowspan="4">$>\gamma_2 M_\eta$</td><td rowspan="4">重度损伤</td><td>5.74</td><td>6.20</td></tr>
<tr><td>160</td><td>5.05</td><td>5.47</td><td rowspan="3">$>\gamma_2 M_\eta$</td><td rowspan="3">重度损伤</td><td>5.96</td></tr>
<tr><td>180</td><td>4.65</td><td>5.23</td><td>5.72</td></tr>
<tr><td>200</td><td>4.34</td><td>4.94</td><td>5.40</td><td>$>\gamma_2 M_\eta$</td><td>重度损伤</td></tr>
</table>

4.8 本章小结

桥梁结构的热-力耦合效应指在温变作用下结构的力学响应形态，其温变作用包括各种随时间变化的温度梯度，如日温差、年温差、水化热和火灾高温。本章的热-力耦合方法为桥梁结构火灾高温计算提供了建模与分析思路，主要涉及火灾高温状态下的桥梁结构力学性能，意指桥梁结构遭遇的火场温度与材料性能劣化及多重边界条件的多维耦合效应。这就需要借助结构有限元的非线性迭代功能来实现桥梁结构火灾高温效应的预分析，提前得知结构的内力与变形在火灾高温下的变化趋势及火灾后破坏特征。由于桥梁结构进行分析时需纳入的信息量大，计算耗时，有时难以收敛，章末以钢筋混凝土矩形截面简支梁的火灾高温场为例，给出了热-力耦合的计算方法、分析结果与安全评价方法。关于其他类型结构的桥梁火灾场分析请参阅所列文献。

本章参考文献

[1] 张岗，贺拴海，侯炜，等. 预应力混凝土桥梁抗火研究综述[J]. 长安大学学报，2018，38(6)：1-9.

[2] 郑文忠，闫凯，王英. 预应力混凝土结构抗火研究进展[J]. 建筑结构学报，2011，32(12)：52-61.

[3] Kodur V K R, Dwaikat M. Fire Performance of Reinforced Concrete Beams under Design Fire Exposure[J]. Journal of fire protection engineering, 2009, 17: 293-320.

[4] 张岗，贺拴海，王翠娟. 焰流效应下混凝土空心薄壁墩火温时变分布[J]. 交通运输工程学报，2014，14(1)：26-34.

[5] 张岗. PC宽异薄壁箱梁火灾高温场形变分析[J]. 解放军理工大学学报(自然科学版)，2011，12(2)：131-136.

[6] 张岗，贺拴海，宋一凡，等. 火灾高温下钢筋混凝土梁桥非线性计算方法[J]. 西安建筑科技大学学报(自然科学版)，2008，40(3)：317-322.

[7] 张岗，贺拴海，宋一凡. 钢筋混凝土梁桥火灾高温安全评价[J]. 安全与环境学报，2008，7(3)：153-157.

[8] 张岗，贺拴海. 火灾下钢筋混凝土梁桥高温形变分析[J]. 长安大学学报(自然科学版)，2009，29(1)：54-58.

[9] 张岗，贺拴海，任伟. 火灾高温下RC简支梁极限弯矩计算模型研究[J]. 武汉理工大学学报(交通科学与工程版)，2010，34(1)：134-136.

[10] 李世安. 预应力混凝土梁桥高温力学性能分析及灾后评价方法[D]. 西安：长安大学，2012.

[11] Capua D D, Mari A R. Nonlinear analysis of reinforced concrete cross – sections exposed to fire[J]. Fire Safety Journal, 2007, 42(2): 139-149.

[12] Kodur V K R, Dwaikat M. Performance-based fire safety design of reinforced concrete beams [J]. Journal of Fire Protection Engineering, 2007, 17(4): 293-320.

[13] Kodur V K R, Dwaikat M. Fire performance of reinforced concrete beams under design fire exposure[J]. Structures Congress, 2008, 314: 1-10.

[14] Kodur V K R, NASER M Z. Importance factor for design of bridges against fire hazard[J].

Engineering Structures, 2013, 54(3): 207-220.

[15] Naser M Z, Kodur V K R. A probabilistic assessment for classification of bridges against fire hazard[J]. Fire Safety Journal, 2015, 76: 65-73.

[16] Zhang G, Kodur V, Xie J C, et al. Behavior of prestressed concrete box bridge girders under hydrocarbon fire condition[J]. Procedia Engineering, 2017, 210: 449-455.

[17] Zhang G, Kodur V, Hou W, et al. Evaluating fire resistance of prestressed concrete bridge girders[J]. Structural Engineering & Mechanics, 2017, 62(6): 663-674.

[18] 过镇海. 常温和高温下混凝土材料和构件的力学性能[M]. 北京:清华大学出版社,2005.

[19] 贺拴海,张岗,黄侨,等. 火灾下桥梁结构灾变机理及安全性评价与加固技术研究[R]. 西安:长安大学,2013.

[20] 王竹溪. 热力学[M]. 北京:北京大学出版社,2005.

[21] 章本照,印建安,张宏基. 流体力学数值方法[M]. 北京:机械工业出版社,2002.

[22] 刘儒勋,舒其望. 计算流体力学的若干新方法[M]. 北京:科学出版社,2003.

[23] 徐道远,王向东,朱为玄,等. 混凝土坝的损伤及损伤仿真计算[J]. 河海大学学报(自然科学版),2002,30(4):14-17.

[24] 王振波,徐道远,王向东,等. 混凝土热损伤试验研究[J]. 河海大学学报(自然科学版),2001,29(6):94-98.

[25] 王振波,王向东,徐道远. 混凝土结构温度应力仿真分析[J]. 南京工业大学学报,2002,24(5):20-24.

[26] 凌道盛,许德胜,沈益源. 混凝土中水泥水化反应放热模型及其应用[J]. 浙江大学学报,2005,39(3):1695-1698.

[27] 劳宇. 混凝土水化热温度损伤研究[D]. 南京:河海大学,2006.

[28] 朱伯芳. 水工混凝土结构的温度应力与温度控制[M]. 北京:水利电力出版社,1976.

[29] 张小川. 桥梁大体积混凝土温控与防裂[D]. 成都:西南交通大学,2006.

[30] 杨磊. 混凝土坝施工期冷却水管降温及温控优化研究[D]. 武汉:武汉大学,2005.

[31] 张岗,贺拴海,宋一凡,等. 混凝土箱梁水化热温度场时效模式与时变应力场[J]. 长安大学学报(自然科学版),2008,28(4):51-56.

[32] 张岗,贺拴海,宋一凡. 混凝土箱梁水化热温度损伤修正耦合方法[J]. 交通运输工程学报,2008,8(1):54-60.

[33] 王新敏. ANSYS 工程结构数值分析[M]. 北京:人民交通出版社,2007.

[34] 王勖成. 有限单元法[M]. 北京:清华大学,2002.

[35] 徐镇凯,杨志华,刘瑶. 钢筋混凝土结构三维非线性有限元裂缝追踪计算探讨[J]. 南昌大学学报(工科版),2007,29(2):171-174.

第 5 章

环境火灾模式的计算方法与建立

5.1　环境火灾模式的计算方法

在稳态低速流场中，假定热源为某种物质的明火燃烧形式，则明火燃烧形式的计算方程为[1-11]

$$\begin{cases} D_s(t) = \phi(x_1, x_2) r\left(\dfrac{v_s(t)}{\rho_a (2gr)^{\frac{1}{2}}}\right) \\ \dfrac{x_1^2}{B_1^2} + \dfrac{x_2^2}{B_2^2} = 1 \end{cases} \tag{5.1.1}$$

式中：$\phi(x_1, x_2)$ ——热源明火燃烧形状控制函数，其函数形式见式(5.1.1)第二式；

B_1、B_2 ——与燃烧空间密切相关，开放环境中 $B_1 = 30$、$B_2 = 80$；

x_1——燃烧形状的水平投影；

x_2——燃烧形状的竖向投影；

$D_s(t)$ ——热源燃烧范围，有水平方向和高度方向取值 $D_{sx}(t)$ 和 $D_{sy}(t)$；

r——热源燃烧物半径；

ρ_a——燃烧物周围气体密度；

g——重力加速度，其取值为 $10\text{m}\cdot\text{s}^{-2}$；

$v_s(t)$——材料燃烧速度，进一步计算热源燃烧物放出的总热量。

$$Q'_s(t) = \frac{\eta h_s[\pi r^2 + 2\pi r D_s(t)]v}{72v_s^a(t) + b} \tag{5.1.2}$$

式中：$Q'_s(t)$——燃烧总热量；

η——燃烧因子；

h_s——物质的燃烧热；

a、b——燃烧速率调整系数，则距离热源 x 处的环境温度。

$$T_a(t) = \left[\frac{2Q'_s(t)}{\nu(2\pi x)^2}\right]^{\frac{1}{4}} \tag{5.1.3}$$

式中：x——热场中任意一点至热源区的距离。

将式(5.1.2)代入式(5.1.3)，得：

$$T_a(t) = \left(\frac{2\dfrac{\eta h_s[\pi r^2 + 2\pi r D_s(t)]v_s}{72v_s^a + b}}{\nu(2\pi x')^2}\right)^{\frac{1}{4}} \tag{5.1.4}$$

在式(5.1.4)中引入稳态低速流场影响系数 v'，得稳态低速流场环境中结构表面温度计算方程。

$$T_a(t) = \left(\frac{2\dfrac{\eta h_s[\pi r^2 + 2\pi r D_s(t)]v_s}{72v_s^a + b}}{v'\nu(2\pi x)^2}\right)^{\frac{1}{4}} \tag{5.1.5}$$

稳态低速流场中空气流速随高度呈指数曲线变化，则有如下计算方程。

$$\begin{cases} U_H = C_1 H^{C_2} + U(H_0) \qquad (U(H_0) \leqslant 3) \\ C_1 = 0.89 \\ C_2 = 0.25 \end{cases} \tag{5.1.6}$$

式中：U_H——流场中随高度变化的流速；

$U(H_0)$——近地面 1.0 m 以下的空气流速，U_H 和 $U(H_0)$ 以后统一采用符号 U 表示；

H——空气所在高度；

C_1、C_2——流速控制系数，取值见式(5.1.6)。

利用流速和复合换热的关系得流热场系数的计算方程为

$$\begin{cases} v' = \dfrac{C_3 \ln H + C_4}{C_5(U_H)^{C_6}} \\ D_{sx}(t) \leqslant 1.5 \end{cases} \tag{5.1.7}$$

式中：C_3、C_4、C_5、C_6——迎流面计算系数，取值为 $C_3 = C_4 = C_5 = 1.0$，$C_6 = 0.5$。

5.2 环境火灾模式的建立

在空气压力作用下，混凝土空心薄壁墩的火灾高温场行为会随着空气压力（因墩的高度不同）的变化而产生不同的反应[1,2]。由于迎流面物体的流压一般大于背流面物体的流压，所以结构处于火场迎流面与背流面的温度分布效应是不相同的，往往迎流面的结构火灾损伤程度较高，把处于受气流影响的火灾场结构温度效应称为流－热－固耦合系统中的强外热效应模式，也称环境火灾模式。本章以流固耦合传热系统为基础，采用复合边界条件（4.2.28）和复合控制方程（4.2.29）作为流固耦合热传导边界条件和计算方程，应用式（5.1.1）～式（5.1.7）计算混凝土空心薄壁墩的温度场分布，继而分析混凝土空心薄壁墩在不同延火时间和流速条件下的形变行为，明确流固耦合传热系统中火灾模式下混凝土空心薄壁墩的温度场时空效应。

5.2.1 流场建立

图 5.1a）为混凝土空心薄壁墩的平面流场模型，图 5.1b）为混凝土空心薄壁墩的立面流场模型。如图 5.1a）所示，火灾发生在稳态低速流场中，流场方向与横桥向平行，墩的前面迎流压，后面背流压，墩的顺桥向前后两面为侧流场；如图 5.1b）所示，辐射场受气流压力影响，使得空心薄壁墩的迎流面温度分布发生变化，气流在热场的耦合作用下，在迎流面受热浪上浮影响，将沿墩爬升。

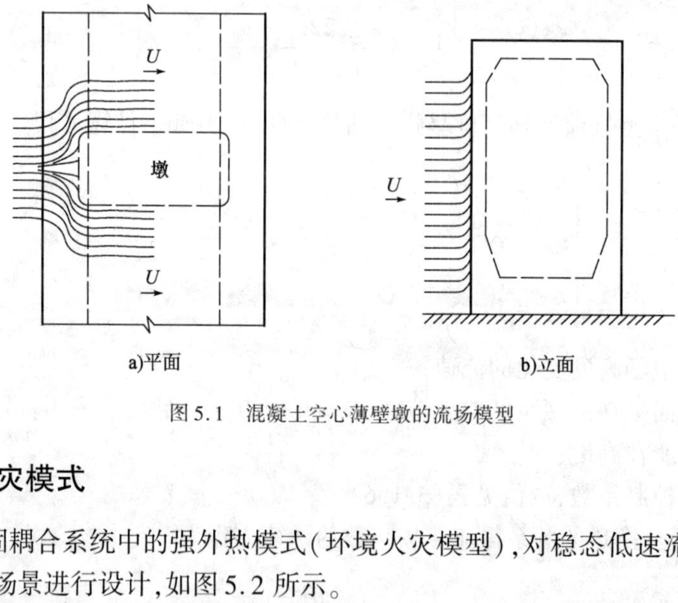

a）平面　　b）立面

图 5.1　混凝土空心薄壁墩的流场模型

5.2.2 火灾模式

根据流-热-固耦合系统中的强外热模式（环境火灾模型），对稳态低速流场中的混凝土空心薄壁墩的火灾场景进行设计，如图 5.2 所示。

图 5.2a）为混凝土空心薄壁墩横桥向环境火灾场景，图 5.2b）为混凝土空心薄壁墩顺桥向环境火灾场景。图中 Fire 为火源，Fire intensity 为火强；D_{sx} 为火源水平直径，D_{sy} 为火源竖向直径，x_0' 为墩与火源的水平距离，U 为空气流速；H_1 和 H_2 分别为墩上部和下部实心混凝土厚度，d_1、d_2 分别为混凝土空心薄壁墩的横桥向和顺桥向壁厚度，d_3 和 d_4 分别为混凝土空心薄

壁墩横桥向和顺桥向的下倒角尺寸、d_4 和 d_5 为混凝土空心薄壁墩的上倒角尺寸；C 为混凝土保护层厚度。由第四章的流-热-固耦合系统和环境火灾模式可知，混凝土空心薄壁墩火场温度呈某种曲线形式分布。

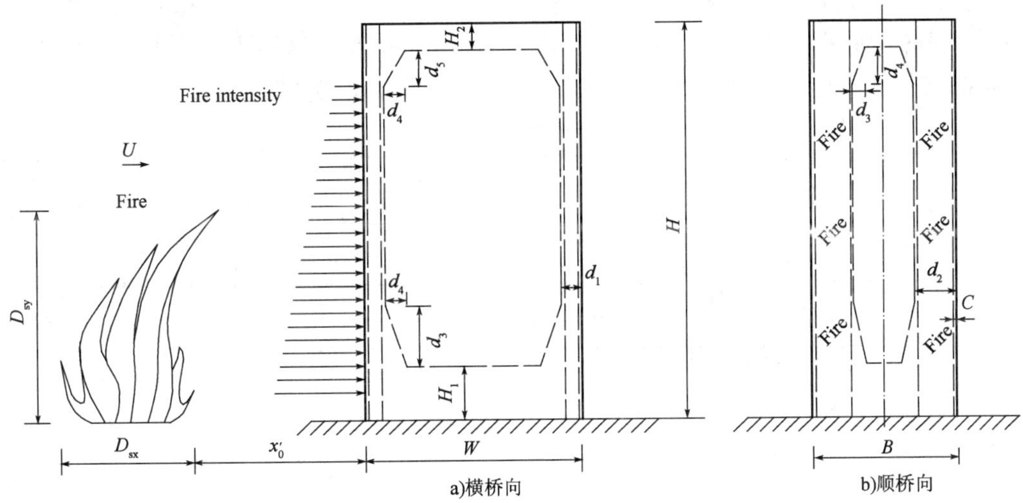

图 5.2 混凝土空心薄壁墩环境火灾场景

图 5.3a)为混凝土空心薄壁墩环境火灾场横桥向测点设计，图 5.3b)为混凝土空心薄壁墩环境火灾场顺桥向测点设计，图 5.3c)为混凝土空心薄壁墩环境火灾场平面透视。如图 5.3 所示，在混凝土空心薄壁墩的迎火面共布置 8 个测点，测点 T_1 ~ 测点 T_5 沿混凝土空心薄壁墩迎火面中心线竖向等间距布置，旨在观测流-热-固耦合系统中的强外热模式温度场沿混凝土空心高度方向的分布，测点 T_1、测点 T_7 和测点 T_8 沿墩底部横向等间距布置，旨在观测流-热-固耦合模式下混凝土空心薄壁墩的近火源横向温度梯度；测点 T_6 布置在混凝土厚度处，旨在观测环境火灾场中混凝土空心薄壁墩迎火面保护层厚度下的钢筋处温度。

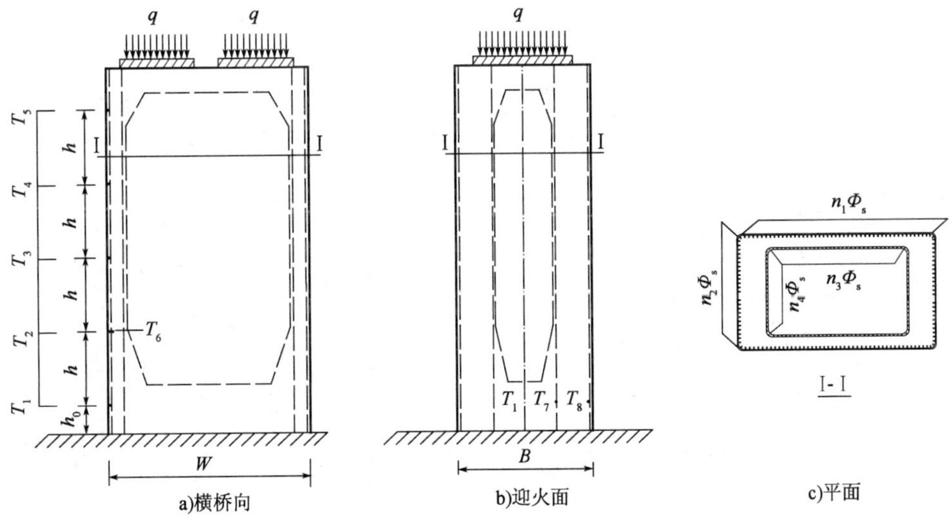

图 5.3 环境火灾场测点设计

5.2.3 模型参数

如图 5.2 所示，假定主桥下部某混凝土空心薄壁墩发生火灾，火源燃烧物为汽油和干草的混合物，火源中心距离桥墩仅为 3.0m，且空气流向混凝土空心薄壁墩，墩采用 C50 混凝土浇筑；Φ_s 为钢筋截面尺寸，为高强钢筋。有关混凝土和钢筋的高温材料性能详见第 3 章；燃烧物的具体物理参数见表 5.1，混凝土空心薄壁墩与钢筋的数量及型号见表 5.2。

环境火灾场模型参数　　表 5.1

ρ_a (kg·m^{-2})	r (m)	V (kg·m^{-2}·s^{-1})	η	h_s (J·kg^{-1})	L (m)	k	g (m·s^{-2})	a	b	h_0	h
1.29	1.5	0.086	0.30	4.4×107	3.0	84	10.0	0.6	1.0	1.5	3.0

环境火灾场结构参数　　表 5.2

混凝土空心薄壁墩尺寸(m)											钢筋数量及型号				
H	B	W	H_1	H_2	d_1	d_2	d_3	d_4	d_5	C	n_1	n_2	n_3	n_4	Φ_s(mm)
15.0	4.0	7.0	2.0	1.0	0.5	1.0	3.0	0.5	2.0	0.06	46	25	33	21	25

表 5.3 为混凝土空心薄壁墩环境火灾场工况设计及力学参数。风速按四个风况设计（在稳定低速气流场中气流等级 $\psi \leqslant 3$），分别为 FW-1（空气流速 $U=0$ 和气流等级 $\psi=0$）、FW-2（空气流速 $U=1.0$ 和气流等级 $\psi=1$）、FW-3（空气流速 $U=2.0$ 和气流等级 $\psi=2$）和 FW-4（空气流速 $U=3.0$ 和气流等级 $\psi=3$）；每个风速工况中对应六个荷载工况（六种荷载比，荷载比为度量荷载增加的梯度），分别为 SSP-1（荷载比 $\zeta=1.0$）、SSP-2（荷载比 $\zeta=2.0$）、SSP-3（荷载比 $\zeta=3.0$）、SSP-4（荷载比 $\zeta=4.0$）、SSP-5（荷载比 $\zeta=5.0$）、SSP-4（荷载比 $\zeta=6.0$），荷载比采用等差数列的目的是明确荷载比匀速增长条件下空心薄壁墩随火延时间的形变状况。

工况设计及力学参数　　表 5.3

流速工况	荷载工况	$\sigma_{sy,20}$ (MPa)	$\sigma_{c,20}$ (MPa)	地面流速 (m·s^{-1})	气流等级	荷载等级 (kN·m^{-2})	荷载比
FW-1	SSP-1	400	50	$U=0$	$\psi=0$	$q=1.0\times10^3$	$\zeta=1.0$
	SSP-2	400	50	$U=0$	$\psi=0$	$q=2.0\times10^3$	$\zeta=2.0$
	SSP-3	400	50	$U=0$	$\psi=0$	$q=3.0\times10^3$	$\zeta=3.0$
	SSP-4	400	50	$U=0$	$\psi=0$	$q=4.0\times10^3$	$\zeta=4.0$
	SSP-5	400	50	$U=0$	$\psi=0$	$q=5.0\times10^3$	$\zeta=5.0$
	SSP-6	400	50	$U=0$	$\psi=0$	$q=6.0\times10^3$	$\zeta=6.0$
FW-2	SSP-1	400	50	$U=1.0$	$\psi=1$	$q=1.0\times10^3$	$\zeta=1.0$
	SSP-2	400	50	$U=1.0$	$\psi=1$	$q=2.0\times10^3$	$\zeta=2.0$
	SSP-3	400	50	$U=1.0$	$\psi=1$	$q=3.0\times10^3$	$\zeta=3.0$
	SSP-4	400	50	$U=1.0$	$\psi=1$	$q=4.0\times10^3$	$\zeta=4.0$
	SSP-5	400	50	$U=1.0$	$\psi=1$	$q=5.0\times10^3$	$\zeta=5.0$
	SSP-6	400	50	$U=1.0$	$\psi=1$	$q=6.0\times10^3$	$\zeta=6.0$

续上表

流速工况	荷载工况	$\sigma_{sy,20}$ (MPa)	$\sigma_{c,20}$ (MPa)	地面流速 ($m \cdot s^{-1}$)	气流等级	荷载等级 ($kN \cdot m^{-2}$)	荷载比
FW-3	SSP-1	400	50	$U=2.0$	$\psi=2$	$q=1.0\times10^3$	$\zeta=1.0$
	SSP-2	400	50	$U=2.0$	$\psi=2$	$q=2.0\times10^3$	$\zeta=2.0$
	SSP-3	400	50	$U=2.0$	$\psi=2$	$q=3.0\times10^3$	$\zeta=3.0$
	SSP-4	400	50	$U=2.0$	$\psi=2$	$q=4.0\times10^3$	$\zeta=4.0$
	SSP-5	400	50	$U=2.0$	$\psi=2$	$q=5.0\times10^3$	$\zeta=5.0$
	SSP-6	400	50	$U=2.0$	$\psi=2$	$q=6.0\times10^3$	$\zeta=6.0$
FW-4	SSP-1	400	50	$U=3.0$	$\psi=3$	$q=1.0\times10^3$	$\zeta=1.0$
	SSP-2	400	50	$U=3.0$	$\psi=3$	$q=2.0\times10^3$	$\zeta=2.0$
	SSP-3	400	50	$U=3.0$	$\psi=3$	$q=3.0\times10^3$	$\zeta=3.0$
	SSP-4	400	50	$U=3.0$	$\psi=3$	$q=4.0\times10^3$	$\zeta=4.0$
	SSP-5	400	50	$U=3.0$	$\psi=3$	$q=5.0\times10^3$	$\zeta=5.0$
	SSP-6	400	50	$U=3.0$	$\psi=3$	$q=6.0\times10^3$	$\zeta=6.0$

5.3 数值模型

基于流-热-固耦合系统中的火灾模式分析环境火灾场钢筋混凝土空心薄壁墩热时空场，根据式(5.1.1)~式(5.1.7)，将高温辐射场的温度采用 APDL 语言编成数组，形成表格，边界条件依据稳流场模型计算，节点温度分析结果存储在 *.RTH 文件中[12-18]。热分析中混凝土单元采用 SOLID70，钢筋单元采用 LINK33；结构分析中，混凝土单元采用 SOLID65，钢筋单元采用 LINK8。为了防止计算过程中节点应力过大导致结果无法收敛，在墩顶采用 SOLID45 模拟刚性垫板(见图 5.4)，分散集中应力，有限元网格划分如图 5.4 所示。

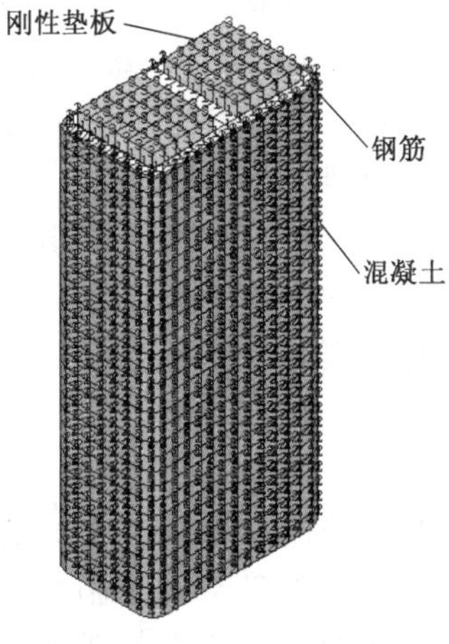

图 5.4 有限元网格划分

5.4 时空效应分析

5.4.1 温度云

图 5.5 所示为混凝土空心薄壁墩环境火灾场温度分布。由图 5.5a)可知，在环境火灾作用下，迎火面温度呈清晰的倒迎火型梯度分布。墩底部距火源近，受高温场辐射距离短，则温度偏高，由下至上随着辐射距离的增加，温度逐渐降低；墩靠外侧受气流影响，对流系数大，所

以空心薄壁墩外侧温度低于墩的迎火面中间部位的温度。由图5.5b)可知,由于墩的横桥向尺寸大,混凝土为热的不良导体,高温层在混凝土空心薄壁墩横桥向迎火面分布有一定小厚度范围,远离此范围,火灾高温影响小,甚至无影响,所以迎流面温度远高于侧流面温度,背火面温度无变化。此状态可导致空心薄壁墩在竖向荷载作用下外侧迎火面混凝土产生层剥现象。

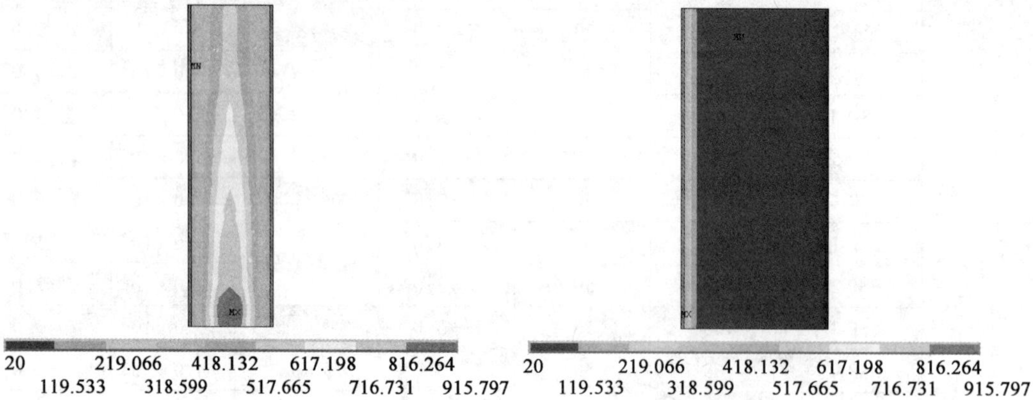

a)迎火面温度分布云图　　b)侧流面温度分布云图

图5.5　混凝土空心薄壁墩环境火灾场温度分布

5.4.2　温度时程

根据研究可知,任意一种火源的温升模式都前骤后缓,即在短时间内升温速度快,达到一定值后,温度维持平缓。为了明确流-热-固耦合系统中的环境温升模式,取前120min作为火延研究范围,而在后面的形变分析中由于时间短,大型结构变形效果不明显,所以取240min作为火延研究范围。

图5.6为各测点不同流速温度时程分布比较。由图5.6可知,不同流速下混凝土空心薄壁墩迎火面各测点温度走势相同,其温度值随火灾时间的延长呈某种曲线形式升高,但相同时刻不同流速工况下温度值大小各不相同。除测点T_6和测点T_8外,大部分测点温度升温速度快,在流速$U=3$m/s工况下,火灾高温120min,温度超过800℃,测点T_1的温度可达1050℃。在流速$U=2$m/s、流速$U=1$m/s与流速$U=0$m/s三种工况下温度值相近,三种工况下温度值都低于流速$U=3$m/s工况下的温度,测点T_1近火点的温度差值显著,其差值大约为100℃,这说明流速对迎火面的温度呈非线性影响状态。测点T_6位于混凝土保护层厚度下钢筋处,由于混凝土为热不良导体,所以四种流速工况下各测点的温度时程分布值基本相等;测点T_8位于混凝土空心薄壁墩迎火面外壁倒角处,受稳态低速流场侧流影响,各种流速工况下此测点温度时程分布值相等,但小于同一高度处正中间测点T_1的温度值。由此说明,低流速场中的流速对火源正对面温度有扩散作用,对侧风面附近范围的温度有降低作用。

图5.7为不同流速下各测点温度时程分布。由图5.7可知,在流场作用下,随着火灾高温场时间的延长,各测点温度呈现出不同的升高状态。当$U=0$km/s和$U=1$km/s时,测点T_4的温度逐渐接近测点T_3的温度;当$U=2$km/s时,测点T_4的温度时程曲线与测点T_3的温度时程曲线重合;当$U=3$km/s时,测点T_5的温度时程曲线向测点T_4的温度时程曲线靠拢,测点T_3、测点T_4和测点T_5在火源正对的竖向位置上依次增高,但随着流速等级的增加,三测点的温度逐渐两两接近,这说明稳态低流速场中流速可改变不同温度区域的分布范围,并扩散高温区面积。

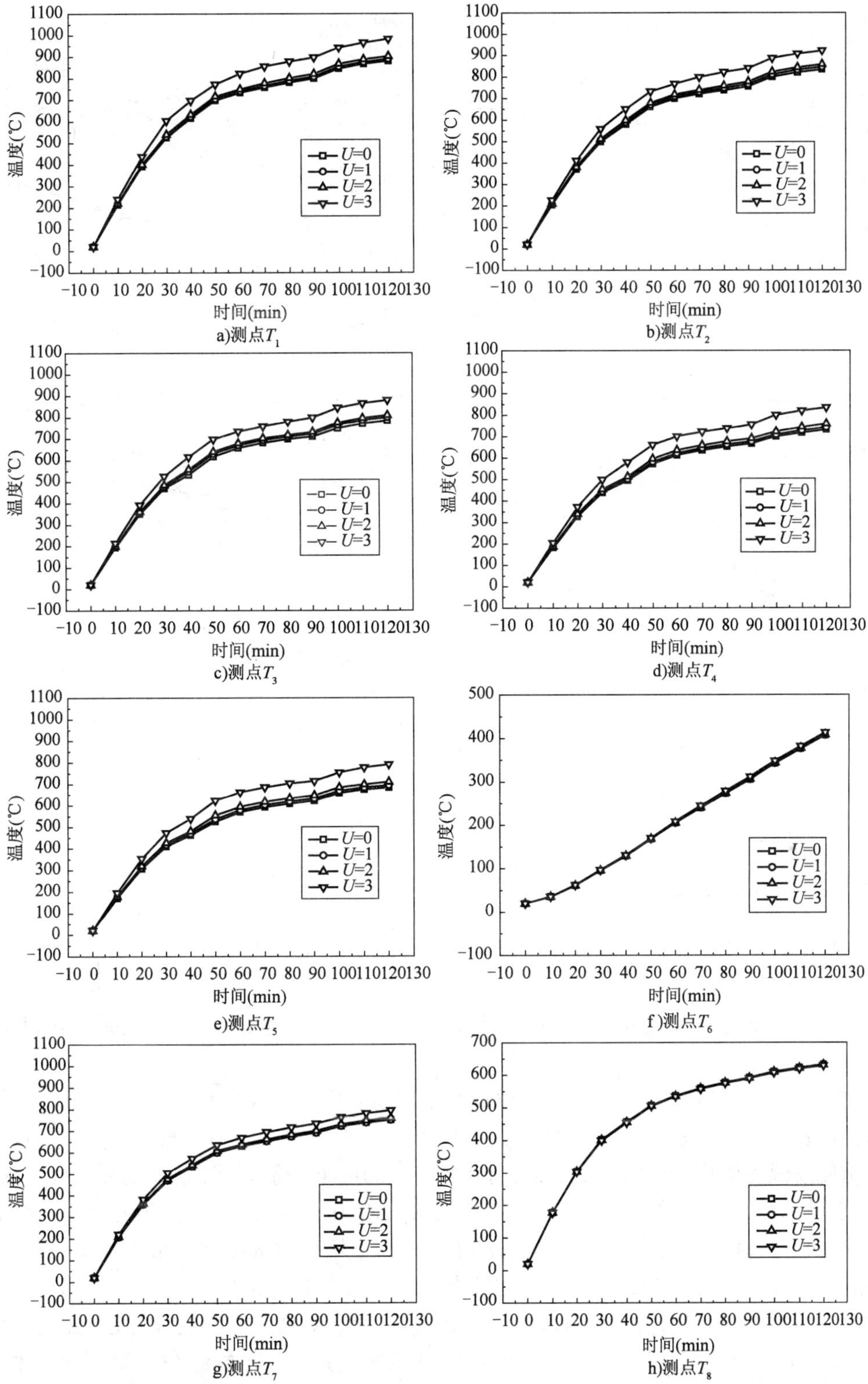

a)测点T_1　b)测点T_2　c)测点T_3　d)测点T_4　e)测点T_5　f)测点T_6　g)测点T_7　h)测点T_8

图 5.6　各测点不同流速温度时程分布比较

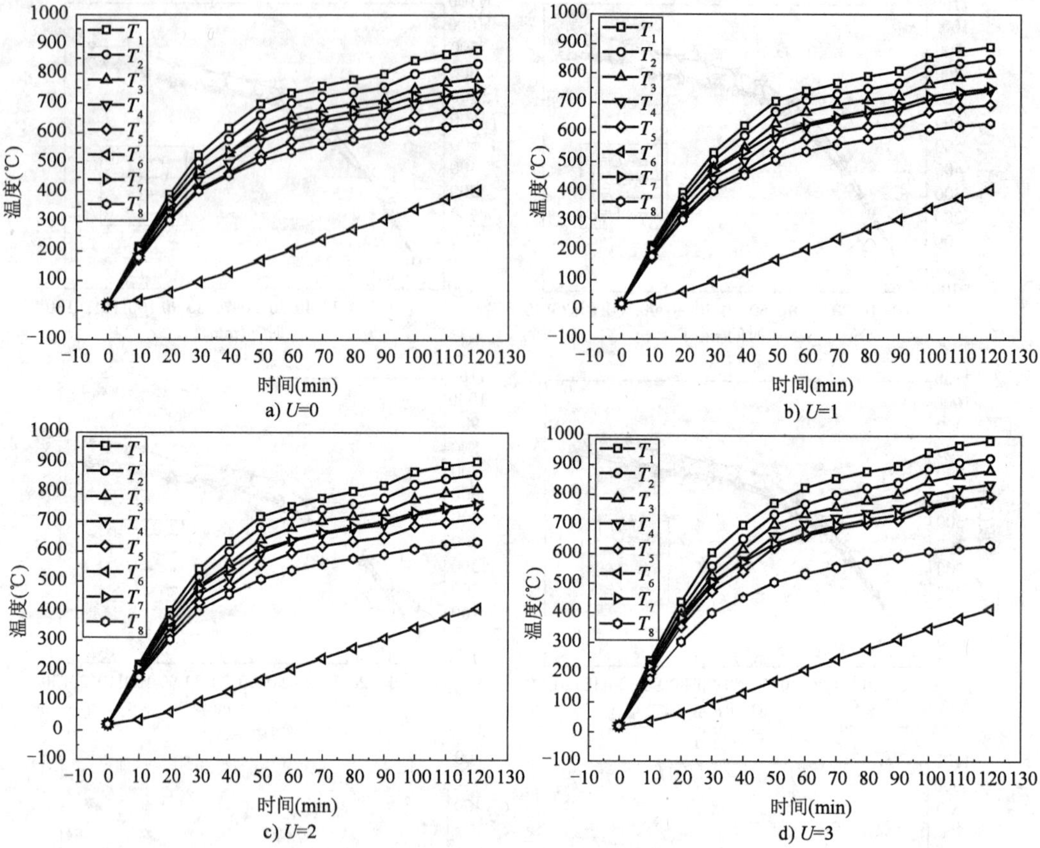

图 5.7 不同流速下各测点温度时程分布

5.4.3 形变裂缝

所谓形变裂缝是指在环境火灾高温场中，混凝土空心薄壁墩在竖向均布荷载作用下墩顶竖向位移随火延时间的时程变化状况，包括混凝土空心薄壁墩墩顶迎火面的最大竖向位移和背火面的最大竖向位移，进而研究由此变形所引起的迎火面混凝土开裂与剥落原理。

图 5.8 为流况 FW-1 混凝土空心薄壁墩在不同荷载比下迎火面和背火面墩顶竖向最大变形时程分布。由图 5.8a)可知，当荷载比 $\zeta = 1.0$ 时，随着火灾时间的延长，迎火面混凝土受热膨胀，迫使高温侧墩顶产生向上变形，与荷载所产生的向下变形合成后，其变形曲线随火延时间逐渐上抛，火灾高温初始墩顶竖向位移为 -1.0mm，30min 墩顶竖向位移返回至原始高度；到 240min 时向上抛，最大值约 9.6mm；混凝土空心薄壁墩背火面墩顶变形在竖向荷载作用下由原始高度平缓下降；至 240min 时，变化量为 -2.5mm。由图 5.8b)可知，当荷载比 $\zeta = 2.0$ 时，随着火灾时间的延长，迎火面混凝土受热膨胀，迫使高温侧墩顶产生向上变形，与荷载所产生的向下变形合成后，其变形曲线随火延时间逐渐上抛，火灾高温初始墩顶竖向位移为 -2.0mm，70min 时墩顶竖向位移返回至原始高度，到 240min 时向上抛，最大值约 5.6mm；混凝土空心薄壁墩背火面墩顶变形在竖向荷载作用下由原始高度平缓下降，至 240min 时变化量

为 -3.2mm。由图 5.8c) 可知，当荷载比 $\zeta=3.0$ 时，随着火灾时间的延长，迎火面混凝土受热膨胀，迫使高温侧墩顶产生向上变形，与荷载所产生的向下变形合成后，其变形曲线随火延时间逐渐上抛，火灾高温初始墩顶竖向位移为 -3.0mm，130min 时墩顶竖向位移返回至原始高度，到 240min 时向上抛，最大值约 3.6mm；混凝土空心薄壁墩背火面墩顶变形在竖向荷载作用下由原始高度平缓下降，至 240min 变化量为 -3.9mm。由图 5.8d) 可知，当荷载比 $\zeta=4.0$ 时，随着火灾时间的延伸，迎火面混凝土受热膨胀，迫使高温侧墩顶产生向上变形，与荷载所产生的向下变形合成后，其变形曲线随火延时间逐渐上抛，火灾高温初始墩顶竖向位移为 -4.0mm，170min 时墩顶竖向位移返回至原始高度，到 240min 时向上抛，最大值约 2.0mm；混凝土空心薄壁墩背火面墩顶变形在竖向荷载作用下由原始高度平缓下降，至 240min 时变化量为 -4.8mm。由此可知，随着荷载比的增大，混凝土空心薄壁墩迎火面墩顶竖向位移和背火面墩顶竖向位移随火灾时间的延长变化趋势保持不变。图 5.8e) 和图 5.8f) 的形变时程曲线变化趋势同前，只是相应时间点的数值稍有变化。由此说明，在无流速工况下，随着火灾时间的延长，迎火面混凝土受热膨胀，迫使高温侧墩顶产生向上变形，与荷载所产生的向下变形合成后，其变形曲线随火延时间逐渐上抛。混凝土空心薄壁墩背火面墩顶变形在竖向荷载作用下由原始高度平缓下降，在整个延火期内，混凝土空心薄壁墩迎火面和背火面墩顶竖向变形随火灾时间的延伸非线性变化；随着荷载比的增大，混凝土空心薄壁墩迎火面和背火面墩顶竖向最大变形时程分布趋势保持不变，混凝土空心薄壁墩迎火面墩顶向上变形与荷载产生的向下变形合成后，其变形曲线随火延时间返回至原始高度的时间逐渐推移、至火延终止时刻的上抛值减小，混凝土空心薄壁墩背火面墩顶变形在竖向荷载作用下由火延初始时刻至火延终止时刻的下降幅度增大；迎火面墩顶竖向位移随火延时间的返抛可能会导致迎火面混凝土发生层剥现象。

图 5.9 为流况 FW-2 混凝土空心薄壁墩在不同荷载比下迎火面和背火面墩顶竖向最大变形时程分布。由图 5.9a) 可知，当荷载比 $\zeta=1.0$ 时，随着火灾时间的延长，迎火面混凝土受热膨胀，迫使高温侧墩顶产生向上变形，与荷载所产生的向下变形合成后，其变形曲线随火延时间逐渐上抛，火灾高温初始墩顶竖向位移为 -1.0mm，30min 时墩顶竖向位移返回至原始高度，到 240min 时向上抛，最大值约 9.5mm；混凝土空心薄壁墩背火面墩顶变形在竖向荷载作用下由原始高度平缓下降，至 240min 时变化量为 -2.5mm。由图 5.9b) 可知，当荷载比 $\zeta=2.0$ 时，随着火灾时间的延长，迎火面混凝土受热膨胀，迫使高温侧墩顶产生向上变形，与荷载所产生的向下变形合成后，其变形曲线随火延时间逐渐上抛，火灾高温初始墩顶竖向位移为 -2.0mm，70min 时墩顶竖向位移返回至原始高度，到 240min 时向上抛，最大值约 5.8mm；混凝土空心薄壁墩背火面墩顶变形在竖向荷载作用下由原始高度平缓下降，至 240min 时变化量为 -3.2mm。由图 5.9c) 可知，当荷载比 $\zeta=3.0$ 时，随着火灾时间的延伸，迎火面混凝土受热膨胀，迫使高温侧墩顶产生向上变形，与荷载所产生的向下变形合成后，其变形曲线随火延时间逐渐上抛，火灾高温初始墩顶竖向位移为 -3.0mm，110min 时墩顶竖向位移返回至原始高度，到 240min 时向上抛，最大值约 3.3mm；混凝土空心薄壁墩背火面墩顶变形在竖向荷载作用下由原始高度平缓下降，至 240min 变化量为 -4.0mm。由图 5.9d) 可知，当荷载比 $\zeta=4.0$ 时，随着火灾时间的延伸，迎火面混凝土受热膨胀，迫使高温侧墩顶产生向上变形，与荷载所产生的向下变形合成后，其变形曲线随火延时间逐渐上抛，火灾高温初始墩顶竖向位移为 -4.0mm，150min 时墩顶竖向位移返回至原始高度，到 240min 时向上抛，最大值约 1.8mm；

混凝土空心薄壁墩背火面墩顶变形在竖向荷载作用下由原始高度平缓下降，至 240min 时变化量为 -4.9mm。图 5.9e) 和图 5.9f) 的形变时程曲线变化趋势同前，只是相应时间点的数值稍有变化。由此可知，随着荷载比的增大，混凝土空心薄壁墩迎火面墩顶竖向位移和背火面墩顶竖向位移随火灾时间的延伸，变化趋势保持不变。

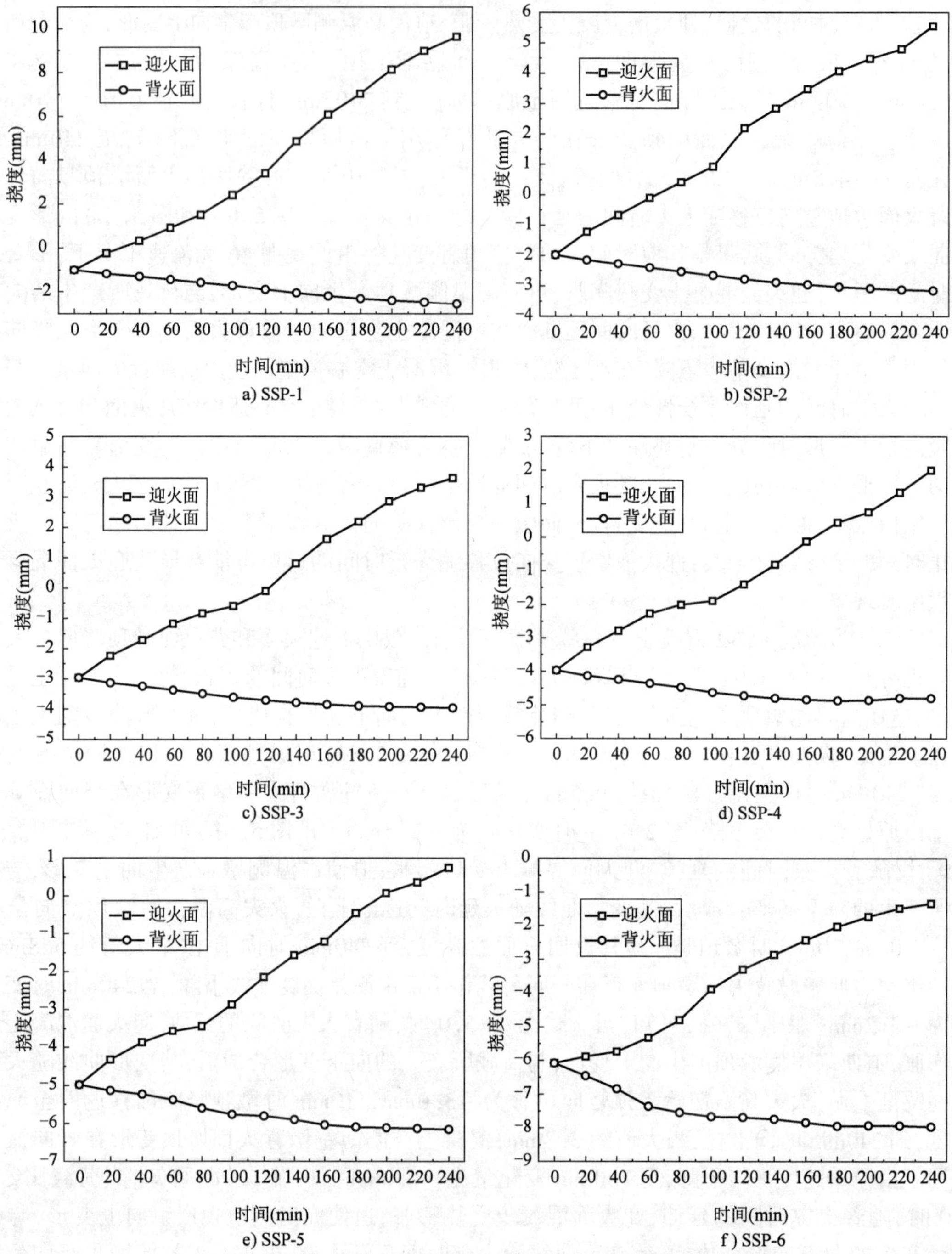

图 5.8 流况 FW-1 不同荷载比下迎火面和背火面墩顶竖向最大变形时程分布

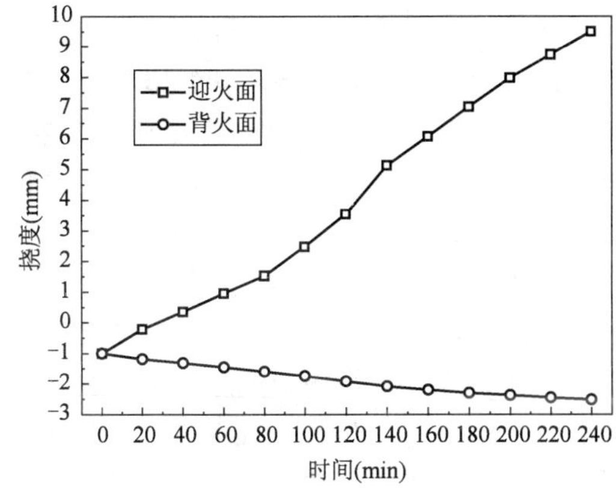

a) SSP-1

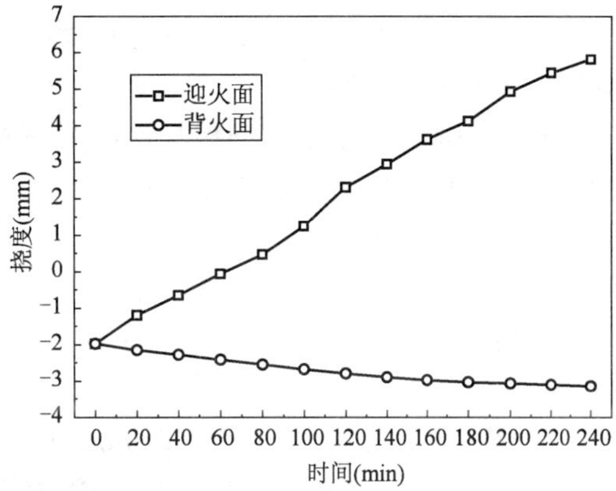

b)SSP-2

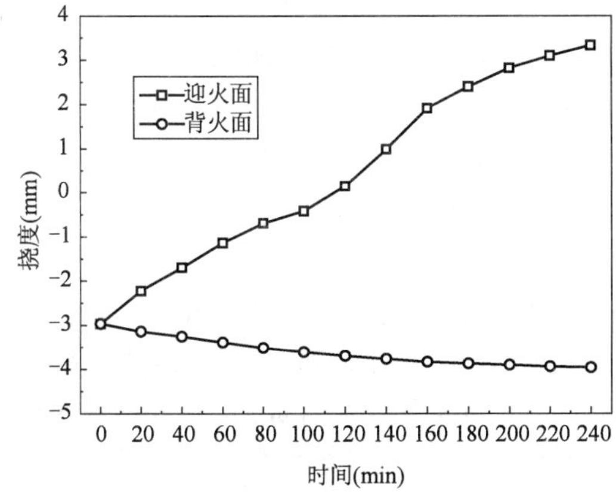

c) SSP-3

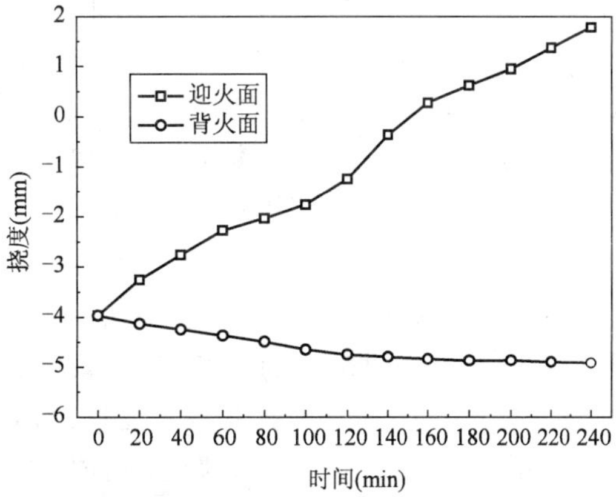

d) SSP-4

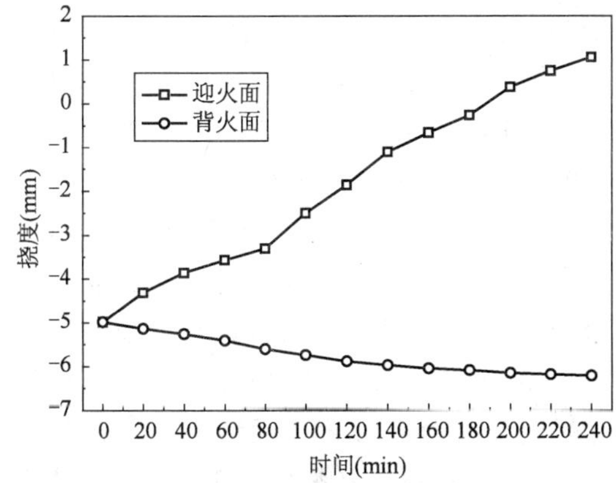

e) SSP-5

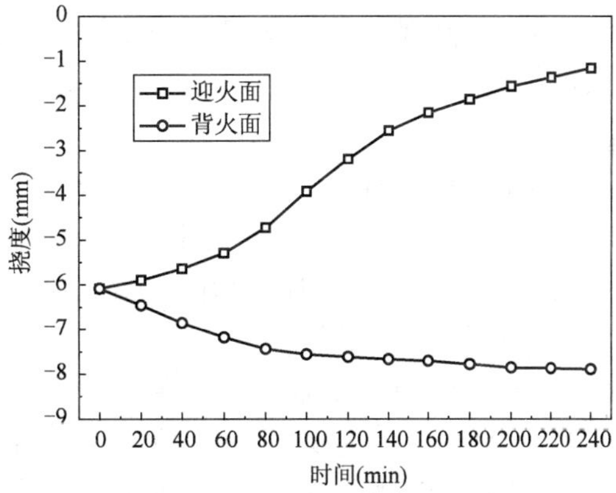

f) SSP-6

图 5.9　流况 FW-2 不同荷载比下迎火面和背火面墩顶竖向最大变形时程分布

图 5.10 为流况 FW-3 混凝土空心薄壁墩在不同荷载比下迎火面和背火面墩顶竖向最大变形时程分布。由图 5.10a）可知，当荷载比 $\zeta = 1.0$ 时，随着火灾时间的延长，迎火面混凝土受热膨胀，迫使高温侧墩顶产生向上变形，与荷载所产生的向下变形合成后，其变形曲线随火延时间逐渐上抛，火灾高温初始墩顶竖向位移为 -1.0mm，30min 时墩顶竖向位移返回至原始高度，到 240min 时向上抛，最大值约 9.2mm；混凝土空心薄壁墩背火面墩顶变形在竖向荷载

作用下由原始高度平缓下降，至240min时变化量为-2.5mm。由图5.10b)可知，当荷载比$\zeta=2.0$时，随着火灾时间的延伸，迎火面混凝土受热膨胀，迫使高温侧墩顶产生向上变形，与荷载所产生的向下变形合成后，其变形曲线随火延时间逐渐上抛，火灾高温初始墩顶竖向位移为-2.0mm，70min时墩顶竖向位移返回至原始高度，到240min时向上抛，最大值约5.7mm；混凝土空心薄壁墩背火面墩顶变形在竖向荷载作用下由原始高度平缓下降，至240min时变化量为-3.2mm。由图5.10c)可知，当荷载比$\zeta=3.0$时，随着火灾时间的延长，迎火面混凝土受热膨胀，迫使高温侧墩顶产生向上变形，与荷载所产生的向下变形合成后，其变形曲线随火延时间逐渐上抛，火灾高温初始墩顶竖向位移为-3.0mm，110min时墩顶竖向位移返回至原始高度，到240min时向上抛，最大值约3.3mm；混凝土空心薄壁墩背火面墩顶变形在竖向荷载作用下由原始高度平缓下降，至240min时变化量为-4.0mm。由图5.10d)可知，当荷载比$\zeta=4.0$时，随着火灾时间的延长，迎火面混凝土受热膨胀，迫使高温侧墩顶产生向上变形，与荷载所产生的向下变形合成后，其变形曲线随火延时间逐渐上抛，火灾高温初始墩顶竖向位移为-4.0mm，150min时墩顶竖向位移返回至原始高度，到240min时向上抛，最大值约1.7mm；混凝土空心薄壁墩背火面墩顶变形在竖向荷载作用下由原始高度平缓下降，至240min时变化量为-4.9mm。图5.10e)和图5.10f)的形变时程曲线变化趋势同前，只是相应时间点的数值稍有变化。由此可知，随着荷载比的增大，混凝土空心薄壁墩迎火面墩顶竖向位移和背火面墩顶竖向位移随火灾时间的延伸变化趋势保持不变。

图5.11为流况FW-4混凝土空心薄壁墩在不同荷载比下迎火面和背火面墩顶竖向最大变形时程分布。由图5.11a)可知，当荷载比$\zeta=1.0$时，随着火灾时间的延伸，迎火面混凝土受热膨胀，迫使高温侧墩顶产生向上变形，与荷载所产生的向下变形合成后，其变形曲线随火延时间逐渐上抛，火灾高温初始墩顶竖向位移为-1.0mm，30min时墩顶竖向位移返回至原始高度，到240min时向上抛，最大值约9.2mm；混凝土空心薄壁墩背火面墩顶变形在竖向荷载作用下由原始高度平缓下降，至240min时变化量为-2.5mm。由图5.11b)可知，当荷载比$\zeta=2.0$时，随着火灾时间的延长，迎火面混凝土受热膨胀，迫使高温侧墩顶产生向上变形，与荷载所产生的向下变形合成后，其变形曲线随火延时间逐渐上抛，火灾高温初始墩顶竖向位移为-2.0mm，70min时墩顶竖向位移返回至原始高度，到240min时向上抛，最大值约5.6mm；混凝土空心薄壁墩背火面墩顶变形在竖向荷载作用下由原始高度平缓下降，至240min时变化量为-3.2mm。由图5.11c)可知，当荷载比$\zeta=3.0$时，随着火灾时间的延长，迎火面混凝土受热膨胀，迫使高温侧墩顶产生向上变形，与荷载所产生的向下变形合成后，其变形曲线随火延时间逐渐上抛，火灾高温初始墩顶竖向位移为-3.0mm，110min时墩顶竖向位移返回至原始高度，到240min时向上抛，最大值约3.3mm；混凝土空心薄壁墩背火面墩顶变形在竖向荷载作用下由原始高度平缓下降，至240min时变化量为-4.0mm。由图5.11d)可知，当荷载比$\zeta=4.0$时，随着火灾时间的延长，迎火面混凝土受热膨胀，迫使高温侧墩顶产生向上变形，与荷载所产生的向下变形合成后，其变形曲线随火延时间逐渐上抛，火灾高温初始墩顶竖向位移为-4.0mm，150min时墩顶竖向位移返回至原始高度，到240min时向上抛，最大值约1.5mm；混凝土空心薄壁墩背火面墩顶变形在竖向荷载作用下由原始高度平缓下降，至240min时变化量为-4.9mm。图5.11e)和图5.11f)的形变时程曲线变化趋势同前，只是相应时间点的数值稍有变化。由此可知，随着荷载比的增大，混凝土空心薄壁墩迎火面墩顶竖向位移和背火面墩顶竖向位移随火灾时间的延伸变化趋势保持不变。

由此说明，随着空气流速的增大，混凝土空心薄壁墩迎火面墩顶向上变形与荷载产生的向下变形合成后，其变形曲线随火延时间返回至原始高度的时间相对各荷载工况有所提前，至火延终止时刻的上抛值稍有减小，所以空气流速对迎火面墩顶竖向位移的变形形式有影响；由于墩的尺寸大，空气流速对背火面墩顶竖向位移无影响。

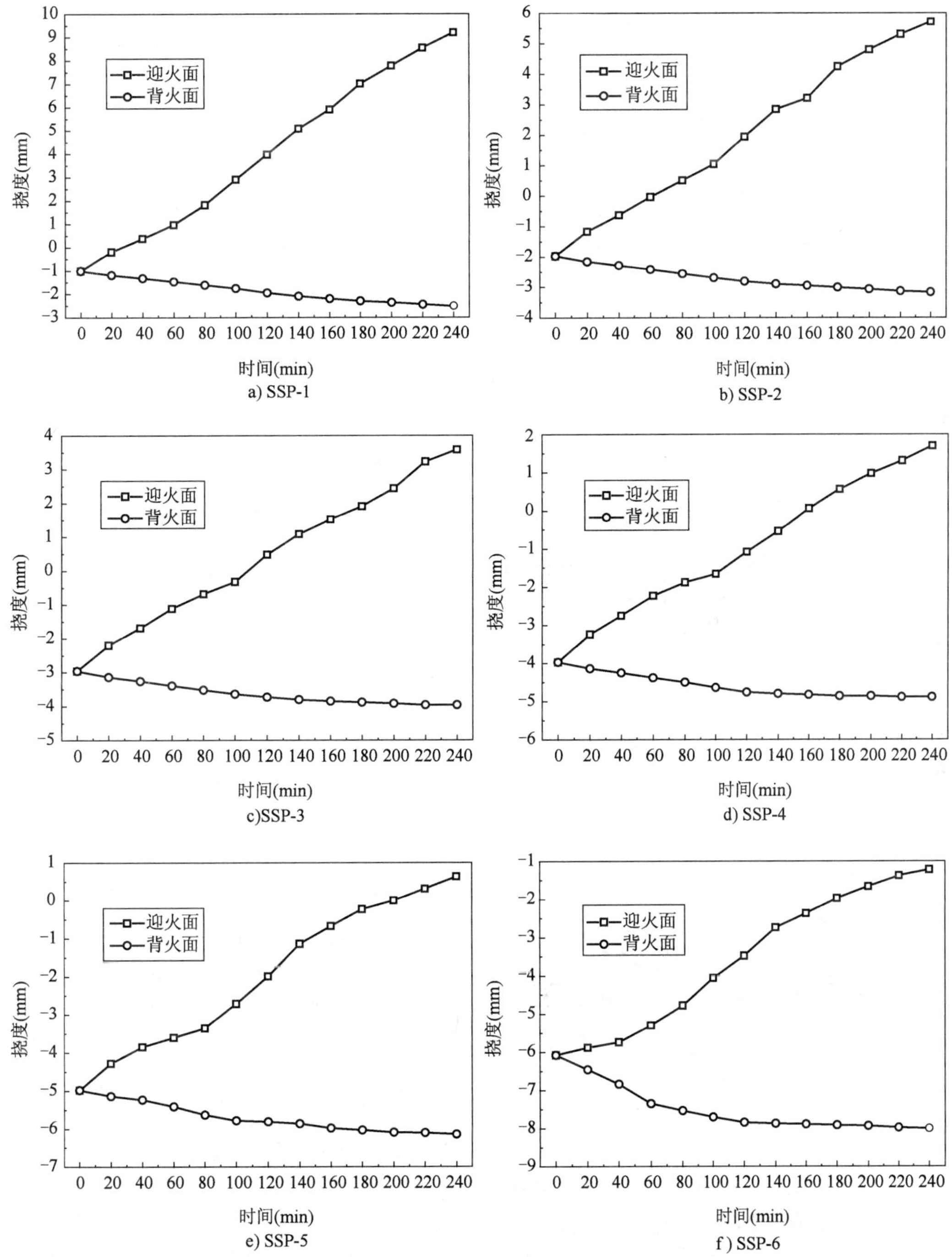

图 5.10　流况 FW-3 不同荷载比下迎火面和背火面墩顶竖向最大变形时程分布

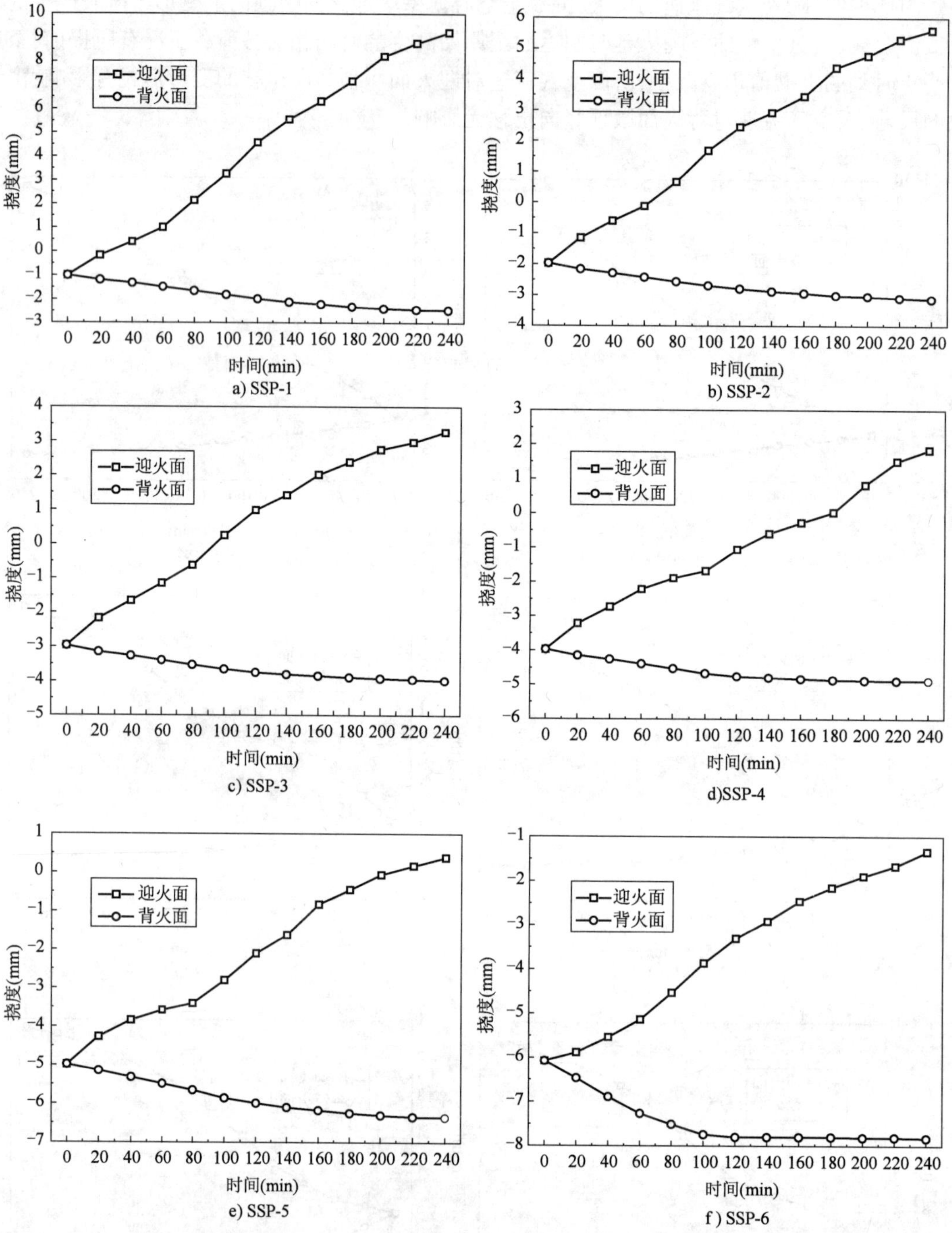

图 5.11　流况 FW-4 不同荷载比下迎火面和背火面墩顶竖向最大变形时程分布

图 5.12a) 为火灾高温场混凝土空心薄壁墩迎火面混凝土的变形状况，图 5.12b) 和图 5.12c) 为火灾高温场混凝土空心薄壁墩侧面的裂缝分布。分析图 5.12 可知，混凝土空心薄壁墩迎火面混凝土受热膨胀，致使高温面产生竖直向上变形，虽变形量值小，但受其他背火部位结构向下变形的反作用影响，并叠加火灾高温对混凝土材料特性的破坏作用，造成迎火面混凝土开裂、沿外层纵向钢筋产生竖直分层剥离现象。

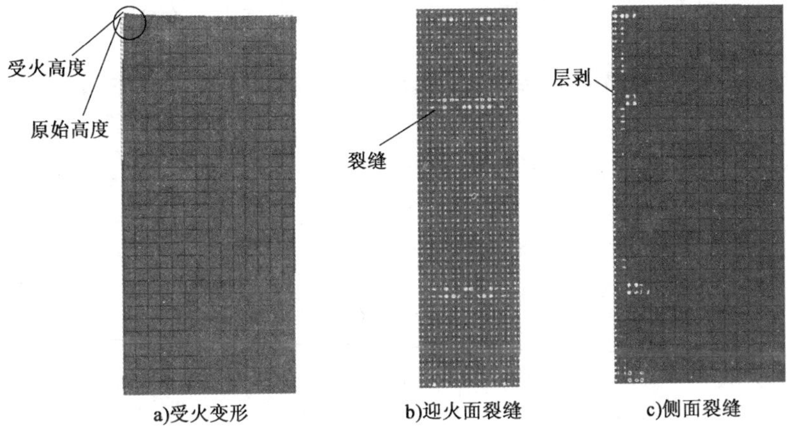

图 5.12　火灾高温场混凝土空心薄壁墩变形开裂层剥现象

5.5 本章小结

桥梁火灾所处的环境与结构火灾不同,桥梁火灾空间较开放,受气流的影响明显,尤其是特大桥梁墩柱高度变化区间大,低则几米,高则几百米。在这个区间内,火源的高度与桥梁墩柱的高度相比有较大的差距,火场的热量沿墩高方向的分布非常不均匀,距离火场近的受到的热对流和热辐射效应大,距离火场远的受到的热对流和热辐射效应小,所以合理选择不同高度处的对流换热系数和热辐射系数是分析环境火灾模式的基础,同时也是分析环境火灾模式下桥梁结构力学性能的关键。

本章参考文献

[1] 钟占荣,周建军,邹祥辉,等.山地林火蔓延模型的研究[J].火灾科学,2001,10(2):83-87.

[2] 王志春,宋丽莉,何秋生.风速随高度变化的曲线模型分析[J].热带气象学报,2007,23(6):90-92.

[3] 张建荣,周元强,林建萍,等.混凝土结构对流换热效应的研究[J].四川建筑科学研究,2007,33(3):157-160.

[4] 魏东,梁强.消防水幕衰减火灾辐射热的理论研究[J].中国安全科学学报,2008,10(10):75-81.

[5] 张建荣,周元强,林建萍,等.太阳辐射对混凝土箱梁温度效应的影响[J].同济大学学报(自然科学版),2008,36(11):1479-1484.

[6] 石龙,张瑞芳,谢启源.大空间内着火位置对火灾增长的影响[J].中国工程科学,2008,10(11):37-41.

[7] 张岗,贺拴海.焰流效应下混凝土空心薄壁墩热力耦合形差与层剥分析[J].中国公路学报,2014,27(11):46-54.

[8] 张岗,贺拴海,王翠娟.焰流效应下混凝土空心薄壁墩火温时变分布[J].交通运输工程学报,2014(1):26-34.

[9] 王竹溪.热力学[M].北京:北京大学出版社,2005.

[10] 章本照,印建安,张宏基.流体力学数值方法[M].北京:机械工业出版社,2002.

[11] 刘儒勋,舒其望.计算流体力学的若干新方法[M].北京:科学出版社,2003.

[12] Kodur V K R, Dwaikat M. Performance-based fire safety design of reinforced concrete beams [J]. Journal of Fire Protection Engineering, 2007, 17(4): 293-320.

[13] Kodur V K R, Dwaikat M. Fire performance of reinforced concrete beams under design fire exposure[J]. Structures Congress, 2008, 314: 1-10.

[14] Kodur V K R, Naser M Z. Importance factor for design of bridges against fire hazard[J]. Engineering Structures, 2013, 54(3): 207-220.

[15] Naser M Z, Kodur V K R. A probabilistic assessment for classification of bridges against fire hazard[J]. Fire Safety Journal, 2015, 76: 65-73.

[16] Zhang G, Kodur V, Xie J C, et al. Behavior of prestressed concrete box bridge girders under hydrocarbon fire condition[J]. Procedia Engineering, 2017, 210: 449-455.

[17] Zhang G, Kodur V, HOU W, et al. Evaluating fire resistance of prestressed concrete bridge girders[J]. Structural Engineering & Mechanics, 2017, 62(6): 663-674.

[18] 王新敏. ANSYS 工程结构数值分析[M].北京:人民交通出版社, 2007.

第 6 章 火灾下预应力混凝土桥梁承载能力计算方法

6.1 工程研究对象的选取

预应力混凝土箱梁构造简单，受力明确，具有较大的抗弯惯性矩和抗扭刚度，适用于简支梁桥和连续梁桥，深受工程师们的喜爱，是目前桥梁工程建设中使用较多的结构形式。本章以预应力混凝土简支箱梁为研究对象，拟研究遭遇不同火灾模式下箱梁的温度场分布及正截面抗弯承载能力和抗剪承载能力随延火时间的变化过程。

预应力混凝土箱梁的跨径 L 为 20m，梁高 h 为 1.2m，顶板宽度为 2.4m、厚度为 0.18m，底板宽度为 1.0m、厚度为 0.18 ~ 0.25m，腹板厚度为 0.18 ~ 0.25m，上倒角为 0.15m × 0.07m，下倒角为 0.05m × 0.05m。混凝土强度等级为 C50，预应力钢束强度为 1860MPa，钢筋等级为 HRB335 和 R235。预应力混凝土箱梁横截面如图 6.1 所示，预应力钢束纵向布置如图 6.2 所示。

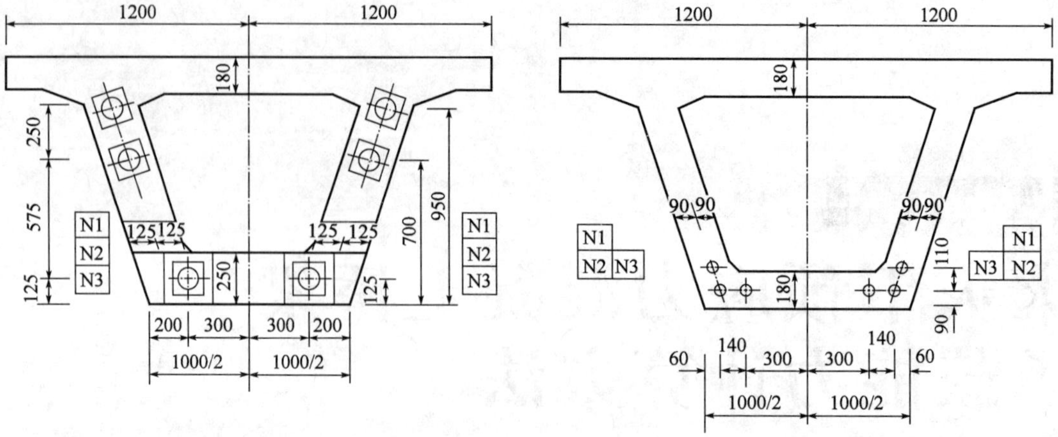

a) 端部截面　　b) 跨中截面

图 6.1　预应力混凝土箱梁横截面(尺寸单位:mm)

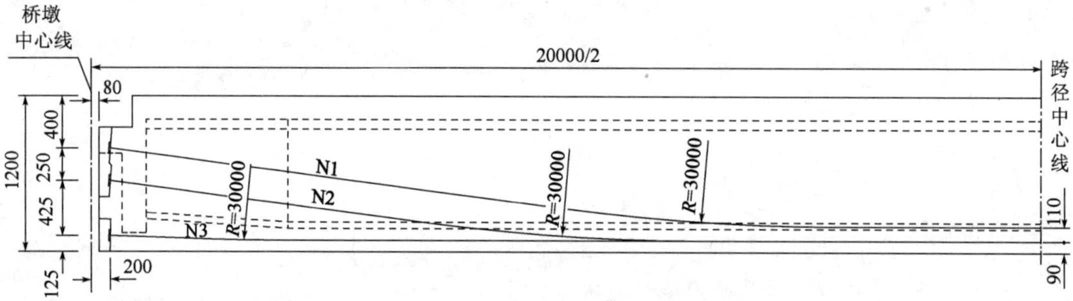

图 6.2　预应力钢束纵向布置(尺寸单位:mm)

6.2　温度分析

6.2.1　火灾场景的选择

公路桥梁遭遇的火灾大多为油罐车火灾,其燃烧剧烈,热量集中,温度峰值较高,为更好地揭示承载能力的衰变规律,本章的升温曲线采用 HCM(1.2 倍于 HC 火灾)。公式如下:

$$T = 1296 \times (1 - 0.325e^{-\frac{t}{6}} - 0.675e^{-2.5t}) + T_0 \tag{6.2.1}$$

边界条件:

$$q_1 = \beta\,(T_s - T_f)^n \tag{6.2.2}$$

$$q_2 = v\delta(\alpha e_f T_f^4 - e_s T_s^4) \tag{6.2.3}$$

式中:q_1——热对流量;

q_2——热辐射量;

β——对流换热系数;

T_s——混凝土表面温度;

n——对流换热指数,与火灾场景相关,其值介于 1.0 ~ 1.3;

T_f——火场温度；

v——热辐射系数，与火源结构之间的距离相关，其值介于 0.94～1.0；

δ——$5.67\times10^{-8}W/m^2\cdot K^4$；

α——表面吸热系数，取值为 0.95～1.0；

e_f——与火焰相关的辐射系数，与火灾场景相关，取值为 0.95～1.05；

e_s——混凝土表面散热系数，取值为 0.95～1.0。

以上系数根据工程实际，可作调整。

6.2.2 受火模式

受火模式，也称火灾工况，是指发生火灾时火源的分布情况，包括受火位置、受火面积、受火时间等。火灾工况不同，预应力混凝土箱梁在纵向和横向的温度场分布情况也不同。对不同火灾工况下箱梁截面的温度场分析是进行热力耦合分析的基础，是分析正截面抗弯承载能力和抗剪承载能力的前提。

为研究预应力混凝土箱梁在不同火灾工况下的温度场分布及正截面抗弯承载能力和抗剪承载能力的变化情况，现拟定 6 种火灾工况，见表 6.1。各火灾工况均为纵向整跨受火，除 PCRC1（顶板受火）和 PCRC2（底板受火）为单面受火工况外，其余均为多面受火。火灾温升曲线均采用 HCM 温升曲线，设定受火时间均为 180min。

火 灾 工 况 表 6.1

工况序列	工况名称	受火位置	火源长度	火强	工况序列	工况名称	受火位置	火源长度	火强
1	PCRC1	顶板	整跨	HCM	4	PCRC4	底板＋两侧腹板	整跨	HCM
2	PCRC2	底板	整跨	HCM	5	PCRC5	底板＋一侧腹板、翼板	整跨	HCM
3	PCRC3	底板＋一侧腹板	整跨	HCM	6	PCRC6	底板＋两侧腹板、翼板	整跨	HCM

火源在纵向和横向的分布如图 6.3 和图 6.4 所示。图 6.3 为纵向火源简化模型，各火灾工况在纵向均为整跨受火，G 表示箱梁自重。图 6.4 为各火灾工况横向火源简化图。

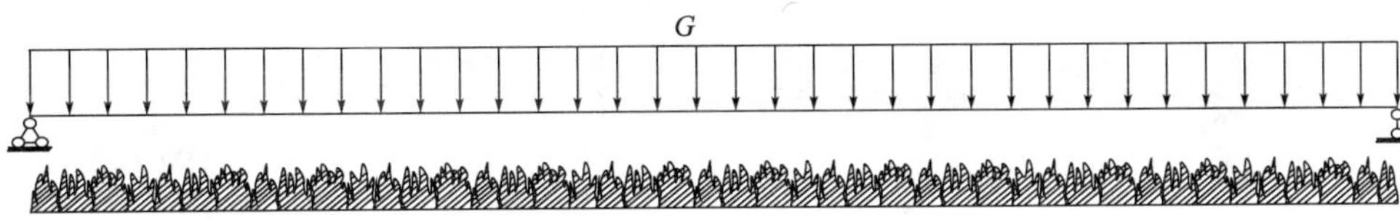

图 6.3 纵向火源简化模型

采用大型空间通用有限元程序 ANSYS 建立预应力混凝土箱梁实体模型，建模过程中涉及的主要问题有：混凝土的模拟，普通钢筋和预应力钢筋的模拟以及钢筋单元和混凝土单元之间的连接处理[1]。

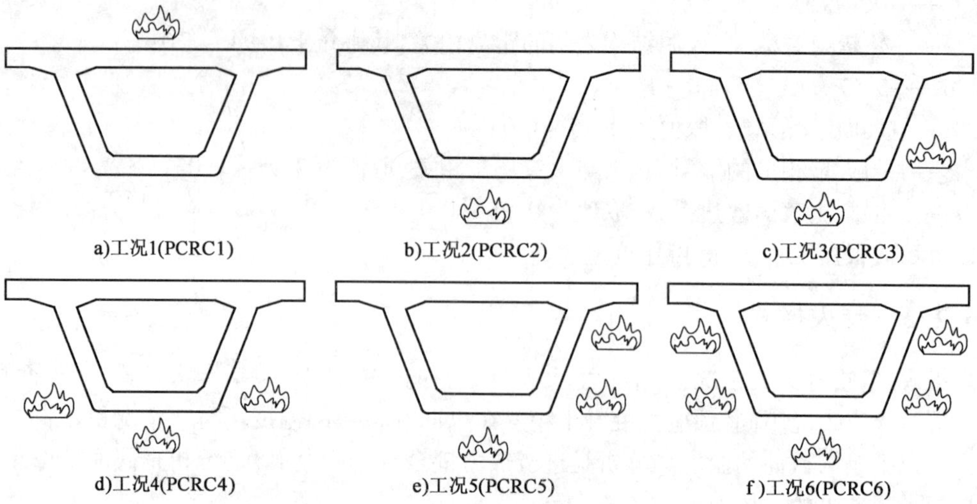

图6.4　各火灾工况横向火源简化模型

(1)混凝土单元

在温度场分析中,混凝土单元采用温度单元SOLID70。SOLID70为空间六面体单元,共有8个节点,每个节点上只有一个温度自由度,具有三个方向的热传导能力,能用于静态或者瞬态的热分析[2,3]。

在有限元模型中,划分混凝土截面网格时,为帮助收敛,网格应尽量整齐、规则。纵向网格划分如图6.5所示,纵向网格尺寸为0.16m。横向网格划分如图6.6所示,其中,端部截面和跨中截面及变截面段均保持拓扑关系的一致,将底板、腹板、顶板各划分为6份。

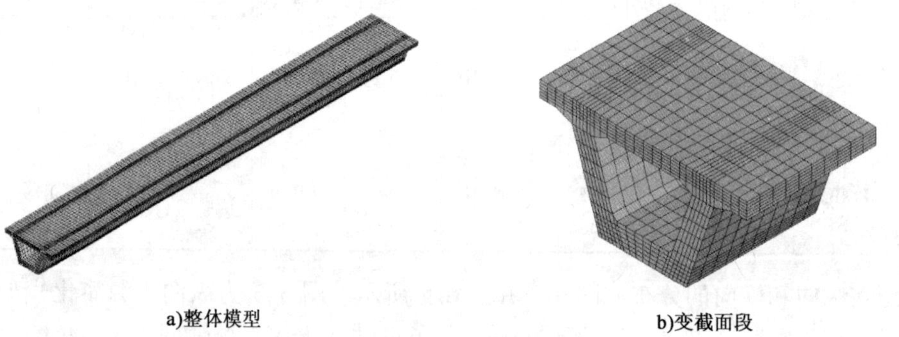

图6.5　纵向网格划分

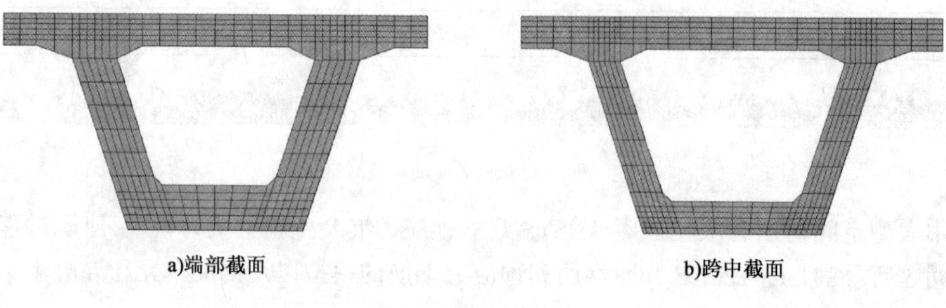

图6.6　横向网格划分

(2)钢筋单元

ANSYS 中模拟预应力混凝土箱梁的钢筋单元时,可以使用实体力筋法和等效荷载法[1],详细模拟方法请查阅《ANSYS 工程结构数值分析》。

建立预应力钢筋和普通钢筋时,所用单元为 2 节点三维热传导杆单元 LINK33。这是一种单轴热传导单元,每个节点同样只有一个温度自由度[3-5]。图 6.7 所示为预应力钢筋和普通钢筋的有限元模型,纵向网格尺寸为 0.16m,与混凝土单元的纵向网格尺寸保持一致。

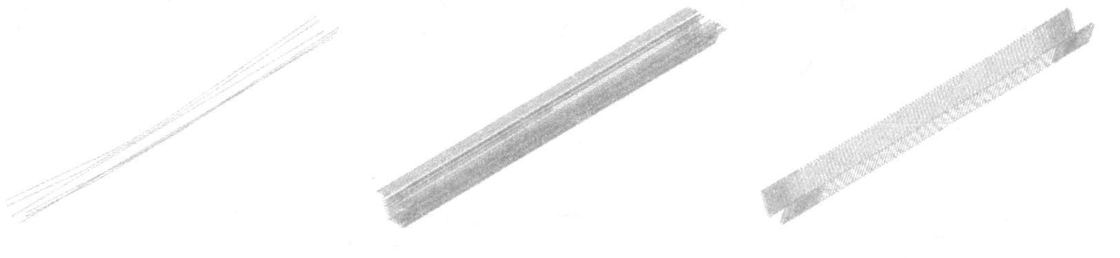

a)预应力钢束　　b)纵向普通钢筋　　c)箍筋

图 6.7　预应力钢筋和普通钢筋的有限元模型

(3)温度场求解控制

各火灾工况下温度场求解时采用瞬态热分析,主要步骤如下:

①前处理。

根据研究背景建立预应力混凝土箱梁几何模型,分别建立混凝土单元和钢筋单元。定义单元类型、实常数、材料特性等,其中材料特性随温度改变,比较选取混凝土和钢筋的热传导系数、比热容、质量密度等热工参数。划分网格,建立有限元模型,使用 * GET 命令得到预应力钢筋单元和普通钢筋单元上的节点并保存,使用 * GET 命令得到距离预应力钢筋单元和普通钢筋单元节点最近的混凝土单元节点并保存,然后使用 CP 命令将两组节点的自由度耦合在一起,实现温度荷载的传递。

②求解。

定义分析类型为瞬态求解,定义参考温度、换热系数等初值。根据定义的火灾工况,通过 ASEL 命令选择不同的受火面施加温度荷载,即可求解温度场。设置延火时间为 180min。

③后处理。

进入 POST1 处理器,查看各火灾工况下不同延火时间混凝土截面温度场分布及预应力钢筋和普通钢筋的温度分布情况,为下一步的分析提供依据。

6.2.3 温度梯度

(1)混凝土温度梯度

选取 PCRC2(底板受火)和 PCRC6(底板及两侧腹板、翼板受火)为典型火灾工况进行混凝土温度场分析。

图 6.8 和图 6.9 分别为 PCRC2 和 PCRC6 火灾工况下箱梁的纵向温度云,以四分之一模型显示,可以更方便地观察温度的分布特点。从图中可知,在箱梁的纵向,温度呈层状分布,高温区域从受火面逐渐向内扩展。在 PCRC6 火灾工况下,延火 60min 时,箱梁的底板、腹板和翼板的大部分区域都处于高温带中;延火 180min 时,跨中等截面梁段的底板、腹板和翼板均已被高温层穿透,箱梁内部温度超过 300℃。

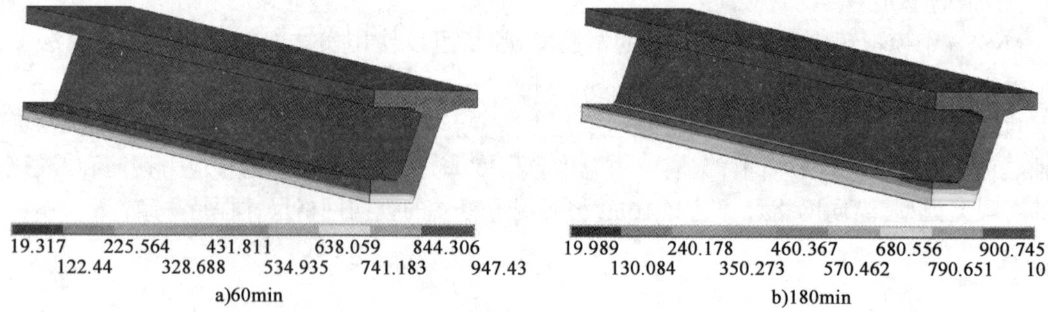

图 6.8 箱梁纵向温度云(PCRC2)

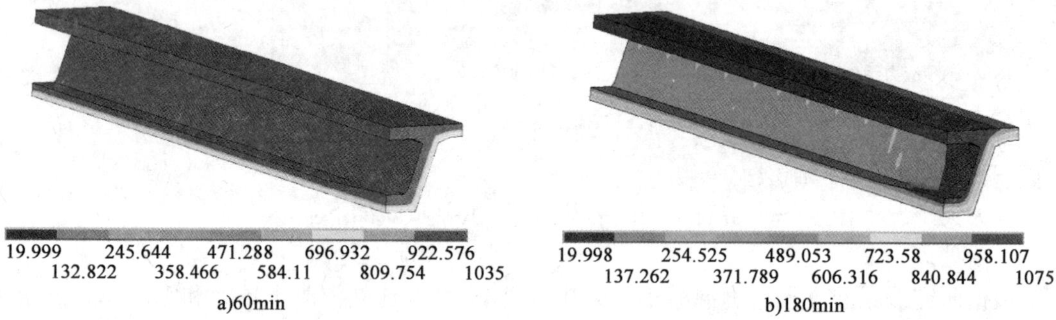

图 6.9 箱梁纵向温度云(PCRC6)

图 6.10 所示为 PCRC2 火灾工况下箱梁的横向温度云。在火灾高温下,箱梁截面的温度在受火面达到最高,温度呈明显的带状分布,随着延火时间的增加,高温区域逐渐向箱梁内部扩展。延火 60min 时,温度峰值为 947℃;延火 180min 时,温度峰值为 1011℃。

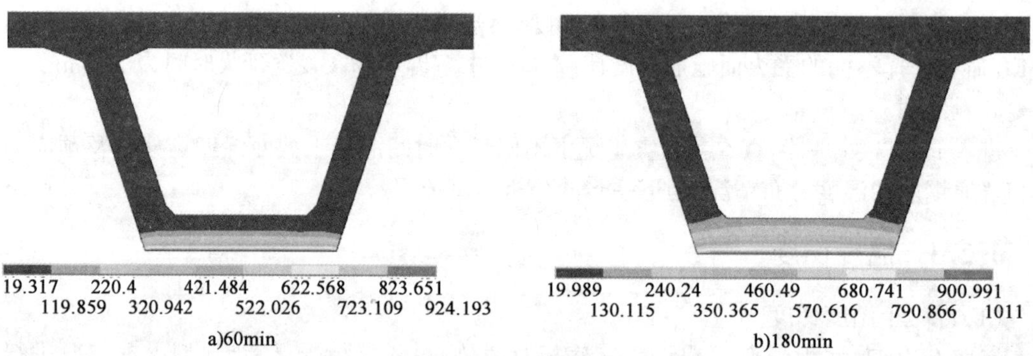

图 6.10 箱梁横向温度云(PCRC2)

图 6.11 所示为 PCRC6 火灾工况下箱梁的横向温度云。该火灾工况与 PCRC2 火灾工况相同,箱梁截面的温度呈带状分布并向内部扩展,类似"U"形,但多面受火时,箱梁截面温度在受火面相交处达到峰值,有温度集中现象,且温度峰值高于单面受火时的温度峰值。延火 60min 时,温度峰值为 1035℃;延火 180min 时,温度峰值为 1075℃。

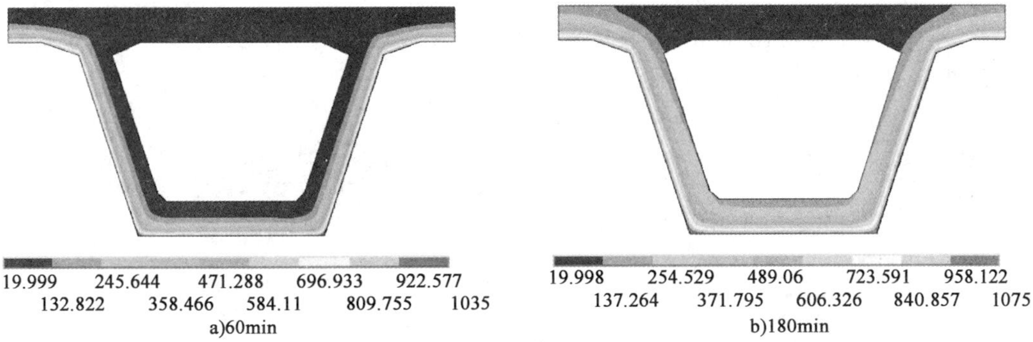

图 6.11 箱梁横向温度云(PCRC6)

(2)预应力钢束温度梯度

选取 PCRC2(底板受火)为典型工况,分析预应力钢束 N1、N2、N3 的温度分布情况。

图 6.12 所示为 N1、N2 钢束温度云。延火 60min 时,N1 钢束各部位的温度均低于 100℃,N2 钢束跨中的温度达到 123℃,其余部位的温度较低;延火 180min 时,N1 钢束的温度仍然低于 100℃,N2 钢束跨中的温度达到最高值 322℃,其余部位的温度较低。从跨中到端部位置,N1、N2 钢束逐渐弯起,与底板的距离越来越远,即钢束的混凝土保护层越来越厚,钢束的温度也逐渐降低。由此说明,钢束的混凝土保护层厚度是影响钢束温度分布的重要因素之一。

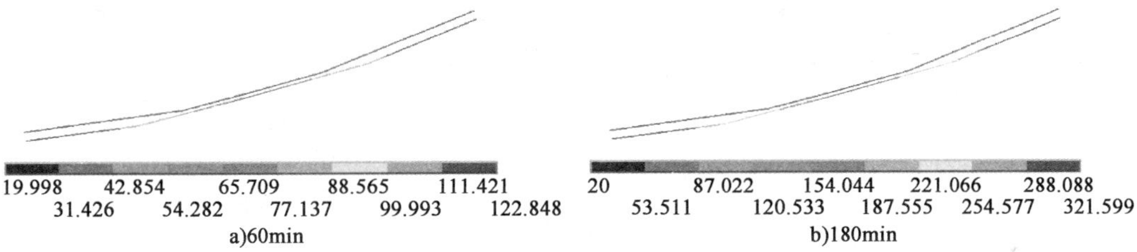

图 6.12 N1、N2 钢束温度云(PCRC2)

图 6.13 所示为 N3 钢束温度云。由于 N3 钢束的平弯和竖弯幅度均较小,形状接近直线,因此,N3 钢束沿纵向温度值较接近。延火 60min 时,N3 钢束温度最高值为 136℃;延火 180min 时,N3 钢束温度最高值达到 360℃。与 N1、N2 钢束相比,N3 钢束的温度峰值有所提高,高温区域也更广。

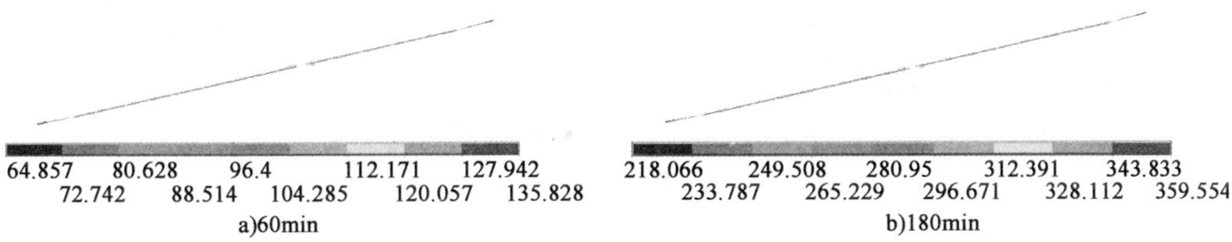

图 6.13 N3 钢束温度云(PCRC2)

(3)普通钢筋温度梯度

选取 PCRC2(底板受火)为典型工况分析普通钢筋即纵向钢筋和箍筋的温度分布情况。

图 6.14 所示为纵向普通钢筋温度云。从混凝土温度场分析中可知,温度在箱梁截面中一层一层地逐渐向内传递,高温区域呈层状分布。因此,纵向普通钢筋和箍筋的温度也应呈层状

逐渐升高。观察可知,延火60min时,底板下层钢筋最高温度达到473℃,其余纵向普通钢筋温度均低于100℃;延火180min时,底板下层钢筋最高温度达到704℃,底板上层钢筋温度升高,但仍低于100℃。

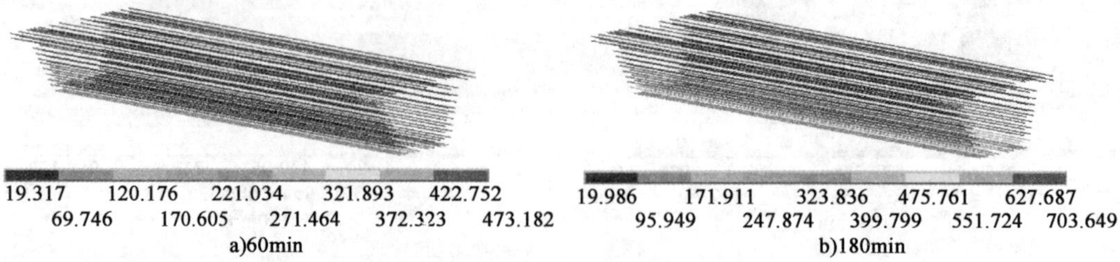

图6.14 纵向普通钢筋温度云(PCRC2)

图6.15所示为箍筋温度云。随着延火时间的增加,箍筋底部位置的温度逐渐升高。延火60min时,温度峰值为464℃;延火180min时,温度峰值为669℃。高温区域沿高度方向逐渐向上扩展,箍筋的温度在竖向呈现明显的温度梯度。

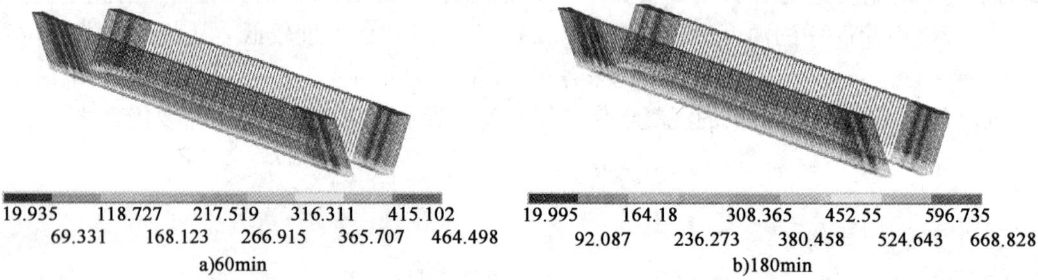

图6.15 箍筋温度云(PCRC2)

6.3 抗弯承载能力衰变过程

6.3.1 基本假定

在计算预应力混凝土箱梁火灾高温下的正截面抗弯承载能力时,做如下基本假定[1-16]:

(1)根据温升曲线和延火时间,计算出箱梁截面的温度场。

(2)火灾高温下,梁截面变形仍然符合平截面假定。

(3)普通钢筋、预应力钢束与混凝土之间没有相对滑移。

(4)处于受拉区的混凝土,忽略其抗拉能力。

6.3.2 温度测点

正截面抗弯承载能力的计算截面为L/8、L/4、L/2。由上一节温度场分析结果可得,在火灾高温作用下,箱梁截面的温度呈层状分布,高温区域一层一层地逐渐向截面内部扩散。在高温作用下,混凝土、普通钢筋和预应力钢束的温度均升高,材料特性势必将受到影响,正截面抗弯承载能力也将因此而变化。所以,需要布设相应的混凝土和钢筋温度测点,分析其温度情况,进而计算正截面抗弯承载能力。

(1)混凝土温度测点

图6.16所示为预应力混凝土箱梁跨中截面的有限元网格。划分有限元网格时,箱梁的腹板、底板、顶板分别划分为6层,每层厚3cm。在各火灾工况下,分别以每一层的混凝土单元节点为温度测点,提取每一层混凝土单元节点温度随延火时间的变化。

(2)钢筋温度测点

由于正截面抗弯承载能力受到普通钢筋的影响,而火灾高温作用下,高温区域会穿过保护层,使普通钢筋的温度升高,因此还需要布置普通钢筋的温度测点。

图6.17所示为纵向普通钢筋的布置情况和温度测点的位置,计算中考虑所有普通钢筋的作用。温度测点 a 位于底板下层钢筋,钢筋种类为HRB335,直径为20mm;温度测点 b、c 分别位于两侧腹板外层钢筋,钢筋种类为R235,直径为8mm;温度测点 d、e 分别位于两侧翼板下层钢筋,钢筋种类为R235,直径为10mm;温度测点 f 位于顶板上层钢筋,钢筋种类为R235,直径为10mm;温度测点 g 为顶板上层钢筋,钢筋种类为HRB335,直径为25mm。

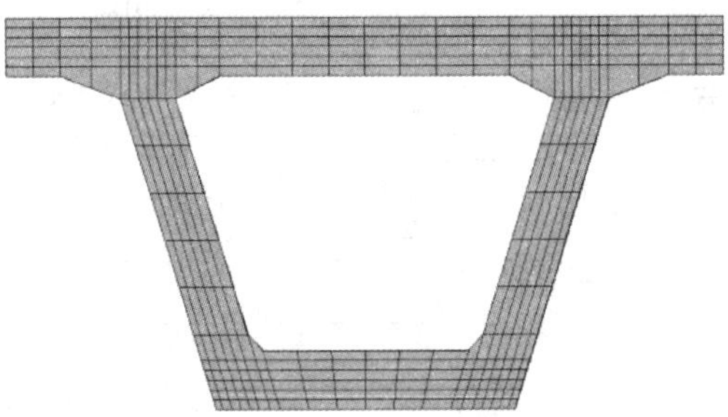

图6.16 预应力混凝土箱梁跨中截面的有限元网格

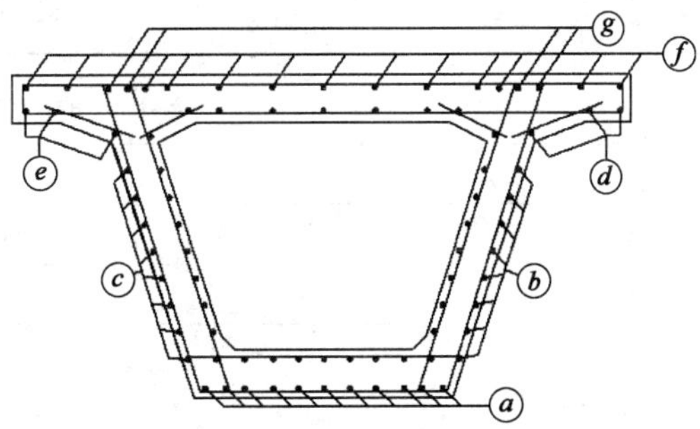

图6.17 纵向普通钢筋的布置情况和温度测点的位置

预应力混凝土结构中,预应力钢束对正截面抗弯承载能力的贡献至关重要,可根据计算需要分别提取相应位置处的预应力钢束的温度。

6.3.3 混凝土烧损

根据高温层的分布特征,基于箱梁材料的力学特性,每个高温层对整体截面均有强度贡献,若干高温层的强度总和即为截面的抗力总强度[16]。计算公式如下:

$$M_{u,t} = \sum_{i=1}^{N} \sigma_{i,t} A_{i,t} \tag{6.3.1}$$

式中:N——截面上划分的高温层数;

$\sigma_{i,t}$——延火 t 时刻第 i 个高温层的材料强度;

$A_{i,t}$——延火 t 时刻第 i 个高温层截面面积。

根据温度计算结果可得出箱梁混凝土截面各高温层的等效烧损深度。

(1)顶板混凝土烧损深度的等效换算

顶板被烧损的火灾工况为PCRC1(顶板受火)。根据式(6.3.1),对 $h=3$cm、$h=6$cm、$h=9$cm、$h=12$cm 的烧损深度进行不同延火时间的等效换算,见表6.2~表6.5。烧损深度等效换算累加值见表6.6。由表6.6可知,在火灾高温下,混凝土顶板表层烧损严重,延火60min时,累计烧损深度达到4.773cm;延火180min时,累计烧损深度达到7.342cm。

烧损深度的等效换算(0～3cm)　　表6.2

火灾工况		PCRC1		
延火时间(min)	温度(℃)	烧损后强度	原始强度	换算后厚度(cm)
5	429	0.699	1	2.096
10	668	0.327	1	0.981
20	830	0.112	1	0.337
40	905	0.050	1	0.151
60	925	0.038	1	0.115
80	940	0.031	1	0.092
100	957	0.023	1	0.069
120	985	0.013	1	0.040
140	1000	0.009	1	0.028
160	1008	0.007	1	0.022
180	1014	0.006	1	0.018

烧损深度的等效换算(3～6cm)　　表6.3

火灾工况		PCRC1		
延火时间(min)	温度(℃)	烧损后强度	原始强度	换算后厚度(cm)
5	73	0.961	1	2.883
10	158	0.921	1	2.764
20	309	0.831	1	2.492
40	442	0.681	1	2.044
60	495	0.604	1	1.813
80	531	0.548	1	1.645
100	568	0.489	1	1.466
120	627	0.392	1	1.177
140	672	0.321	1	0.962
160	702	0.275	1	0.825
180	722	0.246	1	0.737

烧损深度的等效换算(6～9cm)　　表6.4

火灾工况		PCRC1		
延火时间(min)	温度(℃)	烧损后强度	原始强度	换算后厚度(cm)
5	25	0.995	1	2.984
10	43	0.980	1	2.941
20	103	0.945	1	2.836
40	219	0.892	1	2.677
60	294	0.843	1	2.529
80	342	0.800	1	2.400

续上表

火 灾 工 况		PCRC1		
延火时间(min)	温度(℃)	烧损后强度	原始强度	换算后厚度(cm)
100	387	0.751	1	2.254
120	433	0.693	1	2.080
140	474	0.636	1	1.907
160	504	0.591	1	1.772
180	528	0.553	1	1.659

烧损深度的等效换算(9~12cm) 表6.5

火 灾 工 况		PCRC1		
延火时间(min)	温度(℃)	烧损后强度	原始强度	换算后厚度(cm)
5	20	0.999	1	2.997
10	23	0.996	1	2.989
20	39	0.983	1	2.950
40	95	0.949	1	2.848
60	153	0.923	1	2.770
80	200	0.902	1	2.706
100	241	0.880	1	2.639
120	283	0.851	1	2.554
140	323	0.818	1	2.455
160	356	0.786	1	2.358
180	390	0.748	1	2.244

烧损深度等效换算累加值 h_t 表6.6

延火时间(min)	$h=3$cm	$h=6$cm	$h=9$cm	$h=12$cm	有效厚度(cm)	累计烧损深度(cm)
5	2.096	2.883	2.984	2.997	10.960	1.040
10	0.981	2.764	2.941	2.989	9.674	2.326
20	0.337	2.492	2.836	2.950	8.615	3.385
40	0.151	2.044	2.677	2.848	7.719	4.281
60	0.115	1.813	2.529	2.770	7.227	4.773
80	0.092	1.645	2.400	2.706	6.843	5.157
100	0.069	1.466	2.254	2.639	6.429	5.571
120	0.040	1.177	2.080	2.554	5.852	6.148
140	0.028	0.962	1.907	2.455	5.351	6.649
160	0.022	0.825	1.772	2.358	4.976	7.024
180	0.018	0.737	1.659	2.244	4.658	7.342

(2)底板混凝土烧损深度的等效换算

底板被烧损的火灾工况有 PCRC2(底板受火)、PCRC3(底板 + 一侧腹板受火)、PCRC4(底板 + 两侧腹板受火)、PCRC5(底板 + 一侧腹板、翼板受火)、PCRC6(底板 + 两侧腹板、翼板受火)。根据式(6.3.1),对 $h = 3\text{cm}$、$h = 6\text{cm}$、$h = 9\text{cm}$、$h = 12\text{cm}$ 的烧损深度进行不同延火时间的等效换算,见表 6.7 ~ 表 6.10。烧损深度等效换算累加值见表 6.11。由表 6.11 可知,在火灾高温下,混凝土底板表层烧损严重,延火 60min 时,累计烧损深度达到 4.720cm;延火 180min 时,累计烧损深度达到 7.217cm。

烧损深度的等效换算(0 ~ 3cm) 表 6.7

火灾工况		PCRC2 ~ PCRC6		
延火时间(min)	温度(℃)	烧损后强度	原始强度	换算后厚度(cm)
5	429	0.699	1	2.096
10	672	0.321	1	0.962
20	827	0.115	1	0.346
40	903	0.052	1	0.155
60	924	0.039	1	0.117
80	938	0.032	1	0.095
100	954	0.024	1	0.073
120	978	0.015	1	0.046
140	995	0.010	1	0.031
160	1005	0.008	1	0.024
180	1011	0.007	1	0.020

烧损深度的等效换算(3 ~ 6cm) 表 6.8

火灾工况		PCRC2 ~ PCRC6		
延火时间(min)	温度(℃)	烧损后强度	原始强度	换算后厚度(cm)
5	72	0.961	1	2.884
10	157	0.922	1	2.765
20	303	0.836	1	2.507
40	439	0.685	1	2.056
60	492	0.609	1	1.827
80	528	0.553	1	1.659
100	562	0.498	1	1.495
120	614	0.414	1	1.241
140	663	0.335	1	1.004
160	695	0.285	1	0.856
180	718	0.251	1	0.754

烧损深度的等效换算(6～9cm) 表6.9

火灾工况		PCRC2～PCRC6		
延火时间(min)	温度(℃)	烧损后强度	原始强度	换算后厚度(cm)
5	25	0.995	1	2.984
10	41	0.982	1	2.945
20	96	0.949	1	2.846
40	206	0.899	1	2.697
60	280	0.854	1	2.561
80	330	0.812	1	2.435
100	371	0.770	1	2.309
120	415	0.717	1	2.151
140	456	0.662	1	1.985
160	489	0.613	1	1.840
180	513	0.577	1	1.730

烧损深度的等效换算(9～12cm) 表6.10

火灾工况		PCRC2～PCRC6		
延火时间(min)	温度(℃)	烧损后强度	原始强度	换算后厚度(cm)
5	20	0.999	1	2.997
10	23	0.996	1	2.989
20	37	0.985	1	2.954
40	92	0.951	1	2.852
60	149	0.925	1	2.775
80	197	0.904	1	2.711
100	237	0.882	1	2.647
120	276	0.857	1	2.570
140	315	0.825	1	2.476
160	349	0.793	1	2.379
180	380	0.760	1	2.279

烧损深度等效换算累加值 h_t 表6.11

延火时间(min)	$h=3$cm	$h=6$cm	$h=9$cm	$h=12$cm	有效厚度(cm)	累计烧损深度(cm)
5	2.096	2.884	2.984	2.997	10.962	1.038
10	0.962	2.765	2.945	2.989	9.661	2.339
20	0.346	2.507	2.846	2.954	8.654	3.346
40	0.155	2.056	2.697	2.852	7.760	4.240
60	0.117	1.827	2.561	2.775	7.280	4.720
80	0.095	1.659	2.435	2.711	6.900	5.100

续上表

延火时间(min)	$h=3$cm	$h=6$cm	$h=9$cm	$h=12$cm	有效厚度(cm)	累计烧损深度(cm)
100	0.073	1.495	2.309	2.647	6.524	5.476
120	0.046	1.241	2.151	2.570	6.008	5.992
140	0.031	1.004	1.985	2.476	5.497	6.503
160	0.024	0.856	1.840	2.379	5.100	6.900
180	0.020	0.754	1.730	2.279	4.783	7.217

(3)腹板混凝土烧损深度的等效换算

腹板被烧损的火灾工况有PCRC3(底板+一侧腹板受火)、PCRC4(底板+两侧腹板受火)、PCRC5(底板+一侧腹板、翼板受火)、PCRC6(底板+两侧腹板、翼板受火)。根据式(6.3.1),对$h=3$cm、$h=6$cm、$h=9$cm、$h=12$cm的烧损深度进行不同延火时间的等效换算,见表6.12~表6.15。烧损深度等效换算累加值见表6.16。由表6.16可知,在火灾高温下,混凝土腹板表层烧损严重,延火60min时,累计烧损深度达到5.239cm;延火180min时,累计烧损深度达到8.239cm。

烧损深度的等效换算(0~3cm) 表6.12

火灾工况		PCRC3~PCRC6		
延火时间(min)	温度(℃)	烧损后强度	原始强度	换算后厚度(cm)
5	460	0.656	1	1.968
10	684	0.302	1	0.906
20	826	0.116	1	0.349
40	895	0.057	1	0.171
60	918	0.042	1	0.127
80	944	0.029	1	0.086
100	979	0.015	1	0.045
120	995	0.010	1	0.031
140	1004	0.008	1	0.025
160	1010	0.007	1	0.021
180	1015	0.006	1	0.018

烧损深度的等效换算(3~6cm) 表6.13

火灾工况		PCRC3~PCRC6		
延火时间(min)	温度(℃)	烧损后强度	原始强度	换算后厚度(cm)
5	99	0.947	1	2.842
10	211	0.897	1	2.690
20	379	0.761	1	2.282
40	498	0.600	1	1.799
60	550	0.518	1	1.553

续上表

火 灾 工 况		PCRC3 ~ PCRC6		
延火时间(min)	温度(℃)	烧损后强度	原始强度	换算后厚度(cm)
80	612	0.417	1	1.250
100	683	0.304	1	0.911
120	720	0.249	1	0.746
140	745	0.214	1	0.641
160	763	0.190	1	0.569
180	776	0.173	1	0.520

烧损深度的等效换算(6 ~ 9cm) 表 6.14

火 灾 工 况		PCRC3 ~ PCRC6		
延火时间(min)	温度(℃)	烧损后强度	原始强度	换算后厚度(cm)
5	31	0.990	1	2.969
10	59	0.969	1	2.908
20	139	0.929	1	2.788
40	270	0.861	1	2.583
60	343	0.799	1	2.397
80	405	0.730	1	2.189
100	460	0.656	1	1.968
120	506	0.587	1	1.762
140	540	0.534	1	1.602
160	571	0.484	1	1.451
180	594	0.446	1	1.339

烧损深度的等效换算(9 ~ 12cm) 表 6.15

火 灾 工 况		PCRC3 ~ PCRC6		
延火时间(min)	温度(℃)	烧损后强度	原始强度	换算后厚度(cm)
5	24	0.996	1	2.987
10	32	0.989	1	2.966
20	62	0.967	1	2.902
40	144	0.927	1	2.782
60	215	0.894	1	2.683
80	273	0.859	1	2.576
100	325	0.816	1	2.449
120	372	0.769	1	2.306
140	410	0.723	1	2.170
160	447	0.674	1	2.023
180	479	0.628	1	1.885

烧损深度等效换算累加值 h_t 表 6.16

延火时间(min)	$h=3$cm	$h=6$cm	$h=9$cm	$h=12$cm	有效厚度(cm)	累计烧损深度(cm)
5	1.968	2.842	2.969	2.987	10.765	1.235
10	0.906	2.690	2.908	2.966	9.470	2.530
20	0.349	2.282	2.788	2.902	8.322	3.678
40	0.171	1.799	2.583	2.782	7.335	4.665
60	0.127	1.553	2.397	2.683	6.761	5.239
80	0.086	1.250	2.189	2.576	6.102	5.898
100	0.045	0.911	1.968	2.449	5.373	6.627
120	0.031	0.746	1.762	2.306	4.845	7.155
140	0.025	0.641	1.602	2.170	4.437	7.563
160	0.021	0.569	1.451	2.023	4.064	7.936
180	0.018	0.520	1.339	1.885	3.761	8.239

(4)翼板混凝土烧损深度的等效换算

翼板被烧损的火灾工况有 PCRC5(底板 + 一侧腹板、翼板受火)、PCRC6(底板 + 两侧腹板、翼板受火)。根据式(6.3.1),对 $h=3$cm、$h=6$cm、$h=9$cm,$h=12$cm 的烧损深度进行不同延火时间的等效换算,见表 6.17 ~ 表 6.20。烧损深度等效换算累加值见表 6.21。由表 6.21 可知,在火灾高温下,混凝土翼板表层烧损严重,延火 60min 时,烧损深度达到 4.711cm;延火 180min 时,烧损深度达到 7.243cm。

烧损深度的等效换算(0 ~ 3cm) 表 6.17

火 灾 工 况		PCRC5 ~ PCRC6		
延火时间(min)	温度(℃)	烧损后强度	原始强度	换算后厚度(cm)
5	430	0.697	1	2.092
10	674	0.318	1	0.953
20	831	0.111	1	0.334
40	905	0.050	1	0.151
60	926	0.038	1	0.114
80	940	0.031	1	0.092
100	957	0.023	1	0.069
120	983	0.014	1	0.042
140	999	0.009	1	0.028
160	1007	0.008	1	0.023
180	1014	0.006	1	0.018

烧损深度的等效换算(3～6cm) 表6.18

火灾工况		PCRC5～PCRC6		
延火时间(min)	温度(℃)	烧损后强度	原始强度	换算后厚度(cm)
5	72	0.961	1	2.884
10	158	0.921	1	2.764
20	307	0.832	1	2.497
40	435	0.691	1	2.072
60	485	0.619	1	1.858
80	521	0.564	1	1.692
100	560	0.502	1	1.505
120	621	0.402	1	1.206
140	664	0.333	1	1.000
160	692	0.290	1	0.870
180	713	0.259	1	0.776

烧损深度的等效换算(6～9cm) 表6.19

火灾工况		PCRC5～PCRC6		
延火时间(min)	温度(℃)	烧损后强度	原始强度	换算后厚度(cm)
5	25	0.995	1	2.984
10	42	0.981	1	2.943
20	102	0.946	1	2.837
40	214	0.895	1	2.685
60	286	0.849	1	2.548
80	331	0.811	1	2.432
100	376	0.764	1	2.292
120	422	0.708	1	2.124
140	463	0.652	1	1.955
160	493	0.607	1	1.822
180	519	0.567	1	1.702

烧损深度的等效换算(9～12cm) 表6.20

火灾工况		PCRC5～PCRC6		
延火时间(min)	温度(℃)	烧损后强度	原始强度	换算后厚度(cm)
5	20	0.999	1	2.997
10	23	0.996	1	2.989
20	38	0.984	1	2.952
40	95	0.949	1	2.848
60	153	0.923	1	2.770
80	200	0.902	1	2.706

续上表

火灾工况		PCRC5 ~ PCRC6		
延火时间(min)	温度(℃)	烧损后强度	原始强度	换算后厚度(cm)
100	240	0.880	1	2.641
120	281	0.853	1	2.559
140	320	0.821	1	2.463
160	353	0.789	1	2.367
180	385	0.754	1	2.261

烧损深度等效换算累加值 h_t 表 6.21

延火时间(min)	$h=3$cm	$h=6$cm	$h=9$cm	$h=12$cm	有效厚度(cm)	累计烧损深度(cm)
5	2.092	2.884	2.984	2.997	10.958	1.042
10	0.953	2.764	2.943	2.989	9.648	2.352
20	0.334	2.497	2.837	2.952	8.621	3.379
40	0.151	2.072	2.685	2.848	7.756	4.244
60	0.114	1.858	2.548	2.770	7.289	4.711
80	0.092	1.692	2.432	2.706	6.923	5.077
100	0.069	1.505	2.292	2.641	6.508	5.492
120	0.042	1.206	2.124	2.559	5.931	6.069
140	0.028	1.000	1.955	2.463	5.446	6.554
160	0.023	0.870	1.822	2.367	5.081	6.919
180	0.018	0.776	1.702	2.261	4.757	7.243

6.3.4 钢筋强度

温度测点 a 处的纵向钢筋被烧损的火灾工况有 PCRC2(底板受火)、PCRC3(底板 + 一侧腹板受火)、PCRC4(底板 + 两侧腹板受火)、PCRC5(底板 + 一侧腹板、翼板受火)、PCRC6(底板 + 两侧腹板、翼板受火)。根据式(6.3.1)计算钢筋火损后的等效强度,计算结果见表 6.22。由表 6.22 可知,随着延火时间的增加,测点 a 处钢筋受损严重,延火 60min 时,等效强度为 108MPa,为初始强度的 38.57%;延火 180min 时,等效强度为 48MPa,为初始强度的 17.14%。由此可见,随着延火时间的增加,测点 a 处的钢筋强度迅速退化,强度损失严重。

测点 a 处钢筋强度折减 表 6.22

火灾工况		PCRC2 ~ PCRC6	
延火时间(min)	温度(℃)	强度折减系数	烧损后强度(MPa)
5	66	0.918	257
10	144	0.802	225
20	283	0.611	171
40	417	0.448	126

续上表

火灾工况		PCRC2 ~ PCRC6	
延火时间(min)	温度(℃)	强度折减系数	烧损后强度(MPa)
60	473	0.387	108
80	509	0.348	98
100	549	0.308	86
120	604	0.256	72
140	651	0.214	60
160	682	0.188	53
180	704	0.172	48

温度测点 b、c 处的纵向钢筋被烧损的火灾工况有 PCRC3(底板 + 一侧腹板受火)、PCRC4(底板 + 两侧腹板受火)、PCRC5(底板 + 一侧腹板、翼板受火)、PCRC6(底板 + 两侧腹板、翼板受火)。根据式(6.3.1)计算钢筋火损后的等效强度,计算结果见表 6.23。由表 6.23 可知,随着延火时间的增加,测点 b、c 处钢筋受损严重,延火 60min 时,等效强度为 54MPa,为初始强度的 27.69%;延火 180min 时,等效强度为 19MPa,仅为初始强度的 9.74%。由此可见,随着延火时间的增加,测点 b、c 处的钢筋强度迅速退化,强度损失严重。

测点 b、c 处钢筋强度折减 表 6.23

火灾工况		PCRC3 ~ PCRC6	
延火时间(min)	温度(℃)	强度折减系数	烧损后强度(MPa)
5	157	0.783	153
10	237	0.672	131
20	388	0.482	94
40	541	0.316	62
60	581	0.277	54
80	654	0.212	41
100	729	0.151	29
120	757	0.131	26
140	777	0.116	23
160	792	0.106	21
180	806	0.097	19

温度测点 d、e 处的纵向钢筋被烧损的火灾工况有 PCRC5(底板 + 一侧腹板、翼板受火)、PCRC6(底板 + 两侧腹板、翼板受火)。根据式(6.3.1)计算钢筋火损后的等效强度,计算结果见表 6.24。由表 6.24 可知,随着延火时间的增加,测点 d、e 处钢筋受损严重,延火 60min 时,等效强度为 96MPa,为初始强度的 49.23%;延火 180min 时,等效强度为 48MPa,为初始强度的 24.62%。由此可见,随着延火时间的增加,测点 d、e 处的钢筋强度迅速退化,强度损失严重。

测点 *d*、*e* 处钢筋强度折减　　表 6.24

火 灾 工 况		PCRC5 ~ PCRC6	
延火时间(min)	温度(℃)	强度折减系数	烧损后强度(MPa)
5	48	0.946	184
10	101	0.865	169
20	203	0.718	140
40	321	0.563	110
60	381	0.490	96
80	422	0.443	86
100	463	0.397	77
120	523	0.334	65
140	561	0.296	58
160	590	0.269	52
180	614	0.247	48

温度测点 *f* 处的纵向钢筋被烧损的火灾工况为 PCRC1(顶板受火)。根据式(6.3.1)计算钢筋火损后的等效强度,计算结果见表 6.25。由表 6.25 可知,随着延火时间的增加,测点 *f* 处钢筋受损严重,延火 60min 时,等效强度为 120MPa,为初始强度的 61.54%;延火 180min 时,等效强度为 66MPa,为初始强度的 33.85%。由此可见,随着延火时间的增加,测点 *f* 处的钢筋强度迅速退化,强度损失严重。

测点 *f* 处钢筋强度折减　　表 6.25

火 灾 工 况		PCRC1	
延火时间(min)	温度(℃)	强度折减系数	烧损后强度(MPa)
5	25	0.982	191
10	42	0.955	186
20	99	0.868	169
40	210	0.709	138
60	282	0.613	120
80	328	0.554	108
100	374	0.498	97
120	421	0.444	87
140	462	0.398	78
160	491	0.367	72
180	519	0.338	66

温度测点 *g* 处的纵向钢筋被烧损的火灾工况为 PCRC1(顶板受火)。根据式(6.3.1)计算钢筋火损后的等效强度,计算结果见表 6.26。由表 6.26 可知,随着延火时间的增加,测点 *g* 处钢筋受损严重,延火 60min 时,等效强度为 172MPa,为初始强度的 61.43%;延火 180min 时,等效强度为 95MPa,为初始强度的 33.93%。由此可见,随着延火时间的增加,测点 *g* 处的钢筋强度迅速退化,强度损失严重。

测点 *g* 处钢筋强度折减　　表 6.26

火 灾 工 况		PCRC1	
延火时间(min)	温度(℃)	强度折减系数	烧损后强度(MPa)
5	25	0.982	275
10	42	0.955	267
20	99	0.868	243
40	210	0.709	198
60	282	0.613	172
80	328	0.554	155
100	374	0.498	140
120	421	0.444	124
140	462	0.398	111
160	491	0.367	103
180	519	0.338	95

6.3.5 钢束强度

PCRC2(底板受火)下,预应力钢束的温度随延火时间的增加逐渐升高。由于 N1、N2 钢束竖弯的影响,其温度在跨中处达到峰值,沿纵向由跨中向两端逐渐降低。为研究预应力混凝土箱梁正截面抗弯承载能力的变化,分别提取 N1、N2、N3 钢束在 *L*/2、*L*/4、*L*/8 截面处的温度,并根据欧洲规范 EC4 的相关规定,计算其高温下的强度折减系数,进而计算出预应力钢筋火损后的等效强度。

各钢束温度 T(℃)、高温下强度折减系数 λ、烧损后强度 $f_{pd,T}$(MPa)随延火时间 t(min)的变化见表 6.27 ~ 表 6.29。由表 6.27 可知,在 PCRC2 下,由于较厚的混凝土保护层,N1 钢束的温度始终低于 100℃,最大强度折减系数为 0.984,钢束强度下降幅度较小。由表 6.28 可知,底板受火时,N2 钢束在 *L*/2 截面处温度最高,延火 180min 时,其温度峰值为 321℃,最大强度折减系数为 0.772,而 *L*/4 截面和 *L*/8 截面处的温度峰值分别为 254℃和 54℃,最大强度折减系数分别为 0.861 和 0.983,可见 N2 钢束在 *L*/2 截面处由于混凝土保护层较薄,温度峰值较高,强度下降幅度最大。N3 钢束竖弯和平弯幅度均较小,其形状接近于直线,故沿纵向温度值基本一致。由表 6.29 可知,延火 180min 时,温度峰值达到 360℃,最大强度折减系数 0.702。

N1 钢束强度折减　　表 6.27

火 灾 工 况	PCRC2								
钢束位置	*L*/2			*L*/4			*L*/8		
t(min)	T(℃)	λ	$f_{pd,T}$(MPa)	T(℃)	λ	$f_{pd,T}$(MPa)	T(℃)	λ	$f_{pd,T}$(MPa)
5	20	1.000	1260	20	1.000	1260	20	1.000	1260
10	20	1.000	1260	20	1.000	1260	20	1.000	1260
20	20	1.000	1260	20	1.000	1260	20	1.000	1260
40	20	1.000	1260	20	1.000	1260	20	1.000	1260

续上表

火灾工况	PCRC2								
钢束位置	$L/2$			$L/4$			$L/8$		
t(min)	T(℃)	λ	$f_{pd,T}$(MPa)	T(℃)	λ	$f_{pd,T}$(MPa)	T(℃)	λ	$f_{pd,T}$(MPa)
60	22	0.999	1259	21	1.000	1259	20	1.000	1260
80	23	0.999	1258	22	0.999	1259	20	1.000	1260
100	27	0.997	1256	25	0.998	1257	20	1.000	1260
120	32	0.994	1252	29	0.996	1254	20	1.000	1260
140	38	0.991	1249	33	0.994	1252	20	1.000	1260
160	45	0.988	1244	39	0.991	1248	21	1.000	1259
180	53	0.984	1239	45	0.988	1244	23	0.999	1258

N2 钢束强度折减 表 6.28

火灾工况	PCRC2								
钢束位置	$L/2$			$L/4$			$L/8$		
t(min)	T(℃)	λ	$f_{pd,T}$(MPa)	T(℃)	λ	$f_{pd,T}$(MPa)	T(℃)	λ	$f_{pd,T}$(MPa)
5	20	1.000	1260	20	1.000	1260	20	1.000	1260
10	22	0.999	1259	21	1.000	1259	20	1.000	1260
20	32	0.994	1252	29	0.996	1254	20	1.000	1260
40	73	0.974	1227	61	0.980	1234	20	1.000	1260
60	123	0.951	1198	100	0.960	1210	31	0.995	1253
80	167	0.933	1176	133	0.947	1193	36	0.992	1250
100	203	0.917	1155	162	0.935	1178	40	0.990	1247
120	235	0.882	1111	187	0.925	1166	44	0.988	1245
140	266	0.847	1068	211	0.908	1144	47	0.987	1243
160	294	0.817	1029	233	0.884	1113	51	0.985	1240
180	321	0.772	973	254	0.861	1084	54	0.983	1239

N3 钢束强度折减 表 6.29

火灾工况		PCRC2	
钢束位置	$L/2$、$L/4$、$L/8$		
t(min)	T(℃)	λ	$f_{pd,T}$(MPa)
5	20	1.000	1260
10	22	0.999	1259
20	34	0.993	1251
40	83	0.969	1220
60	136	0.946	1191
80	182	0.927	1168
100	222	0.896	1129

续上表

火 灾 工 况		PCRC2	
钢束位置	$L/2$、$L/4$、$L/8$		
t(min)	T(℃)	λ	$f_{pd,T}$(MPa)
120	260	0.854	1076
140	297	0.813	1025
160	331	0.754	950
180	360	0.702	885

多面受火工况 PCRC3 ~ PCRC6 下，N1、N2、N3 预应力钢束的强度折减见表 6.30 ~ 表 6.32。与单面受火工况 PCRC2 相比，多面受火时，预应力钢束的温度峰值均有一定程度提高，导致强度折减系数更大。究其原因，在于预应力钢束混凝土保护层的变化，底板单面受火时，N1、N2 钢束距离受火面较远，混凝土保护层较厚，而多面受火工况下，腹板也是受火面，N1、N2 钢束距离腹板受火面较近，混凝土保护层厚度减小，故其温度较高。

由表 6.30 可知，多面火灾下，延火 180min 时，N1 钢束的温度达到峰值 428℃，强度折减系数为 0.577；由表 6.31 可知，延火 180min 时，N2 钢束的温度峰值为 518℃，强度折减系数为 0.408；由表 6.32 可知，延火 180min 时，N3 钢束的温度峰值为 382℃，强度折减系数为 0.662。

N1 钢束强度折减 表 6.30

火 灾 工 况	PCRC3 ~ PCRC6		
t(min)	T(℃)	λ	$f_{pd,T}$(MPa)
5	21	1.000	1260
10	24	0.998	1257
20	45	0.988	1244
40	111	0.956	1204
60	173	0.931	1173
80	226	0.891	1123
100	277	0.835	1052
120	322	0.770	971
140	360	0.702	885
160	396	0.637	803
180	428	0.577	727

N2 钢束强度折减 表 6.31

火 灾 工 况	PCRC3 ~ PCRC6		
t(min)	T(℃)	λ	$f_{pd,T}$(MPa)
5	21	1.000	1260
10	26	0.997	1256
20	52	0.984	1240

续上表

火灾工况	PCRC3 ~ PCRC6		
t(min)	T(℃)	λ	$f_{pd,T}$(MPa)
40	140	0.944	1189
60	226	0.910	1146
80	300	0.810	1021
100	361	0.700	882
120	412	0.607	765
140	455	0.526	662
160	489	0.461	581
180	518	0.408	514

N3 钢束强度折减 表 6.32

火灾工况	PCRC3 ~ PCRC6		
t(min)	T(℃)	λ	$f_{pd,T}$(MPa)
5	20	1.000	1260
10	22	0.999	1259
20	35	0.993	1251
40	84	0.968	1220
60	138	0.945	1190
80	186	0.926	1166
100	228	0.889	1120
120	270	0.843	1062
140	311	0.790	996
160	347	0.725	914
180	382	0.662	835

在 PCRC1 下,即顶板受火时,因各预应力钢束与受火面距离较远,在 180min 延火时间内温度较低,维持在常温水平,故不必考虑该工况下预应力钢筋的强度折减。

6.4 抗弯承载能力计算方法

6.4.1 计算方法

以混凝土的等效烧损深度值和普通钢筋、预应力钢筋的折减强度计算结果为基础,采用《公路钢筋混凝土及预应力混凝土桥涵设计规范》(JTG 3362—2018)[4]中的规定计算火灾高温下预应力混凝土箱梁正截面抗弯承载能力。根据工程背景及预应力钢束布置情况,对规范中的公式进行修正,得到正截面抗弯承载能力的计算公式如下:

$$\gamma_0 M_d \leqslant M_{u,t} = f_{cd} b x_t (h_{0t} - \frac{x_t}{2}) + f'_{sd,T} A'_s (h_{0t} - a'_{s,t}) \tag{6.4.1}$$

$$f_{sd,T} A_s + f_{pd,T} A_p = f_{cd} b x_t + f'_{sd,T} A'_s \tag{6.4.2}$$

$$a_t = \frac{f_{pd,T} A_p a_{p,t} + f_{sd,T} A_s a_{s,t}}{f_{pd,T} A_p + f_{sd,T} A_s} \tag{6.4.3}$$

$$h_{0t} = h - h_t - a_t \tag{6.4.4}$$

式中：γ_0——桥梁结构的重要性系数；

M_d——弯矩组合设计值；

$M_{u,t}$——正截面抗弯承载能力（随延火时间变化）；

f_{cd}——混凝土轴心抗压强度设计值；

b——截面宽度；

x_t——按等效矩形应力图的计算受压区高度（随延火时间变化）；

h、h_t、h_{0t}——截面全高、混凝土随延火时间变化的等效烧损深度和截面有效高度；

$f_{sd,T}$、$f'_{sd,T}$——纵向普通钢筋的抗拉强度设计值和抗压强度设计值（随温度变化）；

$f_{pd,T}$——纵向预应力钢筋的抗拉强度设计值（随温度变化）；

A_p、A_s、A'_s——受拉区预应力钢筋、受拉区和受压区纵向普通钢筋的截面面积；

$a_{s,t}$、$a_{p,t}$——受拉区普通钢筋合力点、预应力钢筋合力点至受拉区边缘的距离（随延火时间变化）；

a_t、$a'_{s,t}$——受拉区普通钢筋和预应力钢筋的合力点至受拉区边缘的距离、受压区普通钢筋至受压区边缘的距离（随延火时间变化）。

上式中，与温度有关的参数将随延火时间和温度同时变化。截面的有效高度，面积参数，预应力钢束和普通钢筋的强度见6.3节。

6.4.2 计算过程

由式(6.4.1)～式(6.4.4)计算出火灾下预应力混凝土箱梁的正截面抗弯承载能力随火灾的全过程变化，计算截面分别为$L/8$、$L/4$、$L/2$。表6.33～表6.35依次列出$L/8$、$L/4$、$L/2$截面在PCRC1～PCRC6下参数x_t(mm)、a_t(mm)、h_{0t}(mm)、$M_{u,t}$(kN·m)、λ_t（正截面抗弯承载能力损失百分比）随延火时间t(min)的变化。

$$\lambda_t = \frac{M_{u,0} - M_{u,t}}{M_{u,0}} \tag{6.4.5}$$

式中：λ_t——正截面抗弯承载能力损失百分比；

$M_{u,0}$——延火时间为0min（初始时刻）$L/8$、$L/4$、$L/2$截面的正截面抗弯承载能力；

$M_{u,t}$——延火t时刻各截面的正截面抗弯承载能力。

$L/8$截面正截面抗弯承载能力 表6.33

t (min)	火灾工况	x_t (mm)	a_t (mm)	h_{0t} (mm)	$M_{u,t}$ (kN·m)	λ_t (%)	火灾工况	x_t (mm)	a_t (mm)	h_{0t} (mm)	$M_{u,t}$ (kN·m)	λ_t (%)
0	PCRC1	102	311	889	5221	0.00	PCRC2	102	311	889	5221	0.00
5		102	311	886	5213	0.15		100	304	886	5209	0.23

续上表

t (min)	火灾工况	x_t (mm)	a_t (mm)	h_{0t} (mm)	$M_{u,t}$ (kN·m)	λ_t (%)	火灾工况	x_t (mm)	a_t (mm)	h_{0t} (mm)	$M_{u,t}$ (kN·m)	λ_t (%)
10	PCRC1	102	311	866	5074	2.82	PCRC2	98	295	881	5021	3.84
20		104	311	856	5004	4.16		94	294	872	4816	7.76
40		106	311	847	4941	5.37		91	294	863	4616	11.58
60		107	311	842	4905	6.05		89	294	859	4511	13.60
80		108	311	838	4878	6.56		88	293	856	4446	14.85
100		109	311	834	4850	7.11		86	294	851	4354	16.61
120		109	311	828	4811	7.85		84	295	845	4239	18.82
140		110	311	823	4778	8.49		82	295	840	4133	20.84
160		110	311	819	4753	8.97		80	297	834	4017	23.06
180		111	311	816	4731	9.38		78	299	829	3921	24.89
0	PCRC3	102	311	889	5221	0.00	PCRC4	102	311	889	5221	0.00
5		100	303	887	5206	0.29		100	303	887	5201	0.38
10		98	294	882	5002	4.19		97	294	883	4984	4.54
20		93	293	874	4776	8.53		92	291	876	4735	9.30
40		88	292	866	4528	13.26		86	289	869	4440	14.96
60		86	291	862	4391	15.90		82	287	865	4270	18.22
80		83	290	859	4244	18.72		77	285	864	4040	22.62
100		78	290	856	4051	22.41		71	284	861	3745	28.27
120		74	290	850	3843	26.39		64	283	857	3442	34.07
140		70	290	845	3643	30.22		57	282	853	3145	39.77
160		66	291	840	3449	33.93		51	283	848	2871	45.02
180		62	293	835	3280	37.17		46	284	843	2625	49.72
0	PCRC5	102	311	889	5221	0.00	PCRC6	102	311	889	5221	0.00
5		101	308	881	5208	0.25		99	302	888	5205	0.31
10		98	299	877	5004	4.16		97	292	885	4983	4.55
20		94	297	870	4777	8.50		92	288	879	4734	9.32
40		89	295	863	4530	13.24		85	283	874	4438	15.00
60		86	294	859	4392	15.88		82	281	872	4267	18.27
80		83	292	857	4245	18.70		76	278	871	4037	22.68
100		79	292	853	4052	22.39		69	275	870	3741	28.34
120		74	292	848	3844	26.37		63	273	867	3438	34.16
140		70	292	843	3644	30.20		56	270	865	3139	39.87
160		66	293	838	3450	33.91		50	269	862	2865	45.13
180		62	295	833	3281	37.15		45	269	859	2618	49.85

$L/4$ 截面正截面抗弯承载能力 表 6.34

t (min)	火灾工况	x_t (mm)	a_t (mm)	h_{0t} (mm)	$M_{u,t}$ (kN·m)	λ_t (%)	火灾工况	x_t (mm)	a_t (mm)	h_{0t} (mm)	$M_{u,t}$ (kN·m)	λ_t (%)
0	PCRC1	102	221	979	5779	0.00	PCRC2	102	221	979	5779	0.00
5		102	221	973	5765	0.24		100	213	977	5763	0.28
10		102	221	956	5633	2.53		98	203	974	5578	3.47
20		104	221	945	5563	3.74		94	198	968	5368	7.11
40		106	221	937	5499	4.84		90	196	962	5147	10.94
60		107	221	932	5464	5.45		88	194	958	5020	13.13
80		108	221	928	5437	5.91		87	193	956	4938	14.55
100		109	221	924	5409	6.41		85	192	953	4831	16.41
120		109	221	918	5370	7.08		82	191	949	4700	18.66
140		110	221	913	5336	7.66		80	190	945	4570	20.92
160		110	221	909	5312	8.09		77	191	940	4418	23.55
180		111	221	906	5290	8.46		75	192	936	4287	25.81
0	PCRC3	102	221	979	5779	0.00	PCRC4	102	221	979	5779	0.00
5		100	212	978	5766	0.22		100	211	979	5766	0.22
10		98	201	975	5560	3.79		97	200	976	5541	4.11
20		93	196	970	5327	7.82		92	194	972	5286	8.52
40		88	193	965	5059	12.46		86	190	968	4971	13.97
60		85	191	962	4903	15.16		82	188	965	4785	17.19
80		82	190	959	4730	18.15		77	187	962	4520	21.78
100		78	190	955	4508	22.00		71	188	957	4182	27.64
120		73	190	950	4271	26.09		64	189	951	3837	33.61
140		69	190	945	4038	30.13		57	190	945	3498	39.47
160		64	192	939	3808	34.11		51	192	939	3188	44.83
180		60	193	934	3604	37.63		46	196	932	2910	49.64
0	PCRC5	102	221	979	5779	0.00	PCRC6	102	221	979	5779	0.00
5		101	218	972	5768	0.19		99	211	979	5761	0.31
10		98	207	970	5561	3.76		97	198	978	5541	4.12
20		94	201	965	5329	7.79		92	190	976	5285	8.54
40		89	197	961	5061	12.43		85	184	974	4969	14.01
60		86	195	958	4904	15.14		82	180	972	4783	17.24
80		82	193	956	4731	18.13		76	179	970	4517	21.84
100		78	193	952	4509	21.98		69	178	967	4178	27.70
120		73	193	947	4272	26.08		63	177	963	3832	33.69
140		69	193	942	4039	30.12		56	176	959	3493	39.56
160		64	194	937	3809	34.10		50	177	954	3182	44.94
180		61	196	932	3605	37.62		45	178	950	2904	49.76

$L/2$ 截面正截面抗弯承载能力　　表 6.35

t (min)	火灾工况	x_t (mm)	a_t (mm)	h_{0t} (mm)	$M_{u,t}$ (kN·m)	λ_t(%)	火灾工况	x_t (mm)	a_t (mm)	h_{0t} (mm)	$M_{u,t}$ (kN·m)	λ_t (%)
0	PCRC1	102	174	1026	6071	0.00	PCRC2	102	174	1026	6071	0.00
5		102	174	1021	6052	0.31		100	165	1025	6059	0.20
10		102	174	1003	5924	2.42		98	154	1022	5870	3.32
20		104	174	992	5854	3.57		94	148	1018	5657	6.82
40		106	174	983	5791	4.62		90	144	1014	5429	10.57
60		107	174	978	5756	5.20		88	142	1011	5296	12.77
80		108	174	975	5729	5.64		86	140	1009	5206	14.24
100		109	174	971	5700	6.11		84	138	1007	5091	16.15
120		109	174	965	5661	6.75		81	137	1003	4921	18.94
140		110	174	960	5628	7.30		78	136	999	4764	21.53
160		110	174	956	5603	7.71		75	135	996	4599	24.24
180		111	174	953	5582	8.06		72	136	992	4433	26.97
0	PCRC3	102	174	1026	6071	0.00	PCRC4	102	174	1026	6071	0.00
5		100	164	1026	6052	0.31		100	163	1027	6056	0.25
10		98	153	1024	5851	3.63		97	151	1025	5832	3.94
20		93	146	1020	5615	7.50		92	144	1023	5574	8.19
40		88	141	1016	5339	12.05		86	138	1019	5249	13.53
60		85	139	1014	5176	14.74		82	136	1017	5056	16.72
80		82	138	1011	4992	17.78		77	135	1014	4776	21.33
100		77	137	1008	4756	21.66		71	136	1009	4419	27.22
120		73	137	1003	4489	26.05		64	137	1003	4054	33.23
140		68	137	998	4232	30.29		57	139	996	3694	39.15
160		63	138	993	3986	34.34		51	142	989	3365	44.57
180		59	140	988	3757	38.12		46	146	982	3070	49.43
0	PCRC5	102	174	1026	6071	0.00	PCRC6	102	174	1026	6071	0.00
5		101	170	1019	6053	0.30		99	163	1027	6053	0.30
10		98	159	1018	5852	3.60		97	150	1027	5831	3.95
20		94	151	1015	5617	7.48		92	140	1027	5573	8.21
40		89	145	1012	5341	12.03		85	132	1026	5247	13.57
60		86	143	1010	5177	14.72		82	128	1025	5053	16.77
80		82	141	1008	4993	17.76		76	126	1023	4773	21.38
100		78	140	1005	4757	21.64		69	125	1020	4415	27.28
120		73	140	1000	4490	26.03		63	124	1016	4049	33.31
140		68	140	995	4233	30.27		56	124	1011	3689	39.23
160		64	141	990	3987	34.33		50	125	1006	3359	44.67
180		59	143	985	3757	38.12		45	127	1001	3064	49.54

由表6.33～表6.35可知，箱梁的$L/8$、$L/4$、$L/2$截面的各项参数均随延火时间发生一定的变化，表中直观地给出了各截面的抗弯承载能力随延火时间的损失情况。

表6.33为$L/8$截面抗弯承载能力随延火时间的变化情况。由表6.33可知，$L/8$截面在初始状态下的抗弯承载能力$M_{u,0}$为5221kN·m。在PCRC1下，延火60min时，$M_{u,60}$为4905kN·m，抗弯承载能力损失6.05%；延火180min时，$M_{u,180}$为4731kN·m，抗弯承载能力损失9.38%；在PCRC2下，延火60min时，$M_{u,60}$为4511kN·m，抗弯承载能力损失13.60%；延火180min时，$M_{u,180}$为3921kN·m，抗弯承载能力损失24.89%；在PCRC3和PCRC5下，延火60min时，$M_{u,60}$分别为4391kN·m、4392kN·m，抗弯承载能力损失分别为15.90%、15.88%，$M_{u,t}$的值比较接近；延火180min时，$M_{u,180}$分别为3280kN·m、3281kN·m，抗弯承载能力损失分别为37.17%、37.15%；在PCRC4和PCRC6下，延火60min时，$M_{u,60}$分别为4270kN·m、4267kN·m，抗弯承载能力损失分别为18.22%、18.27%，$M_{u,t}$的值比较接近；延火180min时，$M_{u,180}$分别为2625kN·m、2618kN·m，抗弯承载能力损失分别为49.72%、49.85%。

表6.34为$L/4$截面的正截面抗弯承载能力随延火时间的变化情况。由表6.34可知，$L/4$截面在初始状态下的抗弯承载能力$M_{u,0}$为5779kN·m。在PCRC1下，延火60min时，$M_{u,60}$为5464kN·m，抗弯承载能力损失5.45%；延火180min时，$M_{u,180}$为5290kN·m，抗弯承载能力损失8.46%；在PCRC2下，延火60min时，$M_{u,60}$为5020kN·m，抗弯承载能力损失13.13%；延火180min时，$M_{u,180}$为4287kN·m，抗弯承载能力损失25.81%；在PCRC3和PCRC5下，延火60min时，$M_{u,60}$分别为4903kN·m、4904kN·m，抗弯承载能力损失分别为15.16%、15.14%，$M_{u,t}$的值比较接近；延火180min时，$M_{u,180}$分别为3604kN·m、3605kN·m，抗弯承载能力损失分别为37.63%、37.62%；在PCRC4和PCRC6下，延火60min时，$M_{u,60}$分别为4785kN·m、4783kN·m，抗弯承载能力损失分别为17.19%、17.24%，$M_{u,t}$的值比较接近；延火180min时，$M_{u,180}$分别为2910kN·m、2904kN·m，抗弯承载能力损失分别为49.64%、49.76%。

表6.35为$L/2$截面的抗弯承载能力随延火时间的变化情况。由表6.35可知，$L/2$截面在初始状态下的正截面抗弯承载能力$M_{u,0}$为6071kN·m。在PCRC1下，延火60min时，$M_{u,60}$为5756kN·m，抗弯承载能力损失5.20%；延火180min时，$M_{u,180}$为5582kN·m，抗弯承载能力损失8.06%；在PCRC2下，延火60min时，$M_{u,60}$为5296kN·m，抗弯承载能力损失12.77%；延火180min时，$M_{u,180}$为4433kN·m，抗弯承载能力损失26.97%；在PCRC3和PCRC5下，延火60min时，$M_{u,60}$分别为5176kN·m、5177kN·m，抗弯承载能力损失分别为14.74%、14.72%，$M_{u,t}$的值比较接近；延火180min时，$M_{u,180}$均为3757kN·m，抗弯承载能力损失均为38.12%；在PCRC4和PCRC6下，延火60min时，$M_{u,60}$分别为5056kN·m、5053kN·m，抗弯承载能力损失分别为16.72%、16.77%，$M_{u,t}$的值比较接近；延火180min时，$M_{u,180}$分别为3070kN·m、3064kN·m，抗弯承载能力损失分别为49.43%、49.54%。

6.4.3 衰变规律

将$L/8$、$L/4$、$L/2$截面的抗弯承载能力$M_{u,t}$随延火时间t的变化规律绘制成曲线图，如图6.18～图6.20所示。由图可知，$L/8$、$L/4$、$L/2$截面的抗弯承载能力$M_{u,t}$随延火时间的变化规律类似，主要有以下特点：

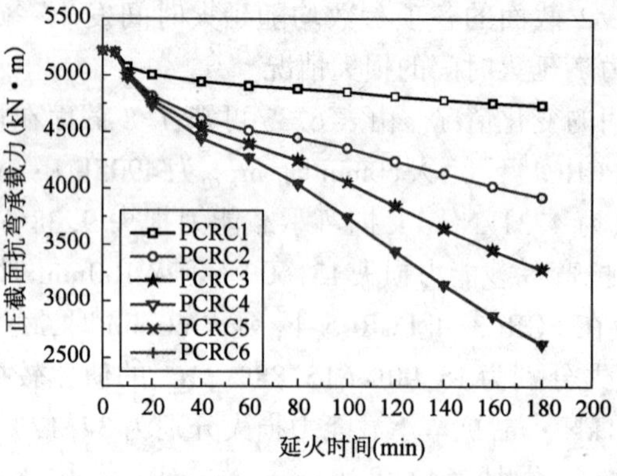

图 6.18 L/8 截面正截面抗弯承载能力

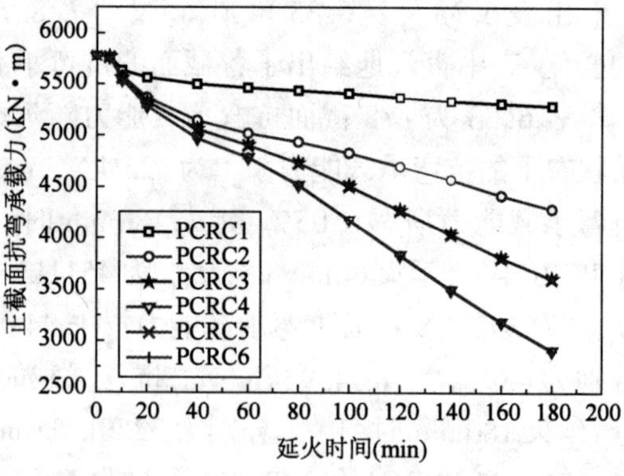

图 6.19 L/4 截面正截面抗弯承载能力

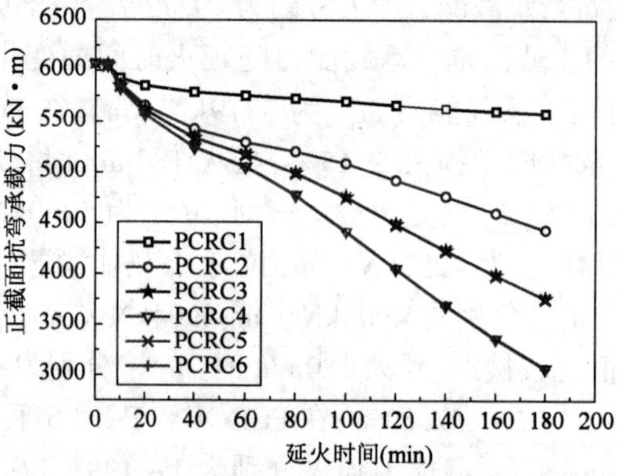

图 6.20 L/2 截面正截面抗弯承载能力

(1)随着延火时间的增加,$M_{u,t}$在各火灾工况下均呈降低趋势。其中,在 PCRC1 下,$M_{u,t}$的下降趋势较为平缓,降低幅度较小;在 PCRC2 下,$M_{u,t}$的下降趋势更加剧烈,降低幅度增大;在 PCRC3 和 PCRC5 下,$M_{u,t}$的下降趋势基本保持一致,下降趋势进一步加剧,降低幅度进一步增大;在 PCRC4 和 PCRC6 下,$M_{u,t}$的下降趋势基本保持一致,下降趋势最剧烈,降低幅度最大。说明受火面积越大,$M_{u,t}$衰减越快。

(2)当延火时间较短时($t \leqslant 5\text{min}$),$M_{u,t}$的降低幅度较小,几乎维持不变;当 $5\text{min} \leqslant t \leqslant 60\text{min}$ 时,$M_{u,t}$的降低幅度增大,$M_{u,t}$随延火时间 t 的下降趋势表现为凹函数的特征;当 $60\text{min} \leqslant t \leqslant 180\text{min}$ 时,$M_{u,t}$的降低幅度继续增大,随着延火时间的增加,$M_{u,t}$随延火时间 t 呈直线迅速下降。$M_{u,t}$与 t 呈现明显的三段式变化规律。

(3)在 PCRC3 ~ PCRC6 下,$M_{u,t}$的下降趋势基本保持一致。由此说明翼板是否受火,对正截面抗弯承载能力影响不大。

6.4.4 公式的提出

基于最小二乘法,采用 ORIGINLAB 拟合预应力混凝土箱梁关键截面的正截面抗弯承载能力的计算公式。由火灾高温下正截面抗弯承载能力衰变规律可知,各关键截面的 $M_{u,t}$随延火时间呈三段式变化,故其函数拟合也应为三段式。

当延火时间较短时($t \leqslant 5\text{min}$),采用一次函数拟合;当 $t > 5\text{min}$ 时,采用二次多项式进行拟合,拟合公式如下:

$$M_{u,t} = \begin{cases} a_1 + b_1 t & (0\text{min} \leqslant t \leqslant 5\text{min}) \\ a_2 + b_2 t + c_2 t^2 & (5\text{min} < t \leqslant 60\text{min}) \\ a_3 + b_3 t + c_3 t^2 & (60\text{min} < t \leqslant 180\text{min}) \end{cases} \tag{6.4.6}$$

式中:$M_{u,t}$——正截面抗弯承载能力(kN·m);

a、b、c——分项系数;

t——延火时间(min)。

$L/8$、$L/4$、$L/2$ 截面在各火灾工况下的正截面抗弯承载能力公式的分项系数见表6.36~表6.40。

正截面抗弯承载能力公式系数($0\text{min} \leqslant t \leqslant 5\text{min}$) 表6.36

火灾工况	$L/8$ 截面		$L/4$ 截面		$L/2$ 截面	
	a_1	b_1	a_1	b_1	a_1	b_1
PCRC1	5221.00	-1.60	5779.00	-2.80	6071.00	-3.80
PCRC2	5221.00	-2.40	5779.00	-3.20	6071.00	-2.40
PCRC3	5221.00	-3.00	5779.00	-2.60	6071.00	-3.80
PCRC4	5221.00	-4.00	5779.00	-2.60	6071.00	-3.80
PCRC5	5221.00	-2.60	5779.00	-2.20	6071.00	-3.60
PCRC6	5221.00	-3.20	5779.00	-3.60	6071.00	-3.60

$L/8$、$L/4$ 截面正截面抗弯承载能力公式系数($5\text{min} < t \leqslant 60\text{min}$) 表6.37

火灾工况	$L/8$ 截面				$L/4$ 截面			
	a_2	b_2	c_2	R^2	a_2	b_2	c_2	R^2
PCRC1	5138.49	-7.51	0.06	0.977	5698.53	-7.61	0.06	0.979
PCRC2	5219.77	-22.84	0.18	0.985	5783.73	-23.39	0.18	0.989
PCRC3	5229.66	-25.70	0.20	0.992	5796.37	-26.50	0.19	0.994
PCRC4	5240.64	-28.63	0.21	0.995	5807.02	-29.47	0.21	0.997
PCRC5	5231.19	-25.69	0.20	0.991	5796.39	-26.37	0.19	0.994
PCRC6	5239.86	-28.64	0.21	0.995	5808.22	-29.61	0.21	0.997

$L/2$ 截面正截面抗弯承载能力公式系数($5\text{min} < t \leqslant 60\text{min}$) 表6.38

火灾工况	$L/2$ 截面			
	a_2	b_2	c_2	R^2
PCRC1	5988.90	-7.56	0.06	0.977
PCRC2	6079.36	-23.75	0.18	0.990
PCRC3	6091.21	-26.86	0.19	0.994
PCRC4	6103.12	-29.94	0.21	0.997
PCRC5	6091.23	-26.73	0.19	0.995
PCRC6	6102.34	-29.95	0.21	0.997

$L/8$、$L/4$ 截面正截面抗弯承载能力公式系数(60min < t≤180min)　　表 6.39

火灾工况	$L/8$ 截面				$L/4$ 截面			
	a_3	b_3	c_3	R^2	a_3	b_3	c_3	R^2
PCRC1	5057.24	-2.51	0.00	0.995	5619.07	-2.56	0.00	0.994
PCRC2	4863.09	-5.07	0.00	0.999	5339.46	-4.24	-0.01	0.999
PCRC3	5142.97	-11.79	0.01	0.999	5721.56	-12.75	0.01	1.000
PCRC4	5420.92	-18.47	0.02	1.000	6109.97	-21.35	0.02	1.000
PCRC5	5143.97	-11.79	0.01	0.999	5722.56	-12.75	0.01	1.000
PCRC6	5421.12	-18.51	0.02	1.000	6112.55	-21.44	0.02	1.000

$L/2$ 截面正截面抗弯承载能力公式系数(60min < t≤180min)　　表 6.40

火 灾 工 况	$L/2$ 截面			
	a_3	b_3	c_3	R^2
PCRC1	5914.60	-2.63	0.00	0.995
PCRC2	5691.66	-5.13	-0.01	0.998
PCRC3	6075.76	-13.87	0.01	0.999
PCRC4	6453.44	-22.49	0.02	1.000
PCRC5	6074.01	-13.82	0.01	0.999
PCRC6	6456.02	-22.57	0.02	1.000

6.4.5 破坏准则

为判断火灾下预应力混凝土箱梁关键截面的正截面抗弯承载能力是否满足使用要求,综合参考《公路钢筋混凝土及预应力混凝土桥涵设计规范》(JTG 3362—2018)[4]与《NBC 规范》[5],在计算火灾下荷载效应值时,考虑桥梁无车辆(无荷载)与有车辆(有荷载)两种工况[5],采用荷载组合分别为:

(1)无车辆工况

$$S_d = S_{G1} + S_{G2} \tag{6.4.7}$$

(2)有车辆工况

$$S_d = S_{G1} + S_{G2} + 0.3S_{Q1} + 0.3S_{Q2} \tag{6.4.8}$$

式中:S_d——荷载效应值;

S_{G1}——结构自重;

S_{G2}——二期荷载;

S_{Q1}——汽车荷载,取公路一级;

S_{Q2}——人群荷载。

无车辆工况下,各关键截面弯矩荷载效应计算值分别为 $M_{L/8}$ = 925.60kN · m, $M_{L/4}$ = 1439.90kN · m, $M_{L/2}$ = 1800.57kN · m,各火灾工况下的安全系数变化如图 6.21 所示。

由图 6.21 可知,无车辆工况下,随着延火时间的增加,各关键截面弯矩安全系数持续下降,延火 180min 时,$L/8$ 截面弯矩安全系数最低下降至 2.83,$L/4$ 截面弯矩安全系数最低下降至2.02,$L/2$ 截面弯矩安全系数最低下降至1.70。

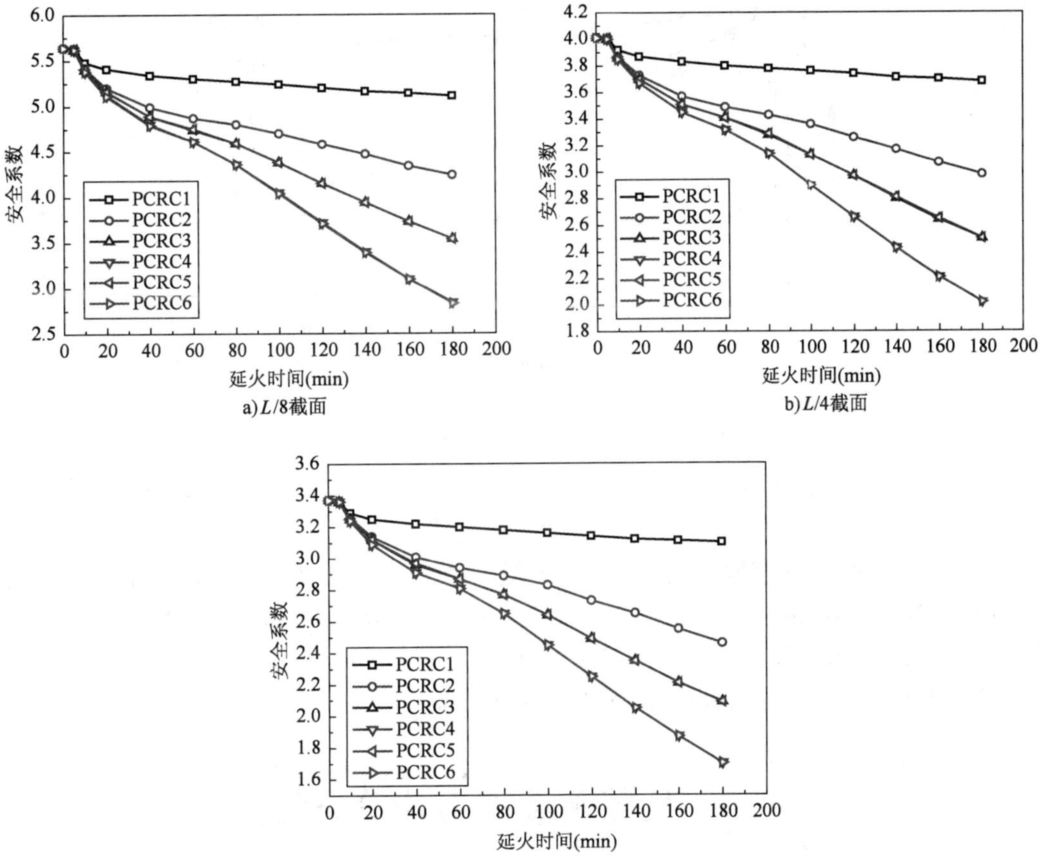

a)$L/8$截面

b)$L/4$截面

c)$L/2$截面

图6.21 无车辆工况下关键截面弯矩安全系数

有车辆工况下,各关键截面弯矩荷载效应计算值分别为 $M_{L/8}=1877.30\text{kN}\cdot\text{m}$,$M_{L/4}=2928.30\text{kN}\cdot\text{m}$,$M_{L/2}=3666.97\text{kN}\cdot\text{m}$,各火灾工况下的安全系数变化如图6.22所示。

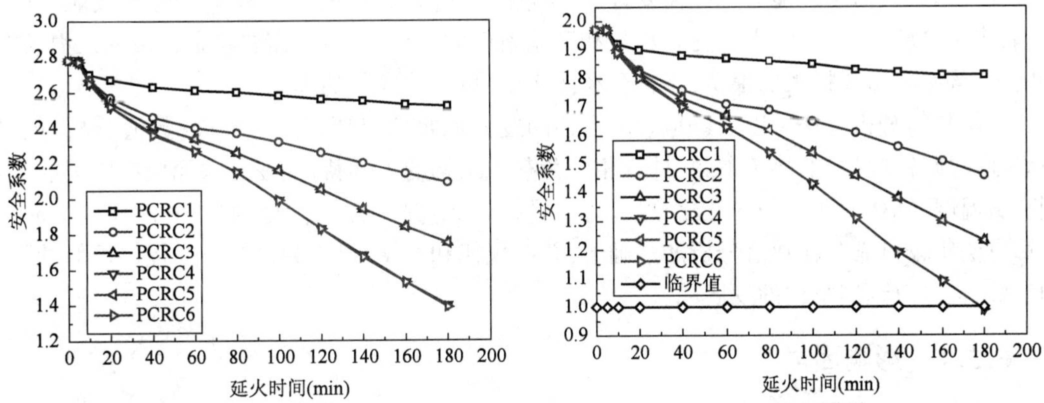

a)$L/8$截面

b)$L/4$截面

图 6.22

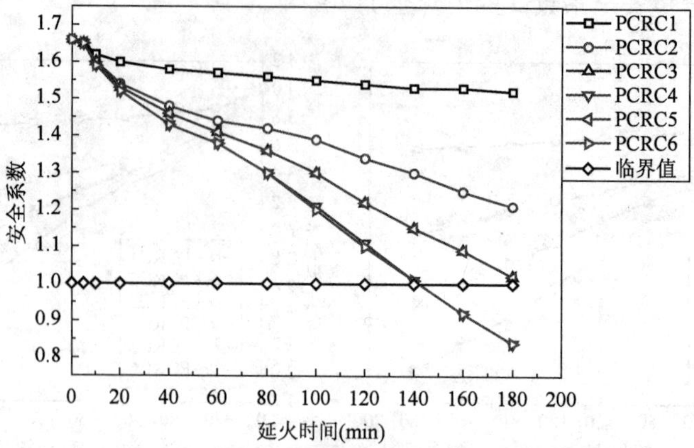

c) $L/2$截面

图 6.22 有车辆工况下关键截面弯矩安全系数

由图 6.22 可知,有车辆工况下,随着延火时间的增加,各关键截面弯矩安全系数持续下降。

延火 180min 时,$L/8$ 截面弯矩安全系数最低下降至 1.39,$L/4$ 截面弯矩安全系数最低下降至 0.99。延火 140min 时,$L/2$ 截面弯矩安全系数最低下降至 1.00;延火 180min 时,$L/2$ 截面弯矩安全系数最低下降至 0.84。当延火时间超过 140min 时,已不满足通行要求。由此说明,预应力混凝土箱梁抗弯承载能力耐火极限为 140min。

6.5 抗剪承载能力计算方法

火灾高温条件下,混凝土、预应力钢束和普通钢筋等材料的热工特性、力学性能等均与热场环境有关。计算相关的火场物理量时,需要选取合适的数值或公式,计算也较为复杂,而且不同的学者提出了不同的计算公式或经验值,致使确定准确的火灾计算模型较为困难。此外,研究桥梁结构火灾时,火源位置、气流条件、延火时间、材料特性等均具有一定的随机性。预应力混凝土箱梁抗剪承载能力研究需要计算不同工况、不同延火时间下箱梁抗剪承载能力的变化,若采用试验研究方法,由于材料参数和试验条件的随机性特点,需要花费大量的人力、物力和财力,势必将造成极大的浪费,不符合经济实用、可持续发展的理念。

采用数值分析方法可以很好地解决上述问题并满足研究要求。一方面,数值分析方法能很好地模拟各项材料的热工参数,计算相应荷载下结构的力学特性,在有限元模型中就能观察到材料温度、结构力学行为的变化,可节省大量的资源;另一方面,现代的数值计算理论成熟,计算方法比较可靠。在数值分析的基础上,总结规律和经验,可以为试验研究提供可靠的数据和经验,也可以预测结构的发展趋势。

6.5.1 影响因素

对于混凝土桥梁结构,影响结构抗剪承载能力的主要因素包括混凝土强度、预应力钢束剪跨比、配箍率和箍筋强度、纵向钢筋配筋率等[6]。

(1)混凝土强度

混凝土桥梁的破坏形式不同,混凝土的强度对抗剪承载能力的影响也不同。混凝土桥梁发生斜压破坏时,其抗剪承载能力受制于混凝土的抗压强度;混凝土强度提高,混凝土桥梁抗剪承载能力也大幅度同比例提高;混凝土梁发生斜拉破坏时,其抗剪承载能力受制于混凝土的抗拉强度[6]。

(2)预应力钢束

预应力钢束的存在可大幅度提高混凝土桥梁的抗剪承载能力,其预压力可有效阻止斜裂缝的出现,同时预应力钢束的预压功能可提高混凝土的抗剪性能。

(3)剪跨比

剪跨比 m 的计算公式如式(6.5.1)所示。

$$m = \frac{M}{Vh_0} \tag{6.5.1}$$

式中:h_0——截面有效高度;

M、V——剪弯区段中某个竖直截面的弯矩和剪力;

m——外荷载作用下的弯矩和剪力的相对比值,是影响受弯构件斜截面破坏形态和抗剪能力的主要因素之一。

(4)配箍率和箍筋强度

箍筋是提高混凝土桥梁抗剪承载能力的重要因素之一。斜裂缝出现以后,箍筋能直接承受相当一部分的剪力,并能够有效地抑制斜裂缝的开展和延伸,提高集料间的咬合力。此外,箍筋能显著提高剪压区混凝土的抗剪能力和纵筋的销栓作用。

箍筋对提高混凝土桥梁抗剪承载能力的作用与箍筋在梁体中的含量有关。如果梁体中配置的箍筋数量过多,当梁体斜裂缝出现后,箍筋不能达到屈服,斜裂缝之间的混凝土就因为主压应力的增加而破坏,此时梁体的抗剪承载能力与无腹筋梁的抗剪承载能力相似。如果箍筋的数量配置合理,当梁体斜裂缝出现以后,箍筋可以承受由混凝土传递来的拉力,在其达到屈服状态前,箍筋能够有效缓解和限制斜裂缝的发展,大幅度提高混凝土桥梁的抗剪承载能力,改善其抗剪性能。若箍筋的数量配置过少,一旦出现斜裂缝,原本由混凝土承担的拉力转移至箍筋,箍筋将迅速屈服,此时,混凝土桥梁的剪切变形迅速增大,斜裂缝进一步扩展。

箍筋用量一般用配箍率 ρ_{sv}(%)表示,公式如下:

$$\rho_{sv} = \frac{A_{sv}}{bS_v} \tag{6.5.2}$$

式中:A_{sv}——斜截面内配置在沿梁长度方向一个箍筋间距 S_v 范围内的箍筋各肢总截面积;

b——截面宽度;

S_v——沿梁长度方向箍筋的间距。

(5)纵向钢筋配筋率

在满足设计条件下,混凝土桥梁的抗剪承载能力随纵向钢筋配筋率的增大而提高。纵向钢筋提高抗剪承载能力的作用主要表现在以下两个方面:

①斜裂缝发生以后,纵向钢筋的存在可以抑制斜裂缝进一步发展,保护斜裂缝上端的混凝土,相当于提高了混凝土桥梁剪压区的混凝土承受剪切的能力。

②纵筋具有销栓作用，配置适量的纵筋可以增大其销栓作用，继而增大其传递的剪力。

为了避免由于纵筋数量不够导致剪切破坏，我国规范中采取了限制最小纵筋配筋率及纵筋截断位置等措施。

6.5.2 计算方法

预应力混凝土梁的抗剪承载能力计算问题一直是国内外研究人员和工程师们非常关心的问题。经过研究，一些抗剪承载能力计算理论被提出，主要包括统计分析法、极限平衡法、桁架理论和斜压场理论、非线性有限单元法等。但对于预应力混凝土结构的剪切破坏机理仍处在不断认识的阶段，为方便计算，各国规范中计算抗剪承载能力时，大多采用半经验半理论的公式[7]。

由于影响预应力混凝土结构抗剪承载能力的因素众多，若要全面考虑这些因素，选择合适的计算方法就显得至关重要，而本文需要计算预应力混凝土箱梁在不同火灾工况下的抗剪承载能力随延火时间的变化，涉及较强的非线性计算，计算工程将更加复杂。综合比较，鉴于预应力混凝土结构温度场分析和受剪机理的复杂性，可采用非线性有限单元法分析常温下和火灾高温下预应力混凝土箱梁的抗剪承载能力。采用这种方法的优点是不仅能考虑各项复杂因素的影响，而且可以计算结构从开始受火到破坏的全过程[8-10]，便于观察火灾高温下抗剪承载能力的变化机理。

(1)常温下抗剪承载能力计算方法

常温下，采用非线性有限单元法计算抗剪承载能力时，方法如下：

①建立有限元模型，选择合适的混凝土单元和钢筋单元。由于箱梁截面结构形式复杂，采用分离式模型建模。

②选择合适的混凝土材料、预应力钢筋和普通钢筋材料的本构关系，即考虑材料非线性的影响。

③加载。在箱梁纵向适当位置施加集中荷载，在横向分别施加在两侧腹板上方。施加荷载时，应设置合理的荷载步，以助收敛。打开大变形效应，考虑几何非线性，进行求解。

④进入后处理。在箱梁跨中截面顶板中心设置位移测点，绘制出该测点的荷载位移曲线，即 $P\text{-}\Delta$ 曲线。观察曲线的发展情况，找出曲线的转折点，当荷载增加幅度较小、位移迅速增大时，该转折点对应的荷载即为抗剪承载能力。

(2)高温下抗剪承载能力计算方法

由6.3节计算结果可以看出，火灾高温作用下，混凝土各分层温度逐渐升高，混凝土的烧损深度越来越大。预应力钢束、纵向钢筋和箍筋在火灾作用下，温度升高，强度降低，钢筋的强度随着延火时间的增加在不断变化，而预应力钢束和普通钢筋的强度是影响预应力混凝土结构抗剪承载能力的重要因素。因此如何计入混凝土的烧损深度及变化的钢筋强度是至关重要的，若要将这些因素考虑在内，必然涉及较强的非线性计算，同时还涉及温度分析与结构分析的耦合计算问题。

火灾高温下，采用非线性有限单元法计算抗剪承载能力时，方法如下：

①建立温度场有限元模型，选择合适的热分析单元分析混凝土单元和钢筋单元的温度，采用分离式模型，二者之间利用节点耦合法传递温度荷载。

②储存温度场分析结果，退出温度分析模块，进入结构分析。将混凝土温度单元和钢筋温

度单元转换为相应的结构应力分析单元。由于单元自由度改变,删除原有耦合集,重新耦合钢筋单元和混凝土单元节点的位移自由度。

③考虑材料非线性,定义不同温度下混凝土、预应力钢筋和普通钢筋的本构关系,计入钢筋强度随温度升高而退化对抗剪承载能力的影响。

④根据计算需要分别调取不同延火时间下的温度计算结果,作为外荷载施加到结构分析模型中,为热力耦合分析做准备。

⑤在箱梁纵向适当位置施加集中荷载,在横向分别施加在两侧腹板上方。施加荷载时,应设置合理的荷载步,以助收敛。打开大变形效应,考虑几何非线性。进行求解。

⑥进入后处理。在箱梁跨中截面顶板中心设置位移测点,绘制出该测点的荷载位移曲线,即 P-Δ 曲线。观察曲线的发展情况,找出曲线的转折点,当荷载增加幅度较小,位移迅速增大时,该转折点对应的荷载即为该延火时间下的抗剪承载能力。

(3)加载方案

图 6.23 所示为加载点在箱梁纵向的布置位置,在两个四分点处分别施加集中荷载 P。图 6.24 所示为加载点在横向的布置位置,分别位于两侧腹板上方,大小为 $P/2$。图 6.25 所示为跨中截面横断面,在该截面顶板中心布置一个位移测点 A。

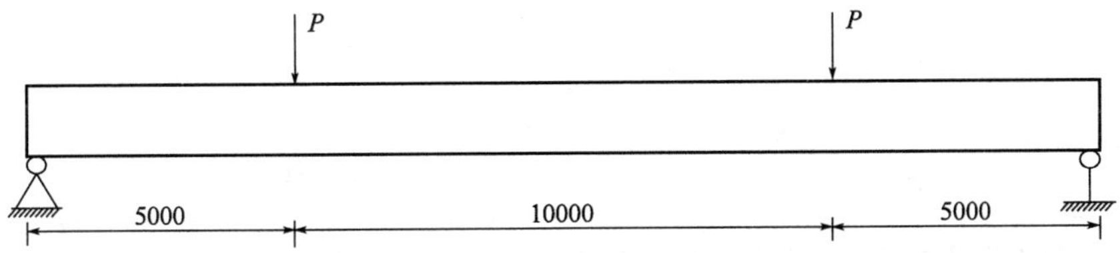

图 6.23 纵向加载点布置(尺寸单位:mm)

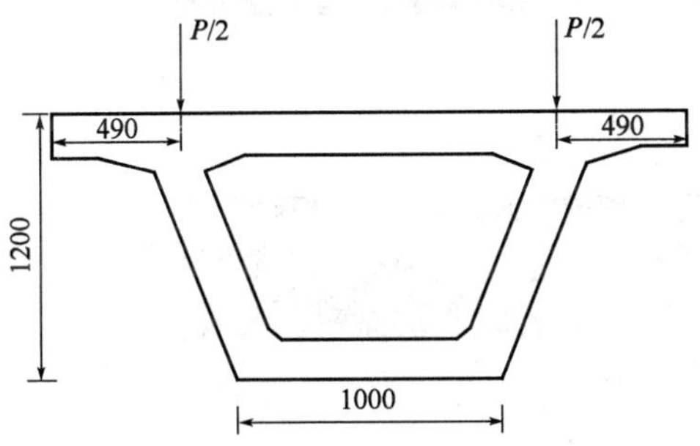

图 6.24 横向加载点布置(尺寸单位:mm)

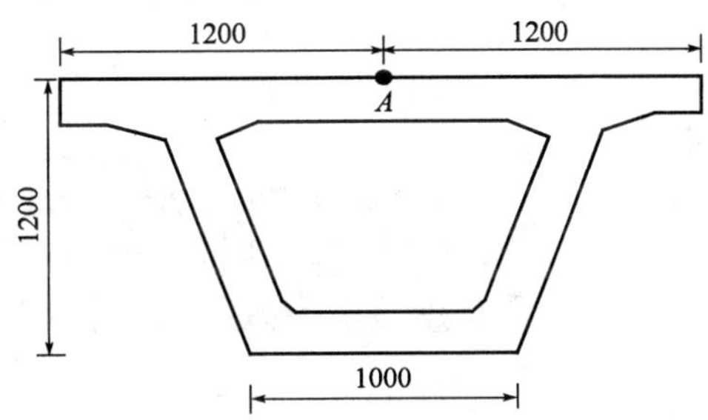

图 6.25 跨中截面位移测点 A(尺寸单位:mm)

计算抗剪承载能力时,在温度分析的基础上,采用热力耦合方法,选取适当的集中荷载 P,通过荷载步技术分别求解延火 5 ~ 180min 时预应力混凝土箱梁的抗剪承载能力,从而获得其抗剪承载能力随延火时间的变化全过程。

6.5.3 计算过程

(1)火灾工况

以 PCRC2(底板受火)为典型火灾工况研究预应力混凝土箱梁的抗剪承载能力。火灾工况、计算荷载等见表 6.41。

火 灾 工 况　　表 6.41

工况名称	受火位置	火源长度	火　强	计 算 荷 载	计算内容
PCRC2	底板	整跨	HCM	自重 + 预应力 + 集中荷载	抗剪承载能力

(2)荷载位移曲线及裂缝发展

图 6.26 所示为常温下位移测点 A 的 P-Δ 曲线,图 6.27 所示为极限荷载作用下箱梁腹板和底板的裂缝位置及发展情况(二分之一模型)。

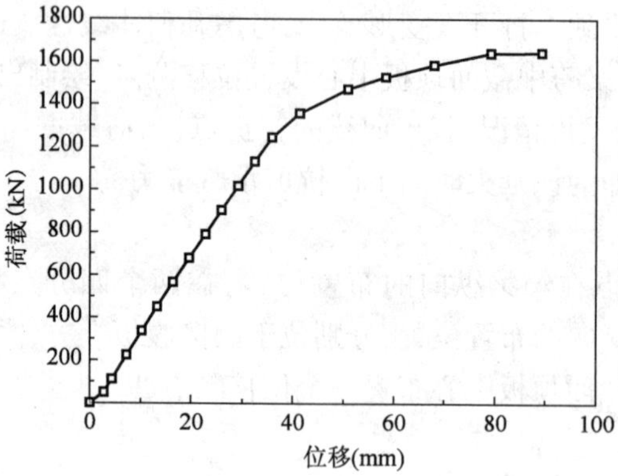

图 6.26　常温下 P-Δ 曲线

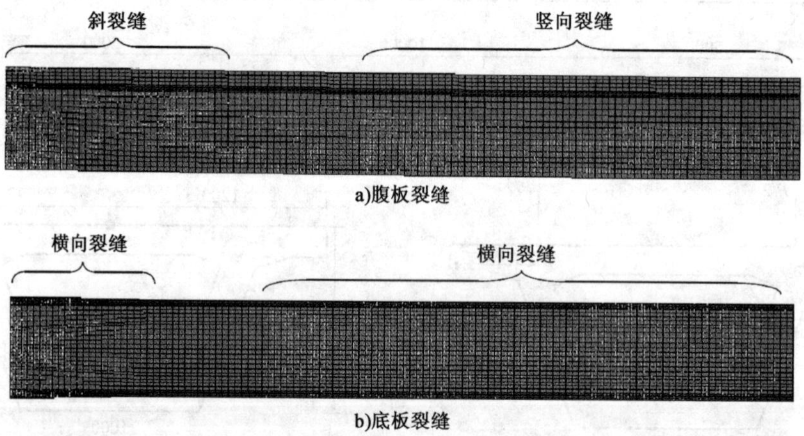

图 6.27　未受火时的裂缝位置

由图 6.26 可知,预应力混凝土箱梁在荷载 P(1700kN)的作用下,P-Δ 曲线分为明显的三段。

第一阶段:当荷载较小时,挠度随荷载的不断增加逐渐增大,两者基本呈比例关系,预应力混凝土箱梁处于弹性阶段。

第二阶段:当 $P \approx 1300$kN 时,荷载与位移不再呈比例关系,预应力混凝土箱梁进入弹塑性阶段,挠度的增长速率大于荷载的增长速率。

第三阶段:当 $P \approx 1640$kN 时,裂缝急剧开展,在荷载增加幅度很小的情况下,挠度迅速增大,预应力混凝土箱梁失去继续承载的能力。

由图 6.27 可知,当 $P \approx 1640$kN 时,预应力混凝土箱梁的腹板和底板大范围出现裂缝,裂缝的主要特点如下：

①腹板裂缝分布范围较广，数量较多。距端部截面两倍梁高范围内，以斜裂缝为主，裂缝向上发展至顶板梗腋处；$L/4 \sim L/2$ 范围内，以竖向裂缝为主，分布较密集。

②底板裂缝集中于 $L/4 \sim L/2$ 范围内，数量较多。裂缝发展完全，基本贯穿底板。

图 6.28 所示为 PCRC2 下，不同延火时间预应力混凝土箱梁位移测点 A 的 $P\text{-}\Delta$ 曲线。图 6.29、图 6.30 分别为延火 60min、120min 时，极限荷载作用下箱梁的裂缝位置及发展情况（二分之一模型）。

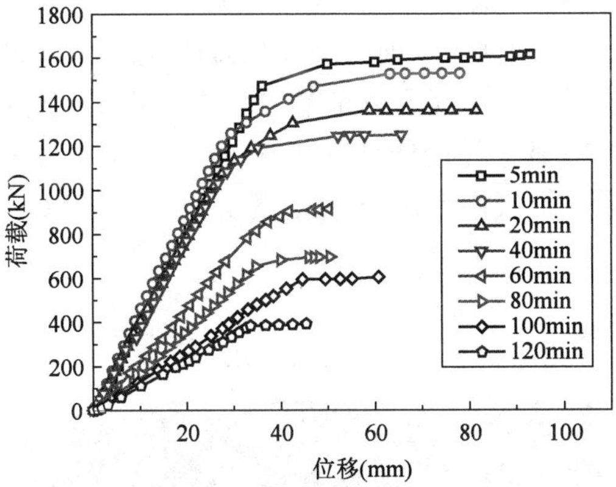

图 6.28 火灾高温下 $P\text{-}\Delta$ 曲线

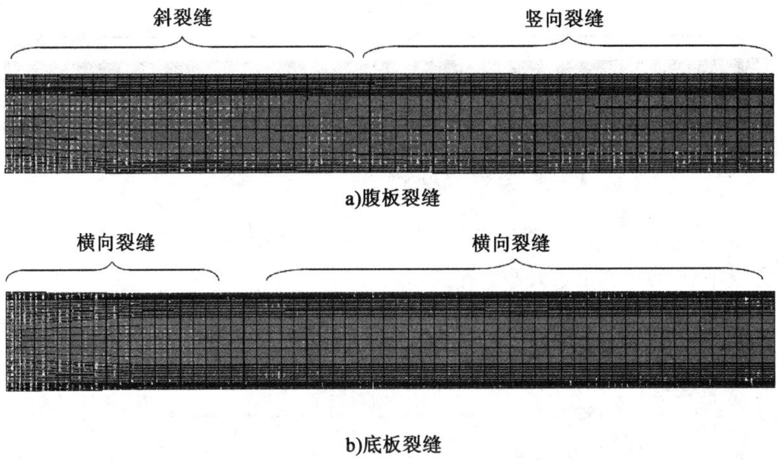

图 6.29 延火 60min 时裂缝位置

由图 6.28 可知，与常温下测点 A 的 $P\text{-}\Delta$ 曲线相比，火灾高温下测点 A 的 $P\text{-}\Delta$ 曲线主要有以下特点：

①随着延火时间的增加，$P\text{-}\Delta$ 曲线的拐点逐渐向左下方移动，即极限荷载与对应的位移逐渐减小，弹性阶段越来越短。

②延火 5 ~ 40min 时，$P\text{-}\Delta$ 曲线弹性阶段的斜率基本一致，说明预应力混凝土箱梁的初始刚度较为接近，没有发生明显下降。当延火时间达到 60min 时，$P\text{-}\Delta$ 曲线弹性阶段的斜率突然降低，说明预应力混凝土箱梁的初始刚度突然降低，并随着延火时间的增加继续降低。

③与常温下测点 A 的 P-Δ 曲线相比，火灾高温下的 P-Δ 曲线的极限位移随延火时间的增加逐渐降低，说明预应力混凝土箱梁的延性越来越差。

由图 6.29、图 6.30 可知，与常温下预应力混凝土箱梁腹板和底板的裂缝位置和发展情况相比，火灾高温下的裂缝位置和发展情况主要有以下特点：

①在距端部截面两倍梁高范围内，腹板裂缝较为密集，以斜裂缝为主，斜裂缝发展至顶板梗腋处，发展趋势更加明显；随延火时间的增加，腹板竖向裂缝逐渐向端部截面扩散，范围扩大，数量有所减少。

②与常温下相似，在预应力混凝土箱梁的横向，底板裂缝仍然贯穿底板，裂缝数量有所减少；随延火时间的增加，底板横向裂缝逐渐向端部截面扩散，延火 120min 时，底板开裂严重。

由以上比较可以发现，虽然火灾高温下箱梁的裂缝数量有所减少，但在较小的荷载和位移下，箱梁腹板的斜裂缝更加明显，竖向裂缝和底板横向裂缝范围更大。这表明，随着延火时间的增加，预应力混凝土箱梁的抗裂性能越来越差，弹性阶段严重缩短，变形能力越来越差，对结构产生严重的不利影响。

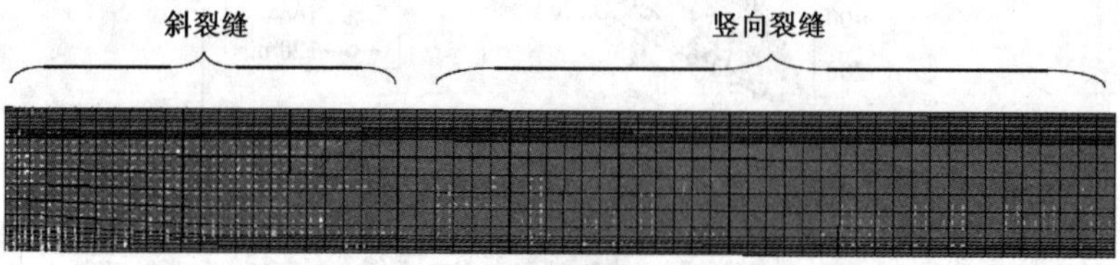

a)腹板裂缝

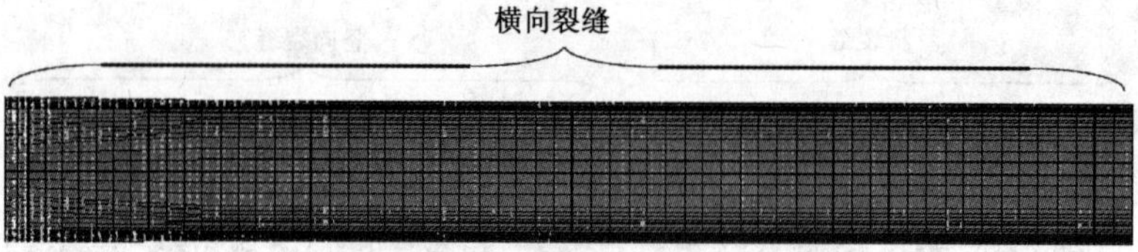

b)底板裂缝

图 6.30　延火 120min 时裂缝位置

(3) 火灾高温下抗剪承载能力衰变规律

由图 6.31 可知，随着延火时间的增加，预应力混凝土箱梁的抗剪承载能力逐渐降低，呈直线下降，且坡度较大，具体数值见表 6.42。

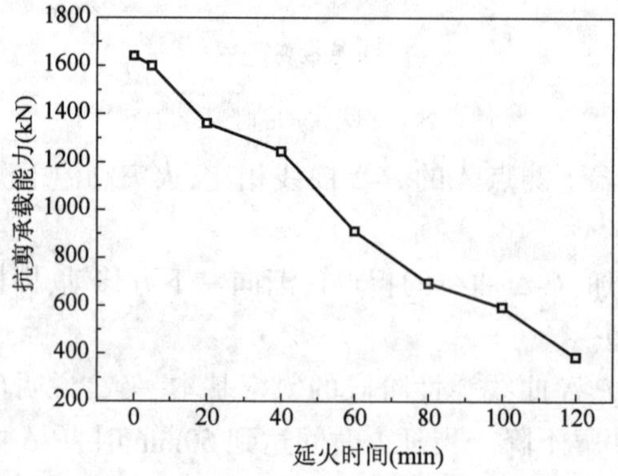

图 6.31　抗剪承载能力

抗剪承载能力　　表6.42

延火时间(min)	抗剪承载能力(kN)	损失百分比(%)
0	1640.78	0.00
5	1599.54	2.51
20	1360.64	17.07
40	1244.60	24.15
60	910.60	44.50
80	693.50	57.73
100	594.97	63.74
120	383.96	76.60

由表6.42可知,延火5min时,抗剪承载能力损失2.51%,降低幅度较小;延火80min时,抗剪承载能力损失57.73%,抗剪承载能力已损失过半;延火120min时,抗剪承载能力损失76.60%,剩余抗剪承载能力不足30%,损失严重。

(4)公式的提出

根据上文的计算结果,基于最小二乘法,采用ORIGINLAB拟合预应力混凝土箱梁抗剪承载能力的计算公式。

抗剪承载能力随延火时间的拟合变化曲线如图6.32所示,拟合公式系数见表6.43。

$$F_{u,t} = a + bt + ct^2 \qquad (0\text{min} \leqslant t \leqslant 120\text{min}) \tag{6.5.3}$$

式中:$F_{u,t}$——抗剪承载能力(kN);

a、b、c——分项系数;

t——延火时间(min)。

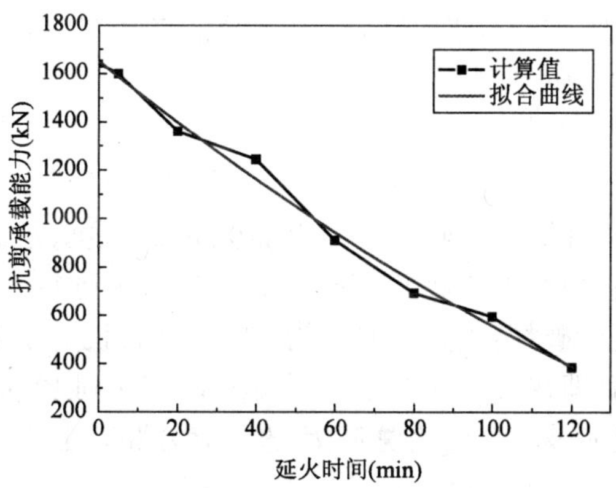

图6.32　抗剪承载能力随延火时间的拟合变化曲线

抗剪承载能力公式系数　　表6.43

火灾工况	a	b	c	R^2
PCRC2	1651.22	-13.07	0.021	0.988

(5)预应力混凝土箱梁破坏准则

为判断火灾下预应力混凝土箱梁抗剪承载能力是否满足使用要求,综合参考《公路钢筋混凝土及预应力混凝土桥涵设计规范》(JTG 3362—2018)[4]与《NBC 规范》[5],在计算火灾下荷载效应值时,考虑桥梁无车辆(无荷载)与有车辆(有荷载)两种工况[5],采用荷载组合分别为:

①无车辆工况

$$S_d = S_{G1} + S_{G2} \tag{6.5.4}$$

②有车辆工况

$$S_d = S_{G1} + S_{G2} + 0.3S_{Q1} + 0.3S_{Q2} \tag{6.5.5}$$

式中:S_d——荷载效应值;

S_{G1}——结构自重;

S_{G2}——二期荷载;

S_{Q1}——汽车荷载,取公路一级;

S_{Q2}——人群荷载。

无车辆工况下和有车辆工况下,预应力混凝土箱梁抗剪承载能力与荷载效应值如图6.33所示。

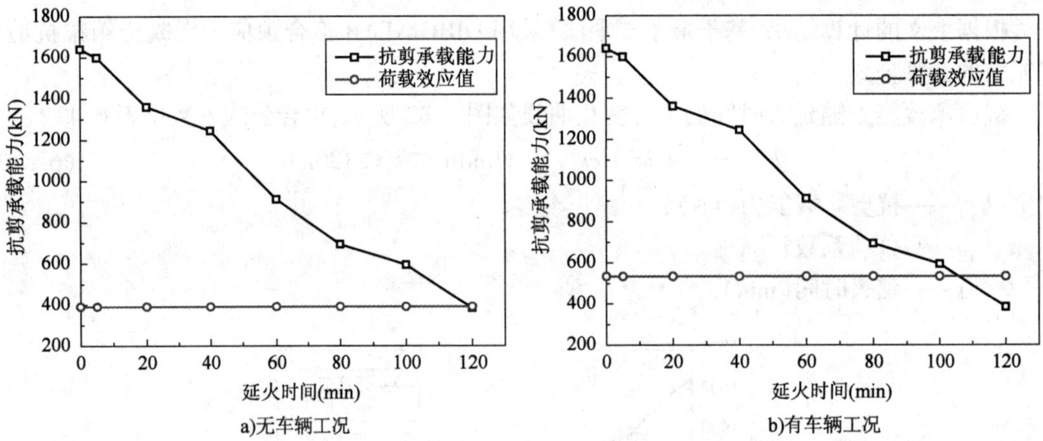

图6.33 抗剪承载能力与荷载效应值

根据拟合所得公式,可计算出当延火时间为119min时,抗剪承载能力降低至390.58kN,此时安全系数达到临界值,即在无车辆工况下,当延火时间达到119min时,预应力混凝土箱梁将由于抗剪承载能力不足而破坏;当延火时间为106min时,抗剪承载能力降低至534.80kN,此时安全系数达到临界值,即在有车辆工况下,当延火时间达到106min时,预应力混凝土箱梁将由于抗剪承载能力不足而破坏。由此说明,所选预应力混凝土箱梁的抗剪承载能力耐火极限为106min。

6.6 本章小结

本章节从我国规范的角度出发,比较了承载能力极限值和外荷载效应值的变化关系,给出了正截面抗弯承载能力耐火极限和抗剪承载能力耐火极限。影响火灾下混凝土桥梁的抗弯承载能力与抗剪承载能力的因素多、关系复杂,抗弯承载能力与抗剪承载能力是评价火灾下混凝土桥梁极限垮塌行为的标准，是研究其抗火性能的基础，火灾下混凝土桥梁的抗剪承载能力的分析难度远大于抗弯承载能力的分析难度。

在油罐车火灾下，预应力高强混凝土桥梁受火区域的混凝土往往发生爆裂，爆裂与混凝土自身的应力状态及形成特征密切相关，具有随机性。然而，考虑混凝土随机爆裂分析火灾下预应力混凝土桥梁的承载能力难度大，所以本章暂时忽略混凝土的爆裂影响，混凝土高温爆裂影响详见第8章。

本章参考文献

[1] 王新敏. ANSYS 工程结构数值分析[M]. 北京:人民交通出版社股份有限公司,2007.

[2] 王新敏,李义强,徐宏伟. ANSYS 结构分析单元与应用[M]. 北京:人民交通出版社,2011.

[3] 王泽鹏,张秀辉,胡仁喜. ANSYS12.0 热力学有限元分析从入门到精通[M]. 北京:机械工业出版社,2010.

[4] 中华人民共和国行业标准. JTG 3362—2018 公路钢筋混凝土及预应力混凝土桥涵设计规范[S]. 北京:人民交通出版社股份有限公司,2018.

[5] NBC, National Building Code of Canada. National Research Council of Canada, Ottawa, Ontario, Canada, 2005.

[6] 叶见曙. 结构设计原理[M]. 北京:人民交通出版社,2005.

[7] 沈殷,李国平,陈艾荣. 钢筋混凝土结构抗剪分析方法的发展[C]//. 上海市公路学会第六届学术论文集. 2003:166-171.

[8] 贺拴海. 桥梁结构理论与计算方法[M]. 北京:人民交通出版社股份有限公司,2017.

[9] 项海帆. 高等桥梁结构理论[M]. 北京:人民交通出版社,2013.

[10] 王瑁成. 有限单元法[M]. 北京:清华大学出版社,2008.

[11] 张岗,程海鲲,王翠娟,等. 火灾下预应力混凝土箱梁抗弯承载力衰变研究[J]. 武汉理工大学学报,2015,37(4):71-76.

[12] 张岗,侯章伟,宋超杰,等. 油罐车火灾下考虑混凝土高温爆裂的 PC 箱梁承载能力[J]. 长安大学学报:自然科学版,2018,38(6):10-19.

[13] Kodur V K R, Dwaikat M. A numerical model for predicting the fire resistance of concrete beams[J]. Cement Concrete Composites,2008,30(5):431-443.

[14] Zhang G, Kodur V, Xie J C, et al. Behavior of prestressed concrete box bridge girders under hydrocarbon fire condition[J]. Procedia Engineering, 2017, 210:449-455.

[15] Zhang G, Kodur V, HOU W, etal. Evaluating fire resistance of prestressed concrete bridge girders[J]. Structural Engineering and Mechanics, 2017, 62(6): 663-674.

[16] 朱建明,王晓纯,魏东,等. 火灾后混凝土构件的剩余刚度估计[J]. 工程力学,2011,28(8):193-197.

第7章

火灾下混凝土桥梁有效预应力衰变计算方法

7.1 工程研究对象的选取

某三跨预应力混凝土连续梁桥，全长70m（见图7.1），桥面宽为净7.5m（行车道）+2×0.5m（路缘石及护栏），桥梁上部结构为(20+30+20)m连续箱梁桥，桥面铺装层材料为沥青，在桥梁火灾分析过程中可将桥面沥青作为助燃剂。主梁顶板宽为850cm，底板宽为400cm；跨中腹板厚度为40cm，边跨支点附近为60cm，中跨支点附近为80cm；跨中底板厚度为20cm，边跨支点附近为40cm，中跨支点附近为60cm；悬臂板端部厚度为15cm，悬臂板根部厚度为45cm，支点处为实心截面。箱梁混凝土强度等级为C50，预应力钢束采用1860级钢绞线，普通钢筋采用HRB335钢。

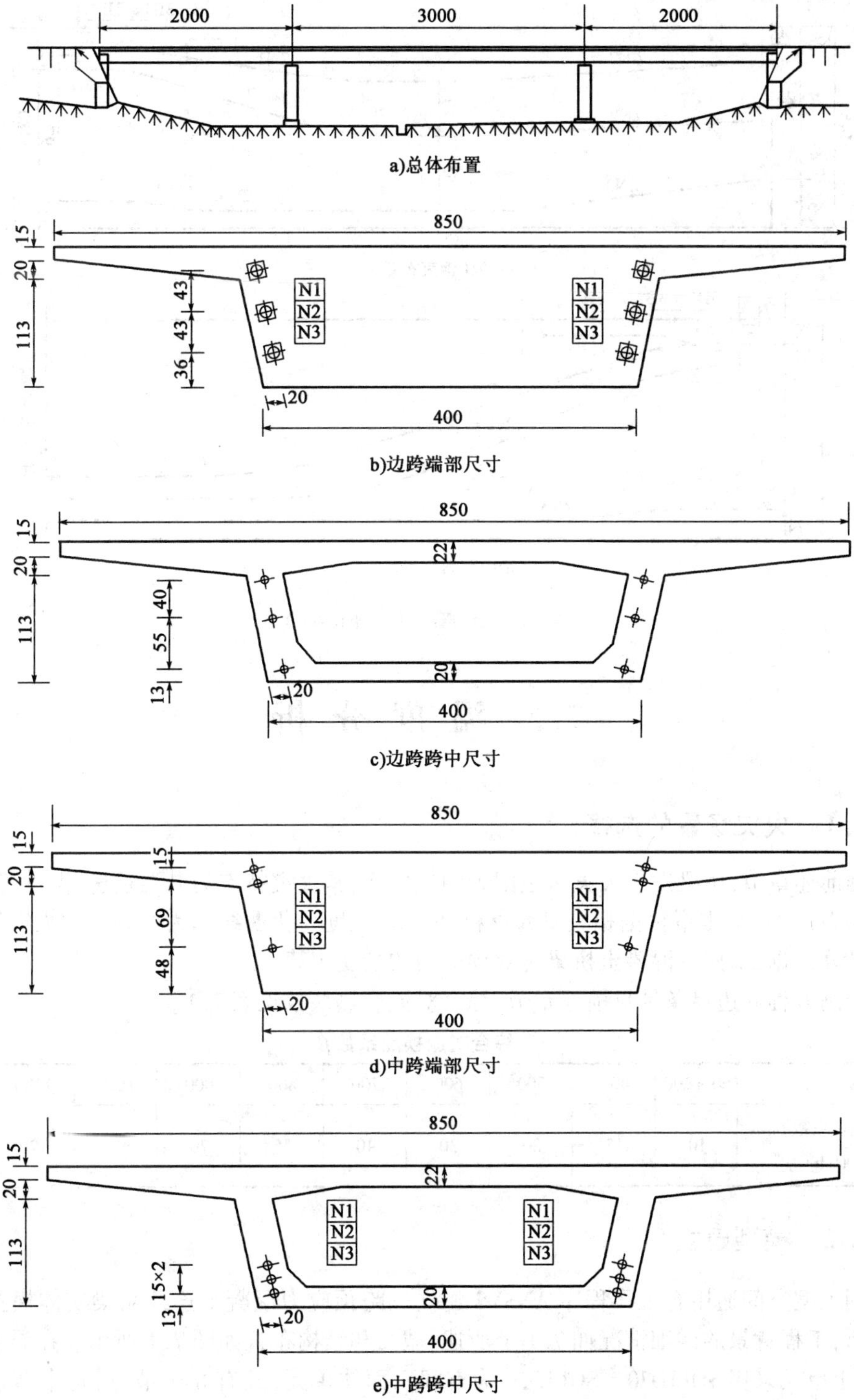

a)总体布置

b)边跨端部尺寸

c)边跨跨中尺寸

d)中跨端部尺寸

e)中跨跨中尺寸

图 7.1

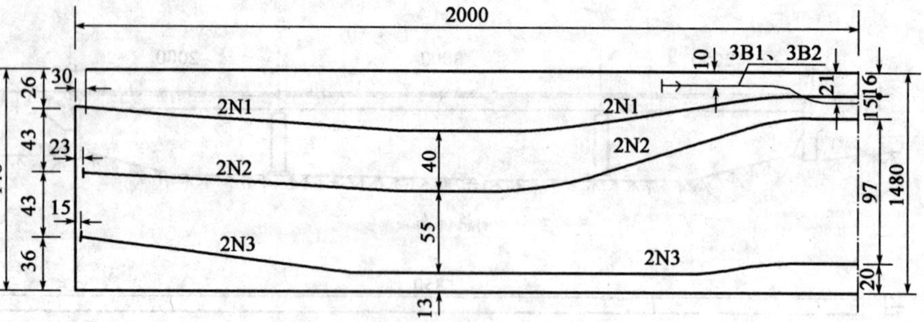

f)边跨钢束布置

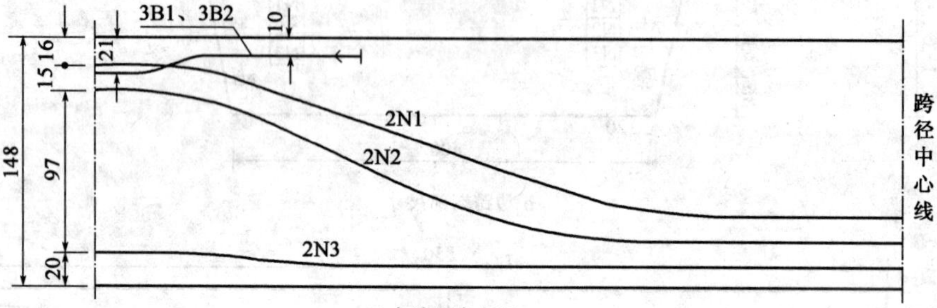

g)中跨钢束布置

图 7.1 工程概图(尺寸单位:cm)

7.2 温度分析

7.2.1 火灾场景的选择

依据前述章节,桥梁发生火灾多是因为油气爆炸,其火灾特点为升温迅速、温度峰值高、对结构损伤力强[1~12],本章根据相关研究资料,取 HC 温度变化曲线作为桥梁结构火灾温度场的分析和计算依据,来探索混凝土桥梁有效预应力的衰变规律。

热控制方程和边界条件见前述章节,综合对流换热系数见表 7.1。

综合对流换热系数 β 表 7.1

温度(℃)	60~200	400	500	600	700	800	900	1000	1100	1200
对流换热系数 β (kcal/m^{2}h℃)	10	15	20	30	40	55	70	90	120	150

7.2.2 模型建立

采用大型空间通用有限元程序 ANSYS 建立三跨预应力混凝土连续箱梁实体模型进行温度场分析,工程背景的详细情况如 7.1 节所述,截面和结构布置如图 7.1 所示。在温度场分析中,混凝土单元采用 SOLID70。SOLID70 为空间六面体单元,共有 8 个节点,每个节点上具有一个温度自由度,具有三个方向的热传导能力,能用于瞬态的热分析[13,14]。预应力钢束采用实体力筋法,与混凝土节点耦合,选用 LINK33 线单元模拟。箱梁结构纵向网格划分采用边长 0.25m,如图 7.2 所示;横向网格划分如图 7.3 所示。预应力钢束纵向网格划分采用边长

0.25m,如图7.4所示。

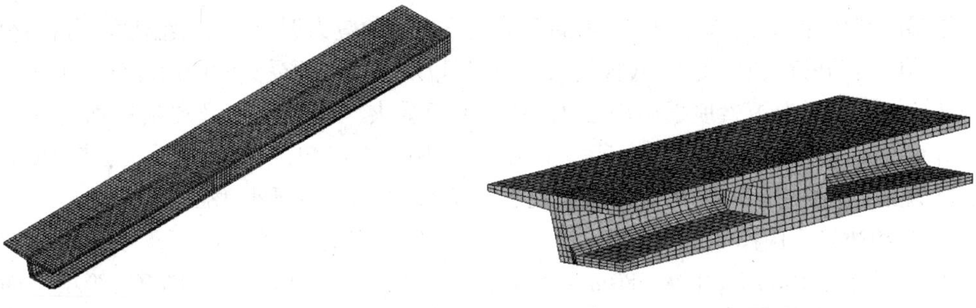

a)四分之一模型　　b)连续段

图7.2　纵向网格划分

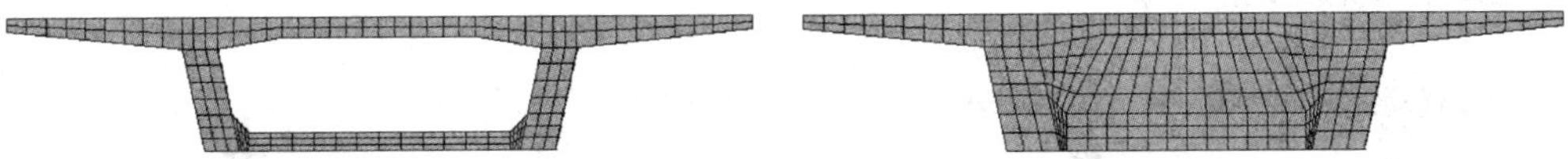

a)跨中截面　　b)端部截面

图7.3　横向网格划分

箱梁温度场求解时采用瞬态热分析,主要步骤如下:

(1)前处理

根据工程背景建立三跨预应力混凝土连续箱梁几何模型,分别建立混凝土单元和预应力钢筋单元。定义单元类型、实常数、材料特性等,其中材料特性随温度改变,采用第2章确定的混凝土和预应力钢筋材料的高温下热传导系数、比热容、质量密度等热工参数。划分网格,建立有限元模型,使用 * GET 命令得到预应力钢筋单元上的节点并保存,使用 * GET 命令得到距离预应力钢筋单元节点和最近的混凝土单元节点并保存,然后使用 CP 命令将两组节点的自由度耦合在一起,实现温度荷载的传递。

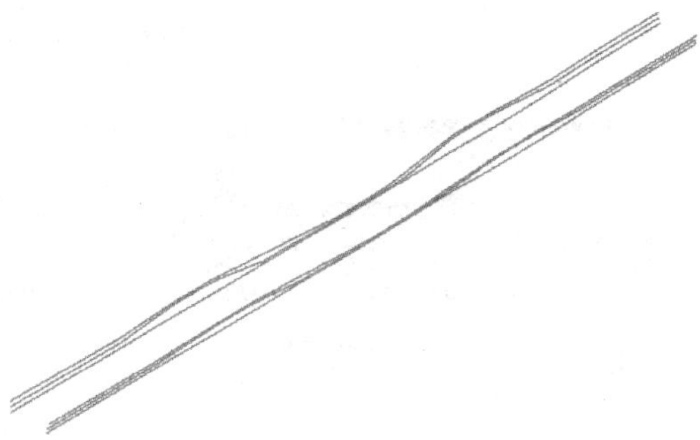

图7.4　预应力钢束

(2)进入求解器

定义分析类型为瞬态求解,定义参考温度、换热系数等初值。通过 ASEL 命令选择不同的受火面施加温度荷载,即可求解温度场。设置延火时间为3h(10800s),第一步求解常温下的反应,设置较小的时间步,子步时间步长40s,最小子步时间步长20s,最大子步时间步长80s,各荷载步的时间步长为300s。

(3)后处理

进入 POST1 处理器,查看不同延火时间混凝土截面温度场分布及预应力钢筋温度分布情况,为下一步的分析提供依据。

7.2.3 温度梯度

根据温度热传导原理，选定 HC 火灾温升曲线下进行预应力混凝土箱梁温度场分析；分析箱梁截面及预应力钢束在顶板受火、底板受火、底板腹板及翼板三面受火时的温度分布规律。

图 7.5 ~ 图 7.7 为箱梁顶板单面受火，底板单面受火，底板、腹板及翼板三面受火时跨中截面延火 60min、180min 的温度分布云。由图 7.5 ~ 图 7.6 可知，箱梁单面受火，其温度大致呈水平层状分布，延火 60min，箱梁跨中截面温度峰值可达 968℃；延火 180min，箱梁跨中截面温度峰值可达 1036℃。由图 7.7 可知，箱梁三面受火，其温度呈 U 形分布，延火 60min，箱梁跨中截面温度峰值可达 1004℃；延火 180min，箱梁跨中截面温度峰值可达 1076℃；箱梁三面受火时，高温区域在截面角点处会有温度集中，所以箱梁截面在多面受火时温度峰值高于单面受火。随着延火时间的增加，高温层由混凝土受火表层逐渐向里扩展，且扩展宽度递增；针对某一时刻箱梁高温分布，由混凝土表层向里扩展，温度梯度分布宽度也不相同，高温层分布宽度小，低温层分布宽度大。

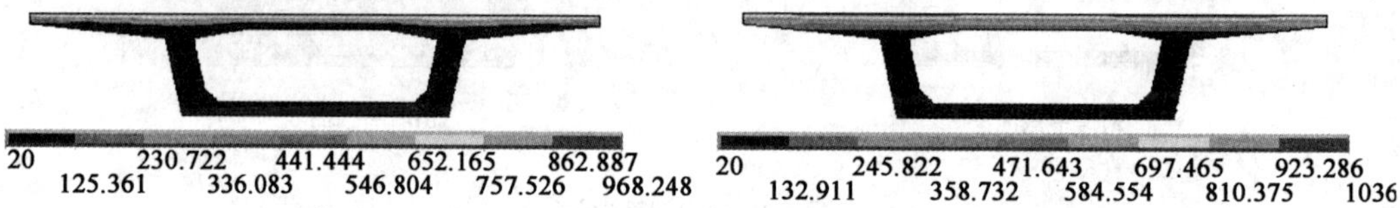

a)60min　　b)180min

图 7.5　箱梁顶板单面受火温度分布云

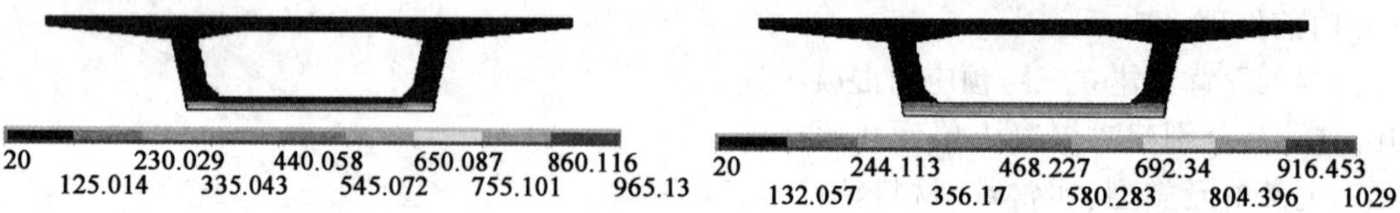

a)60min　　b)180min

图 7.6　箱梁底板单面受火温度分布云

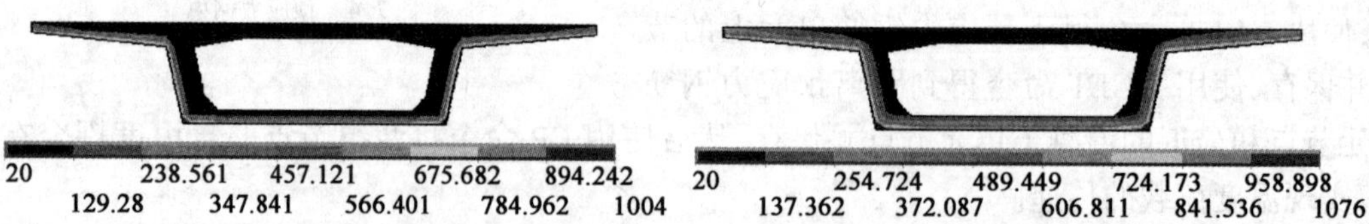

a)60min　　b)180min

图 7.7　箱梁底板、腹板及翼板受火温度分布云

图 7.8 ~ 图 7.10 为箱梁顶板受火，底板受火，底板、腹板及翼板三面受火时 N1、N2、N3 钢束 60min、180min 温度云。由图 7.8 可以看出，箱梁顶板受火，延火 60min，N1、N2 和 N3 钢束各部位的温度均低于 100℃，N1 钢束在第一、二跨连续端，由于距离顶板较近，温度比其他部位高，可达 46℃，而其余部位的温度较低，为 20℃；延火 180min 时，N1 钢束在第一、二跨连续端，温度达到 158℃，而其余部位的温度较低；N2 和 N3 钢束由于距离顶板较远，其温度较低，为 20℃。

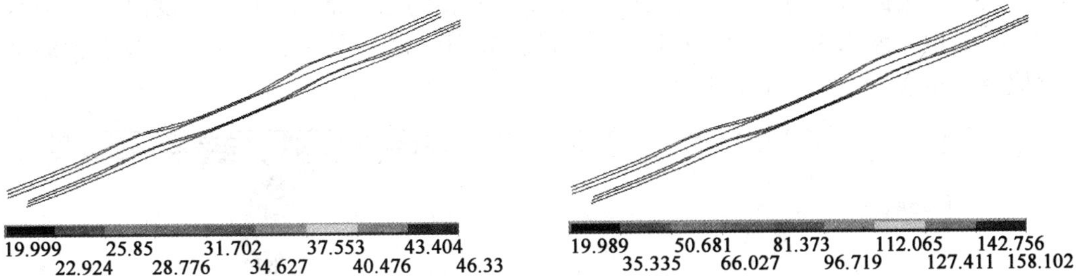

图 7.8 顶板受火钢束温度云

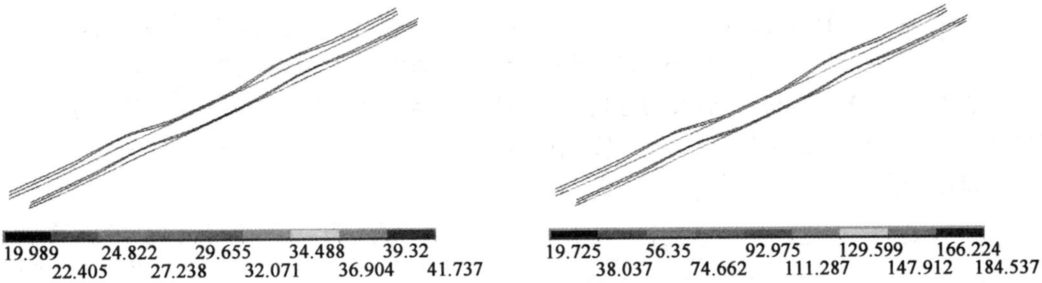

图 7.9 底板受火钢束温度云

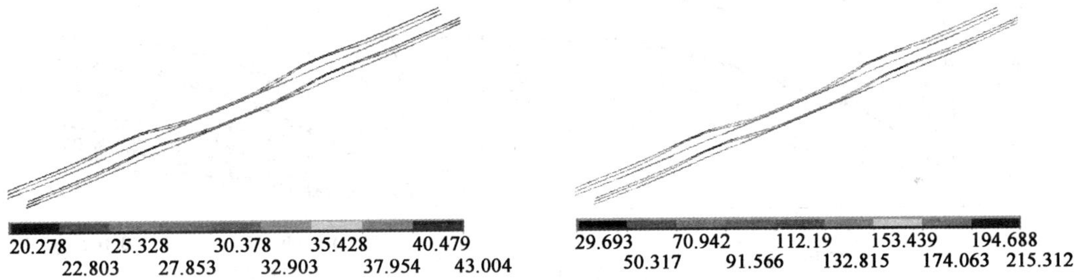

图 7.10 底板、腹板及翼板受火钢束温度云

由图 7.9 可以看出，箱梁底板受火，延火 60min，N1、N2 和 N3 钢束各部位的温度均低于 100℃，N3 钢束跨中部位距离底板较近，温度较高，为 42℃；延火 180min，N3 钢束跨中部位温度可达 185℃，N1、N2 钢束距离底板远，温度为 20℃。

由图 7.10 可以看出，箱梁底板、腹板及翼板同时受火，延火 60min，N1、N2 和 N3 钢束各部位的温度均低于 100℃，N1、N2、N3 钢束在中跨跨中部位温度较其他部位高，为 43℃；延火 180min，N1、N2、N3 钢束在中跨跨中部位温度可达到 215℃。

综上所述，钢束的温度与它和受火面的距离有关，距离受火面越远即钢束混凝土保护层越厚，钢束的温度也就越低，由此说明混凝土保护层厚度是影响钢束温度分布的重要因素之一。

7.2.4 温度时程

图 7.11、图 7.12 为箱梁跨中截面的混凝土温度测点布置。箱梁的顶板划分为 5 层，每

层厚度为3cm;底板划分为10层,每层厚度为2cm;腹板划分为20层,每层厚度为2cm;翼板划分为5层,每层厚度为3cm。随延火时间的持续,分别以每一层的混凝土单元节点为温度测点,提取每一层混凝土单元节点温度。

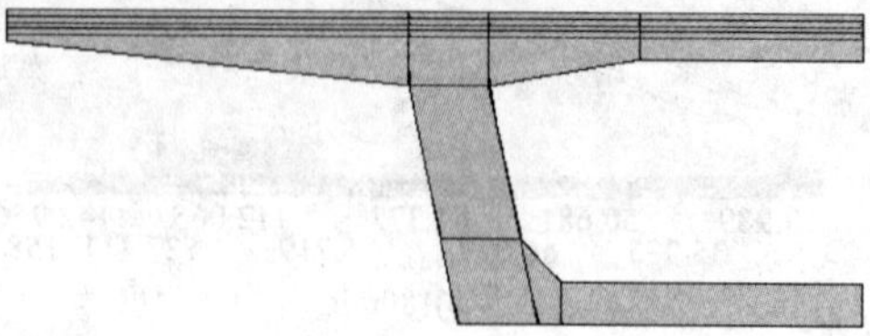

图7.11　顶板温度测点

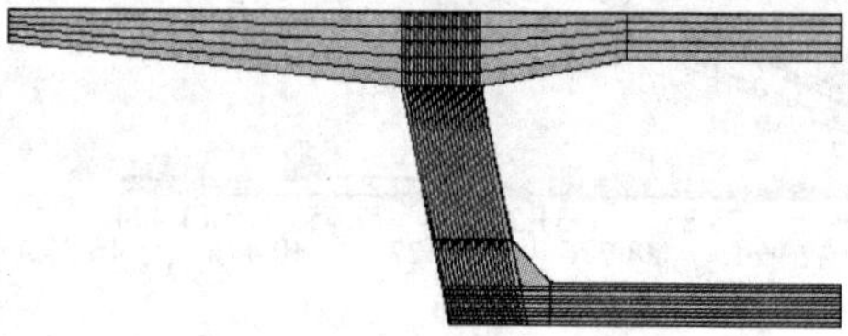

图7.12　底板、腹板及翼板温度

图7.13~图7.16为混凝土箱梁跨中截面顶板、底板、腹板及翼板每层混凝土单元节点温度时程曲线。由图7.13~图7.16可知,随着延火时间的增加,近火层混凝土升温速度快,40min温度可达900℃,40min后升温速度变缓,曲线趋势扁平。同一延火时刻,远火层混凝土温度明显低于近火层混凝土温度。箱梁跨中截面近火层温度时程曲线与给定火灾温升曲线发展趋势基本相同。

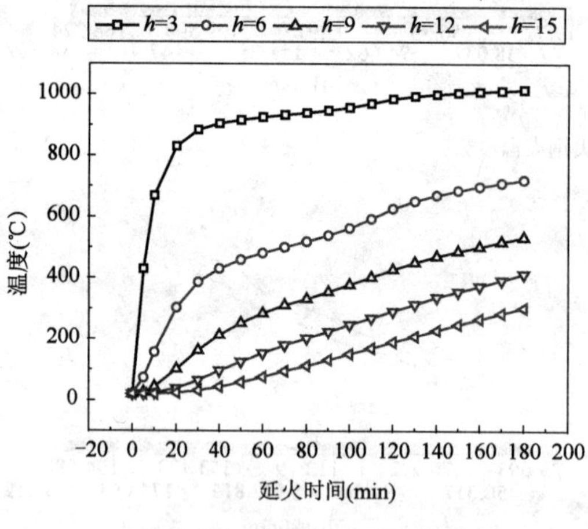

图7.13　顶板温度时程曲线

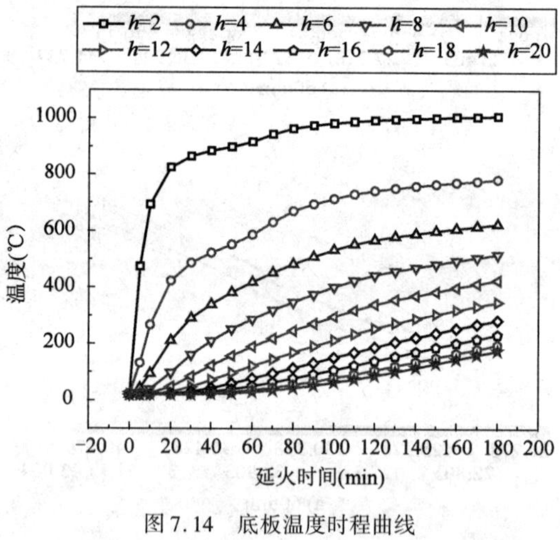

图7.14　底板温度时程曲线

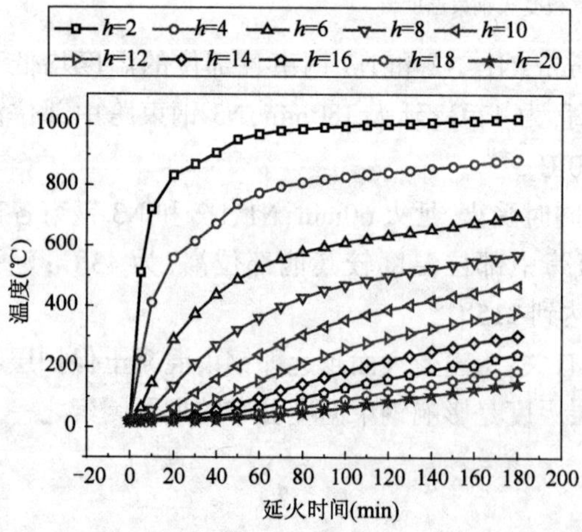

图7.15　腹板温度时程曲线

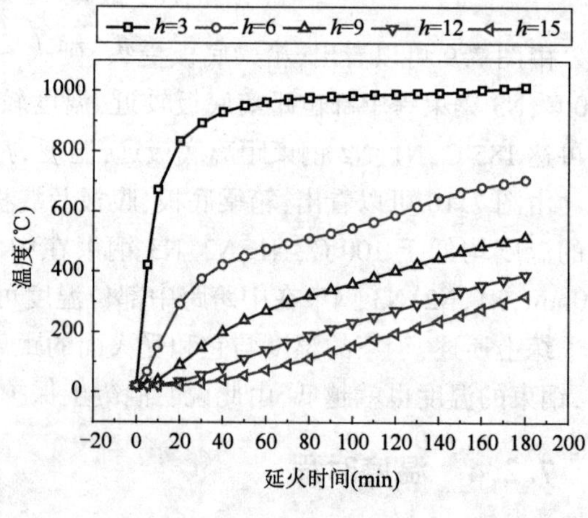

图7.16　翼板温度时程曲线

7.3 预应力损失

7.3.1 受火模式

为研究火灾下混凝土梁桥预应力损失变化规律，选取三跨预应力混凝土梁桥为研究背景，如图7.1所示。根据桥梁火灾发生状况，基于桥梁受火面和受火跨设定12种受火模式（火灾工况），各火灾工况的具体设计内容见表7.2。其中，计算荷载为梁体自重，火强为HC温升曲线。

预应力混凝土梁桥火灾工况的具体设计内容　　表7.2

工况序号	工况名称	受火面	受火跨	计算内容	荷载	火强
1	DB1	顶板	第一跨	预应力损失	自重	HC
2	DB2	顶板	第二跨	预应力损失	自重	HC
3	DB3	顶板	第一跨＋第二跨	预应力损失	自重	HC
4	DB4	顶板	三跨	预应力损失	自重	HC
5	DB5	底板	第一跨	预应力损失	自重	HC
6	DB6	底板	第二跨	预应力损失	自重	HC
7	DB7	底板	第一跨＋第二跨	预应力损失	自重	HC
8	DB8	底板	三跨	预应力损失	自重	HC
9	DB9	底板＋腹板＋翼板	第一跨	预应力损失	自重	HC
10	DB10	底板＋腹板＋翼板	第二跨	预应力损失	自重	HC
11	DB11	底板＋腹板＋翼板	第一跨＋第二跨	预应力损失	自重	HC
12	DB12	底板＋腹板＋翼板	三跨	预应力损失	自重	HC

图7.17和图7.18为三跨预应力混凝土连续梁桥火荷载分布工况。

7.3.2 烧损强度

根据火灾下预应力混凝土箱梁温度场分析结果，按照截面的温度分布，将截面按层划分，根据高温下材料的力学性能对混凝土和钢筋进行折减，基于常温下的等效强度换算原理[5]，可得如下公式：

$$\sigma_{c0}h_{c0} = \sum_{i=1}^{N}\sigma_{ci}h_{ci}$$

$$\sigma_{s0}A_{s0} = \sum_{j=1}^{M}\sigma_{sj}A_{sj} \tag{7.3.1}$$

式中：N——截面上按温度梯度划分的层数；

σ_{c0}——常温下混凝土的材料强度；

h_{c0}——常温下混凝土计算温度区域的有效高度；

σ_{ci}——混凝土截面第 i 层相对应温度的材料强度；

h_{ci}——混凝土截面第 i 层相对应温度的高度；

σ_{s0}——常温下钢筋的材料强度；

A_{s0}——常温下钢筋计算温度区域的有效面积；

A_{sj}——第 j 根受火钢筋的面积；

σ_{sj}——第 j 根受火钢筋相对应温度的材料强度；

M——钢筋的根数。

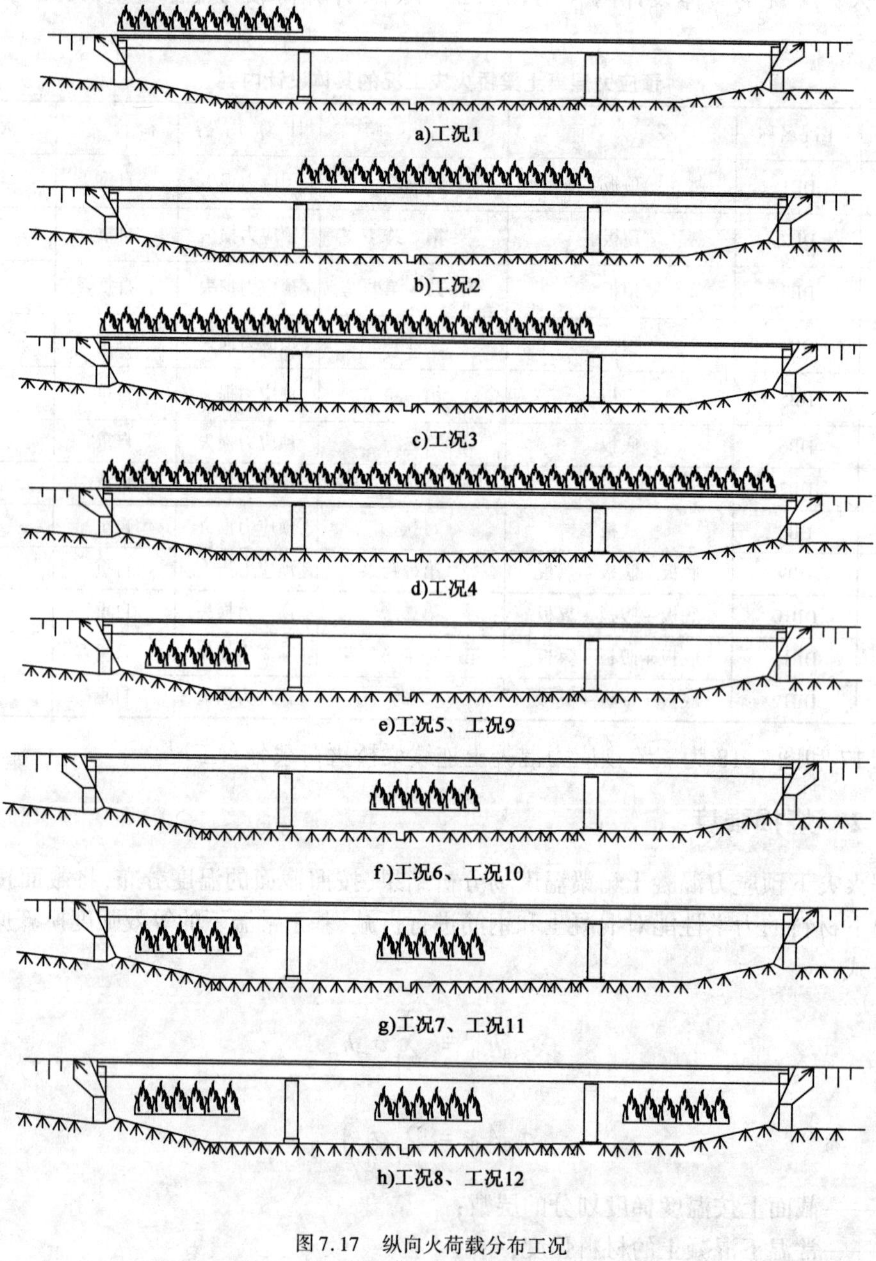

图 7.17　纵向火荷载分布工况

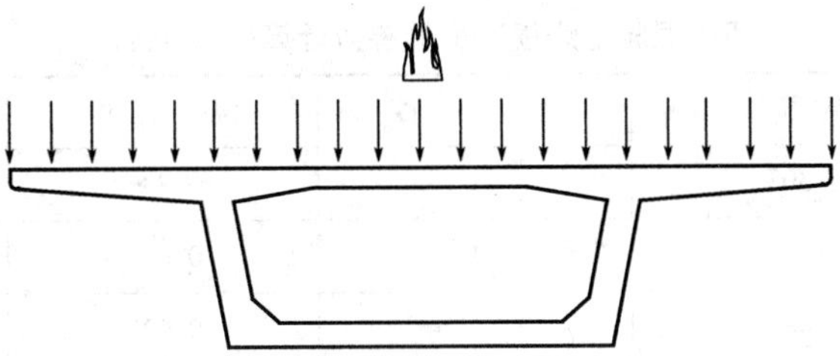

a)工况1～工况4

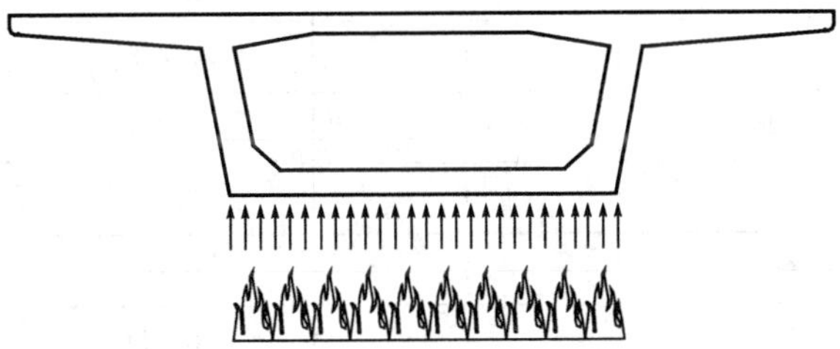

b)工况5～工况8

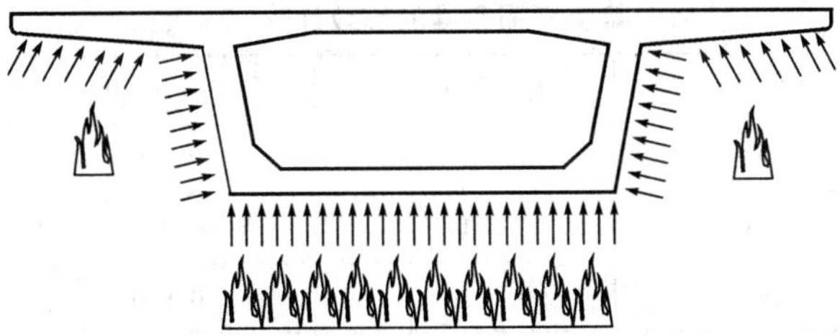

c)工况9～工况12

图 7.18 横向火荷载分布工况

(1)混凝土烧损深度计算

①顶板混凝土烧损深度计算。

根据式(7.3.1)对火灾工况 DB1 ~ DB4 顶板混凝土 $h=3\text{cm}$、$h=6\text{cm}$、$h=9\text{cm}$、$h=12\text{cm}$、$h=15\text{cm}$ 的烧损深度进行不同延火时间的等效计算,计算结果列于表 7.3 ~ 表 7.8。由表 7.3 ~ 表 7.8 可知,顶板混凝土表层受 HC 火灾后,烧损严重,按有效分层厚度法计算后,20min 可以烧掉3.38cm,180min 可以烧掉 7.931cm。远离受火表层的混凝土烧损较小,换算后有效厚度值较大。

顶板混凝土烧损深度的等效计算(0 ~ 3cm) 表 7.3

时间(min)	温度(℃)	原 始 强 度	烧损后强度	换算后厚度(cm)
20	831	1	0.112	0.336
40	905	1	0.051	0.152
60	925	1	0.038	0.115
80	940	1	0.031	0.093
100	957	1	0.023	0.069
120	985	1	0.013	0.040
140	1000	1	0.009	0.028
160	1009	1	0.007	0.021
180	1015	1	0.006	0.018

顶板混凝土烧损深度的等效计算(3～6cm) 表 7.4

时间(min)	温度(℃)	原始强度	烧损后强度	换算后厚度(cm)
20	303	1	0.836	2.507
40	430	1	0.697	2.092
60	481	1	0.625	1.875
80	518	1	0.569	1.707
100	562	1	0.498	1.495
120	626	1	0.394	1.181
140	669	1	0.325	0.974
160	698	1	0.281	0.844
180	720	1	0.249	0.746

顶板混凝土烧损深度的等效计算(6～9cm) 表 7.5

时间(min)	温度(℃)	原始强度	烧损后强度	换算后厚度(cm)
20	101	1	0.946	2.839
40	213	1	0.896	2.687
60	285	1	0.850	2.551
80	331	1	0.810	2.431
100	378	1	0.762	2.285
120	427	1	0.701	2.103
140	471	1	0.641	1.922
160	502	1	0.594	1.783
180	533	1	0.546	1.638

顶板混凝土烧损深度的等效计算(9～12cm) 表 7.6

时间(min)	温度(℃)	原始强度	烧损后强度	换算后厚度(cm)
20	39	1	0.984	2.951
40	95	1	0.949	2.847
60	153	1	0.923	2.770
80	202	1	0.901	2.703
100	247	1	0.876	2.629
120	292	1	0.845	2.534
140	337	1	0.805	2.415
160	374	1	0.767	2.301
180	413	1	0.720	2.159

顶板混凝土烧损深度的等效计算(12 ~ 15cm)　　表 7.7

时间(min)	温度(℃)	原 始 强 度	烧损后强度	换算后厚度(cm)
20	24	1	0.996	2.988
40	43	1	0.981	2.942
60	75	1	0.960	2.879
80	112	1	0.941	2.823
100	150	1	0.925	2.774
120	189	1	0.907	2.722
140	228	1	0.887	2.662
160	266	1	0.864	2.591
180	302	1	0.836	2.509

顶板混凝土烧损深度　　表 7.8

时间(min)	h = 3cm	h = 6cm	h = 9cm	h = 12cm	h = 15cm	Σ(cm)	烧损深度(cm)
20	0.336	2.507	2.839	2.951	2.988	11.620	3.380
40	0.152	2.092	2.687	2.847	2.942	10.720	4.280
60	0.115	1.875	2.551	2.770	2.879	10.190	4.810
80	0.093	1.707	2.431	2.703	2.823	9.757	5.243
100	0.069	1.495	2.285	2.629	2.774	9.252	5.748
120	0.040	1.181	2.103	2.534	2.722	8.579	6.421
140	0.028	0.974	1.922	2.415	2.662	8.001	6.999
160	0.021	0.844	1.783	2.301	2.591	7.540	7.460
180	0.018	0.746	1.638	2.159	2.509	7.069	7.931

②底板混凝土烧损深度计算。

根据式(7.3.1)对火灾工况 DB5 ~ DB12 底板混凝土 h = 2cm、h = 4cm、h = 6cm、h = 8cm、h = 10cm、h = 12cm、h = 14cm、h = 16cm、h = 18cm 的烧损深度进行不同延火时间的等效计算，计算结果列于表 7.9 ~ 表 7.18。由表 7.9 ~ 表 7.18 可知，底板混凝土表层受 HC 火灾后，烧损严重，按有效分层厚度法计算后，延火 20min 烧损 2.737cm，延火 180min 烧损 7.443cm。远离受火表层的混凝土烧损较小，换算后有效厚度值较大。

底板混凝土烧损深度的等效计算(0 ~ 2cm)　　表 7.9

时间(min)	温度(℃)	原 始 强 度	烧损后强度	换算后厚度(cm)
20	825	1	0.117	0.235
40	884	1	0.065	0.130
60	916	1	0.044	0.087
80	963	1	0.021	0.041
100	982	1	0.014	0.028
120	993	1	0.011	0.022
140	999	1	0.009	0.019
160	1004	1	0.008	0.016
180	1007	1	0.008	0.015

底板混凝土烧损深度的等效计算(2~4cm) 表7.10

时间(min)	温度(℃)	原始强度	烧损后强度	换算后厚度(cm)
20	423	1	0.707	1.413
40	522	1	0.562	1.125
60	586	1	0.459	0.919
80	670	1	0.324	0.648
100	714	1	0.257	0.514
120	742	1	0.218	0.435
140	758	1	0.196	0.392
160	771	1	0.179	0.359
180	782	1	0.166	0.332

底板混凝土烧损深度的等效计算(4~6cm) 表7.11

时间(min)	温度(℃)	原始强度	烧损后强度	换算后厚度(cm)
20	210	1	0.897	1.794
40	340	1	0.802	1.604
60	419	1	0.712	1.424
80	483	1	0.622	1.245
100	533	1	0.545	1.090
120	568	1	0.489	0.977
140	590	1	0.453	0.905
160	608	1	0.423	0.847
180	624	1	0.397	0.795

底板混凝土烧损深度的等效计算(6~8cm) 表7.12

时间(min)	温度(℃)	原始强度	烧损后强度	换算后厚度(cm)
20	97	1	0.948	1.896
40	209	1	0.898	1.795
60	287	1	0.848	1.697
80	348	1	0.794	1.588
100	402	1	0.733	1.467
120	444	1	0.678	1.357
140	471	1	0.640	1.280
160	495	1	0.604	1.209
180	517	1	0.570	1.141

底板混凝土烧损深度的等效计算(8~10cm) 表7.13

时间(min)	温度(℃)	原始强度	烧损后强度	换算后厚度(cm)
20	47	1	0.977	1.955
40	122	1	0.937	1.873
60	189	1	0.907	1.815
80	246	1	0.877	1.754
100	296	1	0.841	1.683
120	340	1	0.802	1.604
140	371	1	0.770	1.539
160	400	1	0.736	1.472
180	426	1	0.703	1.405

底板混凝土烧损深度的等效计算(10~12cm) 表7.14

时间(min)	温度(℃)	原始强度	烧损后强度	换算后厚度(cm)
20	29	1	0.991	1.982
40	71	1	0.962	1.924
60	121	1	0.937	1.874
80	169	1	0.916	1.833
100	213	1	0.895	1.791
120	254	1	0.872	1.743
140	289	1	0.847	1.694
160	320	1	0.821	1.642
180	348	1	0.794	1.588

底板混凝土烧损深度的等效计算(12~14cm) 表7.15

时间(min)	温度(℃)	原始强度	烧损后强度	换算后厚度(cm)
20	23	1	0.996	1.993
40	43	1	0.980	1.961
60	77	1	0.959	1.917
80	114	1	0.940	1.881
100	151	1	0.924	1.848
120	188	1	0.908	1.816
140	222	1	0.891	1.781
160	254	1	0.872	1.743
180	283	1	0.851	1.703

底板混凝土烧损深度的等效计算(14~16cm)　　表 7.16

时间(min)	温度(℃)	原 始 强 度	烧损后强度	换算后厚度(cm)
20	21	1	0.998	1.996
40	30	1	0.990	1.981
60	50	1	0.975	1.951
80	77	1	0.959	1.917
100	107	1	0.943	1.887
120	139	1	0.929	1.859
140	171	1	0.916	1.831
160	202	1	0.901	1.802
180	232	1	0.885	1.770

底板混凝土烧损深度的等效计算(16~18cm)　　表 7.17

时间(min)	温度(℃)	原 始 强 度	烧损后强度	换算后厚度(cm)
20	20	1	0.999	1.998
40	24	1	0.996	1.991
60	36	1	0.986	1.971
80	55	1	0.972	1.944
100	79	1	0.958	1.915
120	106	1	0.944	1.888
140	136	1	0.931	1.861
160	166	1	0.918	1.835
180	196	1	0.904	1.808

底板混凝土烧损深度值　　表 7.18

时间(min)	$h=2$cm	$h=4$cm	$h=6$cm	$h=8$cm	$h=10$cm	$h=12$cm	$h=14$cm	$h=16$cm	$h=18$cm	Σ(cm)	烧损深度(cm)
20	0.235	1.413	1.794	1.896	1.955	1.982	1.993	1.996	1.998	15.263	2.737
40	0.130	1.125	1.604	1.795	1.873	1.924	1.961	1.981	1.991	14.384	3.616
60	0.087	0.919	1.424	1.697	1.815	1.874	1.917	1.951	1.971	13.654	4.346
80	0.041	0.648	1.245	1.588	1.754	1.833	1.881	1.917	1.944	12.850	5.150
100	0.028	0.514	1.090	1.467	1.683	1.791	1.848	1.887	1.915	12.224	5.776
120	0.022	0.435	0.977	1.357	1.604	1.743	1.816	1.859	1.888	11.701	6.299
140	0.019	0.392	0.905	1.280	1.539	1.694	1.781	1.831	1.861	11.304	6.696
160	0.016	0.359	0.847	1.209	1.472	1.642	1.743	1.802	1.835	10.925	7.075
180	0.015	0.332	0.795	1.141	1.405	1.588	1.703	1.770	1.808	10.557	7.443

③腹板混凝土烧损深度计算。

根据式(7.3.1)对火灾工况 DB9~DB12,腹板混凝土 $h=2$cm、$h=4$cm、$h=6$cm、$h=8$cm、$h=10$cm、$h=12$cm、$h=14$cm、$h=16$cm、$h=18$cm 的烧损深度进行不同延火时间的等效计算,

计算结果列于表7.19～表7.28。由表7.19～表7.28可知,腹板混凝土表层受HC火灾后,烧损严重,按有效分层厚度法计算后,延火20min混凝土烧损3.328cm,延火180min混凝土烧损8.283cm。远离受火表层的混凝土烧损较小,换算后有效厚度值较大。

腹板混凝土烧损深度的等效计算(0～2cm) 表7.19

时间(min)	温度(℃)	原始强度	烧损后强度	换算后厚度(cm)
20	833	1	0.109	0.219
40	906	1	0.050	0.100
60	968	1	0.019	0.038
80	985	1	0.013	0.027
100	994	1	0.011	0.021
120	1001	1	0.009	0.018
140	1006	1	0.008	0.016
160	1013	1	0.006	0.013
180	1020	1	0.005	0.010

腹板混凝土烧损深度的等效计算(2～4cm) 表7.20

时间(min)	温度(℃)	原始强度	烧损后强度	换算后厚度(cm)
20	558	1	0.505	1.010
40	672	1	0.321	0.641
60	774	1	0.176	0.351
80	808	1	0.136	0.271
100	827	1	0.115	0.231
120	842	1	0.101	0.201
140	855	1	0.089	0.177
160	870	1	0.076	0.152
180	887	1	0.063	0.126

腹板混凝土烧损深度的等效计算(4～6cm) 表7.21

时间(min)	温度(℃)	原始强度	烧损后强度	换算后厚度(cm)
20	289	1	0.847	1.694
40	437	1	0.688	1.376
60	526	1	0.556	1.112
80	578	1	0.472	0.945
100	609	1	0.422	0.843
120	632	1	0.384	0.769
140	654	1	0.349	0.698
160	677	1	0.313	0.626
180	701	1	0.276	0.553

腹板混凝土烧损深度的等效计算(6~8cm) 表7.22

时间(min)	温度(℃)	原 始 强 度	烧损后强度	换算后厚度(cm)
20	136	1	0.931	1.861
40	270	1	0.861	1.722
60	361	1	0.781	1.561
80	428	1	0.700	1.400
100	470	1	0.642	1.283
120	498	1	0.600	1.199
140	524	1	0.559	1.119
160	548	1	0.521	1.042
180	570	1	0.485	0.971

腹板混凝土烧损深度的等效计算(8~10cm) 表7.23

时间(min)	温度(℃)	原 始 强 度	烧损后强度	换算后厚度(cm)
20	64	1	0.966	1.932
40	159	1	0.921	1.841
60	240	1	0.880	1.761
80	305	1	0.834	1.668
100	354	1	0.788	1.576
120	388	1	0.750	1.500
140	419	1	0.712	1.424
160	445	1	0.677	1.354
180	467	1	0.646	1.292

腹板混凝土烧损深度的等效计算(10~12cm) 表7.24

时间(min)	温度(℃)	原 始 强 度	烧损后强度	换算后厚度(cm)
20	35	1	0.986	1.973
40	91	1	0.951	1.902
60	154	1	0.923	1.846
80	211	1	0.897	1.793
100	259	1	0.868	1.737
120	296	1	0.841	1.683
140	328	1	0.814	1.627
160	356	1	0.786	1.572
180	379	1	0.761	1.521

腹板混凝土烧损深度的等效计算(12~14cm)　　表7.25

时间(min)	温度(℃)	原始强度	烧损后强度	换算后厚度(cm)
20	25	1	0.995	1.989
40	54	1	0.973	1.945
60	97	1	0.948	1.896
80	143	1	0.928	1.855
100	185	1	0.909	1.818
120	221	1	0.891	1.782
140	252	1	0.873	1.746
160	280	1	0.854	1.707
180	304	1	0.835	1.670

腹板混凝土烧损深度的等效计算(14~16cm)　　表7.26

时间(min)	温度(℃)	原始强度	烧损后强度	换算后厚度(cm)
20	21	1	0.998	1.996
40	35	1	0.986	1.973
60	62	1	0.967	1.935
80	95	1	0.949	1.898
100	130	1	0.933	1.866
120	161	1	0.920	1.840
140	190	1	0.907	1.814
160	207	1	0.899	1.797
180	241	1	0.880	1.760

腹板混凝土烧损深度的等效计算(16~18cm)　　表7.27

时间(min)	温度(℃)	原始强度	烧损后强度	换算后厚度(cm)
20	20	1	0.999	1.998
40	26	1	0.994	1.988
60	42	1	0.981	1.962
80	64	1	0.966	1.932
100	90	1	0.952	1.903
120	117	1	0.939	1.878
140	142	1	0.928	1.856
160	166	1	0.918	1.835
180	188	1	0.908	1.816

腹板混凝土烧损深度值　　表 7.28

时间(min)	$h=2$cm	$h=4$cm	$h=6$cm	$h=8$cm	$h=10$cm	$h=12$cm	$h=14$cm	$h=16$cm	$h=18$cm	Σ(cm)	烧损深度(cm)
20	0.219	1.010	1.694	1.861	1.932	1.973	1.989	1.996	1.998	14.672	3.328
40	0.100	0.641	1.376	1.722	1.841	1.902	1.945	1.973	1.988	13.488	4.512
60	0.038	0.351	1.112	1.561	1.761	1.846	1.896	1.935	1.962	12.463	5.537
80	0.027	0.271	0.945	1.400	1.668	1.793	1.855	1.898	1.932	11.790	6.210
100	0.021	0.231	0.843	1.283	1.576	1.737	1.818	1.866	1.903	11.280	6.720
120	0.018	0.201	0.769	1.199	1.500	1.683	1.782	1.840	1.878	10.871	7.129
140	0.016	0.177	0.698	1.119	1.424	1.627	1.746	1.814	1.856	10.476	7.524
160	0.013	0.152	0.626	1.042	1.354	1.572	1.707	1.797	1.835	10.098	7.902
180	0.010	0.126	0.553	0.971	1.292	1.521	1.670	1.760	1.816	9.717	8.283

④翼板混凝土的烧损深度计算。

根据式(7.3.1)对火灾工况 DB9 ~ DB12 翼板混凝土 $h=3$cm、$h=6$cm、$h=9$cm、$h=12$cm、$h=15$cm 的烧损深度进行不同延火时间的等效计算,计算结果列于表 7.29 ~ 表 7.34。由表 7.29 ~ 表 7.34 可知,腹板混凝土表层受 HC 火灾后,烧损严重,按有效分层厚度法计算后,20min 烧损 3.330cm、180min 烧损 7.748cm。远离受火表层的混凝土烧损较小,换算后有效厚度值较大。

翼板混凝土烧损深度的等效计算(0 ~ 3cm)　　表 7.29

时间(min)	温度(℃)	原始强度	烧损后强度	换算后厚度(cm)
20	833	1	0.109	0.328
40	930	1	0.036	0.107
60	963	1	0.021	0.062
80	978	1	0.015	0.046
100	985	1	0.013	0.040
120	990	1	0.012	0.035
140	994	1	0.011	0.032
160	1004	1	0.008	0.025
180	1013	1	0.006	0.019

翼板混凝土烧损深度的等效计算(3 ~ 6cm)　　表 7.30

时间(min)	温度(℃)	原始强度	烧损后强度	换算后厚度(cm)
20	292	1	0.845	2.534
40	424	1	0.705	2.116
60	475	1	0.634	1.903
80	511	1	0.580	1.739
100	545	1	0.526	1.578
120	588	1	0.456	1.368
140	646	1	0.362	1.085
160	682	1	0.305	0.916
180	706	1	0.269	0.807

翼板混凝土烧损深度的等效计算(6～9cm) 表7.31

时间(min)	温度(℃)	原 始 强 度	烧损后强度	换算后厚度(cm)
20	90	1	0.952	2.855
40	199	1	0.903	2.708
60	271	1	0.860	2.581
80	322	1	0.819	2.457
100	360	1	0.782	2.345
120	403	1	0.732	2.196
140	448	1	0.673	2.019
160	486	1	0.618	1.854
180	515	1	0.573	1.720

翼板混凝土烧损深度的等效计算(9～12cm) 表7.32

时间(min)	温度(℃)	原 始 强 度	烧损后强度	换算后厚度(cm)
20	34	1	0.987	2.961
40	84	1	0.955	2.864
60	140	1	0.929	2.787
80	189	1	0.907	2.722
100	232	1	0.885	2.655
120	273	1	0.859	2.576
140	315	1	0.825	2.476
160	357	1	0.785	2.354
180	391	1	0.747	2.240

翼板混凝土烧损深度的等效计算(12～15cm) 表7.33

时间(min)	温度(℃)	原 始 强 度	烧损后强度	换算后厚度(cm)
20	22	1	0.997	2.992
40	40	1	0.983	2.948
60	73	1	0.961	2.883
80	112	1	0.941	2.823
100	154	1	0.923	2.769
120	196	1	0.904	2.712
140	237	1	0.882	2.647
160	279	1	0.854	2.563
180	319	1	0.822	2.466

翼板混凝土烧损深度值　　表7.34

时间(min)	$h=3$cm	$h=6$cm	$h=9$cm	$h=12$cm	$h=15$cm	Σ(cm)	烧损深度(cm)
20	0.328	2.534	2.855	2.961	2.992	11.670	3.330
40	0.107	2.116	2.708	2.864	2.948	10.743	4.257
60	0.062	1.903	2.581	2.787	2.883	10.215	4.785
80	0.046	1.739	2.457	2.722	2.823	9.788	5.212
100	0.040	1.578	2.345	2.655	2.769	9.386	5.614
120	0.035	1.368	2.196	2.576	2.712	8.888	6.112
140	0.032	1.085	2.019	2.476	2.647	8.259	6.741
160	0.025	0.916	1.854	2.354	2.563	7.712	7.288
180	0.019	0.807	1.720	2.240	2.466	7.252	7.748

(2)钢筋强度折减

混凝土箱梁外侧纵向钢筋距离受火面近,温度高;内侧纵向钢筋距离受火面远,温度低,故本章只针对外侧纵向钢筋进行强度折减。

①顶板钢筋强度折减。

根据式(7.3.1)对火灾工况DB1~DB4下混凝土箱梁顶板钢筋进行不同延火时刻强度折减,计算不同延火时刻下钢筋的换算面积,见表7.35。由表7.35可知,延火20min,钢筋强度折减为原始强度的0.586,计算出换算后的面积为原来的0.586倍;延火180min,钢筋强度折减为原始强度0.158,换算后的面积为原来的0.158倍。

高温下顶板钢筋强度折减值　　表7.35

时间(min)	温度(℃)	折减后强度	原始强度	换算后面积
20	303	0.586	1	0.586
40	430	0.434	1	0.434
60	481	0.377	1	0.377
80	518	0.339	1	0.339
100	562	0.296	1	0.296
120	626	0.236	1	0.236
140	669	0.199	1	0.199
160	698	0.176	1	0.176
180	720	0.158	1	0.158

②底板钢筋强度折减。

根据式(7.3.1)对火灾工况DB5~DB12下混凝土箱梁底板钢筋进行不同延火时刻强度

折减,计算不同延火时刻下钢筋的换算面积,见表7.36。由表7.36可知,延火20min,钢筋强度折减为原始强度的0.709,计算出换算后的面积为原来的0.709倍;延火180min,钢筋强度折减为原始强度的0.238,换算后的面积为原来的0.238倍。

高温下底板钢筋强度折减值　　表7.36

时间(min)	温度(℃)	折减后强度	原 始 强 度	换算后面积
20	210	0.709	1	0.709
40	340	0.539	1	0.539
60	419	0.446	1	0.446
80	483	0.376	1	0.376
100	533	0.324	1	0.324
120	568	0.290	1	0.290
140	590	0.269	1	0.269
160	608	0.252	1	0.252
180	624	0.238	1	0.238

③腹板钢筋强度折减。

根据式(7.3.1)对火灾工况DB9～DB12下混凝土箱梁腹板钢筋进行不同延火时刻强度折减,计算不同延火时刻下钢筋的换算面积,见表7.37。由表7.37可知,延火180min,钢筋强度折减为原始强度的0.113,换算后的面积为原来的0.113倍。

高温下腹板钢筋强度折减值　　表7.37

时间(min)	温度(℃)	折减后强度	原 始 强 度	换算后面积
20	423	0.441	1	0.441
40	522	0.335	1	0.335
60	586	0.273	1	0.273
80	670	0.198	1	0.198
100	714	0.163	1	0.163
120	742	0.142	1	0.142
140	758	0.130	1	0.130
160	771	0.121	1	0.121
180	782	0.113	1	0.113

④翼板钢筋强度折减。

根据式(7.3.1)对火灾工况DB9～DB12下混凝土箱梁翼板钢筋进行不同延火时刻强度折减,计算不同延火时刻下钢筋换算面积,见表7.38。由表7.38可知,延火20min,钢筋强度折减为原始强度的0.600,计算出换算后的面积为原来的0.600倍;延火180min,钢筋强度折减为原始强度 0.169，换算后的面积为原来的 0.169 倍。

高温下翼板钢筋强度折减值

表 7.38

时间(min)	温度(℃)	折减后强度	原 始 强 度	换算后面积
20	292	0.600	1	0.600
40	424	0.440	1	0.440
60	475	0.384	1	0.384
80	511	0.346	1	0.346
100	545	0.312	1	0.312
120	588	0.271	1	0.271
140	646	0.219	1	0.219
160	682	0.188	1	0.188
180	706	0.169	1	0.169

7.3.3 损失过程

运用大型空间通用有限元程序 ANSYS 建立三跨预应力混凝土连续梁桥有限元模型，分析火灾下预应力混凝土连续梁桥截面的温度场，获取多种火灾工况下的箱梁截面温度分布，根据混凝土和钢筋强度的烧损计算公式为式(7.3.1)，对高温层材料进行累计损伤分析，计算结果见 7.3.2 节，得到强度折减后的箱梁截面有效高度和钢筋的换算面积。并保持预应力混凝土箱梁截面未受火部位的原始配置代入桥梁结构分析专用软件(也可自编程序)进行烧损后的预应力损失计算分析，揭示火灾下三跨预应力混凝土梁桥预应力损失变化规律。

为研究火灾下三跨预应力混凝土连续梁桥钢束预应力损失变化规律，定义预应力损失增长率[5]，计算公式为式(7.3.2)。

$$\lambda_{N,t} = \frac{\sigma_{N,t} - \sigma_{N,0}}{\sigma_{N,0}} \tag{7.3.2}$$

式中：$\lambda_{N,t}$ ——延火 t 时刻第 N 钢束的预应力损失增长率；

$\sigma_{N,t}$ ——延火 t 时刻第 N 钢束的预应力损失值；

$\sigma_{N,0}$ ——常温下第 N 钢束的预应力损失值。

(1)受火面的影响

分析火灾下三跨预应力混凝土连续梁桥钢束预应力损失值，分别选择火灾工况顶板单面受火、底板单面受火、底板和腹板及翼板三面受火，计算不同火灾工况下受火跨钢束预应力损失值变化，第一跨结果如图 7.19 ~ 图 7.21 所示，第二跨结果列于表 7.39。

图 7.19 为三跨预应力混凝土连续梁桥第一跨顶板受火、第一跨底板受火、第一跨底板、腹板及翼板三面受火时，N1 钢束在第一跨四分点、跨中、四分之三点(亦称四分三点)预应力损失时程曲线。

由图 7.19a)可看出，第一跨顶板受火和第一跨底板、腹板及翼板三面受火，N1 钢束在第一跨四分点预应力损失时程曲线走势相同；同一延火时刻，第一跨顶板受火，预应力损失增长率最大，延火 60min，N1 钢束预应力损失值增长率为 2.9%；延火 180min，N1 钢束预应力损失值增长率为 4.3%。第一跨底板受火，N1 钢束在第一跨四分点距离受火面远，随延火时间的增加,预应力损失值增长很小。

由图7.19b)可看出,第一跨顶板受火和第一跨底板、腹板及翼板三面受火,随延火时间的增加,N1钢束在第一跨跨中预应力损失值增大;同一延火时刻,第一跨底板、腹板及翼板受火,N1钢束在第一跨跨中预应力损失值增长率最大,延火60min,N1钢束预应力损失增长率为2.6%;延火180min,N1钢束预应力损失值增长率为3.9%。第一跨底板受火,随延火时间的增加,N1钢束在第一跨跨中的预应力损失值增长很小。

由图7.19c)可看出,第一跨顶板受火和第一跨底板、腹板及翼板三面受火,随延火时间的增加,N1钢束在第一跨四分之三点预应力损失值增大;同一延火时刻,第一跨顶板受火,N1钢束在第一跨四分之三点预应力损失值增长率最大;延火60min,N1钢束预应力损失值增长率为4.8%;延火180min,N1钢束预应力损失值增长率为7.1%。第一跨底板受火,随延火时间的增加,N1钢束在第一跨四分之三点的预应力损失值基本无变化。

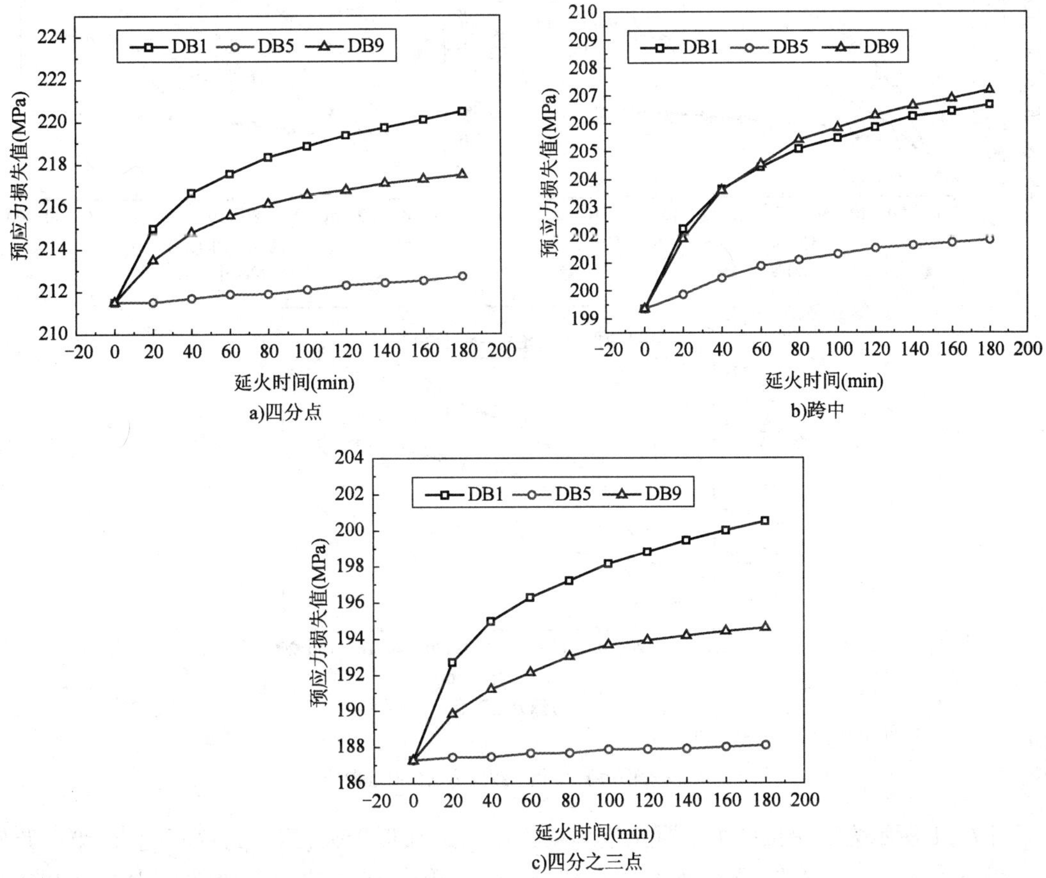

图7.19 第一跨N1钢束预应力损失时程曲线

图7.20为三跨预应力混凝土连续梁桥第一跨顶板受火、第一跨底板受火、第一跨底板、腹板及翼板三面受火时,N2钢束在第一跨四分点、跨中、四分之三点预应力损失时程曲线。

由图7.20a)可看出,随延火时间的增加,N2钢束在第一跨四分点预应力损失值增大;同一延火时刻,第一跨底板、腹板及翼板三面受火,N2钢束预应力损失值最大;延火60min,N2钢束预应力损失值增长率为7.7%；延火180min,N2钢束预应力损失值增长率为13.4%。

由图7.20b)可看出,随延火时间的增加,N2钢束在第一跨跨中预应力损失值增大;同一延火时刻,第一跨底板、腹板及翼板三面受火,N2钢束预应力损失值最大;延火60min,N2钢束预应力损失值增长率为8.3%；延火180min,N2钢束预应力损失值增长率为13.8%。

由图7.20c)可看出,随延火时间的增加,N2钢束在第一跨四分之三点预应力损失值增大;同一延火时刻,第一跨底板、腹板及翼板三面受火,N2钢束预应力损失值最大;延火60min,N2钢束预应力损失值增长率为6.2%；延火180min,N2钢束预应力损失值增长率为10%。

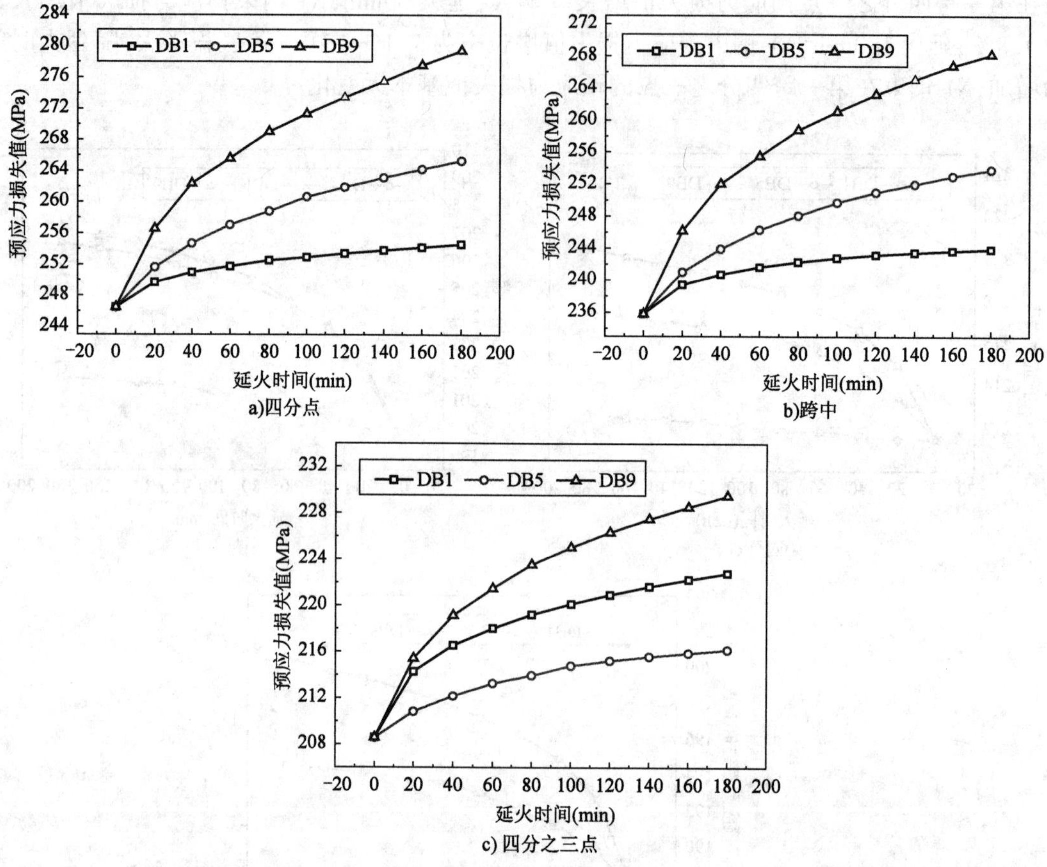

a)四分点　b)跨中　c)四分之三点

图7.20　第一跨N2钢束预应力损失时程曲线

图7.21所示为三跨预应力混凝土连续梁桥第一跨顶板受火、第一跨底板受火、第一跨底板、腹板及翼板三面受火时,N3钢束在第一跨四分点、跨中、四分之三点预应力损失时程曲线。

由图7.21a)可看出,第一跨底板受火和第一跨底板、腹板及翼板三面受火,随延火时间的增加,N3钢束在第一跨四分点预应力损失值增大;同一延火时刻,第一跨底板、腹板及翼板三面受火,N3钢束预应力损失值最大;延火60min,N3钢束预应力损失值增长率为10.8%；延火180min,N3钢束预应力损失值增长率为18.2%。第一跨顶板受火,N3钢束距离受火面远,随延火时间的增加,N3钢束在第一跨四分点的预应力损失值大致没有发生变化。

由图7.21b)可看出,第一跨底板受火和第一跨底板、腹板及翼板三面受火,随延火时间的增加，N3 钢束在第一跨跨中预应力损失值增大；同一延火时刻，第一跨底板、腹板及翼板三面受火，N3 钢束预应力损失值最大；延火 60min，N3 钢束预应力损失值增长率为 12%；延火 180min，N3 钢束预应力损失值增长率为 19.6%。第一跨顶板受火，N3 钢束距离受火面远，随延火时间的增加，N3 钢束在第一跨跨中的预应力损失值大致没有发生变化。

由图 7.21c）可看出，第一跨底板受火和第一跨底板、腹板及翼板三面受火，随延火时间的增加，N3 钢束在第一跨四分之三点预应力损失值增大；同一延火时刻，第一跨底板、腹板及翼板三面受火，N3 钢束预应力损失值最大；延火 60min，N3 钢束预应力损失值增长率为 10.3%；延火 180min，N3 钢束预应力损失值增长率为 16.1%。第一跨底板受火，N3 钢束距离受火面远，随延火时间的增加，N3 钢束在第一跨四分之三点的预应力损失值大致没有发生变化。

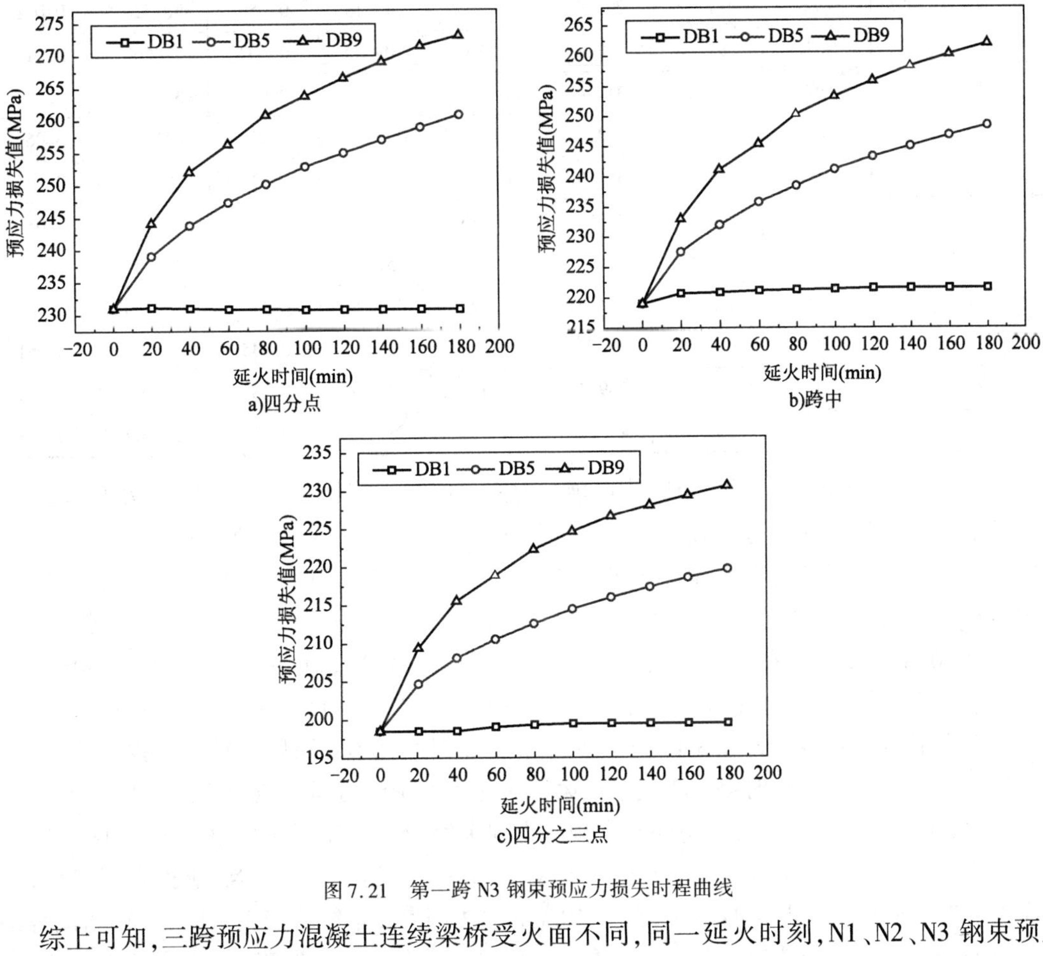

图 7.21　第一跨 N3 钢束预应力损失时程曲线

综上可知，三跨预应力混凝土连续梁桥受火面不同，同一延火时刻，N1、N2、N3 钢束预应力损失值在第一跨四分点、跨中、四分之三点明显不同；顶板受火，N1 钢束距离受火面较近，随延火时间的增加，预应力损失值增长率相比底板受火和三面受火时大；第一跨底板、腹板及翼板三面受火，N2、N3 钢束距离受火面较近，故 N2、N3 钢束预应力损失值增长率大。

表 7.39 为三跨预应力混凝土连续梁桥第二跨顶板受火、第二跨底板受火、第二跨底板、腹板及翼板三面受火 N1、N2、N3 钢束在第二跨四分点、跨中的预应力损失值。由表 7.39 可知，随延火时间的增加，N1、N2、N3 钢束在第二跨四分点、跨中预应力损失值增大；同一延火时刻，第二跨底板、腹板及翼板三面受火，N1、N2、N3 钢束在第二跨四分点、跨中预应力损失值增长率最大。

第二跨钢束预应力损失值　　表 7.39

钢束名称	钢束位置	火灾工况	$\sigma_{N,0}$	$\sigma_{N,60}$	$\lambda_{N,60}$	$\sigma_{N,120}$	$\lambda_{N,120}$	$\sigma_{N,180}$	$\lambda_{N,180}$
N1	四分点	DB2	215.61	219.48	0.018	220.25	0.022	220.65	0.023
		DB6	215.61	220.73	0.024	223.06	0.035	223.96	0.039
		DB10	215.61	225.66	0.047	229.54	0.065	231.40	0.073
	跨中	DB2	251.57	256.83	0.021	257.96	0.025	258.60	0.028
		DB6	251.57	258.75	0.029	262.04	0.042	264.00	0.049
		DB10	251.57	265.56	0.056	270.98	0.077	274.60	0.092
N2	四分点	DB2	281.32	288.21	0.024	289.97	0.031	291.00	0.034
		DB6	281.32	292.37	0.039	297.13	0.056	301.20	0.071
		DB10	281.32	302.14	0.074	309.89	0.102	314.60	0.118
	跨中	DB2	310.16	319.43	0.030	321.87	0.038	323.60	0.043
		DB6	310.16	323.07	0.042	328.51	0.059	331.70	0.069
		DB10	310.16	335.98	0.083	345.94	0.115	352.10	0.135
N3	四分点	DB2	233.63	239.73	0.026	241.16	0.032	242.00	0.036
		DB6	233.63	246.04	0.053	251.20	0.075	254.40	0.089
		DB10	233.63	255.21	0.092	263.25	0.127	269.00	0.151
	跨中	DB2	244.69	253.56	0.036	255.74	0.045	257.20	0.051
		DB6	244.69	259.42	0.060	265.78	0.086	269.60	0.102
		DB10	244.69	272.64	0.114	283.16	0.157	290.00	0.185

延火 60min,N1 钢束在第二跨四分点预应力损失值增长率最大为 4.7%;延火 180min,N1 钢束在第二跨四分点预应力损失值增长率最大为 7.3%。延火 60min,N1 钢束在第二跨跨中预应力损失值增长率最大为 5.6%;延火 180min,N1 钢束在第二跨跨中预应力损失值增长率最大为 9.2%。同一延火时刻,N1 钢束在第二跨跨中的预应力损失值增长率较四分点大。

延火 60min,N2 钢束在第二跨四分点预应力损失值增长率最大为 7.4%;延火 180min,N2 钢束在第二跨四分点预应力损失值增长率最大为 11.8%。延火 60min,N2 钢束在第二跨跨中预应力损失值增长率最大为 8.3%;延火 180min,N2 钢束在第二跨跨中预应力损失值增长率最大为 13.5%。同一延火时刻,N2 钢束在第二跨跨中的预应力损失值增长率较四分点大。

延火 60min,N3 钢束在第二跨四分点预应力损失值增长率最大为 9.2%;延火 180min,N3 钢束在第二跨四分点预应力损失值增长率最大为 15.1%。延火 60min,N3 钢束在第二跨跨中预应力损失值增长率最大为 11.4%;延火 180min,N3 钢束在第二跨跨中预应力损失值增长率最大为 18.5%。同一延火时刻,N3 钢束在第二跨跨中的预应力损失值增长率较四分点大。

(2)受火跨的影响

分析火灾下三跨预应力混凝土连续梁桥钢束预应力损失值,分别设定火灾工况第一跨受火、第二跨受火、第一跨和第二跨受火、三跨同时受火,计算第一跨、第二跨钢束预应力损失值随延火时间的变化。火灾工况不同时,跨顶板受火时 N1、N2、N3 钢束在第一跨四分点、跨中、四分之三点预应力损失值时程曲线如图 7.22 ~ 图 7.24所示。其他火灾工况结果见表 7.40 ~ 表 7.44。

图 7.22 为三跨预应力混凝土连续梁桥在第一跨顶板受火、第二跨顶板受火、第一跨和第

二跨顶板受火、三跨顶板同时受火时，N1 钢束在第一跨四分点、跨中、四分之三点处预应力损失值时程曲线。

由图 7.22a)可知，第一跨顶板受火时，随延火时间的增加，N1 钢束在第一跨四分点处预应力损失值逐渐增大；延火 60min，N1 钢束在第一跨四分点预应力损失值增长率最大为 2.9%；延火 180min，增长率最大为 4.3%。同一延火时刻，第一跨顶板受火，第一跨、第二跨顶板受火，三跨顶板同时受火，N1 钢束在第一跨四分点处预应力损失值相差不大。第二跨顶板受火，随延火时间的增加，N1 钢束在第一跨四分点处预应力损失值略微减小。

由图 7.22b)可知，第一跨顶板受火时，随延火时间的增加，N1 钢束在第一跨跨中预应力损失值逐渐增大；延火 60min，N1 钢束在第一跨跨中预应力损失值增长率最大为 2.6%；延火 180min，增长率最大为 3.7%。同一延火时刻，第一跨顶板受火，第一跨、第二跨顶板受火，三跨顶板同时受火，N1 钢束在第一跨跨中预应力损失值相差不大。第二跨顶板受火，随延火时间的增加，N1 钢束在第一跨跨中预应力损失值略微减小。

由图 7.22c)可知，第一跨顶板受火时，随延火时间的增加，N1 钢束在第一跨四分之三点处预应力损失值逐渐增大；延火 60min，N1 钢束在第一跨四分三点预应力损失值增长率最大为 4.8%；延火 180min，增长率最大为 7.1%。同一延火时刻，第一跨顶板受火、第一跨和第二跨顶板受火、三跨顶板同时受火时，N1 钢束在第一跨四分之三点处预应力损失值相差不大。第二跨顶板受火，随延火时间的增加，N1 钢束在第一跨四分之三点处预应力损失值略微减小。

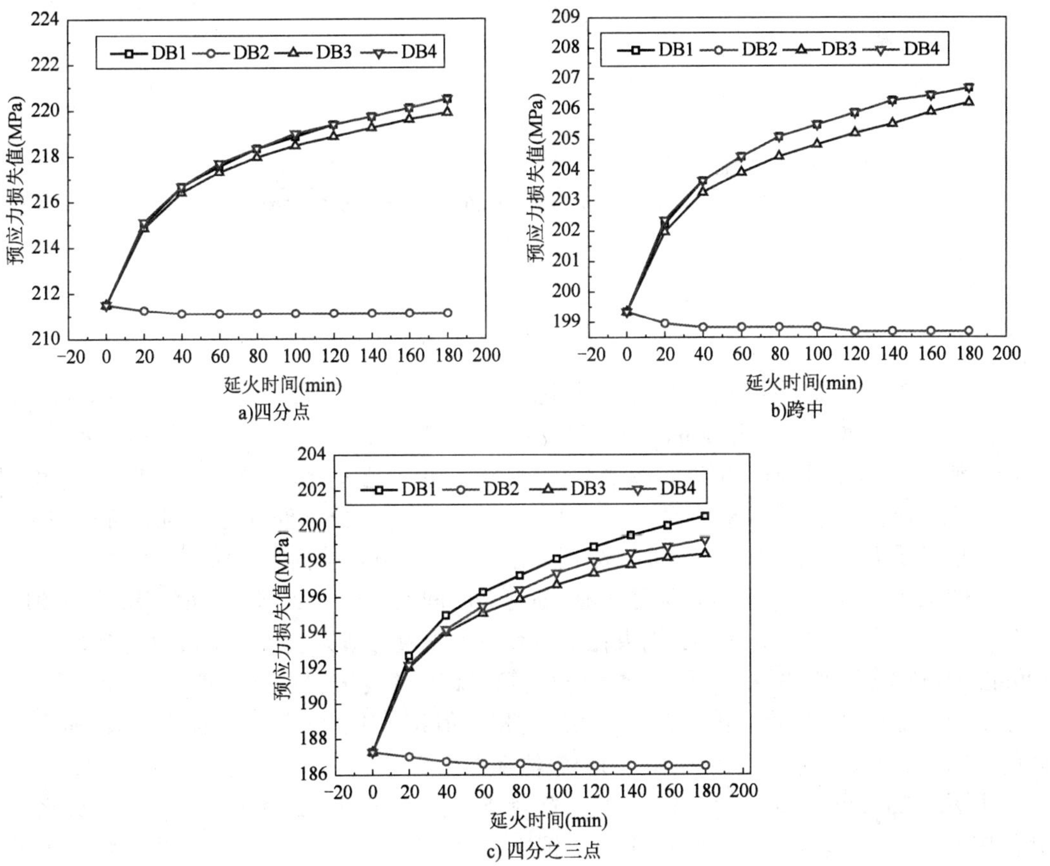

图 7.22　第一跨 N1 钢束预应力损失时程曲线

图7.23所示为三跨预应力混凝土连续梁桥在第一跨顶板受火、第二跨顶板受火、第一跨和第二跨顶板受火、三跨顶板同时受火时,N2钢束在第一跨四分点、跨中、四分之三点处预应力损失时程曲线。

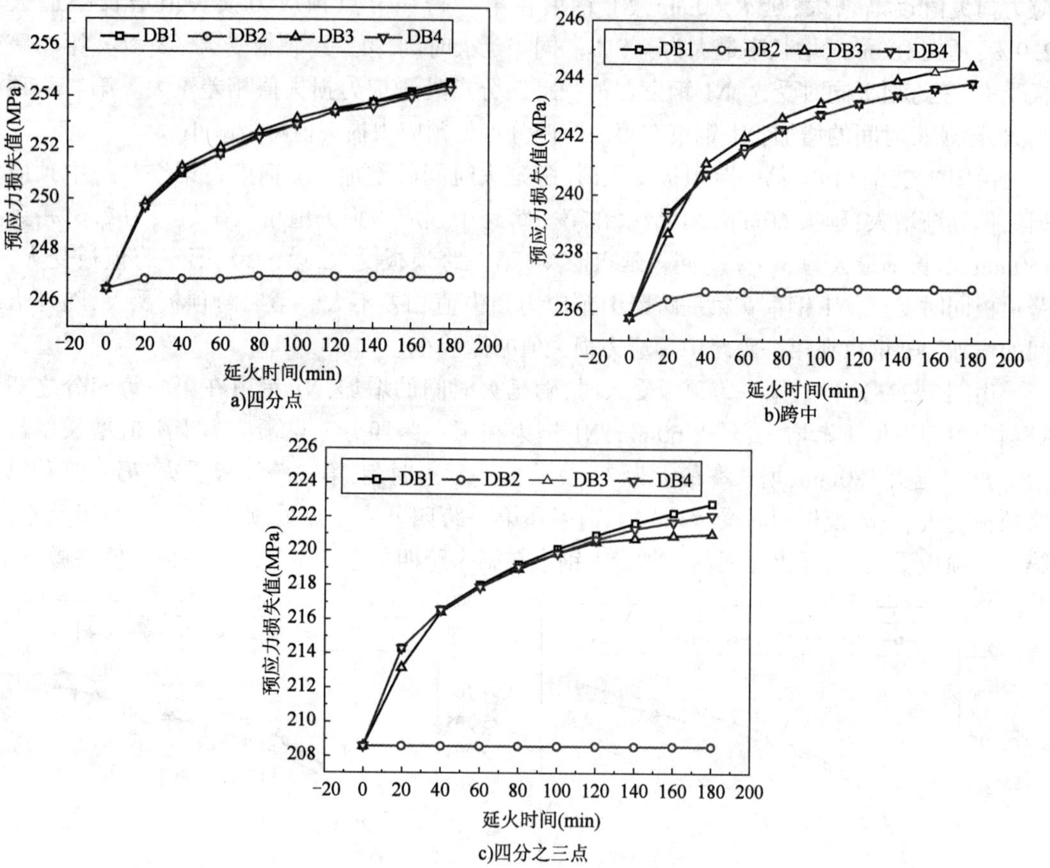

图7.23 第一跨N2钢束预应力损失时程曲线

由图7.23a)可知,第一跨顶板受火时,随延火时间的增加,N2钢束在第一跨四分点处预应力损失值逐渐增大;延火60min,N2钢束在第一跨四分点预应力损失值增长率最大为2.1%;延火180min,其损失值增长率最大为3.3%。同一延火时刻,第一跨顶板受火、第一跨和第二跨顶板受火、三跨顶板同时受火,N2钢束在第一跨四分点处预应力损失值相差不大。第二跨顶板受火,随延火时间的增加,N2钢束在第一跨四分点处预应力损失值基本无变化。

由图7.23b)可知,第一跨顶板受火时,随延火时间的增加,N2钢束在第一跨跨中预应力损失值逐渐增大;延火60min,N2钢束在第一跨跨中预应力损失值增长率最大为2.6%;延火180min,增长率最大为3.7%。同一延火时刻,第一跨顶板受火、第一跨和第二跨顶板受火、三跨顶板同时受火,N2钢束在第一跨跨中预应力损失值相差不大。第二跨顶板受火,随延火时间的增加,N2钢束在第一跨跨中预应力损失值基本无变化。

由图7.23c)可知,第一跨顶板受火时,随延火时间的增加,N2钢束在第一跨四分之三点处预应力损失值逐渐增大;延火60min,N2钢束在第一跨四分三点预应力损失值增长率最大为4.5%;延火180min,增长率最大为7.1%。同一延火时刻,第一跨顶板受火、第一跨和第二跨顶板受火、三跨顶板同时受火,N2 钢束在第一跨四分三点处预应力损失值相差不大。第二跨顶板受火,随延火时间的增加,N2 钢束在第一跨四分三点处预应力损失值保持不变。

图 7.24 所示为三跨预应力混凝土连续梁桥在第一跨顶板受火、第二跨顶板受火、第一跨和第二跨顶板受火、三跨顶板同时受火时,N3 钢束在第一跨四分点、跨中、四分之三点处预应力损失时程曲线。

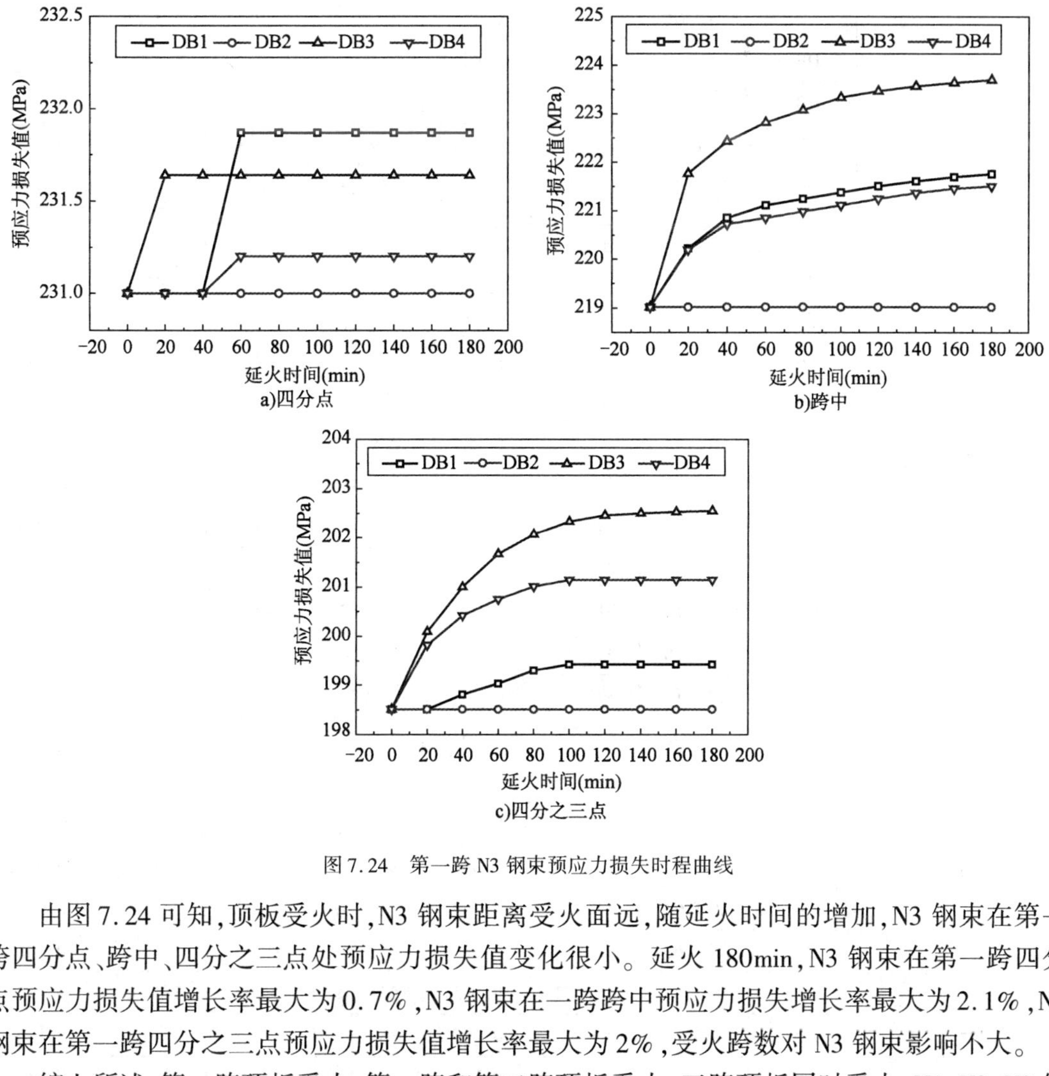

图 7.24 第一跨 N3 钢束预应力损失时程曲线

由图 7.24 可知,顶板受火时,N3 钢束距离受火面远,随延火时间的增加,N3 钢束在第一跨四分点、跨中、四分之三点处预应力损失值变化很小。延火 180min,N3 钢束在第一跨四分点预应力损失值增长率最大为 0.7%,N3 钢束在一跨跨中预应力损失增长率最大为 2.1%,N3 钢束在第一跨四分之三点预应力损失值增长率最大为 2%,受火跨数对 N3 钢束影响不大。

综上所述,第一跨顶板受火、第一跨和第二跨顶板受火、三跨顶板同时受火,N1、N2、N3 钢束在第一跨预应力损失值时程曲线走势相同,即随延火时间的增加,钢束在第一跨预应力损失值逐渐增大,增长速度变缓;同一延火时刻,顶板受火跨跨数不同对第一跨钢束预应力损失值影响不大。第二跨顶板受火,随延火时间的增加,N1、N2、N3 钢束在第一跨四分点、跨中、四分之三点处预应力损失值基本无变化。

表 7.40 为三跨预应力混凝土连续梁桥在第一跨顶板受火、第二跨顶板受火、第一跨和第二跨顶板受火、三跨顶板同时受火时,N1、N2、N3 钢束在第二跨四分点、跨中、四分之三点处预应力损失值。

顶板受火时第二跨钢束预应力损失值 表7.40

钢束名称	钢束位置	火灾工况	$\sigma_{N,0}$	$\sigma_{N,60}$	$\lambda_{N,60}$	$\sigma_{N,120}$	$\lambda_{N,120}$	$\sigma_{N,180}$	$\lambda_{N,180}$
N1	四分点	DB1	215.61	217.03	0.007	217.41	0.008	217.41	0.008
		DB2	215.61	219.48	0.018	220.25	0.022	220.65	0.023
		DB3	215.61	220.12	0.021	221.03	0.025	221.80	0.029
		DB4	215.61	219.87	0.020	220.77	0.024	221.20	0.026
	跨中	DB1	251.57	253.70	0.008	254.08	0.010	254.08	0.010
		DB2	251.57	256.83	0.021	257.96	0.025	258.60	0.028
		DB3	251.57	257.83	0.025	259.33	0.031	260.00	0.033
		DB4	251.57	258.21	0.026	259.83	0.033	260.70	0.036
	四分之三点	DB1	215.61	215.99	0.002	215.99	0.002	215.99	0.002
		DB2	215.61	219.48	0.018	220.38	0.022	221.00	0.025
		DB3	215.61	219.61	0.019	220.38	0.022	220.90	0.025
		DB4	215.61	219.87	0.020	220.77	0.024	221.80	0.029
N2	四分点	DB1	281.32	285.33	0.014	286.21	0.017	286.21	0.017
		DB2	281.32	288.21	0.024	289.97	0.031	291.00	0.034
		DB3	281.32	291.09	0.035	293.48	0.043	295.00	0.049
		DB4	281.32	290.22	0.032	292.72	0.041	294.00	0.045
	跨中	DB1	310.16	313.21	0.010	313.82	0.012	313.82	0.012
		DB2	310.16	319.43	0.030	321.87	0.038	323.60	0.043
		DB3	310.16	321.26	0.036	324.06	0.045	325.40	0.049
		DB4	310.16	321.99	0.038	325.28	0.049	327.00	0.054
	四分之三点	DB1	281.32	282.20	0.003	282.20	0.003	282.20	0.003
		DB2	281.32	288.46	0.025	290.22	0.032	291.30	0.035
		DB3	281.32	288.46	0.025	290.22	0.032	291.00	0.034
		DB4	281.32	290.22	0.032	292.72	0.041	294.50	0.047
N3	四分点	DB1	233.63	248.55	0.064	249.32	0.067	249.32	0.067
		DB2	233.63	253.56	0.085	255.74	0.095	257.20	0.101
		DB3	233.63	255.87	0.095	258.70	0.107	261.00	0.117
		DB4	233.63	256.90	0.100	260.37	0.114	263.00	0.126
	跨中	DB1	244.69	248.55	0.016	249.32	0.019	249.32	0.019
		DB2	244.69	253.56	0.036	255.74	0.045	257.20	0.051
		DB3	244.69	255.87	0.046	258.70	0.057	261.00	0.067
		DB4	244.69	256.90	0.050	260.37	0.064	263.00	0.075
	四分之三点	DB1	233.63	235.19	0.007	235.19	0.007	235.19	0.007
		DB2	233.63	239.99	0.027	241.42	0.033	242.30	0.037
		DB3	233.63	239.99	0.027	241.42	0.033	242.50	0.038
		DB4	233.63	242.98	0.040	245.45	0.051	247.00	0.057

由表7.40可知，延火180min，第一跨顶板受火，N1钢束在第二跨四分点处预应力损失值增长率小，为0.8%；第二跨顶板受火，N1钢束在第二跨四分点预应力损失值增长率为2.3%；第一跨和第二跨顶板同时受火，N1钢束在第二跨四分点预应力损失值增长率为2.9%；三跨顶板同时受火，N1钢束在第二跨四分点预应力损失值增长率为2.6%。延火180min，第一跨顶板受火，N1钢束在第二跨跨中预应力损失值增长率为1.0%；第二跨顶板受火，N1钢束在第二跨跨中预应力损失值增长率为2.8%；第一跨和第二跨顶板受火，N1钢束在第二跨跨中预应力损失值增长率为3.3%；三跨顶板同时受火，N1钢束在第二跨跨中预应力损失值增长率为3.6%。延火180min，第一跨顶板受火，N1钢束在第二跨四分之三点预应力损失值增长率为0.2%；第二跨顶板受火或第一跨和第二跨顶板受火，N1钢束在第二跨四分之三点预应力损失值增长率同为2.5%；三跨顶板受火，N1钢束在第二跨四分之三点预应力损失值增长率为2.9%。

综上可知，第一跨顶板受火，随延火时间的增加，N1钢束在第二跨四分点、跨中、四分之三点处预应力损失大致没有变化。第二跨顶板受火、第一跨和第二跨顶板受火、三跨顶板同时受火，随延火时间的增加，N1钢束在第二跨预应力损失值增大，增长速度变缓；同一延火时刻，N1钢束在第二跨四分点、跨中、四分之三点预应力损失值受顶板受火跨跨数影响不大。N2、N3钢束在第二跨四分点、跨中、四分之三点预应力损失变化规律与N1钢束变化规律一致。

表7.41为三跨预应力混凝土连续梁桥在第一跨底板受火、第二跨底板受火、第一跨和第二跨底板受火、三跨底板同时受火时，N1、N2、N3钢束在第一跨四分点、跨中、四分之三点处预应力损失值。

底板受火时第一跨钢束预应力损失值 表7.41

钢束名称	钢束位置	火灾工况	$\sigma_{N,0}$	$\sigma_{N,60}$	$\lambda_{N,60}$	$\sigma_{N,120}$	$\lambda_{N,120}$	$\sigma_{N,180}$	$\lambda_{N,180}$
N1	四分点	DB5	211.50	211.88	0.002	212.29	0.004	212.60	0.005
		DB6	211.50	212.26	0.004	212.49	0.005	212.49	0.005
		DB7	211.50	212.45	0.004	213.07	0.007	213.40	0.009
		DB8	211.50	212.26	0.004	212.88	0.006	213.20	0.008
	跨中	DB5	199.35	200.69	0.007	201.53	0.011	202.00	0.013
		DB6	199.35	200.50	0.006	200.93	0.008	200.93	0.008
		DB7	199.35	201.65	0.012	202.52	0.016	202.82	0.017
		DB8	199.35	201.27	0.010	202.32	0.015	202.80	0.017
	四分之三点	DB5	187.27	187.66	0.002	187.88	0.003	187.88	0.003
		DB6	187.27	190.00	0.015	191.10	0.020	191.10	0.020
		DB7	187.27	189.80	0.014	190.69	0.018	191.20	0.021
		DB8	187.27	189.22	0.010	189.89	0.014	190.00	0.015
N2	四分点	DB5	246.49	257.07	0.043	261.92	0.063	265.30	0.076
		DB6	246.49	245.92	-0.002	245.51	-0.004	245.20	-0.005
		DB7	246.49	256.13	0.039	260.56	0.057	263.90	0.071
		DB8	246.49	256.31	0.040	260.95	0.059	264.50	0.073

续上表

钢束名称	钢束位置	火灾工况	$\sigma_{N,0}$	$\sigma_{N,60}$	$\lambda_{N,60}$	$\sigma_{N,120}$	$\lambda_{N,120}$	$\sigma_{N,180}$	$\lambda_{N,180}$
N2	跨中	DB5	235.78	246.28	0.045	250.98	0.064	253.80	0.076
		DB6	235.78	235.78	0.000	235.78	0.000	235.78	0.000
		DB7	235.78	243.99	0.035	247.82	0.051	251.05	0.065
		DB8	235.78	244.56	0.037	248.61	0.054	251.80	0.068
	四分之三点	DB5	208.58	213.26	0.022	215.24	0.032	216.18	0.036
		DB6	208.58	208.58	0.000	208.58	0.000	208.58	0.000
		DB7	208.58	212.68	0.020	214.23	0.027	215.40	0.033
		DB8	208.58	212.68	0.020	214.43	0.028	215.60	0.034
N3	四分点	DB5	231.00	247.32	0.071	254.93	0.104	260.70	0.129
		DB6	231.00	228.34	-0.011	227.27	-0.016	227.27	-0.016
		DB7	231.00	244.47	0.058	250.81	0.086	255.00	0.104
		DB8	231.00	245.04	0.061	251.79	0.090	256.00	0.108
	跨中	DB5	219.02	235.77	0.076	243.30	0.111	248.40	0.134
		DB6	219.02	213.25	-0.026	210.87	-0.037	210.87	-0.037
		DB7	219.02	229.22	0.047	233.95	0.068	237.50	0.084
		DB8	219.02	230.76	0.054	236.14	0.078	237.70	0.085
	四分之三点	DB5	198.51	210.53	0.061	215.95	0.088	219.60	0.106
		DB6	198.51	189.78	-0.044	186.27	-0.062	186.27	-0.062
		DB7	198.51	200.83	0.012	201.71	0.016	202.40	0.020
		DB8	198.51	203.16	0.023	205.32	0.034	207.00	0.043

由表7.41可知,底板受火,N1钢束距离受火面远,随延火时间的增加,N1钢束在第一跨四分点、跨中、四分之三点预应力损失值增长率很小;受底板受火跨数影响不大。

延火180min,第一跨底板受火,N2钢束在第一跨四分点处预应力损失值增长率为7.6%;第二跨底板受火,N2钢束在第一跨四分点预应力损失值增长率为-0.5%;第一跨和第二跨底板同时受火,N2钢束在第一跨四分点预应力损失值增长率为5.7%;三跨底板同时受火,N2钢束在第一跨四分点预应力损失值增长率为7.1%。延火180min,第一跨底板受火,N2钢束在第一跨跨中预应力损失值增长率为7.6%;第二跨底板受火,N2钢束在第一跨跨中预应力损失值增长率为0%;第一跨和第二跨底板受火,N2钢束在第一跨跨中预应力损失值增长率为6.5%;三跨底板同时受火,N2钢束在第一跨跨中预应力损失值增长率为6.8%。延火180min,第一跨底板受火,N2钢束在第一跨四分之三点预应力损失值增长率为3.6%;第二跨底板受火,N2钢束在第一跨四分之三点预应力损失值增长率为0%;第一跨第二跨底板受火,N2钢束在第一跨四分之三点预应力损失值增长率为3.3%;三跨底板同时受火,N2钢束在第一跨四分之三点预应力损失值增长率为3.4%。

综上可知，第一跨底板受火、第一跨和第二跨底板受火、三跨底板同时受火时，随延火时间的增加，N2 钢束在第一跨预应力损失值增大，增长速度变缓。同一延火时刻，第一跨底板受火，N2 钢束在第一跨四分点、跨中、四分之三点预应力损失值增长率最大。第二跨底板受火，随延火时间的增加，N2 钢束在第一跨四分点、跨中、四分之三点处预应力损失值基本无变化。N3 钢束在第一跨四分点、跨中、四分之三点预应力损失变化规律与 N2 钢束变化规律一致。

表 7.42 为三跨预应力混凝土连续梁桥在第一跨底板受火、第二跨底板受火、第一跨和第二跨底板受火、三跨底板同时受火时，N1、N2、N3 钢束在第二跨四分点、跨中、四分之三点处预应力损失值。

底板受火时第二跨钢束预应力损失值　　表 7.42

钢束名称	钢束位置	火灾工况	$\sigma_{N,0}$	$\sigma_{N,60}$	$\lambda_{N,60}$	$\sigma_{N,120}$	$\lambda_{N,120}$	$\sigma_{N,180}$	$\lambda_{N,180}$
N1	四分点	DB5	215.61	214.48	-0.005	213.84	-0.008	213.84	-0.008
		DB6	215.61	220.73	0.024	223.06	0.035	223.96	0.039
		DB7	215.61	219.21	0.017	220.71	0.024	222.00	0.030
		DB8	215.61	219.21	0.017	220.71	0.024	222.20	0.031
	跨中	DB5	251.57	249.92	-0.007	249.29	-0.009	249.29	-0.009
		DB6	251.57	258.75	0.029	262.04	0.042	264.00	0.049
		DB7	251.57	257.09	0.022	259.37	0.031	261.20	0.038
		DB8	251.57	255.25	0.015	256.71	0.020	258.60	0.028
	四分之三点	DB5	215.61	215.61	0.000	215.61	0.000	215.61	0.000
		DB6	215.61	220.73	0.024	223.06	0.035	224.50	0.041
		DB7	215.61	220.73	0.024	223.06	0.035	224.60	0.042
		DB8	215.61	219.21	0.017	220.71	0.024	222.00	0.030
N2	四分点	DB5	281.32	277.27	-0.014	275.42	-0.021	275.42	-0.021
		DB6	281.32	292.37	0.039	297.13	0.056	301.20	0.071
		DB7	281.32	287.95	0.024	290.65	0.033	292.50	0.040
		DB8	281.32	287.95	0.024	290.65	0.033	292.40	0.039
	跨中	DB5	310.16	307.65	-0.008	306.64	-0.011	306.64	-0.011
		DB6	310.16	323.07	0.042	328.51	0.059	331.70	0.069
		DB7	310.16	320.56	0.034	324.99	0.048	328.00	0.058
		DB8	310.16	317.87	0.025	321.10	0.035	324.00	0.045
	四分之三点	DB5	281.32	281.14	-0.001	281.13	-0.001	281.13	-0.001
		DB6	281.32	292.37	0.039	296.94	0.056	300.50	0.068
		DB7	281.32	292.37	0.039	296.94	0.056	300.00	0.066
		DB8	281.32	287.95	0.024	290.65	0.033	294.30	0.046

续上表

钢束名称	钢束位置	火灾工况	$\sigma_{N,0}$	$\sigma_{N,60}$	$\lambda_{N,60}$	$\sigma_{N,120}$	$\lambda_{N,120}$	$\sigma_{N,180}$	$\lambda_{N,180}$
N3	四分点	DB5	233.63	227.71	-0.025	225.14	-0.036	225.14	-0.036
		DB6	233.63	246.04	0.053	251.20	0.075	254.40	0.089
		DB7	233.63	239.74	0.026	242.32	0.037	244.00	0.044
		DB8	233.63	239.74	0.026	242.12	0.036	250.20	0.071
	跨中	DB5	244.69	241.67	-0.012	240.20	-0.018	240.20	-0.018
		DB6	244.69	259.42	0.060	265.78	0.086	269.60	0.102
		DB7	244.69	256.21	0.047	260.90	0.066	264.70	0.082
		DB8	244.69	252.81	0.033	256.02	0.046	259.00	0.058
	四分之三点	DB5	233.63	233.63	0.000	233.43	-0.001	233.43	-0.001
		DB6	233.63	246.04	0.053	251.20	0.075	255.20	0.092
		DB7	233.63	245.85	0.052	251.20	0.075	255.00	0.091
		DB8	233.63	239.74	0.026	242.12	0.036	244.70	0.047

由表7.42可知，延火180min，第一跨底板受火，N1钢束在第二跨四分点处预应力损失值增长率为-0.8%；第二跨底板受火，N1钢束在第二跨四分点预应力损失值增长率为3.9%；第一跨和第二跨底板同时受火，N1钢束在第二跨四分点预应力损失值增长率为3.0%；三跨底板同时受火，N1钢束在第二跨四分点预应力损失值增长率为3.1%。延火180min，第一跨底板受火，N1钢束在第二跨跨中预应力损失值增长率为-0.9%；第二跨底板受火，N1钢束在第二跨跨中预应力损失值增长率为4.9%；第一跨和第二跨底板受火，N1钢束在第二跨跨中预应力损失值增长率为3.8%；三跨底板同时受火，N1钢束在第二跨跨中预应力损失值增长率为2.8%。延火180min，第一跨底板受火，N1钢束在第二跨四分之三点预应力损失值增长率为0%；第二跨底板受火，N1钢束在第二跨四分之三点预应力损失值增长率为4.1%；第一跨和第二跨底板受火，N1钢束在第二跨四分之三点预应力损失值增长率为4.2%；三跨底板同时受火，N1钢束在第二跨四分之三点预应力损失值增长率为3%。

综上可知，第二跨底板受火、第一跨和第二跨底板受火、三跨底板同时受火，随延火时间的增加，N1钢束预应力损失值增大，增长速度变缓；同一延火时刻，第二跨底板受火时，N1钢束在第二跨四分点、跨中、四分之三点预应力损失值增长率最大。第一跨底板受火，随延火时间的增加，N1钢束在第二跨四分点、跨中、四分之三点处预应力损失值基本无变化。N2、N3钢束在第二跨四分点、跨中、四分之三点预应力损失变化规律与N1钢束变化规律一致。

表7.43为三跨预应力混凝土连续梁桥在第一跨底板、腹板及翼板三面受火，第二跨底板、腹板及翼板三面受火，第一跨和第二跨底板、腹板及翼板三面受火，三跨底板、腹板及翼板三面受火时，N1、N2、N3钢束在第一跨四分点、跨中、四分之三点处预应力损失值。

底板、腹板及翼板三面受火时第一跨钢束预应力损失值　　表7.43

钢束名称	钢束位置	火灾工况	$\sigma_{N,0}$	$\sigma_{N,60}$	$\lambda_{N,60}$	$\sigma_{N,120}$	$\lambda_{N,120}$	$\sigma_{N,180}$	$\lambda_{N,180}$
N1	四分点	DB9	211.50	215.30	0.018	216.80	0.025	217.50	0.028
		DB10	211.50	212.45	0.004	212.88	0.006	212.88	0.006
		DB11	211.50	216.25	0.022	217.98	0.031	218.90	0.035
		DB12	211.50	216.06	0.022	217.78	0.030	217.90	0.030
	跨中	DB9	199.35	204.34	0.025	206.29	0.035	207.20	0.039
		DB10	199.35	200.88	0.008	201.53	0.011	201.53	0.011
		DB11	199.35	205.68	0.032	207.88	0.043	209.00	0.048
		DB12	199.35	205.29	0.030	207.48	0.041	208.60	0.046
	四分之三点	DB9	187.27	192.14	0.026	193.92	0.035	194.61	0.039
		DB10	187.27	191.17	0.021	192.51	0.028	192.51	0.028
		DB11	187.27	195.26	0.043	197.95	0.057	199.50	0.065
		DB12	187.27	194.67	0.040	197.14	0.053	199.00	0.063
N2	四分点	DB9	246.49	265.57	0.077	273.45	0.109	279.45	0.134
		DB10	246.49	245.55	-0.004	245.12	-0.006	245.12	-0.006
		DB11	246.49	264.44	0.073	271.50	0.101	276.60	0.122
		DB12	246.49	264.63	0.074	271.89	0.103	277.60	0.126
	跨中	DB9	235.78	255.44	0.083	263.22	0.116	268.20	0.138
		DB10	235.78	233.29	-0.011	232.42	-0.014	232.42	-0.014
		DB11	235.78	252.20	0.070	258.68	0.097	263.50	0.118
		DB12	235.78	252.96	0.073	259.47	0.100	263.70	0.118
	四分之三点	DB9	208.58	221.47	0.062	226.35	0.085	229.48	0.100
		DB10	208.58	208.58	0.000	208.38	-0.001	208.38	-0.001
		DB11	208.58	220.68	0.058	224.93	0.078	228.00	0.093
		DB12	208.58	220.88	0.059	225.13	0.079	228.00	0.093
N3	四分点	DB9	231.00	256.04	0.108	266.51	0.154	273.00	0.182
		DB10	231.00	227.39	-0.016	226.09	-0.021	226.09	-0.021
		DB11	231.00	252.06	0.091	260.62	0.128	266.00	0.152
		DB12	231.00	252.82	0.094	261.80	0.133	267.80	0.159
	跨中	DB9	219.02	245.39	0.120	255.84	0.168	262.00	0.196
		DB10	219.02	210.75	-0.038	207.88	-0.051	207.88	-0.051
		DB11	219.02	236.15	0.078	242.90	0.109	248.00	0.132
		DB12	219.02	237.88	0.086	245.49	0.121	251.00	0.146
	四分之三点	DB9	198.51	218.87	0.103	226.58	0.141	230.50	0.161
		DB10	198.51	186.09	-0.063	181.66	-0.085	181.66	-0.085
		DB11	198.51	204.71	0.031	206.73	0.041	210.00	0.058
		DB12	198.51	207.43	0.045	210.74	0.062	213.00	0.073

由表7.43可知,延火180min,第一跨底板、腹板及翼板三面受火,N1钢束在第一跨四分点处预应力损失值增长率为2.8%;第二跨底板、腹板及翼板三面受火,N1钢束在第一跨四分点预应力损失值增长率为0.6%;第一跨和第二跨底板、腹板及翼板三面受火,N1钢束在第一跨四分点预应力损失值增长率为3.5%;三跨底板、腹板及翼板三面受火,N1钢束在第一跨四分点预应力损失值增长率为3.0%。延火180min,第一跨底板、腹板及翼板三面受火,N1钢束在第一跨跨中预应力损失值增长率为3.9%;第二跨底板、腹板及翼板三面受火,N1钢束在第一跨跨中预应力损失值增长率为1.1%;第一跨和第二跨底板、腹板及翼板三面受火,N1钢束在第一跨跨中预应力损失值增长率为4.8%;三跨底板、腹板及翼板三面受火,N1钢束在第一跨跨中预应力损失值增长率为4.6%。延火180min,第一跨底板、腹板及翼板三面受火,N1钢束在第一跨四分之三点预应力损失值增长率为3.9%;第二跨底板、腹板及翼板三面受火,N1钢束在第一跨四分之三点预应力损失值增长率为2.8%;第一跨和第二跨底板、腹板及翼板三面受火,N1钢束在第一跨四分之三点预应力损失值增长率为6.5%;三跨底板、腹板及翼板三面受火,N1钢束在第二跨四分之三点预应力损失值增长率为6.3%。

综上可知,第一跨底板、腹板及翼板三面受火、第一跨和第二跨底板、腹板及翼板三面受火、三跨底板、腹板及翼板三面受火,同一延火时刻,底板、腹板及翼板三面受火,受火跨数不同对N1钢束预应力损失值影响不大。第二跨底板、腹板及翼板三面受火,随延火时间的增加,N1钢束在第一跨四分点、跨中、四分之三点处预应力损失值基本无变化。N2、N3钢束在第一跨四分点、跨中、四分之三点预应力损失变化规律与N1钢束变化规律一致。

表7.44为三跨预应力混凝土连续梁桥在第一跨底板、腹板及翼板三面受火,第二跨底板、腹板及翼板三面受火,第一跨和第二跨底板、腹板及翼板三面受火,三跨底板、腹板及翼板三面受火时,N1、N2、N3钢束在第二跨四分点、跨中、四分之三点处预应力损失值。

底板、腹板和翼板三面受火时第二跨钢束预应力损失值 表7.44

钢束名称	钢束位置	火灾工况	$\sigma_{N,0}$	$\sigma_{N,60}$	$\lambda_{N,60}$	$\sigma_{N,120}$	$\lambda_{N,120}$	$\sigma_{N,180}$	$\lambda_{N,180}$
N1	四分点	DB9	215.61	214.09	-0.007	213.45	-0.010	213.45	-0.010
		DB10	215.61	225.66	0.047	229.54	0.065	231.40	0.073
		DB11	215.61	223.96	0.039	226.79	0.052	228.50	0.060
		DB12	215.61	223.77	0.038	226.79	0.052	228.10	0.058
	跨中	DB9	251.57	249.73	-0.007	248.91	-0.011	248.91	-0.011
		DB10	251.57	265.56	0.056	270.98	0.077	274.60	0.092
		DB11	251.57	263.53	0.048	268.13	0.066	272.00	0.081
		DB12	251.57	261.51	0.039	265.08	0.054	267.50	0.063
	四分之三点	DB9	215.61	215.61	0.000	215.61	0.000	215.61	0.000
		DB10	215.61	225.66	0.047	229.34	0.064	232.00	0.076
		DB11	215.61	225.66	0.047	229.34	0.064	232.70	0.079
		DB12	215.61	223.77	0.038	226.79	0.052	228.60	0.060

续上表

钢束名称	钢束位置	火灾工况	$\sigma_{N,0}$	$\sigma_{N,60}$	$\lambda_{N,60}$	$\sigma_{N,120}$	$\lambda_{N,120}$	$\sigma_{N,180}$	$\lambda_{N,180}$
N2	四分点	DB9	281.32	276.53	-0.017	274.66	-0.024	274.66	-0.024
		DB10	281.32	302.14	0.074	309.89	0.102	314.60	0.118
		DB11	281.32	297.16	0.056	302.84	0.077	307.50	0.093
		DB12	281.32	296.98	0.056	302.65	0.076	307.00	0.091
	跨中	DB9	310.16	307.29	-0.009	306.08	-0.013	306.08	-0.013
		DB10	310.16	335.98	0.083	345.94	0.115	352.10	0.135
		DB11	310.16	333.29	0.075	341.86	0.102	347.00	0.119
		DB12	310.16	330.24	0.065	337.78	0.089	343.00	0.106
	四分之三点	DB9	281.32	281.14	-0.001	281.13	-0.001	281.13	-0.001
		DB10	281.32	301.95	0.073	309.70	0.101	314.40	0.118
		DB11	281.32	301.95	0.073	309.70	0.101	315.00	0.120
		DB12	281.32	296.98	0.056	302.65	0.076	307.00	0.091
N3	四分点	DB9	233.63	226.75	-0.029	223.95	-0.041	223.95	-0.041
		DB10	233.63	255.21	0.092	263.25	0.127	269.00	0.151
		DB11	233.63	248.14	0.062	253.37	0.085	257.50	0.102
		DB12	233.63	247.95	0.061	253.18	0.084	256.70	0.099
	跨中	DB9	244.69	241.11	-0.015	239.62	-0.021	239.62	-0.021
		DB10	244.69	272.64	0.114	283.16	0.157	290.00	0.185
		DB12	244.69	264.90	0.083	272.42	0.113	278.00	0.136
	四分之三点	DB9	233.63	233.44	-0.001	233.43	-0.001	233.43	-0.001
		DB10	233.63	255.21	0.092	263.05	0.126	268.70	0.150
		DB11	233.63	255.02	0.092	263.05	0.126	268.00	0.147
		DB12	233.63	247.95	0.061	253.18	0.084	258.00	0.104

由表7.44可知,延火180min,第一跨底板、腹板及翼板三面受火,N1钢束在第二跨四分点处预应力损失值增长率为1.0%;第二跨底板、腹板及翼板三面受火,N1钢束在第二跨四分点预应力损失值增长率为7.3%;第一跨和第二跨底板、腹板及翼板三面受火,N1钢束在第二跨四分点预应力损失值增长率为6%;三跨底板、腹板及翼板三面受火,N1钢束在第二跨四分点预应力损失值增长率为5.8%。延火180min,第一跨底板、腹板及翼板三面受火,N1钢束在第二跨跨中预应力损失值增长率为-1.1%;第二跨底板、腹板及翼板三面受火,N1钢束在第二跨跨中预应力损失值增长率为9.2%;第一跨和第二跨底板、腹板及翼板三面受火,N1钢束在第二跨跨中预应力损失值增长率为8.1%;三跨底板、腹板及翼板三面受火,N1钢束在第二跨跨中预应力损失值增长率为6.3%。延火180min,第一跨底板、腹板及翼板三面受火,N1钢束在第二跨四分之三点预应力损失值增长率为0%;第二跨底板、腹板及翼板三面受火,N1钢束在第二跨四分之三点预应力损失值增长率为7.6%;第一跨和第二跨底板、腹板及翼板三面受火,N1钢束在第二跨四分之三点预应力损失值增长率为7.9%;三跨底板、腹板及翼板三面受

火,N1 钢束在第二跨四分之三点预应力损失值增长率为 6%。

综上可知,第二跨底板、腹板及翼板三面受火,第一跨和第二跨底板、腹板及翼板三面受火,三跨底板、腹板及翼板三面受火,随延火时间的增加,钢束预应力损失值逐渐增大;同一延火时刻,底板、腹板及翼板三面受火跨跨数不同对 N1 钢束预应力损失值影响不大。第一跨底板、腹板及翼板三面受火,随延火时间的增加,N1 钢束在第二跨四分点、跨中、四分之三点处预应力损失值大致没有变化。N2、N3 钢束在第二跨四分点、跨中、四分之三点预应力损失变化规律与 N1 钢束变化规律一致。

7.3.4 公式的提出

通过对三跨预应力混凝土连续梁桥在不同火灾工况下预应力损失的计算,分析三跨预应力混凝土连续梁桥钢束在第一跨和第二跨四分点、跨中、四分之三点处预应力时程损失值,建立火灾下预应力损失值时程函数。

$$\sigma_{N,t} = a + bt + ct^2 \quad (t \leqslant 180) \tag{7.3.3}$$

式中:$\sigma_{N,t}$——延火 t 时刻第 N 钢束预应力损失值;

a、b、c——相关系数,其系数取值见表 7.45~表 7.48。

第一跨预应力损失计算公式分项系数(四分点、跨中) 表 7.45

钢束名称	火灾工况	四分点				跨中			
		a	b	c	R^2	a	b	c	R^2
N1	DB1	211.97	0.13	-6.22E-04	0.966	199.72	0.11	-5.32E-04	0.971
	DB3	211.95	0.13	-6.12E-04	0.966	199.69	0.10	-4.93E-04	0.967
	DB4	212.00	0.14	-6.38E-04	0.964	199.76	0.11	-5.32E-04	0.964
	DB9	211.69	0.09	-3.74E-04	0.985	199.57	0.11	-4.84E-04	0.987
	DB11	211.77	0.11	-4.64E-04	0.982	199.72	0.14	-5.94E-04	0.983
	DB12	211.76	0.10	-4.19E-04	0.982	199.70	0.13	-5.73E-04	0.983
N2	DB1	246.96	0.12	-5.36E-04	0.958	236.33	0.13	-6.14E-04	0.952
	DB3	246.98	0.12	-5.82E-04	0.956	236.03	0.14	-6.52E-04	0.979
	DB4	246.99	0.12	-5.36E-04	0.950	236.29	0.13	-5.98E-04	0.957
	DB5	246.98	0.22	-7.98E-04	0.991	236.29	0.22	-8.08E-04	0.990
	DB7	246.99	0.20	-7.20E-04	0.989	236.24	0.17	-6.13E-04	0.987
	DB8	246.96	0.20	-7.35E-04	0.991	236.22	0.18	-6.83E-04	0.989
	DB9	247.63	0.41	-1.69E-03	0.983	236.95	0.42	-1.76E-03	0.983
	DB11	247.55	0.39	-1.63E-03	0.982	236.82	0.36	-1.49E-03	0.981
	DB12	247.57	0.39	-1.64E-03	0.983	236.77	0.37	-1.58E-03	0.983
N3	DB5	231.79	0.34	-1.24E-03	0.990	219.93	0.34	-1.28E-03	0.988
	DB7	231.61	0.28	-9.89E-04	0.991	219.52	0.21	-7.76E-04	0.990
	DB8	231.64	0.29	-1.05E-03	0.992	219.64	0.24	-9.08E-04	0.988
	DB9	232.45	0.54	-2.24E-03	0.983	220.58	0.58	-2.42E-03	0.983
	DB11	232.17	0.46	-1.90E-03	0.985	219.98	0.37	-1.57E-03	0.984
	DB12	232.20	0.48	-1.97E-03	0.984	220.11	0.41	-1.72E-03	0.983

第一跨预应力损失计算公式分项系数(四分之三点) 表7.46

钢束名称	火灾工况	四分之三点			
		a	*b*	*c*	R^2
N1	DB1	188.08	0.20	-9.32E-04	0.955
	DB3	188.01	0.17	-8.02E-04	0.950
	DB4	187.98	0.18	-8.14E-04	0.960
	DB9	187.51	0.11	-4.57E-04	0.988
	DB11	187.80	0.18	-8.00E-04	0.977
	DB12	187.71	0.16	-7.30E-04	0.981
N2	DB1	209.42	0.21	-9.45E-04	0.959
	DB3	209.03	0.21	-9.54E-04	0.982
	DB4	209.44	0.20	-9.56E-04	0.954
	DB5	208.77	0.10	-3.66E-04	0.992
	DB7	208.80	0.09	-3.42E-04	0.985
	DB8	208.85	0.09	-3.40E-04	0.981
	DB9	209.36	0.28	-1.17E-03	0.982
	DB11	209.39	0.26	-1.14E-03	0.978
	DB12	209.37	0.27	-1.17E-03	0.979
N3	DB5	199.18	0.25	-9.43E-04	0.987
	DB7	198.65	0.05	-1.96E-04	0.980
	DB8	198.77	0.10	-3.69E-04	0.987
	DB9	199.76	0.44	-1.89E-03	0.981
	DB11	198.92	0.14	-6.18E-04	0.977
	DB12	199.10	0.20	-8.46E-04	0.978

第二跨预应力损失计算公式分项系数(四分点、跨中) 表7.47

钢束名称	火灾工况	四分点				跨中			
		a	*b*	*c*	R^2	*a*	*b*	*c*	R^2
N1	DB2	215.99	0.09	-4.50E-04	0.941	252.22	0.12	-5.92E-04	0.905
	DB3	216.10	0.10	-5.25E-04	0.925	252.30	0.14	-6.98E-04	0.921
	DB4	216.03	0.09	-4.76E-04	0.941	252.20	0.15	-7.13E-04	0.949
	DB10	216.21	0.22	-9.47E-04	0.981	252.45	0.31	-1.30E-03	0.980
	DB11	216.11	0.18	-8.16E-04	0.982	252.31	0.26	-1.11E-03	0.981
	DB12	216.16	0.18	-7.76E-04	0.977	252.19	0.22	-9.43E-04	0.980

续上表

钢束名称	火灾工况	四分点				跨中			
		a	*b*	*c*	R^2	*a*	*b*	*c*	R^2
N2	DB2	282.12	0.15	-7.63E-04	0.923	311.22	0.20	-9.94E-04	0.926
	DB3	282.05	0.22	-1.07E-03	0.965	311.05	0.25	-1.19E-03	0.961
	DB4	282.21	0.19	-9.18E-04	0.946	311.30	0.26	-1.22E-03	0.950
	DB6	281.94	0.23	-8.82E-04	0.986	310.94	0.27	-1.07E-03	0.984
	DB7	281.67	0.14	-5.66E-04	0.987	310.80	0.22	-8.51E-04	0.984
	DB8	281.69	0.14	-5.66E-04	0.985	310.64	0.16	-6.46E-04	0.983
	DB10	282.60	0.45	-1.93E-03	0.981	311.81	0.56	-2.36E-03	0.980
	DB11	282.34	0.34	-1.49E-03	0.979	311.59	0.50	-2.14E-03	0.982
	DB12	282.33	0.34	-1.48E-03	0.980	311.44	0.43	-1.82E-03	0.981
N3	DB2	234.47	0.14	-6.95E-04	0.887	245.78	0.19	-9.72E-04	0.913
	DB3	234.82	0.23	-1.17E-03	0.928	245.97	0.24	-1.20E-03	0.925
	DB4	234.51	0.20	-9.77E-04	0.952	245.88	0.26	-1.24E-03	0.948
	DB6	234.31	0.26	-1.02E-03	0.987	245.61	0.31	-1.21E-03	0.983
	DB7	234.03	0.13	-5.23E-04	0.981	245.34	0.24	-9.61E-04	0.986
	DB8	233.99	0.13	-5.18E-04	0.984	245.22	0.17	-6.93E-04	0.980
	DB10	235.03	0.47	-2.02E-03	0.979	246.51	0.61	-2.58E-03	0.980
	DB11	234.55	0.31	-1.36E-03	0.980	246.25	0.52	-2.21E-03	0.980
	DB12	234.59	0.31	-1.34E-03	0.978	245.96	0.44	-1.86E-03	0.981

第二跨预应力损失计算公式分项系数(四分之三点) 表 7.48

钢束名称	火灾工况	四分之三点			
		a	*b*	*c*	R^2
N1	DB2	216.02	0.09	-4.54E-04	0.935
	DB3	216.01	0.09	-4.69E-04	0.940
	DB4	216.03	0.09	-4.76E-04	0.941
	DB10	216.18	0.22	-9.60E-04	0.983
	DB11	216.18	0.22	-9.60E-04	0.983
	DB12	216.15	0.18	-7.60E-04	0.979
N2	DB2	282.11	0.16	-7.79E-04	0.930
	DB3	281.75	0.16	-7.79E-04	0.973
	DB4	282.21	0.19	-9.18E-04	0.946
	DB6	281.93	0.23	-9.11E-04	0.986
	DB7	281.92	0.23	-9.11E-04	0.987
	DB8	281.69	0.14	-5.66E-04	0.985
	DB10	282.62	0.45	-1.92E-03	0.980
	DB11	282.59	0.45	-1.94E-03	0.981

续上表

钢束名称	火灾工况	四分之三点			
		a	b	c	R^2
N2	DB12	282.33	0.34	-1.48E-03	0.980
N3	DB2	234.45	0.14	-7.22E-04	0.902
	DB3	234.45	0.14	-7.22E-04	0.902
	DB4	234.51	0.20	-9.77E-04	0.952
	DB6	234.35	0.26	-1.01E-03	0.985
	DB7	234.35	0.25	-9.83E-04	0.985
	DB8	233.99	0.13	-5.18E-04	0.984
	DB10	235.01	0.47	-2.05E-03	0.980
	DB11	234.95	0.47	-2.01E-03	0.981
	DB12	234.59	0.31	-1.34E-03	0.978

7.4 有效预应力衰减评价与应用

7.4.1 评价方法

将截面有效预应力储备度应用于火灾下预应力混凝土桥梁结构的抗火设计和火灾后安全评价中,建立火灾下桥梁结构安全预警体系。定义任意延火时刻,关键截面有效预应力储备度 λ 为截面消压弯矩与短期作用最不利使用弯矩的比值[16~18],其计算公式为式(7.4.1)。

$$\lambda_t = \frac{M_{or}}{M_{sn}} \tag{7.4.1}$$

式中:λ_t——延火任意时刻关键截面的有效预应力储备度;

M_{sn}——《公路钢筋混凝土及预应力混凝土桥涵设计规范》(JTG 3362—2018)[17]计算的短期作用效应组合弯矩;

M_{or}——预应力钢束提供的截面消压弯矩,计算公式为式(7.4.2)。

$$M_{or} = \sigma_{pcr} I_0 / y_0 = \left(\frac{N_{pr}}{A_n} + \frac{N_{pr} e_{pr}}{W_n}\right) I_0 / y_0 \tag{7.4.2}$$

式中:σ_{pcr}——预应力钢筋与普通钢筋合力在截面受拉区边缘产生的压应力;

N_{pr}、$N_{pr}e_{pr}$——有效预应力在正截面上的合力效应,计算公式为式(7.4.3)。

$$\begin{cases} N_{pr} = \sigma_{pe合} A_p - \sigma_{l6} A_s - \sigma'_{l6} A'_s \\ N_{pr} e_{pr} = \sigma_{pe合} A_p (y_{cn} - y_p) - \sigma_{l6} A_s (y_s - y_{cn}) - \sigma'_{l6} A'_s y'_{sn} (y'_s - y_{cn}) \end{cases} \tag{7.4.3}$$

以上公式中的变量是随延火时间变化的,由此可知,火灾高温引起混凝土桥梁有效预应力的衰减,导致有效预应力储备度的衰减。为综合反映火灾下预应力衰减对桥梁结构的影响程度,将任意延火时间关键截面有效预应力储备度 λ_t 与延火初始时刻关键截面有效预应力储备度 λ_0 的比值 λ_t/λ_0 作为衡量桥梁关键截面有效预应力衰减程度的独立指标(与火灾以外的其他因素不相关)，见表7.49。

截面有效预应力储备度评价表 表7.49

评价标度	衰减程度	状态预警	应对措施
$\frac{\lambda_t}{\lambda_0}=1.0$	无	安全	无
$0.95<\frac{\lambda_t}{\lambda_0}<1.0$	轻度	安全	清洗表面熏黑部分
$0.90<\frac{\lambda_t}{\lambda_0}<0.95$	中度	安全	凿除表面熏黑部分，进行表面维修
$0.85\leqslant\frac{\lambda_t}{\lambda_0}<0.90$	重度	危险	结构加固、增强
$\frac{\lambda_t}{\lambda_0}<0.85$	非常严重	严重危险	拆除重建

7.4.2 评价应用

(1)主控截面有效预应力合力效应

基于前述研究的三跨预应力混凝土连续梁桥(跨径组合:20m + 30m + 20m)，进行基于预应力储备度的桥梁结构整体安全评价。如图7.1所示，选取中跨墩顶和跨中截面作为主控截面，计算在第二跨底板、腹板及翼板三面受火，延火0min(未受火)、60min、120min、180min时，主控截面内预应力合力及合力偏心距效应、截面消压弯矩及截面预应力度效应，进行火灾下混凝土梁桥有效预应力衰减程度整体评价。中跨跨中截面简化分析模式如图7.25所示。钢束有效预应力计算结果列于表7.50，截面参数计算结果列于表7.51，预应力合力效应值计算结果列于表7.52。

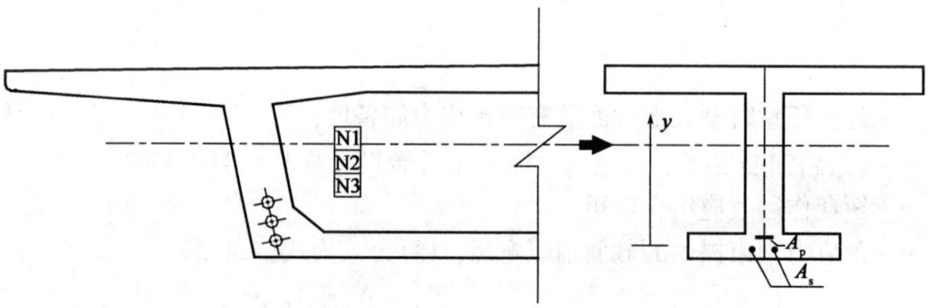

图7.25 中跨跨中截面简化分析模式

钢束有效预应力计算结果(单位:MPa) 表7.50

钢束名称	中跨墩顶截面				中跨跨中截面			
	0min	60min	120min	180min	0min	60min	120min	180min
N1	1233	1225	1220	1216	1143	1128	1125	1120
N2	1203	1193	1186	1179	1084	1059	1049	1042
N3	1242	1230	1222	1215	1150	1122	1111	1104

截面参数计算结果 表 7.51

截面参数	中跨墩顶截面				中跨跨中截面			
	0min	60min	120min	180min	0min	60min	120min	180min
$A_n(m^2)$	7.378	6.903	6.722	6.597	3.776	3.306	3.119	2.991
$W_n(m^3)$	2.292	2.054	1.974	1.913	1.967	1.740	1.650	1.584
$I_0(m^4)$	1.516	1.335	1.299	1.249	1.140	0.947	0.865	0.815
$Y_0(m)$	0.642	0.629	0.621	0.621	0.550	0.513	0.492	0.481

预应力合力效应值计算结果 表 7.52

项　　目	虚拟实测工况							
	中跨墩顶截面				中跨跨中截面			
	0min	60min	120min	180min	0min	60min	120min	180min
$\sigma_{pe合}$ (MPa)	7357	7296	7256	7220	6757	6621	6573	6539
N_{pr} (kN)	6640	6230	5930	5600	6084	5722	5594	5504
$N_{pr} \cdot e_{pr}$ (kN·m)	2145	1994	1844	1695	-7522	-7066	-6764	-6517
M_{or} (kN·m)	4347	4075	3842	3648	4588	4305	4058	3847
λ_t	1.12	1.05	0.99	0.94	1.30	1.22	1.15	1.09
$\frac{\lambda_t}{\lambda_0}$	1.0	0.94	0.88	0.84	1.0	0.94	0.88	0.84

注:表中轴力以受压为正,受拉为负;弯矩以截面下缘受拉为正,上缘受拉为负。

(2)结果分析

根据第7.4.1节的评价方法,计算得到中跨墩顶和跨中两个主控截面的有效预应力储备度量化标度,将其列于表7.53。

有效预应力储备度评价结果 表 7.53

时间(min)	衰 减 程 度	中跨墩顶截面	跨 中 截 面
0	无	1.01.0	
60	中度	0.94	0.94
120	重度	0.88	0.88
180	严重	0.84	0.84

根据表7.53可知,桥梁未受火时,中跨墩顶截面有效预应力储备度值为1.12;延火60min,有效预应力储备度值衰减为1.05,其评价标度为0.94;延火120min,有效预应力储备度值衰减为0.99,其评价标度为0.88;延火180min,有效预应力储备度值衰减为0.94,其评价标度为0.84,属于严重危险状态。

桥梁未受火时,中跨跨中截面有效预应力储备度值为1.3;延火60min,有效预应力储备度值衰减为1.22,其评价标度为0.94;延火120min,有效预应力储备度值衰减为1.15,其评价标度为0.88;延火180min,有效预应力储备度值衰减为1.09,其评价标度为0.84,属于严重危险状态。

由此可知,从预应力钢束衰减的指标判断,预应力混凝土梁桥的耐火极限大约在120min。

7.5 本章小结

对于预应力混凝土桥梁,当其遭遇火灾,工程人员关注更多的是有效预应力衰变状况。由于受众多因素的影响,火灾下混凝土桥梁的有效预应力很难靠检测获取;另外,在本章的混凝土梁桥有效预应力分析中,主要考虑的是结构受损所致的预应力损失,未考虑管道周围混凝土的高温爆裂情况,忽略了预应力钢束的横截面传导、高温蠕变、管道偏位及混凝土保护层厚度的影响,该方法可用于复杂连续体系混凝土桥梁的预应力评价。贺拴海教授的科研团队提出了常温下获取预应力混凝土桥梁有效预应力的横张增量法、应力释放法,然而这些方法均是建立在材料特性未损的条件下。所以火灾条件下混凝土桥梁有效预应力的研究将是一项长期的课题,尤其高温爆裂对预应力的影响非常严重,计算难度大,第8章将做此研究。

本章参考文献

[1] 张岗, 刘天龙, 王翠娟,等. 强度减损下混凝土箱梁预应力高温损失分析[J]. 解放军理工大学学报(自然科学版), 2015(4):345-352.

[2] 张岗, 施颖, 宣纪明, 等. 混凝土连续箱梁支点处钢束预应力高温衰变研究[J]. 桥梁建设, 2016, 46(1): 76-80.

[3] 张建荣, 周元强, 林建萍, 等. 混凝土结构对流换热效应的研究[J]. 四川建筑科学研究, 2007, 33(3): 157-160.

[4] 汪剑, 方志. 混凝土箱梁桥的温度场分析[J]. 湖南大学学报(自然科学版), 2008, 35(4): 23-28.

[5] 贺拴海, 张岗, 黄侨. 火灾下桥梁结构灾变机理及安全性评价与加固技术研究[R]. 西安: 长安大学, 2014.

[6] Kodur V K R, Dwaikat M. A numerical model for predicting the fire resistance of concrete beams[J]. Cement Concrete Composites, 2008, 30(5):431-443.

[7] Zhang G, Kodur V, Xie J C, et al. Behavior of prestressed concrete box bridge girders under hydrocarbon fire condition[J]. Procedia Engineering, 2017, 210:449-455.

[8] Zhang G, Kodur V, Hou W, et al. Evaluating fire resistance of prestressed concrete bridge girders[J]. Structural Engineering and Mechanics, 2017, 62(6): 663-674.

[9] 朱建明, 王晓纯, 魏东, 等. 火灾后混凝土构件的剩余刚度估计[J] 工程力学, 2011, 28(8):193-197.

[10] 高立堂, 董毓利, 袁爱民. 无粘结预应力混凝土连续板中跨受火试验研究[J]. 建筑结构学报, 2004, 34(8):49-52.

[11] 郑文忠,许名鑫,王英. 钢筋混凝土及预应力混凝土材料抗火性能[J]. 哈尔滨建筑大学学报,2002,35(4):6-10.

[12] 袁广林,李庆涛,吕志涛,等. 高温下无黏结预应力混凝土中钢绞线预应力的损失[J]. 河海大学学报(自然科学版),2006,34(1):88-91.

[13] 王新敏. ANSYS 工程结构数值分析[M]. 北京:人民交通出版社,2007.

[14] 王新敏,李义强,徐宏伟. ANSYS 结构分析单元与应用[M]. 北京:人民交通出版社,2011.

[15] 雷柯夫. 热传导理论[M]. 北京:高等教育出版社, 1959.

[16] 叶见曙. 结构设计原理[M]. 北京: 人民交通出版社, 2005.

[17] 中华人民共和国行业标准. JTG 3362—2018 公路钢筋混凝土及预应力混凝土桥涵设计规范[S]. 北京:人民交通出版社股份有限公司,2018.

[18] 郭琦. 复杂预应力体系梁式结构有效预应力预测理论与方法研究[D]. 西安:长安大学,2008.

第8章

高温爆裂时预应力混凝土桥梁抗火性能计算方法

8.1 混凝土高温爆裂的形成过程与影响因素

8.1.1 混凝土高温爆裂的形成过程

混凝土在火灾高温作用下,其表面会出现一些脱落,从而产生不同形状、大小不一的坑槽,并伴有清脆爆裂声,此现象被称为混凝土的高温爆裂。在不同的高温环境中,混凝土爆裂程度差异性较大,有大面积爆裂,也有局部爆裂;有深度爆裂,也有浅层爆裂。所以高温爆裂具有不确定性和偶然性,同时也具有统计意义上的规律性和必然性[1]。

实际工程中的混凝土由粗集料、细集料和胶结材料经过水化作用结合而成。由此说明,混凝土从生产到运营体内必然存在一定的水分(自由水和结晶水),水化过程中水分的含量非常高,水化完成后及后期服役过程中水分的含量非常小。由于混凝土的成分组成特点,混凝土内部的相界面是复杂的,有相对较薄弱的相界面存在。混凝土受到高温作用后,里面的水分会变得活跃,体积发生膨胀,于是在混凝土各相界面之间产生膨胀压力,随着温度的升高,膨胀压力增强,就会撕裂相对较弱的相界面,使得该处的混凝土脱离,发生高温爆裂现象,如图8.1所示。因此,混凝土体内水分含量越高,高温时产生的蒸汽膨胀压力就越大,混凝土的爆裂就越严重,深度也随之增大,在某些情况下,结构可能会爆穿,所以施工期间混凝土结构发生火灾后,一般都会产生深度爆裂。在服役期间,混凝土的水分含量小,由水蒸气导致的高温爆裂几率相对较小,程度较轻,其爆裂主要是混凝土结构组成材料之间的热应力差所致。

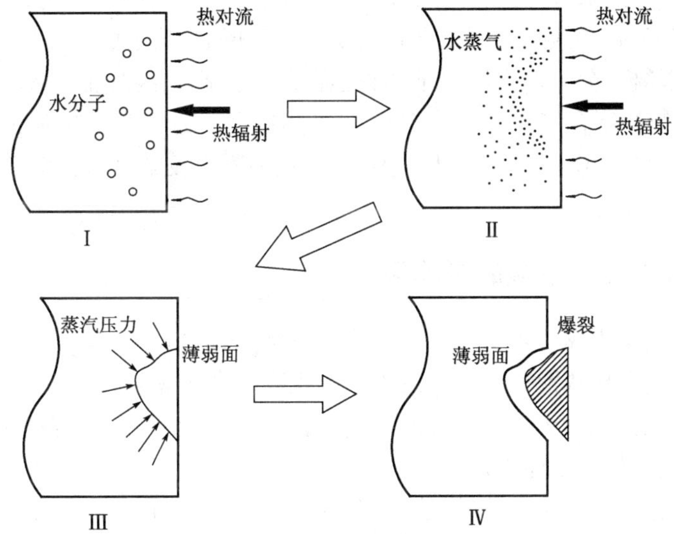

图 8.1 水蒸气致混凝土爆裂机理示意图

混凝土结构在服役过程中要承受自身和外荷载产生的作用,把这种作用称为常温作用。在高温时,由于混凝土的热惰性强,温度自外而内缓慢传导,直接受火的地方温度超高,未受火的地方温度低很多,于是产生了明显的温度梯度作用,该作用被称为高温作用。常温作用与混凝土受到高温时的作用相互叠加、相互约束,便产生较强的热-结构耦合应力差,这个差值超过混凝土的抗拉强度,混凝土便会开裂,裂缝处的混凝土就会剥落。某些情况下,热-结构耦合应力会导致整个结构崩溃(见图 8.2)。

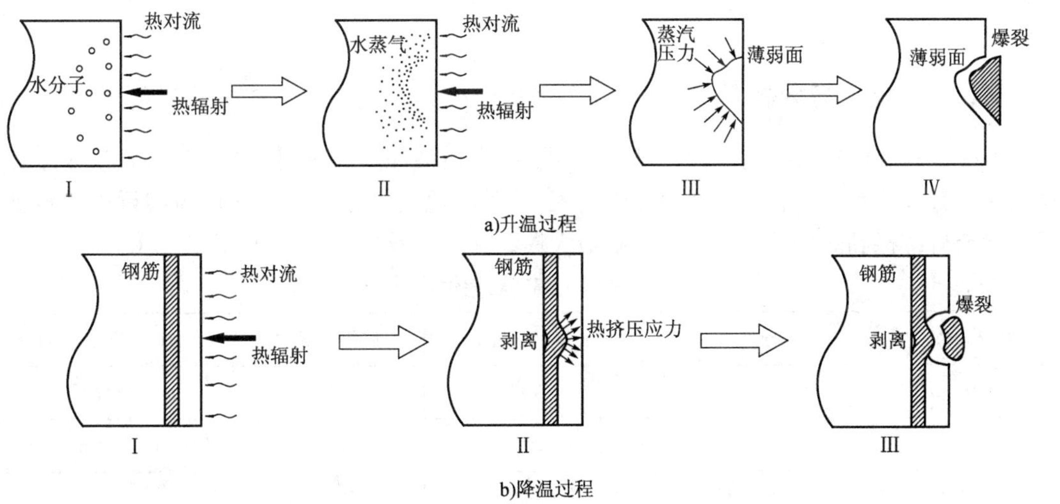

图 8.2 热-结构耦合应力差致混凝土爆裂机理示意图

对于钢筋混凝土结构,混凝土分为两部分,核心混凝土和保护层混凝土。保护层混凝土在高温下比较容易脱落,是由于高温过程中,钢筋的膨胀与混凝土不一致,钢筋高温膨胀幅度大,朝外变形,从而挤压混凝土保护层,导致保护层混凝土产生高温爆裂。混凝土结构受火以后,降温过程中,外层混凝土冷却较快,内层混凝土冷却较慢,存在冷却拉力,导致外层混凝土爆裂。所以混凝土高温后,快速水冷可能会致混凝土严重爆裂,甚至坍塌。

从强度上讲,混凝土分为低强混凝土和高强混凝土。高强混凝土硬度大,脆性强,受火灾高温时,产生的热-结构耦合应力作用效应显著,产生爆裂的概率高于低强混凝土,即混凝土的强度越大,其爆裂的概率越大,深度越大。另外,高强混凝土胶结材料含水率高,也是导致高强混凝土爆裂的重要原因之一。

8.1.2 混凝土高温爆裂的影响因素

混凝土高温爆裂是火灾下混凝土桥梁结构一种特殊的损坏现象,包括内部和外部因素。内外因素的共同作用可导致混凝土结构发生不同程度的高温爆裂。

内部因素主要包括混凝土含水率、混凝土渗透性、混凝土水灰比、构件尺寸、集料类型、混凝土强度等级、混凝土保护层厚度。

外部因素主要包括升温速率、降温速率、荷载水平、混凝土的初始应力水平、结构形式。

综上所述,混凝土含水率的高低与混凝土高温爆裂发生可能性成正比;混凝土强度越高,高温爆裂的概率越大;升温速率越高,爆裂现象越剧烈,汽油等碳氢燃料导致的火灾下混凝土结构容易发生爆裂;冷却速度越快,爆裂程度越严重,宜采用自然冷却;高水平荷载作用下的受火构件容易发生混凝土爆裂,温度荷载增加与力荷载耦合加剧了混凝土爆裂;预应力虽然避免了结构的开裂问题,但同时也降低了混凝土的渗透性,导致混凝土内部十分致密,火灾下致密性高的预应力混凝土结构也容易爆裂。

8.2 混凝土爆裂指标的建立

8.2.1 统计与分析

混凝土高温爆裂具有突然性,一般无预兆性,且爆裂深度与爆裂范围不确定性决定了无法通过建立有效的函数来表示爆裂的发生过程。因此,通过对已有试验数据与实桥采样数据进行统计分析,得到混凝土爆裂时间范围、最大爆裂深度以及爆裂温度,详见表8.1。

混凝土爆裂数据统计　　表8.1

数据来源	开始时间(min)	持续时间(min)	临界温度(℃)	最大爆裂度(cm)
文献[10]	4~17	3~29	—	穿洞
文献[11]	8	20	300~500	4.5
文献[9]	8~23	8~25	300~717	—
文献[12]	7~17	5~30	200~500	7

续上表

数据来源	开始时间(min)	持续时间(min)	临界温度(℃)	最大爆裂度(cm)
文献[13]	—	—	400	7.5
文献[14]	18	40	497	5
文献[15]	15	10	700～800	3

通过统计与分析,混凝土高温爆裂的开始时间主要集中在4～23min,均值为15min,爆裂持续时间为3～40min,爆裂临界温度为500℃左右,混凝土的高温爆裂深度为3～7.5cm,甚至出现爆穿现象。

8.2.2 爆裂特征

试验研究表明,高强混凝土容易发生高温爆裂。预应力桥梁的混凝土强度等级大都为C50及以上,有的甚至达到C60,所以桥梁在油罐车火灾下面临着混凝土高温爆裂的风险。桥梁发生火灾后,通常会在地面上发现大量的混凝土残块或梁体表面存在爆裂脱离体(见图8.3),这就说明混凝土发生了高温爆裂。根据桥梁火灾事故,将火灾下混凝土桥梁的爆裂现象进行分类统计(见图8.4～图8.6)。

a)混凝土爆裂残块

b)梁体表面脱离体

图8.3 混凝土爆裂残块和梁体表面脱离体

图8.4给出了多片预应力混凝土小箱梁发生火灾后的场景,箱梁底面混凝土出现大面积的爆裂与剥落,腹板混凝土同样出现大面积爆裂,但并未出现大量的露筋。

图8.5给出了火灾下桥梁混凝土爆裂深度进一步增加的现场情况。在火灾的作用下,混凝土桥梁普通钢筋的保护层厚度直接发生爆裂,参与受拉的普通钢筋裸露,直接暴露在火灾下,如图8.5a)所示。混凝土保护层爆裂后,普通钢筋直接受火,强度迅速丧失,即普通钢筋直接被烧断,地面上会出现大量熔断的钢筋,如图8.5b)所示。

由图8.6可知,该预应力混凝土箱梁桥在油罐车火灾下,发生了爆裂范围广、爆裂深度大的混凝土高温爆裂现象,高温爆裂致使箱梁的预应力管道直接裸露,火灾下预应力钢束的抗拉强度急剧下降,预应力损失加大,高温蠕变大幅增加,截面抗弯承载能力迅速下降,此种爆裂现象最为严重,火灾过程中须保证其不坍塌,火灾过后基本需要拆除重建。

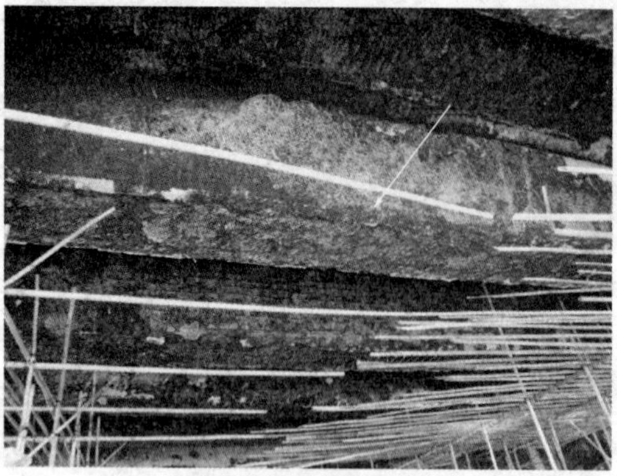

a)混凝土浅层爆裂(1～2cm)

b)混凝土浅层爆裂(2～3cm)

图 8.4　混凝土轻微剥落

a)钢筋保护层爆裂

b)钢筋熔断

图 8.5　普通钢筋裸露

a)混凝土深度爆裂

b)预应力管道外露

图 8.6　预应力管道周围混凝土爆裂

8.2.3 爆裂指标

通过对以上火灾下预应力混凝土桥梁高温爆裂现象的调研与分析,发现混凝土爆裂程度各异,没有统一的指标去描述或定义这种高温爆裂程度。鉴于此,根据混凝土爆裂对结构的危害程度,建立预应力混凝土(PC)桥梁爆裂程度的"三级指标"(Concrete Spalling,取 SPi 代表各级指标)。

(1)轻度爆裂(SP1)

预应力混凝土桥梁受火后,混凝土高温爆裂 2~3cm,钢筋的混凝土保护层部分脱落,受力钢筋未暴露。因此,定义该种情况为轻度爆裂,用 SP1 表示(见图 8.7)。

(2)中度爆裂(SP2)

预应力混凝土桥梁受火严重时,混凝土高温爆裂导致近火层的普通钢筋裸露,直接暴露于火灾,普通钢筋迅速丧失强度,将这种爆裂情况定义为中度爆裂,用 SP2 表示(见图 8.8)。

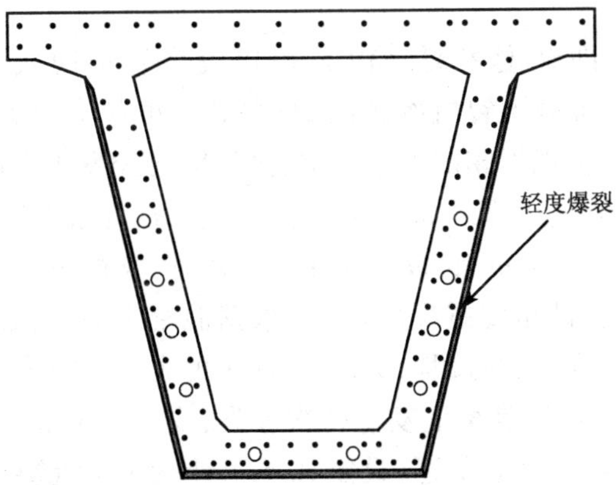

图 8.7 轻度爆裂示意

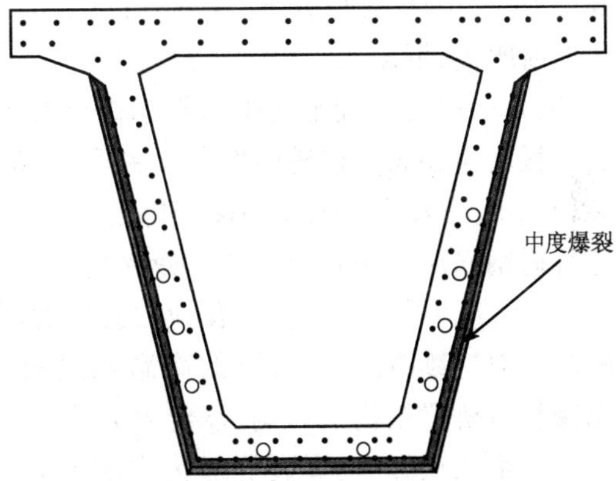

图 8.8 中度爆裂示意

(3)重度爆裂(SP3)

严重的桥梁火灾将导致预应力管道暴露,提供桥梁结构绝大部分承载能力的预应力钢束将直接暴露在火灾中,预应力钢束的力学性能迅速退化,结构承载能力显著降低,将这种爆裂情况定义为重度爆裂,用 SP3 表示(见图 8.9)。

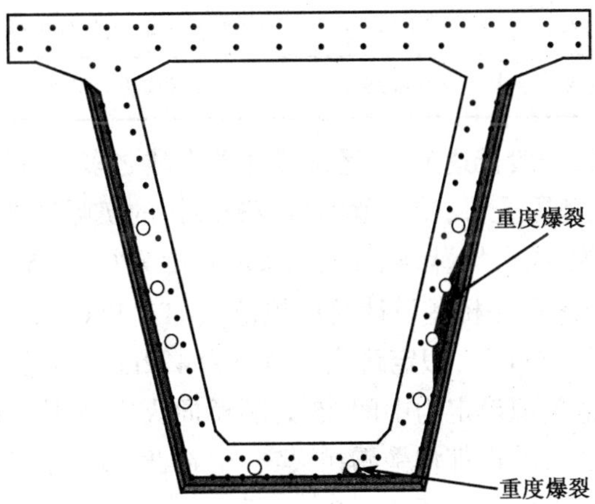

图 8.9 重度爆裂示意

PC桥梁爆裂程度“三级指标”的建立将为火灾后PC桥梁的评估提供一个重要参考指标,具有巨大的应用前景与现实意义。

8.3 高温爆裂场景与模型建立

8.3.1 爆裂场景

油罐车火灾升温迅速且预应力桥梁的混凝土强度高,混凝土易产生高温爆裂,截面的温度场发生突变,截面高温区域扩展。根据PC箱梁混凝土爆裂的“三级指标”与火灾下混凝土高温爆裂的实际情况,设定混凝土箱梁爆裂工况,研究其温度场分布情况,进一步分析PC箱梁的预应力损失与抗弯承载能力。

据前所述,混凝土受火后会爆裂2~3cm,即轻度爆裂(SP1),所以设定箱梁腹板爆裂2.5cm。另外,混凝土受压水平越高,混凝土高温爆裂概率越高,且爆裂深度越大,所以设定底板爆裂3cm。在桥梁发生火灾后,通常会发现裸露的普通钢筋,这说明已经发生中度爆裂(SP2),一般普通钢筋的保护层会大于2~3cm,可见混凝土有可能发生二次爆裂,所以设定普通钢筋所在位置为第二次爆裂深度,即腹板5cm、底板5.5cm。另外,火灾严重的情况下,二次爆裂后往往会发生预应力管道的爆裂,即重度爆裂(SP3)。根据混凝土高温初爆时间和爆裂持续时间,混凝土的高温爆裂是一个随机的过程,为了更加方便地研究混凝土高温爆裂对桥梁结构的影响,设定火灾发生15min时混凝土发生初次爆裂,受火25min时,混凝土发生二次爆裂,爆裂等级为中度或者重度。综上所述,设定如下四种火灾下混凝土爆裂工况,详见表8.2。

不同爆裂深度工况　　表8.2

工况序列	受火面	受火范围	爆裂深度	火强
GK1	三面受火	中间25m	未爆裂	HC
GK2	三面受火	中间25m	底板3cm、腹板2.5cm[20]	HC
GK3	三面受火	中间25m	底板5.5cm、腹板5cm[21]	HC
GK4	三面受火	中间25m	预应力管道外露	HC

油罐运输车车身较长,一般长达15m,运载量达数十吨之多,一旦运输过程中发生火灾,将会使预应力混凝土箱梁大范围受火,受火范围与该跨线桥的实际高度、火焰倾斜角度等因素息息相关[16]。文献[17]认为,在自然燃烧下,火焰倾斜角度为0°~15°,当风速超过4m/s时,火焰的倾斜角度为60°~70°,《公路桥涵设计通用规范》(JTG D60—2015)中3.4.5条规定汽车通道的净高应大于或等于3.5m[18],假定跨线桥净空为4.2m,所以受火范围应该16~26m,考虑到桥台实际位置,火灾范围拟设定为中间25m,顺桥向火灾范围示意如图8.10所示。桥下发生火灾时,箱梁底板、腹板、翼板都将暴露在火灾下,在此,受火位置拟设定为翼板、腹板、底板同时受火,箱梁横截面受火位置示意如图8.11所示。

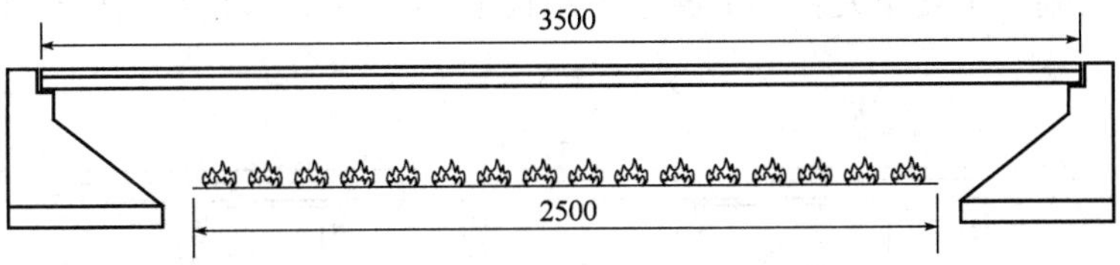

图 8.10 顺桥向火灾范围示意(尺寸单位:cm)

8.3.2 爆裂模型

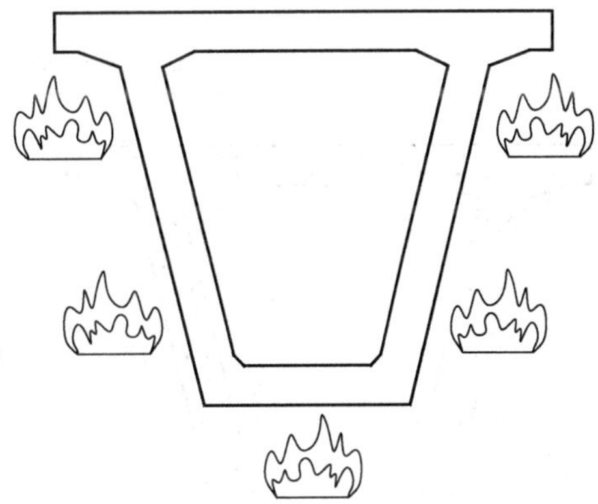

图 8.11 箱梁横截面受火位置示意

(1)研究对象的选取

选取工程中常用的 35m 跨径的简支 PC 箱梁为研究对象,研究混凝土高温爆裂影响下 PC 箱梁的温度场分布情况、预应力衰变规律、抗弯承载能力衰变规律以及挠度发展路径。该 PC 箱梁高达 1.8m,顶板宽 2.4m,底板宽 1m,顶板厚度 0.18m,腹板厚度由支点处的 0.32m 降至跨中的 0.2m,底板厚度由支点处的 0.36m 逐渐降低到跨中的 0.18m,上部倒角 0.15m × 0.073m,下部倒角 0.05m × 0.05m,箱梁 $L/2$ 截面和支点截面详细情况见图 8.12、图 8.13。预应力箱梁混凝土的强度等级为 C55,预应力钢束为 1860MPa 低松弛预应力钢绞线,采用摩擦系数较小的塑料波纹管道,预应力钢束顺桥向布置如图 8.14 所示,普通钢筋采用 HRB400 级钢筋,其布置情况如图 8.15 所示。

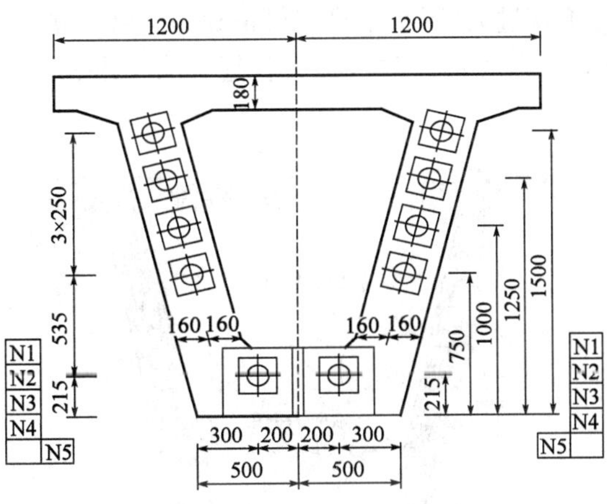

图 8.12 端部截面(尺寸单位:mm)

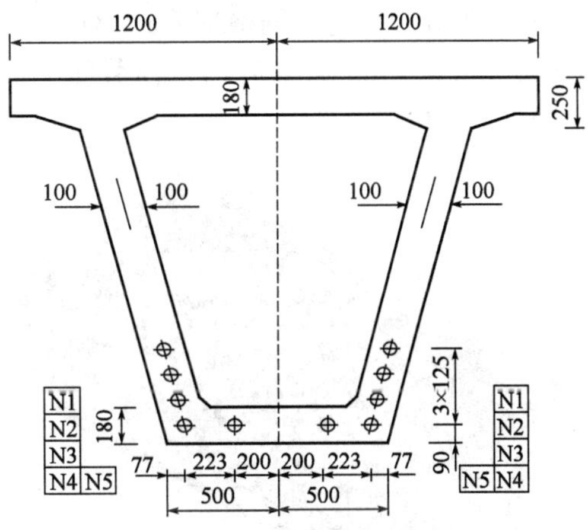

图 8.13 跨中截面(尺寸单位:mm)

(2)精细化分析模型

采用 ANSYS 建立 PC 箱梁的实体模型,利用 ANSYS 强大的热分析功能,获得了箱梁的温度场分布情况,建立模型的整个过程,解决了如下关键问题:有限元模型类型的选择,混凝土单元类型的选择与网格划分,预应力钢束与普通钢筋单元类型的选择与网格划分,不同类型单元之间的耦合技术，利用生死单元控制混凝土爆裂技术，预应力钢束细部结构建立等。

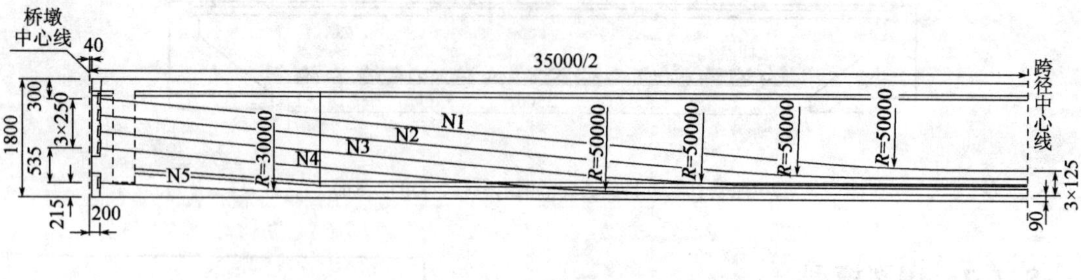

图 8.14　预应力钢束顺桥向布置(尺寸单位:mm)

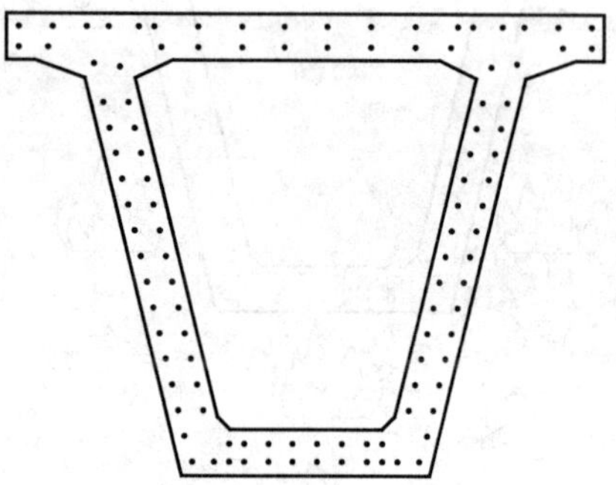

图 8.15　普通钢筋布置情况

①有限元模型类型的选择。

为了获取混凝土与钢筋在不同受火时间下的温度分布情况，方便后文进行预应力混凝土箱梁的有效预应力与正截面抗弯承载能力衰变研究，本节选择分离式有限元建模方法。

分离式模型中混凝土与钢筋选用各自适合的单元来模拟，可以得到两种材料在温度荷载下的响应，计算结果接近于实际情况，但是建模过程相对烦琐，钢筋数量较多时会增加建模的工作量且收敛困难，对于简支梁、柱等单个构件，其适用性较强[27]。

②混凝土单元类型的选择与网格划分。

在进行结构的瞬态热分析时，采用 SOLID70 来实现混凝土的模拟，SOLID70 是具有 8 个节点的空间六面体单元[28,29]。

对有限元模型进行网格划分时，网格纵横比不宜过大，否则很难获得正确的结果。顺桥向网格尺寸为 0.15m(见图 8.16)，横截面网格划分中将底板、腹板、顶板各划分为 7 层、8 层、6 层(见图 8.17)。

图 8.16　顺桥向网格划分

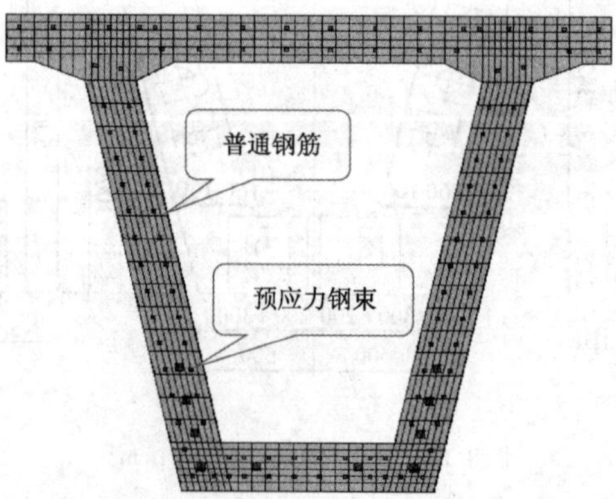

图 8.17　横截面网格划分

③预应力钢束与普通钢筋单元类型的选择与网格划分。

为了获得不同位置的预应力钢束与普通钢筋在不同火灾模式下的温度值，研究火灾下预应力钢束与普通钢筋温度的变化趋势,可采用实体力筋法来实现钢筋的模拟。该方法就是用不同的单元来模拟混凝土与钢筋,预应力也以不同的方式施加。

实体力筋法能够精确模拟 PC 箱梁的应力变化。首先,用不同的单元建立实体与力筋都存在的几何模型,暂时不考虑二者的相关性,而后选定不同的网格对实体与力筋进行网格划分,定义不同的数组,采用节点耦合法实现钢筋与混凝土的节点耦合。

预应力钢束与普通钢筋都采用 LINK33 单元模拟,该单元为 2 节点三维热传导杆单元[29]。顺桥向网格大小为 0.15m,图 8.18 与图 8.19 分别为两种受力钢筋的有限元模型。

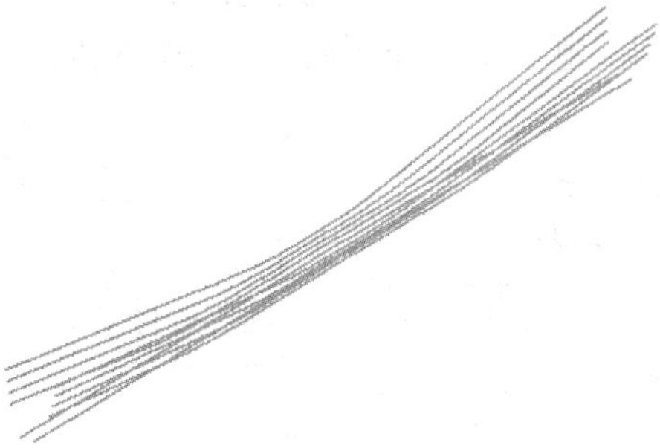

图 8.18 预应力钢束有限元模型

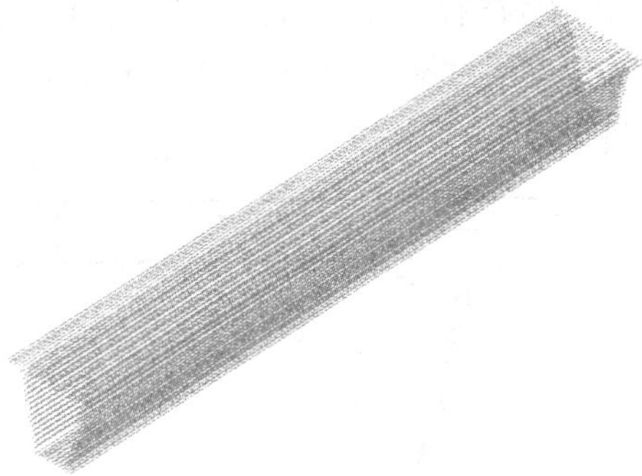

图 8.19 普通钢筋有限元模型

④不同类型单元之间的耦合技术。

节点耦合法是基于有限元模型的处理技术,通过耦合不同单元自由度的方法,将两种单元联系在一起,以实现荷载的目的,预应力钢筋与混凝土耦合情况如图 8.20 所示。它是在力学模型上处理不同单元之间连接问题的方法之一,其主要步骤包括:

a. 建立混凝土实体与力筋线的几何模型。

b. 各自独立地划分网格。

c. 选择力筋线以及相关节点,并将其保存至数组中。

d. 依据力筋节点数组查询距离最小的混凝土单元的节点号,同样保存至数组中。

e. 基于就近原则,耦合力筋节点混凝土节点的自由度。

耦合力筋节点示意如图 8.20 所示。

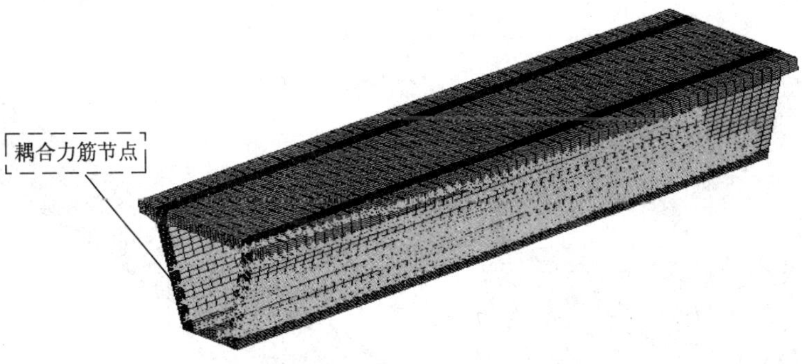

图 8.20 耦合力筋节点示意

⑤生死单元技术。

火灾下混凝土发生高温爆裂,箱梁的有效截面减小,PC 箱梁的刚度降低,本节利用生死单元技术实现火灾下 PC 箱梁混凝土爆裂的模拟(见图 8.21),以温度控制混凝土的高温爆裂,表 8.1 通过对爆裂现象的统计与分析,得到爆裂临界温度为 500℃左右,通过进行箱梁截面的温度场分析获得混凝土层的温度,当混凝土的温度达到 500℃时,受火时间设定为混凝土的初始爆裂时间,通过"杀死"该层混凝土的单元实现混凝土高温爆裂的控制。在 ANSYS 建立的有限元模型中,"杀死"单元并不等于将单元删除,而是修改爆裂混凝土单元的刚度矩阵,将其刚度矩阵或其他分析特性乘以一个较小的折减因子,因子默认为 1.0×10^{-6},也可以赋为其他数值,其主要目的是防止矩阵奇异。与此同时,"杀死"的单元的质量、比热和应力刚度矩阵变为零。结构分析的结果中不含被杀死的单元的质量和能量,在"杀死"的同时,"杀死"的单元的应变和应力也将变为零。"杀死"的单元虽然存在于有限元模型中,但不提高结构的刚度,同时对整体质量矩阵也没有影响。

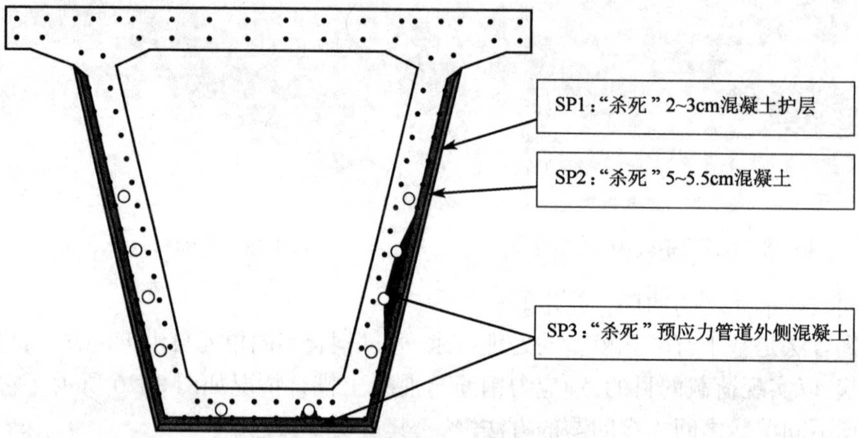

图 8.21 生死单元控制爆裂情况示意

⑥预应力钢束细部结构建立。

混凝土发生重度爆裂(SP3)时,预应力管道爆裂,预应力钢束直接暴露于火灾下,为了更加精确地模拟预应力钢束直接受火时的温度变化,建立了预应力钢束腹板束与底板束的细部实体结构模型,网格划分如图 8.22、图 8.23 所示,让其裸露面直接受火,以获取更加准确的预应力钢束温度值。

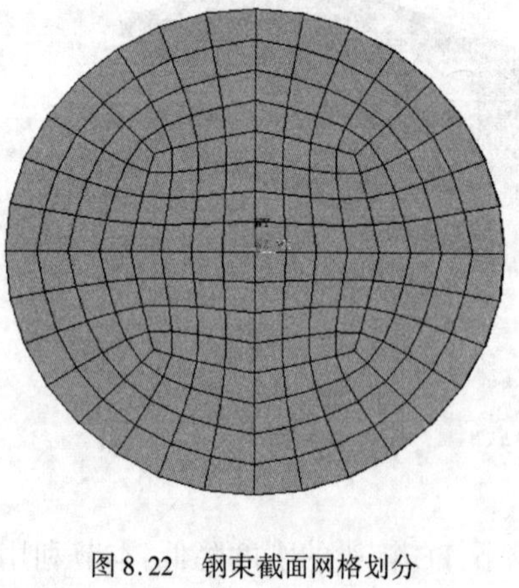

图 8.22 钢束截面网格划分

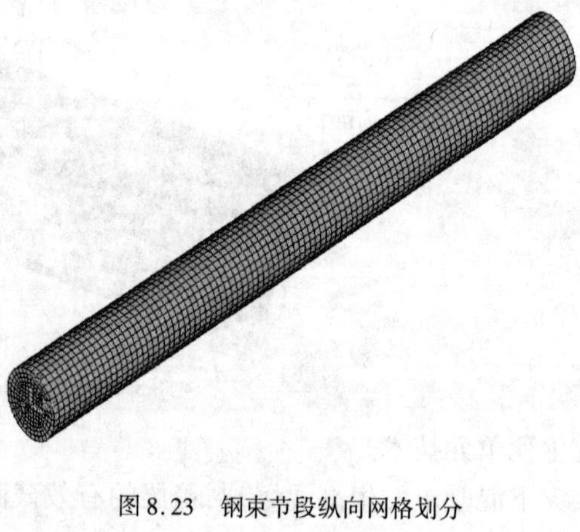

图 8.23 钢束节段纵向网格划分

8.4 温度分析

8.4.1 求解方法

混凝土的材料特性与温度场分析方法与前述章节相同。

8.4.2 测点布置

(1)混凝土温度测点

在网格划分过程中,根据混凝土爆裂工况的设定情况将箱梁底板混凝土划分为7层,划分厚度为3cm+2.5×6cm;腹板混凝土划分为8层,划分厚度为2.5×8cm;翼板混凝土划分为6层,划分厚度为3×6cm。同时,箱梁混凝土划分层便于热分析后提取不同位置处混凝土的温度数值,根据在混凝土箱梁底板、腹板和翼板的划分层数,分别在底板布置一个测区,共8个测点;在腹板布置一个测区,共9个测点;在翼板布置一个测区,共7个测点(见图8.24)。

混凝土各层的温度代表值取相邻两个测点温度平均值,即F_{ij}为F_i与F_j的平均值,见式(8.4.1)。

$$F_{ij}=\frac{F_i+F_j}{2} \tag{8.4.1}$$

(2)普通钢筋温度测点

油罐车火灾下高温逐渐向内部延伸,由于混凝土与普通钢筋之间存在耦合节点,随着受火时间的增加,普通钢筋的温度逐渐升高,致使普通钢筋的力学性能逐渐退化,而抗拉强度的显著下降必然导致PC箱梁正截面抗弯承载能力的下降。所以,应该设置普通钢筋温度测点,观察其温度变化,以方便进行正截面抗弯承载能力计算。普通钢筋的温度测点布置主要分为6个区域,其中S1为底板近火层普通钢筋,S2为底板远火层普通钢筋,S3为腹板近火层普通钢筋,S4为腹板远火层普通钢筋,S5为翼板近火层普通钢筋,S6为翼板远火层普通钢筋(见图8.25)。

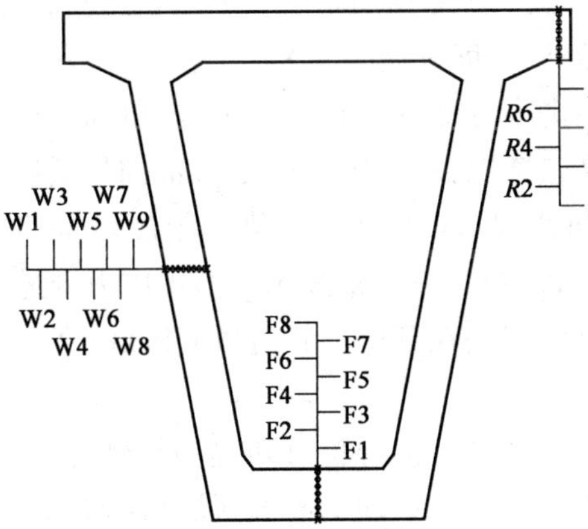

图8.24 混凝土温度测点

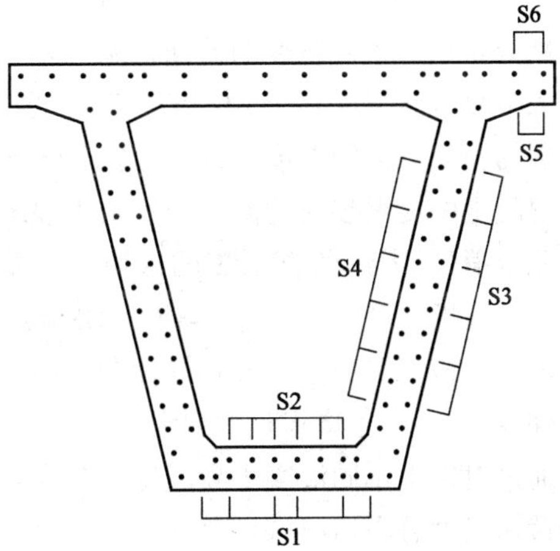

图8.25 普通钢筋温度测点

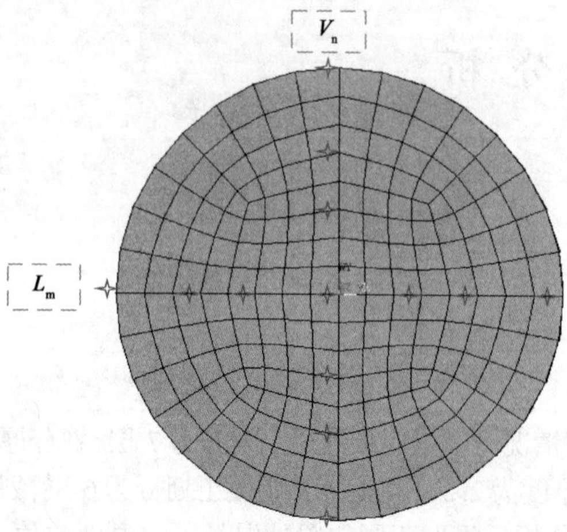

图 8.26　钢束细部温度测点

(3)预应力钢束细部温度测点

预应力钢束是影响抗弯承载能力的关键因素,火灾下预应力钢束的抗拉强度敏感性高,对预应力钢束细部分析并且设置温度测点,以获取更加精确的温度变化曲线,得到精准的预应力钢束烧损强度,在水平与竖向共布置了 13 个温度测点(见图 8.26)。

水平向布置 7 个测点,分别为 $L1 \sim L7$,竖向布置 6 个测点,分别为 $V1 \sim V6$,取其平均值得到预应力钢束温度值 P_T,见式(8.4.2)。

$$P_T = \frac{\sum_{n=1}^{6} V_n + \sum_{m=1}^{7} L_m}{13} \tag{8.4.2}$$

8.4.3　混凝土温度

(1)混凝土温度云

为了更好地研究火灾下 PC 箱梁截面的温度分布特点与混凝土高温爆裂后截面的温度场突变情况,选取 GK1(混凝土未爆裂)、GK2(腹板与底板轻度爆裂)、GK3(火灾下中重度爆裂)、GK4(预应力管道爆裂)进行温度场分析,获得不同混凝土高温爆裂深度下混凝土、预应力钢束、普通钢筋的温度分布情况与温度变化曲线。

图 8.27 ~ 图 8.30 主要揭示了不同混凝土高温爆裂深度下 PC 箱梁截面的温度场分布规律。通过研究截面的温度分布情况可知,无论混凝土箱梁是否发生爆裂,箱梁截面的温度都是由受火面呈一定的层状温度梯度向内传递。在工况 GK1 下,PC 箱梁未发生混凝土爆裂,受火 60min 时箱梁有一半区域未超过 133℃。受火 180min 时,箱梁腹板仍有近 1/3 的区域温度低于 255℃,底板有小部分温度低于 255℃。GK2 下箱梁混凝土发生轻度爆裂,受火 60min 的截面温度分布相对于未爆裂的截面低温区差异并不明显。受火 180min 时,箱梁腹板与底板混凝土绝大多数区域温度高于 249.5℃,其中近一半的温度梯度都高于 478℃,相对于未发生混凝土爆裂的箱梁截面的温度场,温度高于 255℃的区域增加了 1/3。工况 GK3 展现的是 PC 箱梁发生混凝土中度爆裂时的温度云。由于混凝土存在热惰性,爆裂初期延火 60min 时,低温区域并未完全消失,大约留存 1/3 的区域。当受火时间达到 180min 时,箱梁底板温度全部超过 362℃,而腹板温度全部超过 248℃。GK4 给出的是 PC 箱梁发生重度爆裂即预应力管道爆裂的温度云。该工况的温度分布规律与 GK3 基本相似,但是在预应力管道爆裂区域,高温区向内延伸,箱梁混凝土烧损程度变大。

通过对以上不同混凝土高温爆裂深度下箱梁截面温度云的分析可知,混凝土是否爆裂对箱梁截面温度分布情况有显著的影响。混凝土发生爆裂导致截面的高温区域向内部延伸,箱梁截面整体温度的升高加重了整体性能的劣化。

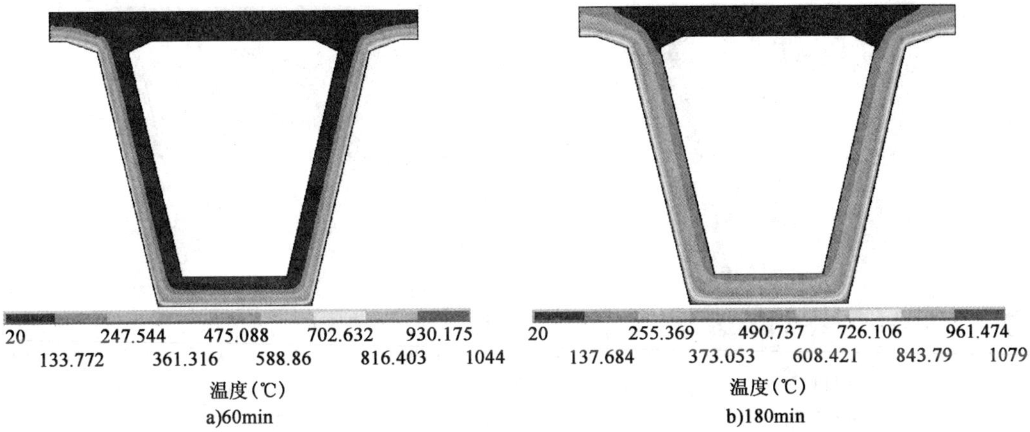

图 8.27 GK1 混凝土温度云

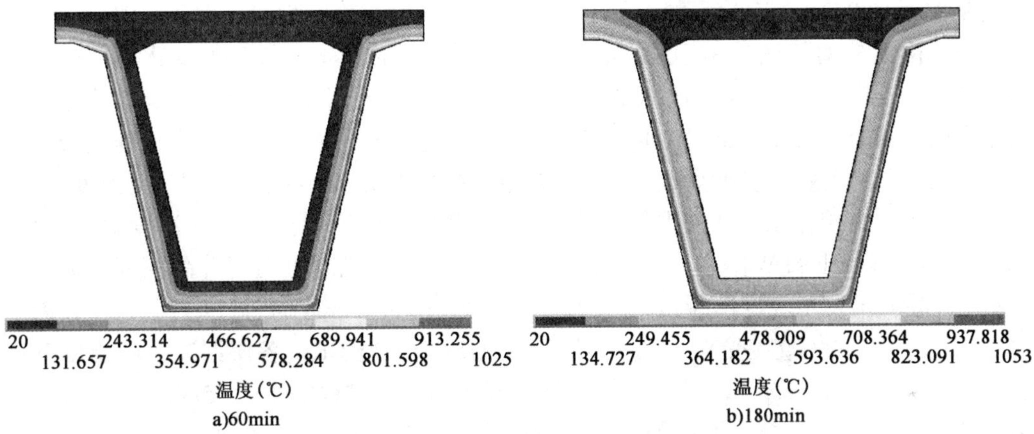

图 8.28 GK2 混凝土温度云

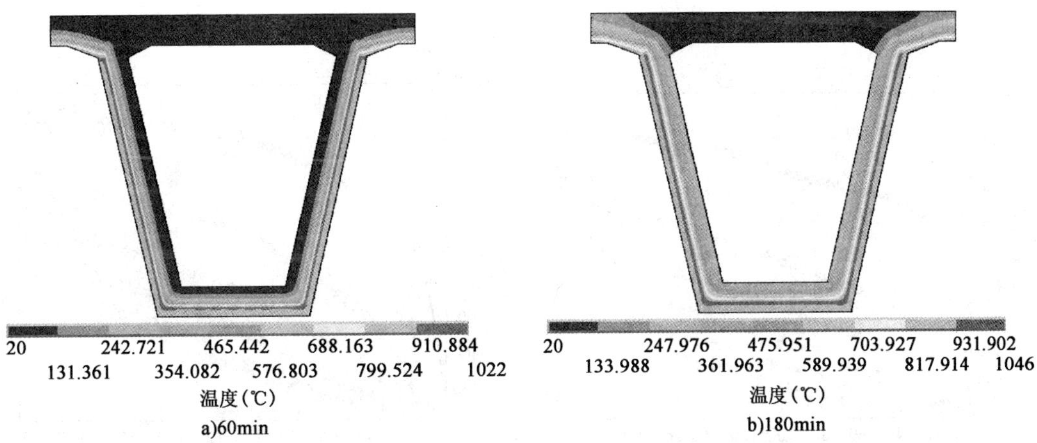

图 8.29 GK3 混凝土温度云

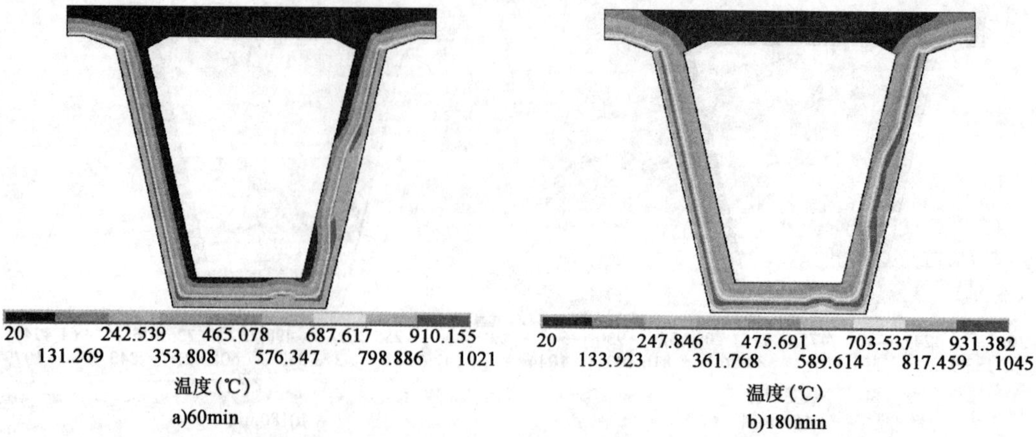

图 8.30　GK4 混凝土温度云

(2)混凝土温度时程

图 8.31 ~ 图 8.34 为四种不同混凝土高温爆裂深度下箱梁底板混凝土各层温度代表值的时程曲线。由图 8.31 ~ 图 8.34 可知,混凝土的高温爆裂对箱梁底板温度变化趋势产生了显著的影响。在混凝土未爆裂(工况 GK1)时,近火源的混凝土层温度最高,混凝土的热惰性致使箱梁内层的混凝土温度较低且变化趋势较为接近,这一工况下混凝土的劣化程度最低。在工况 GK2 下,混凝土发生轻度爆裂,所以 $F12$ 测点在受火 15min 时已经爆裂,无温度变化值,此时油罐车火灾直接作用于新的混凝土层,距离火源较近的温度测点 $F23$ 温度增长迅猛,快速达到 700℃,混凝土的热惰性导致初次爆裂后底板内侧的混凝土温度升高幅度不大。在工况 GK3 下,混凝土发生轻度爆裂后,又发生二次爆裂,受火 25min 时,温度测点 $F23$ 在混凝土层爆裂,温度测点 $F34$ 直接受火,温度迅速升高,相对于工况 GK1,各层混凝土的温度升高幅度较大。工况 GK4 为混凝土发生重度爆裂处混凝土的温度时程。受火 25min 时,混凝土发生重度爆裂,预应力管道裸露,直接受火,其外侧混凝土全部爆裂,内部混凝土直接受火,温度陡然升高。由此可见,混凝土高温爆裂使得内部混凝土成为新的燃烧面,热惰性介质的减少使得同一测定温度值突然升高,这是温度场突变的表现之一。

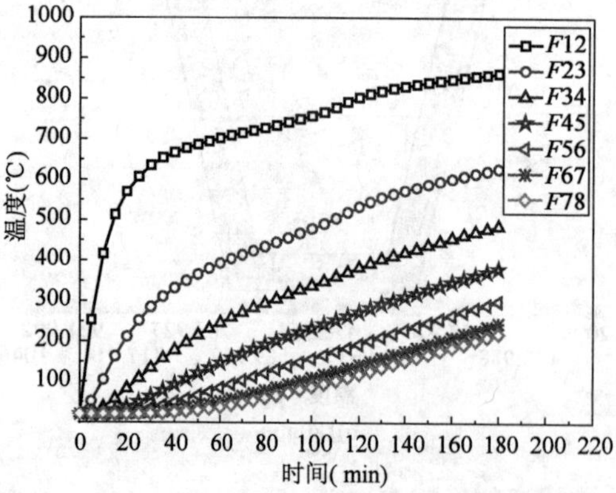

图 8.31　GK1 底板温度时程

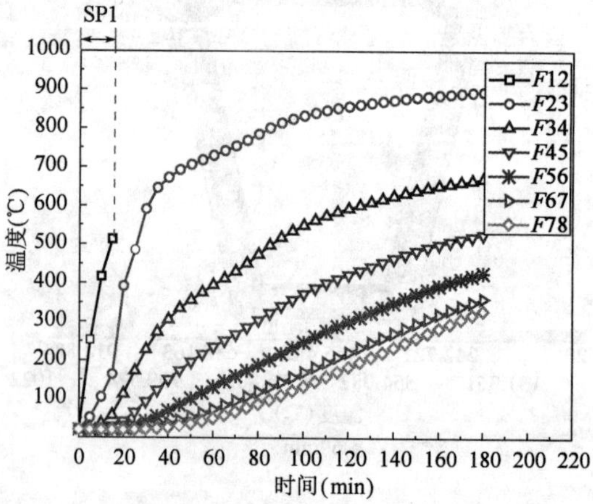

图 8.32　GK2 底板温度时程

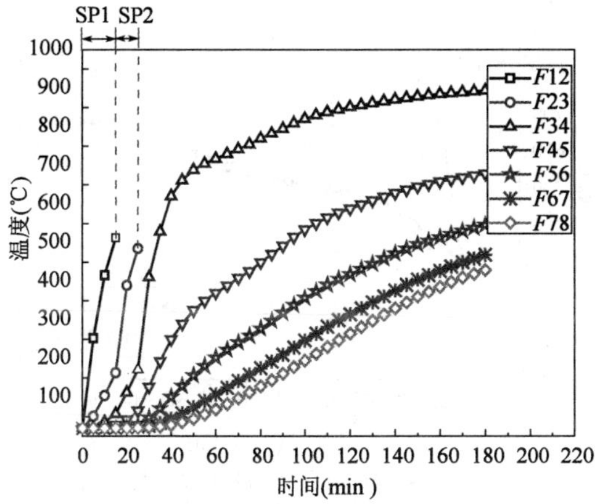

图 8.33 GK3 底板温度时程

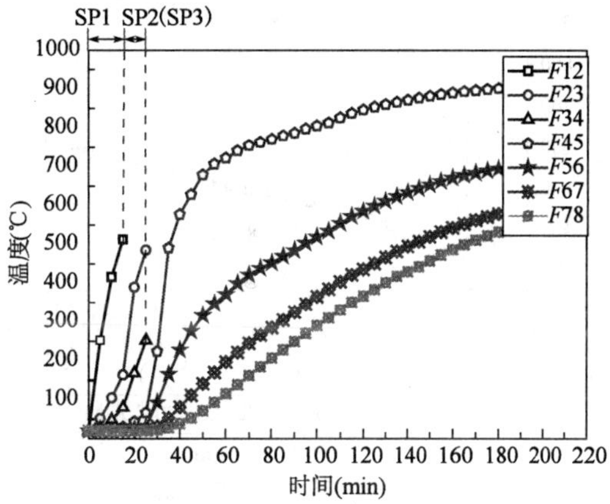

图 8.34 GK4 底板温度时程

(3)混凝土爆裂下温度突变分析

通过对 PC 箱梁混凝土测点的温度时程进行分析发现,随着混凝土爆裂的出现,温度会发生突变。图 8.35、图 8.36 为延火 120min 时,混凝土底板与腹板温度时程曲线,图 8.35a)为 GK1 与 GK2 距离混凝土底板 3cm 处的温度测点 $F2$ 的时程曲线。因为 GK3 的爆裂深度较大,该处的混凝土会爆裂,所以不参与对比分析。GK1 工况下混凝土不发生爆裂,距离底板 3cm 处的混凝土温度随着受火时间的增加,温度稳步上升。受火 20min,温度达到 250℃,受火 120min,温度达到 630℃。同样位置的温度测点,GK2 工况下混凝土发生爆裂,爆裂后温度有显著的突变,爆裂发生后,该层温度测点直接受火,5min 之内温度可增加 420℃,即延火 15min,爆裂处的温度达到 670℃;受火 120min 时,温度增至 990℃。图 8.35b)为温度测点 $W2$ 的温度时程变化曲线。温度测点 $W2$ 与 $F2$ 有相同的突变现象,工况 GK1 下,受火 20min 时,温度升到 365℃,而工况 GK2 温度为 690℃;受火 120min 时,出现爆裂现象的箱梁温度比未爆裂时温度增加了 44%,温度达到 995℃。

图 8.36a)为距离底板 5.5cm 处温度测点 $F3$ 的温度时程变化。对比三种火灾爆裂工况下温度测点 $F3$ 的温度变化,GK1 工况下,温度升高缓慢,受火 20min(一次爆裂发生 5min 后),温度为 123℃,受火 30min(二次爆裂发生 5min 后),温度达到 190℃,受火 120min 时温度升至 450℃;工况 GK2 与工况 GK3 下,受火 20min 时温度为 185℃,这是由于混凝土一次爆裂产生的温度升高,温度测点距离一次爆裂后受火面有一定的距离,混凝土的热惰性导致温度升高不明显。在工况 GK2 下混凝土发生爆裂,温度测点距离受火面更近,传热更快。受火 30min 时,温度高达 360℃。由于工况 GK3 下爆裂深度增加,温度测点 $F3$ 直接变为受火面,温度迅猛升高,短时间增加至 705℃,受火 120min 时,工况 GK2 与工况 GK3 的温度分别为 673℃、980℃,同比增长 49.6% 与 117.8%。图 8.36b)为距离底板 5cm 处温度测点 $W3$ 的温度时程变化图,其温度的变化趋势与 $F3$ 相近。通过以上对混凝土温度测点的分析对比可知,混凝土爆裂致使混凝土受火面发生改变,同一位置的温度会发生突变,短时间内温度迅速升高,加速混凝土与钢绞线的劣化,致使桥梁结构迅速丧失承载能力。因此,在研究火灾下 PC 箱梁的受力性能时,混凝土爆裂带来的危险更大。

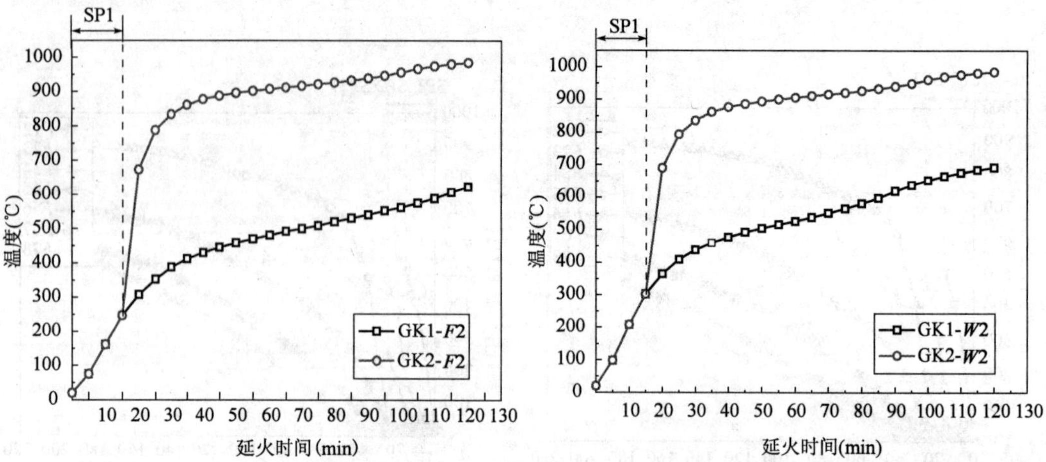

a)GK1与GK2在温度测点F2的温度时程　　b)GK1与GK2在温度测点W2的温度时程

图 8.35　GK1 与 GK2 温度时程对比

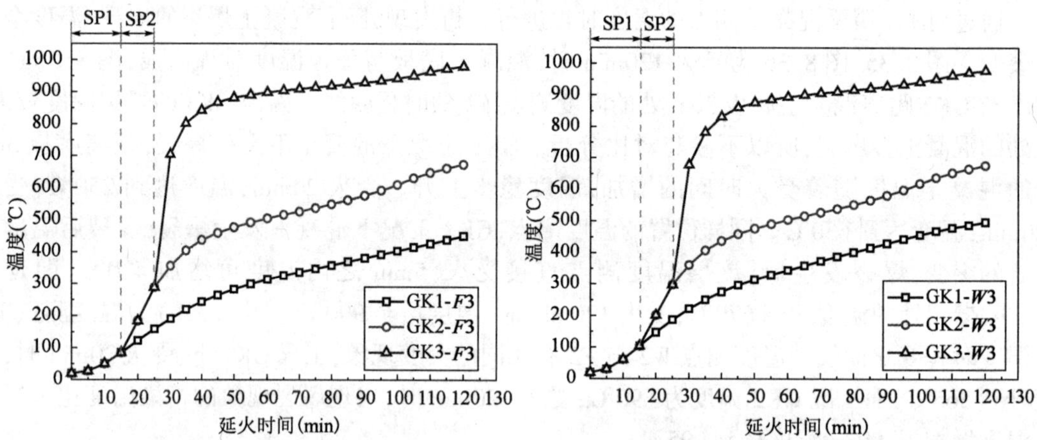

a)三种工况在温度测点F3的温度时程　　b)三种工况在温度测点W3的温度时程

图 8.36　三种工况温度时程

8.4.4　钢束温度

(1)预应力钢束温度云

图 8.37 展现了部分不同混凝土高温爆裂深度下 PC 箱梁预应力钢束的温度场分布情况。通过分析工况 GK1 下预应力钢束的温度云可知，受火 60min 时，钢束 N1、N2、N3 总体温度为 110℃左右，虽然三者位置在竖向有差异，但是温度基本相近，主要因其距离底板较远，受腹板火灾影响较大，钢束 N5 主要受底板火灾的影响，其温度达到 150℃，虽然钢束 N4 跨中直线段在位置上与 N5 相同，但是在底板火灾与腹板的共同高温作用下，其温度高达 183℃；受火 180min 时，钢束 N1、N2 总体温度为 350℃左右，由于与底板距离较远，依然不受底板火灾的影响，钢束 N3 跨中直线段距离底板 215mm，随着受火时间的增加，底板火灾逐渐对 N3 产生影响，其温度达到 370℃，钢束 N4、N5 的温度发展规律与受火 60min 时相同，在底板火灾与腹板

火灾的共同作用下，其温度为487℃，随着底板的持续受火，钢束N5的温度达到430℃。

图8.37b)与图8.37c)分别为PC箱梁发生轻度爆裂与中度爆裂后的预应力钢绞线温度云图，不同位置的钢绞线的温度分布规律基本相同，在此主要探讨受火灾影响最大的钢束N4。在工况GK2下，受火60min时，钢束N4温度达到273℃，增高了90℃；受火180min时，钢束N4温度达到615℃，增加了128℃；在工况GK3下，受火60min时，钢束N4温度高达414℃，相对于混凝土未爆裂温度增加了126%；受火180min时，钢束N4温度达到763℃，相对于混凝土未爆裂温度增加了57%。

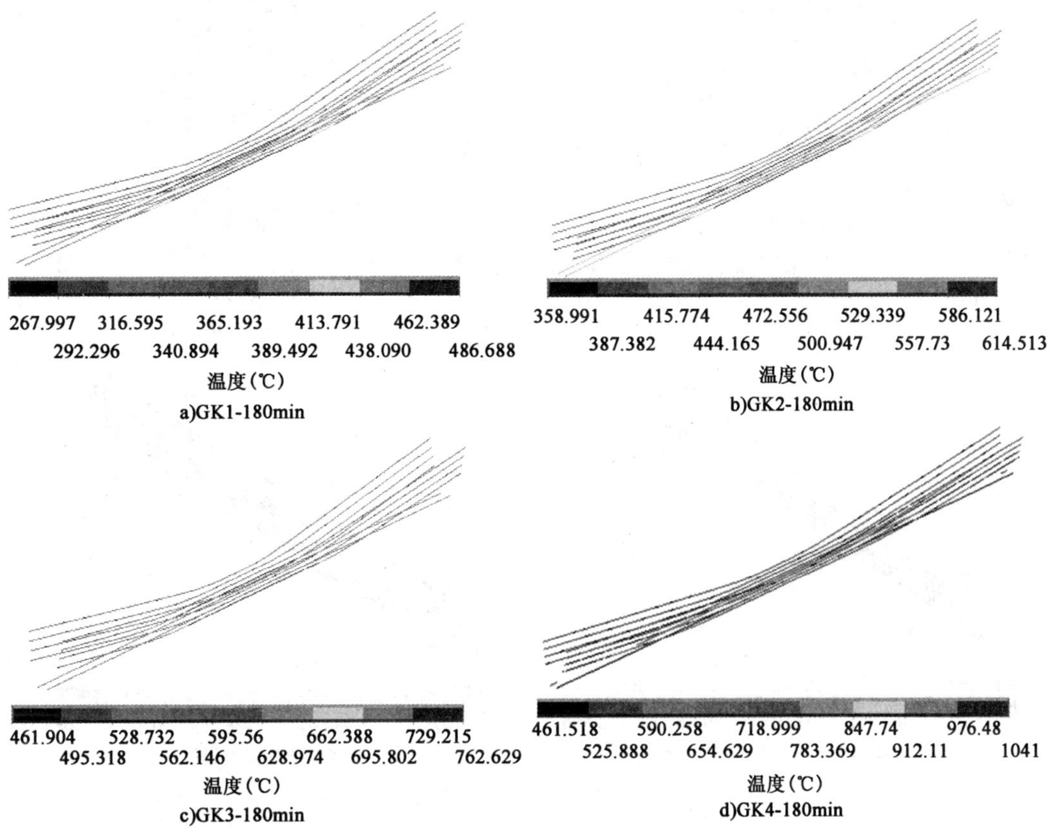

图8.37 温度云

图8.38给出了PC箱梁发生重度爆裂(GK4)后预应力钢束直接受火时的温度云。为获得更加精确的预应力管道暴露在火灾下的温度变化，建立了预应力钢束的精细化模型。图8.38a)与图8.38b)分别为底板束N5曝火5min、30min时截面温度分布情况，钢束N5曝火5min时，温度为347～412℃；曝火30min时，温度为923～944℃。图8.38c)与图8.38d)分别为腹板束N3曝火5min、30min时节段温度分布情况，其温度分布与底板束N5范围相似，不同点在于受火面的位置。

(2)预应力钢束温度时程分析

图8.39和图8.40分别给出了不同混凝土高温爆裂深度下部分预应力钢束随受火时间的温度变化曲线。由图8.39可知，混凝土未发生爆裂时，随着受火时间的增加，预应力钢束N5

的温度平稳上升，整个受火阶段的温度未超过400℃；当混凝土发生轻度爆裂与中度爆裂时，预应力钢束的保护层厚度减小，热惰性介质的减小导致预应力钢束温度有所升高；工况GK4时，混凝土发生重度爆裂，预应力管道裸露在火灾中，温度骤然升高。曝火15min，其温度达到700℃；曝火35min，温度将近1000℃，预应力钢束的力学性能将会迅速下降，直至丧失强度。图8.40为腹板束N3在各爆裂工况下的温度时程曲线，整体变化趋势与底板束N5相近。

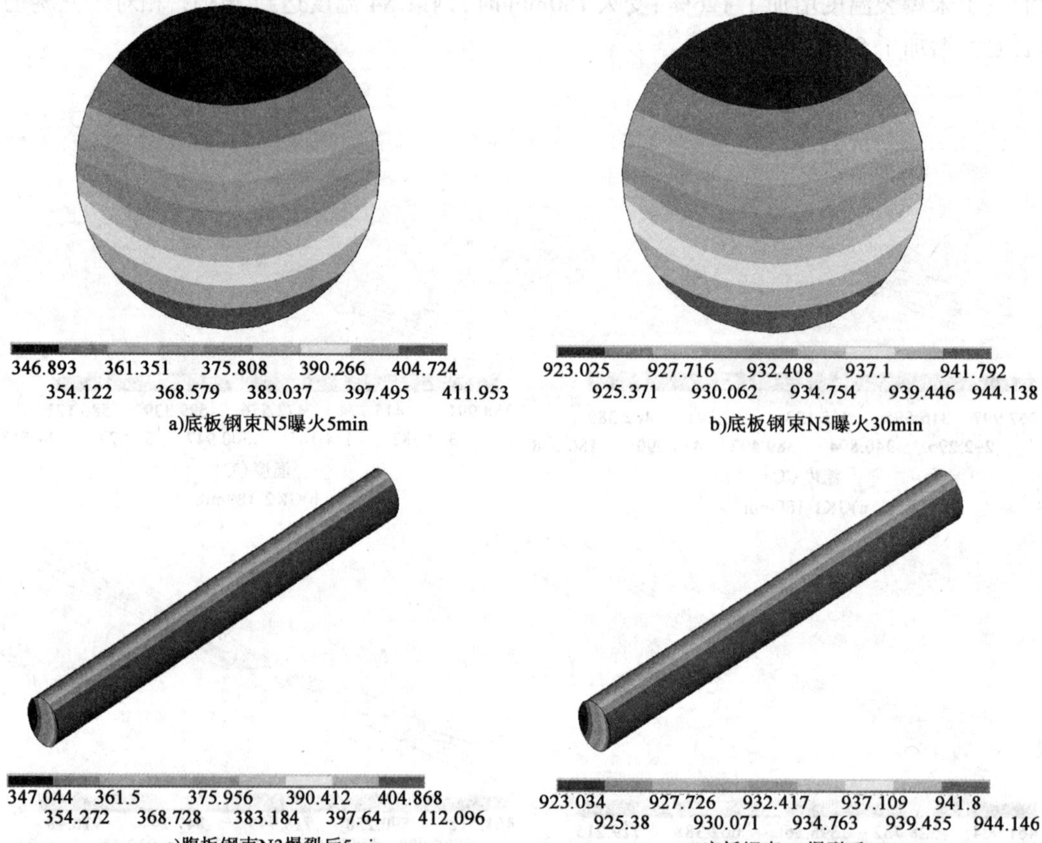

a)底板钢束N5曝火5min　b)底板钢束N5曝火30min

c)腹板钢束N3爆裂后5min　d)底板钢束N3爆裂后30min

图8.38　重度爆裂钢束直接受火温度云

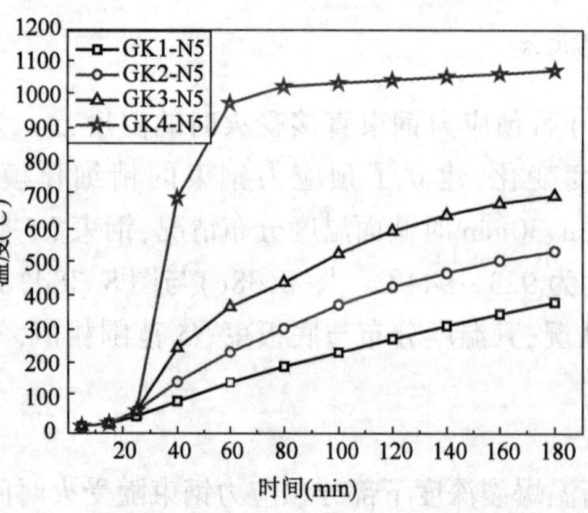

图8.39　钢束N5温度时程

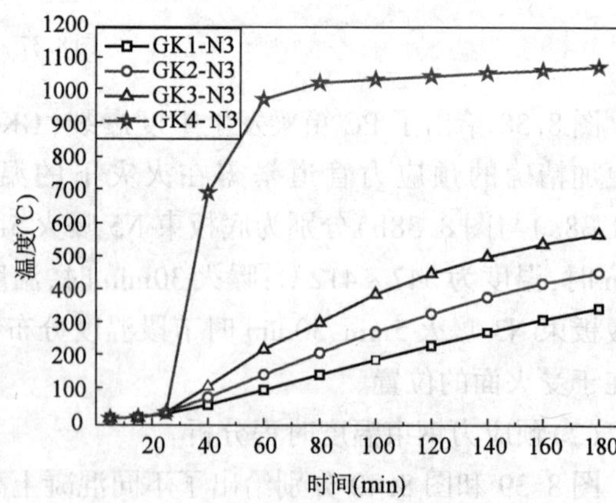

图8.40　钢束N3温度时程

通过混凝土的温度云与温度变化时程曲线的对比分析,发现混凝土的爆裂导致预应力钢束保护层厚度减小,钢束温度增加,加速了预应力钢束的性能退化。尤其混凝土发生重度爆裂(SP3)时,预应力钢束的温度将会骤然升高,短时间内就会丧失强度。

8.4.5 钢筋温度

(1)普通钢筋温度云

图8.41给出的是部分不同混凝土高温爆裂深度下PC箱梁普通钢筋的温度场分布情况。由图可知,近火层的钢筋温度较高,远火层钢筋受火灾影响较小。分析GK1工况下普通钢筋的温度云,受火60min时,底板近火层普通钢筋温度升高至330℃,由于腹板的保护层厚度相对于底板的混凝土保护层厚度有所减小,其温度有所升高,达到375℃,底板火灾与腹板火灾共同作用下的温度集中导致了位于角点处的普通钢筋温度最高,达到450℃。混凝土存在热惰性,在受火初期,远火层普通钢筋温度基本不变;受火180min时,底板近火层普通钢筋温度高达540℃,腹板近火层普通钢筋温度高达580℃,位于角点处的普通钢筋温度最高,高达705℃。随着火灾的持续发展,腹板与底板远火层普通钢筋逐渐受到火灾的影响,远火层普通钢筋的温度升高至200℃。

图8.41b)与图8.41c)分别为箱梁发生轻度爆裂与中度爆裂后普通钢筋的温度云。由图可知,不同位置普通钢筋的温度分布规律基本相同,在此主要探讨受火灾影响最大的角点普通钢筋。工况GK2下,受火60min时,角点普通钢筋的温度达到671℃,相对于混凝土未爆裂时增加了49.1%;受火180min时,角点普通钢筋的温度达到924℃,相对于混凝土未爆裂时增加了31.1%。工况GK3下,普通钢筋的混凝土保护层全部发生爆裂,普通钢筋直接受火,受火60min时,外露的普通钢筋温度达到1022℃,相对于混凝土未爆裂时增加了127.1%;受火180min时,普通钢筋温度达到1039℃,相对于混凝土未爆裂增加了47.4%,此种工况下外层普通钢筋暴露于火灾下,温度都达到1000℃以上,导致强度丧失。

图8.41d)为箱梁发生重度爆裂后普通钢筋的温度云图。由图可知,在工况GK4下,部分预应力钢束裸露,导致相应位置处的内层普通钢筋保护层厚度减小,温度将会继续升高。该工况下的普通钢筋温度云与工况GK3总体相似,区别在于重度爆裂区段内侧的普通钢筋温度会有所升高。

(2)普通钢筋温度时程分析

图8.42给出的是不同混凝土高温爆裂深度下底板普通钢筋的温度变化曲线。图8.42a)是底板近火层普通钢筋在三种工况下的对比情况,箱梁混凝土未爆裂时,由于混凝土的热惰性,近火层普通钢筋的温度平缓上升,整个受火过程温度达到540℃。混凝土发生轻度爆裂时,温度有小幅度的上升。当底板混凝土发生中度爆裂时,普通钢筋直接曝火,温度急剧上升,出现明显的温度突变,短时间内升至1000℃。混凝土发生重度爆裂时,近火层普通钢筋也是外露状态,其温度变化与GK3相同。图8.42b)是底板远火层普通钢筋的温度变化曲线,混凝土未爆裂时,整个受火过程温度升至265℃,当混凝土发生重度爆裂时,温度增至579.6℃,同比增加了118.7%。混凝土高温爆裂程度越高,远火层普通钢筋的混凝土厚度越小,温度传递越快,其力学性能下降越快。图8.43是不同混凝土高温爆裂深度下腹板普通钢筋的温度变化曲线,各工况下腹板普通钢筋的温度变化趋势与底板普通钢筋相同。

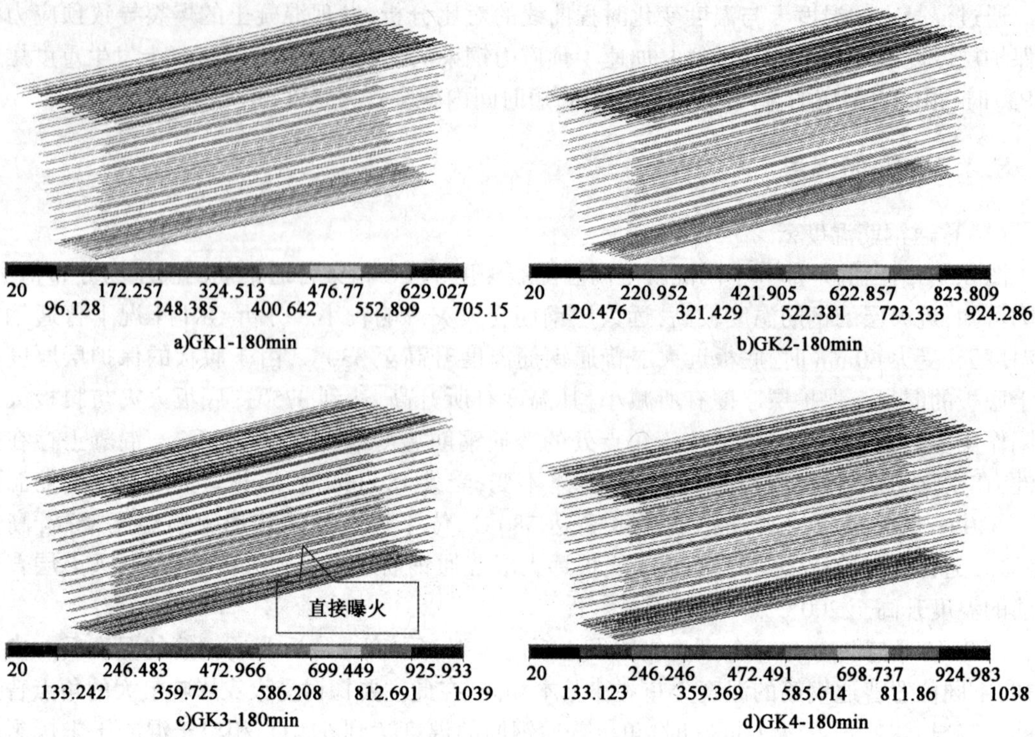

图 8.41　普通钢筋温度云

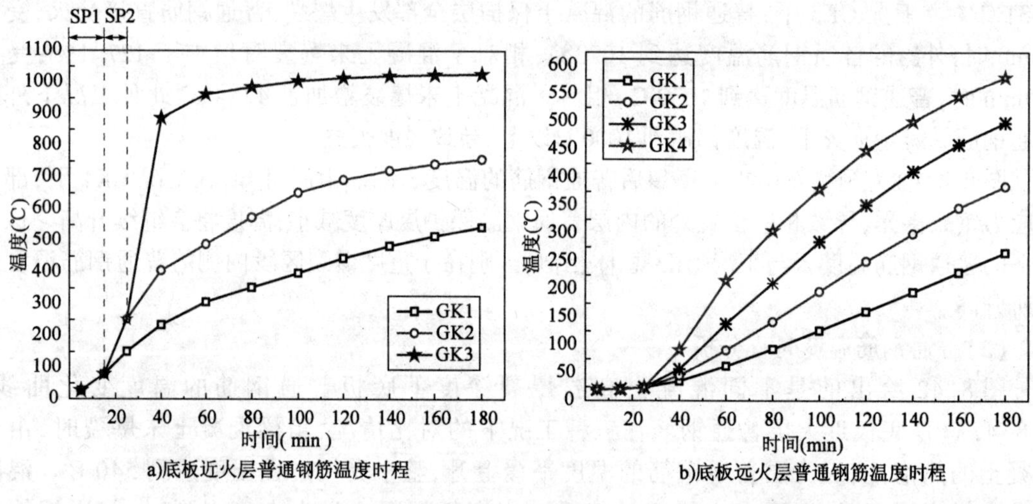

图 8.42　底板普通钢筋温度时程分析

通过以上对比分析，发现混凝土的高温爆裂同样导致普通钢筋混凝土保护层厚度减小，普通钢筋的温度增加，加剧了钢筋的性能退化，甚至导致其抗拉强度的丧失。

对油罐车火灾下 PC 箱梁各重要组成材料的温度分布情况以及温度变化曲线进行分析。混凝土的高温爆裂会导致箱梁截面温度场发生突变，箱梁高温区域增大，混凝土烧损加剧；受力钢筋的混凝土保护层厚度减小，造成受力钢筋的温度升高，尤其是混凝土发生中度爆裂与重度爆裂时，受力钢筋直接暴露在火灾下，其力学性能显著下降。所以，混凝土的高温爆裂是进行火灾下桥梁结构力学性能分析的一个重要影响因素。

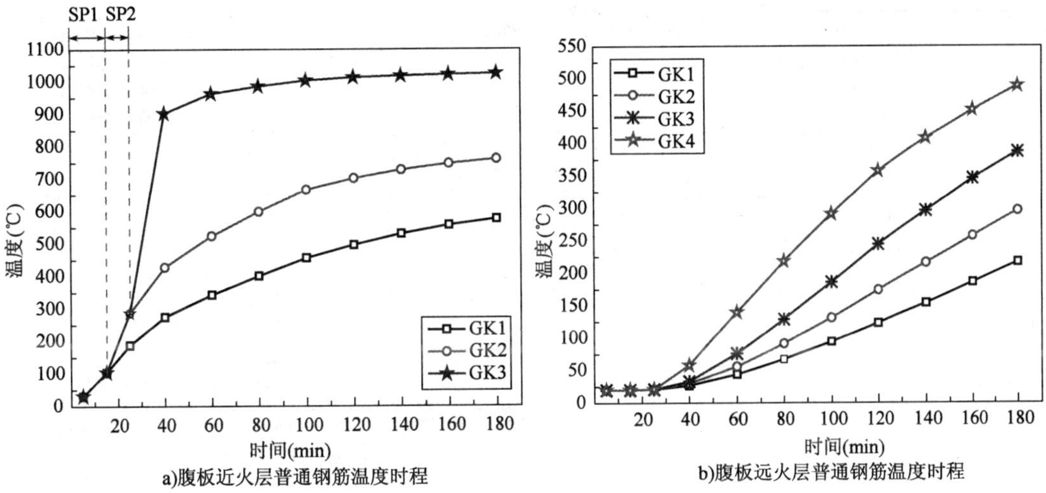

a)腹板近火层普通钢筋温度时程　b)腹板远火层普通钢筋温度时程

图 8.43　腹板普通钢筋温度时程分析

8.4.6　温度梯度

为了全方位地研究油罐车火灾对 PC 箱梁的影响,深入探索不同混凝土爆裂深度对 PC 箱梁的影响程度,对截面的温度梯度展开分析,以获得沿梁高方向的温度变化情况。图 8.44 为不同混凝土高温爆裂深度下受火 60min 时截面的温度梯度。由图可知,混凝土爆裂深度越大,PC 箱梁截面整体的温度梯度越高,各工况下翼板部分受火灾影响较小,温度始终较低。工况 GK1 ~ GK3 下中间腹板位置的平均温度无变化,沿梁高方向数值不变,随着混凝土爆裂深度的增加,温度由 131℃增至 292℃。由于工况 GK4 下发生重度爆裂,预应力管道部分爆裂深度局部加大,所以工况 GK4 下腹板温度局部出现突变;对于底板混凝土,下缘为受火面,温度较高,但是混凝土的热惰性致使底板产生较大的温度梯度。图 8.45 给出的是不同混凝土高温爆裂深度下受火 180min 时截面的温度梯度。由图可知,其温度梯度的发展规律与受火 60min 时的温度梯度一致。

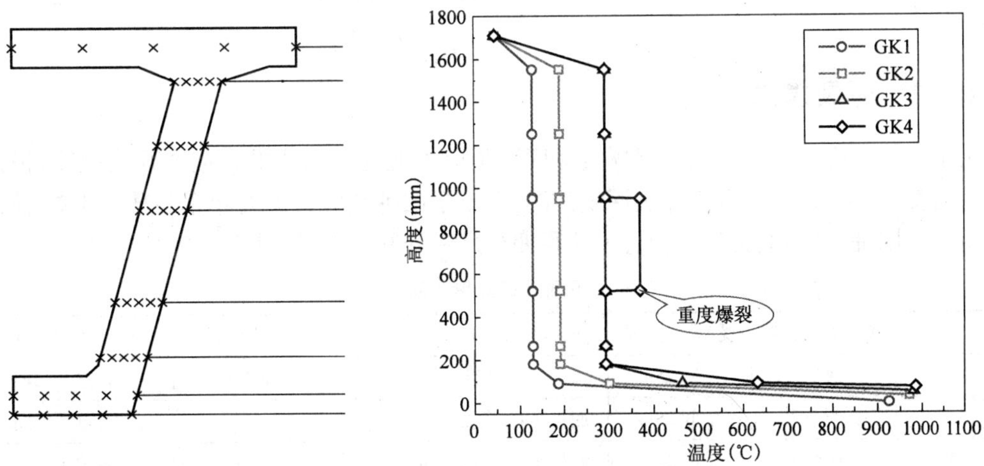

图 8.44　受火 60min 时截面的温度梯度

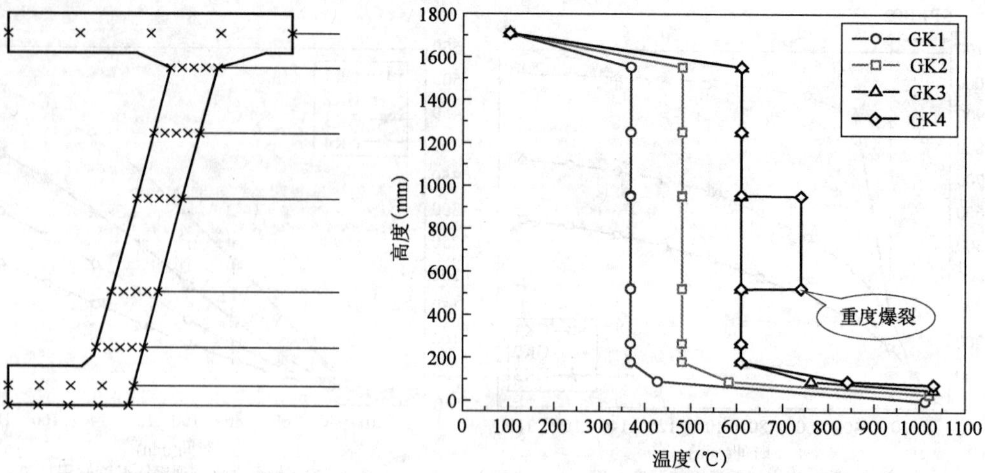

图 8.45　受火 180min 时截面的温度梯度

8.5　混凝土高温爆裂时 PC 箱梁预应力损失

8.5.1　损失原因

为了保障 PC 箱梁的正常使用性能，解决混凝土箱梁桥一直以来的开裂问题，箱梁桥一般设置预应力，全截面的压应力将会避免开裂问题，这一特点加剧了混凝土箱梁在高温作用下的爆裂。当混凝土发生爆裂，爆裂面成为新的受火面，箱梁的温度场发生突变，相对于混凝土未爆裂的情况，混凝土与预应力钢束的温度上升更加迅速，材料的劣化更加严重，预应力损失同样加大。另外，预应力钢束与混凝土的热膨胀系数将产生更大的差异性，这一因素同样会影响预应力的损失量。一旦 PC 箱梁底板或腹板出现重度混凝土爆裂现象，局部波纹管裸露在火灾中，波纹管将直接被火灼烧，预应力钢束温度迅速升高，强度急剧下降，直至预应力钢束失效。

8.5.2　爆裂模式

为了方便研究不同混凝土高温爆裂深度下预应力混凝土箱梁的预应力损失规律，根据火灾发生的实际状况以及混凝土爆裂深度工况，设定了四种预应力损失计算工况。其中，荷载包括自重和二期铺装，预应力计算位置为跨径四分之一处和跨中，详见表 8.3。

不同爆裂深度工况　　表 8.3

工　况	受火位置	受火范围	爆裂深度	预应力损失位置	荷载情况
GK1	三面受火	中间 25m	未爆裂	1/4L、1/2L	自重 + 二期
GK2	三面受火	中间 25m	底板 3cm、腹板 2.5cm	1/4L、1/2L	自重 + 二期
GK3	三面受火	中间 25m	底板 5.5cm、腹板 5cm	1/4L、1/2L	自重 + 二期
GK4	三面受火	中间 25m	预应力管道外露	1/4L、1/2L	自重 + 二期

8.5.3 计算方法

油罐车火灾下 PC 箱梁各组成材料的力学性能都将发生退化，主要材料性能的退化均会导致预应力损失。文献[32～36]的研究表明，预应力钢束的蠕变与松弛、混凝土火损后的收缩与徐变、二者热膨胀系数差异性的增大是导致预应力损失的主要因素。

预应力钢束的高温蠕变与松弛采用王俊等[32]通过钢束高温蠕变试验获得的估算公式。采用 ANSYS 建立 PC 箱梁的有限元分析模型，研究油罐车火灾下考虑混凝土高温爆裂影响的 PC 箱梁截面的温度分布情况，得到不同混凝土爆裂深度下箱梁截面的温度场，根据混凝土、预应力钢束的温度值进行材料的等效烧损计算，获得了基于强度减损的箱梁截面有效高度以及火灾下预应力钢束的热膨胀系数。未发生油罐车火灾的部分 PC 箱梁，其初始数据保持不变，对于箱梁的受火节段，将烧损后数据输入桥梁结构专用软件（或自编程序）进行火灾烧损后的预应力损失分析，得到由混凝土烧损后收缩徐变与热膨胀系数变化引起的预应力损失。将高温蠕变导致的预应力损失与桥梁结构专用软件（或自编程序）分析获得的烧损后预应力损失结合，得到油罐车火灾下不同混凝土高温爆裂深度影响的 PC 箱梁预应力损失衰减规律。

8.5.4 高温蠕变

PC 箱梁中的预应力钢束拉应力较大且油罐车火灾下钢束温度逐渐升高，在拉应力与高温的共同作用下，预应力钢束发生高温蠕变，高温蠕变将导致较大的预应力损失。因此，火灾下 PC 箱梁的预应力损失计算不可忽略高温蠕变引起的预应力损失。

王俊等[32]通过试验研究了火灾下预应力钢束的高温蠕变特征，提出了钢束的高温蠕变率模型，运用该模型计算了火灾下预应力混凝土结构的预应力损失，最后建立了由高温蠕变导致预应力损失的计算公式。

$$\sigma_{\mathrm{lt}} = (0.51\ln T - 2.3)\sigma_0 \tag{8.5.1}$$

式中：σ_{lt} ——高温蠕变导致的预应力损失（MPa）；

T ——火灾下钢束的温度（℃）；

σ_0 ——受火前钢束的有效预应力（MPa）。

通过进行温度场分析，获得了不同混凝土高温爆裂深度下预应力钢束的温度值，将各钢束的温度值带入式（8.5.1），得到高温蠕变导致的预应力损失。

8.5.5 烧损过程

（1）混凝土的烧损计算

①底板混凝土的烧损计算。

油罐车火灾作用下，混凝土的力学性能出现退化，进行高温层等效强度换算，箱梁截面的强度取决于各高温层的强度贡献[37]。

根据高温层等效强度换算，分别对不同混凝土高温爆裂深度下的混凝土底板进行火灾烧损计算。工况 GK1 下各高温层的详细计算过程见表 8.4～表 8.6，合计烧损深度见表 8.7，

表8.8与表8.9分别为混凝土轻度爆裂、中度爆裂下的合计烧损深度。其中T表示温度(℃)，λ表示任意温度下混凝土抗压强度折减系数，h_t表示高温层混凝土烧损后的有效厚度(cm)，H_t表示混凝土烧损后的总有效厚度(cm)，$H_{s,t}$表示混凝土合计烧损厚度(cm)。

GK1 底板混凝土烧损计算(0～8cm)　　表8.4

火灾工况	GK1								
混凝土层(cm)	0～3			3～5.5			5.5～8		
时间(min)	T(℃)	λ	h_t(cm)	T(℃)	λ	h_t(cm)	T(℃)	λ	h_t(cm)
5	253	0.868	2.604	51	0.979	2.449	24	0.997	2.493
15	513	0.576	1.728	163	0.919	2.297	58	0.975	2.437
25	607	0.425	1.275	251	0.869	2.173	108	0.943	2.359
40	667	0.330	0.990	332	0.805	2.013	179	0.911	2.279
60	702	0.275	0.826	393	0.743	1.858	247	0.872	2.180
80	727	0.242	0.726	434	0.689	1.722	294	0.842	2.105
100	758	0.201	0.603	479	0.626	1.565	338	0.799	1.998
120	803	0.142	0.427	533	0.544	1.360	382	0.754	1.886
140	831	0.117	0.350	573	0.479	1.199	420	0.708	1.771
160	848	0.101	0.304	603	0.431	1.078	455	0.660	1.649
180	862	0.089	0.266	628	0.392	0.979	486	0.616	1.541

GK1 底板混凝土烧损计算(8～13cm)　　表8.5

火灾工况	GK1					
混凝土层(cm)	8～10.5			10.5～13		
时间(min)	T(℃)	λ	h_t(cm)	T(℃)	λ	h_t(cm)
5	20	1	2.5	20	1	2.5
15	29	0.994	2.485	22	0.999	2.497
25	50	0.980	2.450	29	0.994	2.485
40	93	0.952	2.379	49	0.981	2.452
60	147	0.926	2.315	85	0.957	2.392
80	193	0.905	2.263	121	0.938	2.344
100	233	0.881	2.202	157	0.921	2.303
120	273	0.855	2.138	193	0.905	2.263
140	311	0.827	2.067	229	0.883	2.209
160	347	0.790	1.975	265	0.860	2.151
180	381	0.755	1.888	299	0.839	2.097

GK1 底板混凝土烧损计算(13～18cm) 表 8.6

火灾工况	GK1					
混凝土层(cm)	13～15.5			15.5～18		
时间(min)	T(℃)	λ	h_t(cm)	T(℃)	λ	h_t(cm)
5	20	1	2.5	20	1	2.5
15	20	1	2.5	20	1	2.5
25	22	0.999	2.497	21	0.999	2.498
40	30	0.993	2.483	24	0.997	2.493
60	51	0.979	2.449	38	0.988	2.470
80	79	0.961	2.402	60	0.974	2.434
100	110	0.943	2.356	88	0.955	2.387
120	142	0.928	2.320	119	0.938	2.346
140	176	0.913	2.282	151	0.924	2.310
160	211	0.895	2.237	185	0.909	2.272
180	246	0.873	2.181	220	0.889	2.223

GK1 底板混凝土烧损计算 表 8.7

时间(min)	0～3	3～5.5	5.5～8	8～10.5	10.5～13	13～15.5	15.5～18	H_t	$H_{s,t}$
5	2.604	2.449	2.493	2.5	2.5	2.5	2.5	17.546	0.454
15	1.728	2.297	2.437	2.485	2.497	2.5	2.5	16.444	1.556
25	1.275	2.173	2.359	2.450	2.485	2.497	2.498	15.737	2.263
40	0.990	2.013	2.279	2.379	2.452	2.483	2.493	15.089	2.911
60	0.826	1.858	2.180	2.315	2.392	2.449	2.470	14.49	3.51
80	0.726	1.722	2.105	2.263	2.344	2.402	2.434	13.996	4.004
100	0.603	1.565	1.998	2.202	2.303	2.356	2.387	13.414	4.586
120	0.427	1.360	1.886	2.138	2.263	2.320	2.346	12.74	5.26
140	0.350	1.199	1.771	2.067	2.209	2.282	2.310	12.188	5.812
160	0.304	1.078	1.649	1.975	2.151	2.237	2.272	11.666	6.334
180	0.266	0.979	1.541	1.888	2.097	2.181	2.223	11.175	6.825

GK2 底板混凝土烧损计算 表 8.8

时间(min)	0～3	3～5.5	5.5～8	8～10.5	10.5～13	13～15.5	15.5～18	H_t(cm)	$H_{s,t}$(cm)
5	2.604	2.449	2.493	2.5	2.5	2.5	2.5	17.546	0.454
15	1.728	2.297	2.437	2.485	2.497	2.5	2.5	16.444	1.556
25	—	1.860	2.353	2.464	2.492	2.498	2.5	14.167	3.833
40	—	0.806	2.080	2.311	2.419	2.472	2.488	12.576	5.424
60	—	0.595	1.853	2.199	2.333	2.412	2.450	11.842	6.158
80	—	0.412	1.583	2.085	2.269	2.346	2.387	11.082	6.918
100	—	0.287	1.291	1.909	2.178	2.290	2.330	10.286	7.714

续上表

时间(min)	0~3	3~5.5	5.5~8	8~10.5	10.5~13	13~15.5	15.5~18	H_t(cm)	$H_{s,t}$(cm)
120	—	0.233	1.118	1.764	2.095	2.221	2.273	9.704	8.296
140	—	0.196	0.987	1.614	1.970	2.141	2.201	9.110	8.890
160	—	0.167	0.885	1.493	1.858	2.047	2.121	8.569	9.431
180	—	0.146	0.814	1.388	1.750	1.942	2.021	8.060	9.940

GK3 底板混凝土烧损计算

表 8.9

时间(min)	0~3	3~5.5	5.5~8	8~10.5	10.5~13	13~15.5	15.5~18	H_t(cm)	$H_{s,t}$(cm)
5	2.604	2.449	2.493	2.5	2.5	2.5	2.5	17.546	0.454
15	1.728	2.297	2.437	2.485	2.497	2.5	2.5	16.444	1.556
25	—	1.860	2.287	2.425	2.482	2.495	2.498	12.187	5.813
40	—	—	1.007	2.177	2.368	2.460	2.485	10.496	7.504
60	—	—	0.635	1.917	2.252	2.359	2.421	9.582	8.418
80	—	—	0.462	1.666	2.132	2.282	2.336	8.878	9.122
100	—	—	0.312	1.356	1.950	2.180	2.260	8.057	9.943
120	—	—	0.244	1.138	1.774	2.059	2.151	7.367	10.633
140	—	—	0.201	0.979	1.590	1.901	2.019	6.690	11.310
160	—	—	0.169	0.861	1.436	1.746	1.876	6.088	11.912
180	—	—	0.149	0.782	1.307	1.600	1.736	5.574	12.426

由表 8.7~表 8.9 可知,在混凝土未发生爆裂的情况下(工况 GK1),受火 60min 时,箱梁底板混凝土的有效高度为 14.49cm,合计烧损深度为 3.51cm;受火 180min 时,箱梁底板混凝土的有效高度为 11.175cm,合计烧损深度为 6.825cm。在混凝土发生轻度爆裂的情况下(工况 GK2),受火 60min 时,箱梁底板混凝土的有效高度为 11.842cm,合计烧损深度为 6.158cm;受火 180min 时,箱梁底板混凝土的有效高度为 8.06cm,合计烧损深度为 9.94cm,相对于混凝土未爆裂,其烧损深度增加 36.8%。在混凝土发生中度爆裂的情况下(工况 GK3),受火 60min 时,箱梁底板混凝土的有效高度为 9.582cm,合计烧损深度为 8.418cm;受火 180min 时,箱梁底板混凝土的有效高度为 5.574cm,合计烧损深度为 12.426cm,相对于混凝土未爆裂,其烧损深度增加 76.1%。在混凝土发生重度爆裂的情况下(工况 GK4),此工况下预应力管道裸露在火灾下,相当于在 GK3 工况的基础上烧损局部爆裂的混凝土。由此可见,混凝土一旦发生爆裂,有效厚度会迅速下降,合计烧损深度也会迅速增加。

②腹板与翼板混凝土烧损计算。

根据高温层等效强度计算方法,分别对不同爆裂深度下的混凝土腹板进行火灾烧损计算。三种工况下腹板的合计烧损深度见表 8.10~表 8.12,翼板的合计烧损深度见表 8.13。

由表 8.10~表 8.12 可知,工况 GK1 下,受火 60min 时,箱梁腹板混凝土的有效高度为 16.515cm,合计烧损深度为 3.485cm;受火 180min 时,箱梁腹板混凝土的有效高度为 12.987cm,合计烧损深度为 7.013cm。工况 GK2 下,受火 60min 时,箱梁腹板混凝土的有效高度为 14.201cm,合计烧损深度 5.799cm;受火 180min 时,箱梁腹板混凝土的有效高度为 10.386cm,合计烧损深度 9.614cm,相对于混凝土未爆裂增加 31.3%。工况 GK3 下,受火

60min 时，箱梁腹板混凝土的有效高度为 11.976cm，合计烧损深度 8.024cm；受火 180min 时，箱梁腹板混凝土的有效高度为 7.907cm，合计烧损深度 12.093cm，相对于混凝土未爆裂增加 61.1%。工况 GK4 下，在 GK3 工况的基础上烧损预应力管道附近的混凝土即可。由此可见，混凝土发生爆裂同样减少腹板的有效厚度。

GK1 腹板混凝土烧损计算 表 8.10

时间(min)	0~2.5	2.5~5	5~7.5	7.5~10	10~12.5	12.5~15	15~17.5	17.5~20	H_t(cm)	$H_{s,t}$(cm)
5	2.130	2.425	2.490	2.498	2.500	2.500	2.500	2.500	19.544	0.456
15	1.323	2.249	2.412	2.478	2.495	2.498	2.500	2.500	18.456	1.544
25	0.956	2.098	2.329	2.432	2.478	2.495	2.498	2.500	17.787	2.213
40	0.754	1.901	2.237	2.354	2.435	2.477	2.492	2.497	17.148	2.852
60	0.625	1.718	2.130	2.287	2.365	2.435	2.470	2.483	16.515	3.485
80	0.496	1.524	2.006	2.217	2.318	2.387	2.437	2.462	15.846	4.154
100	0.331	1.275	1.871	2.140	2.273	2.346	2.397	2.435	15.068	4.932
120	0.269	1.114	1.743	2.062	2.220	2.310	2.357	2.387	14.463	5.537
140	0.228	0.995	1.614	1.965	2.162	2.273	2.324	2.353	13.914	6.086
160	0.196	0.900	1.510	1.876	2.106	2.228	2.289	2.323	13.428	6.572
180	0.176	0.837	1.420	1.791	2.034	2.178	2.253	2.297	12.987	7.013

GK2 腹板混凝土烧损计算 表 8.11

时间(min)	0~2.5	2.5~5	5~7.5	7.5~10	10~12.5	12.5~15	15~17.5	17.5~20	H_t(cm)	$H_{s,t}$(cm)
5	2.130	2.425	2.490	2.498	2.500	2.500	2.500	2.500	19.544	0.456
15	1.323	2.249	2.412	2.478	2.495	2.498	2.500	2.500	18.456	1.544
25	—	1.360	2.260	2.409	2.474	2.493	2.498	2.500	15.993	4.007
40	—	0.750	2.031	2.294	2.401	2.465	2.488	2.495	14.925	5.075
60	—	0.572	1.809	2.172	2.316	2.402	2.455	2.475	14.201	5.799
80	—	0.372	1.506	2.029	2.245	2.343	2.407	2.440	13.343	6.657
100	—	0.276	1.235	1.858	2.151	2.291	2.353	2.399	12.563	7.437
120	—	0.226	1.078	1.704	2.062	2.233	2.308	2.346	11.957	8.043
140	—	0.192	0.956	1.565	1.950	2.164	2.262	2.303	11.392	8.608
160	—	0.167	0.865	1.452	1.853	2.100	2.199	2.257	10.893	9.107
180	—	0.149	0.794	1.352	1.746	2.008	2.137	2.201	10.386	9.614

GK3 腹板混凝土烧损计算 表 8.12

时间(min)	0~2.5	2.5~5	5~7.5	7.5~10	10~12.5	12.5~15	15~17.5	17.5~20	H_t(cm)	$H_{s,t}$(cm)
5	2.130	2.425	2.490	2.498	2.500	2.500	2.500	2.500	19.544	0.456
15	1.323	2.249	2.412	2.478	2.495	2.498	2.500	2.500	18.456	1.544
25	—	1.360	2.260	2.409	2.474	2.493	2.498	2.500	15.993	4.007
40	—	—	0.952	2.153	2.354	2.452	2.485	2.488	12.884	7.116

续上表

时间(min)	0~2.5	2.5~5	5~7.5	7.5~10	10~12.5	12.5~15	15~17.5	17.5~20	H_t(cm)	$H_{s,t}$(cm)
60	—	—	0.635	1.886	2.221	2.353	2.432	2.449	11.976	8.024
80	—	—	0.466	1.621	2.100	2.283	2.360	2.387	11.217	8.783
100	—	—	0.301	1.271	1.904	2.193	2.301	2.332	10.301	9.699
120	—	—	0.237	1.066	1.725	2.098	2.231	2.279	9.637	10.363
140	—	—	0.196	0.928	1.572	1.970	2.146	2.212	9.025	10.975
160	—	—	0.165	0.814	1.424	1.848	2.049	2.138	8.437	11.563
180	—	—	0.142	0.738	1.315	1.725	1.934	2.052	7.907	12.093

翼板混凝土烧损计算 表 8.13

时间(min)	0~3	3~6	6~9	9~12	12~15	15~18	H_t(cm)	$H_{s,t}$(cm)
5	2.608	2.942	2.994	3.000	3.000	3.000	17.544	0.456
15	1.748	2.769	2.946	2.990	2.998	3.000	16.451	1.549
25	1.280	2.633	2.867	2.964	2.992	2.998	15.734	2.266
40	0.986	2.462	2.778	2.907	2.970	2.990	15.092	2.908
60	0.818	2.272	2.685	2.828	2.924	2.964	14.491	3.509
80	0.722	2.125	2.597	2.774	2.867	2.926	14.010	3.990
100	0.619	1.962	2.520	2.726	2.818	2.879	13.523	4.477
120	0.483	1.772	2.404	2.668	2.776	2.829	12.931	5.069
140	0.378	1.564	2.291	2.600	2.733	2.790	12.355	5.645
160	0.323	1.414	2.183	2.537	2.683	2.748	11.888	6.112
180	0.285	1.308	2.075	2.462	2.625	2.706	11.461	6.539

由表 8.13 可知,翼板较小且距离火源较远,设定不发生爆裂,翼板受火 60min 时,箱梁翼板混凝土的有效高度为 14.491cm,合计烧损深度为 3.509cm;受火 180min 时,箱梁翼板混凝土的有效高度为 11.461cm,合计烧损深度为 6.539cm。

(2)热膨胀系数的变化分析

油罐车火灾下 PC 箱梁组成材料的力学性能将发生显著变化,不同温度下预应力钢束线膨胀系数也会发生变化,材料之间热膨胀系数的差异性同样会引起预应力的变化。在此,油罐车火灾下预应力钢束的热膨胀系数取用欧洲规范 EC3[33] 建议值。

由图 8.46~图 8.50 可知,火灾作用下预应力钢束的热膨胀系数总体呈现上升趋势,预应力钢束 N1、N2 和 N3 在跨中与四分点处的热膨胀系数相近。工况 GK1 下,混凝土未发生爆裂,随延火时间的增加,钢束 N1 的热膨胀系数由 12×10^{-6}mm/℃ 增至 14.5×10^{-6}mm/℃,当混凝土发生中度及以上爆裂时,其热膨胀系数增至 16.32×10^{-6}mm/℃。混凝土未发生爆裂,钢束 N2 的热膨胀系数增至 14.5×10^{-6}mm/℃;当混凝土发生中度及以上爆裂时,热膨胀系数增至 16.27×10^{-6}mm/℃。预应力钢束 N3 的温度值与预应力钢束 N1、N2 相近,其热膨胀系数也基本相同。由于预应力钢束 N4 跨中部分受火灾影响较大,其热膨胀系数变化也较为明显。

混凝土未发生爆裂时，预应力钢束 N4 的热膨胀系数增至 15.72×10^{-6}mm/℃；当混凝土发生中度及以上爆裂时，热膨胀系数增至 19×10^{-6}mm/℃。其四分点处预应力钢束发生弯起，温度相对跨中有所降低，混凝土未发生爆裂，钢束 N4 四分点的热膨胀系数增至 14.74×10^{-6}mm/℃；当混凝土发生中度及以上爆裂时，热膨胀系数增至 16.5×10^{-6}mm/℃。混凝土未发生爆裂，预应力钢束 N5 的热膨胀系数增至 15×10^{-6}mm/℃；当混凝土发生中度及以上爆裂时，热膨胀系数升高至 17.619×10^{-6}。

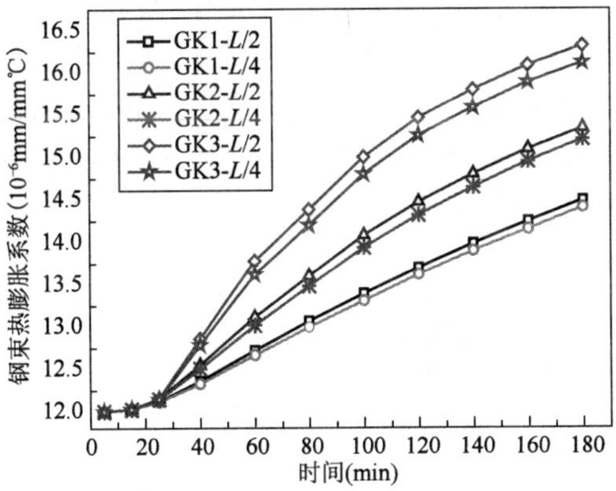

图 8.46 钢束 N1 热膨胀系数

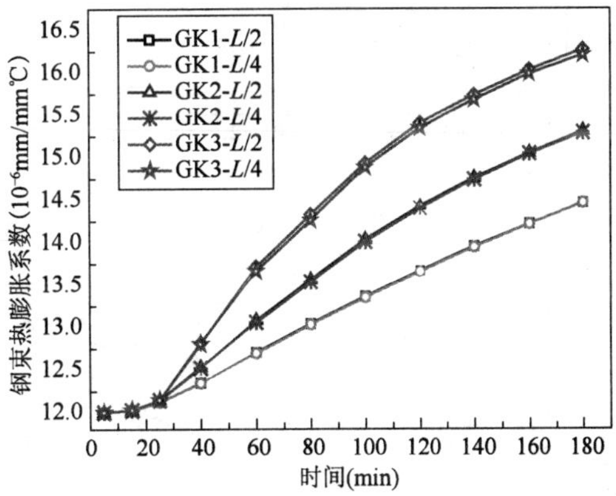

图 8.47 钢束 N2 热膨胀系数

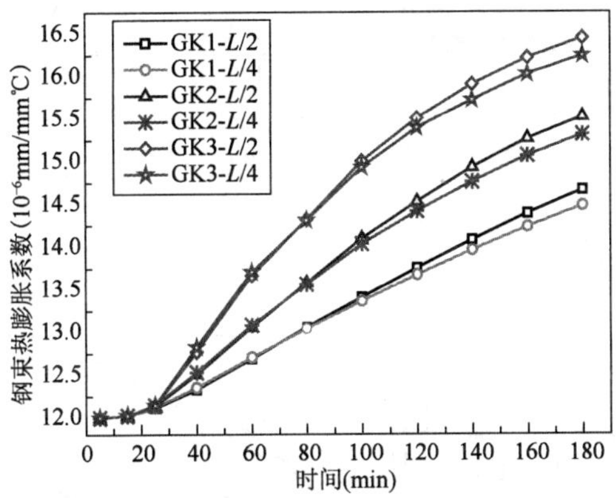

图 8.48 钢束 N3 热膨胀系数

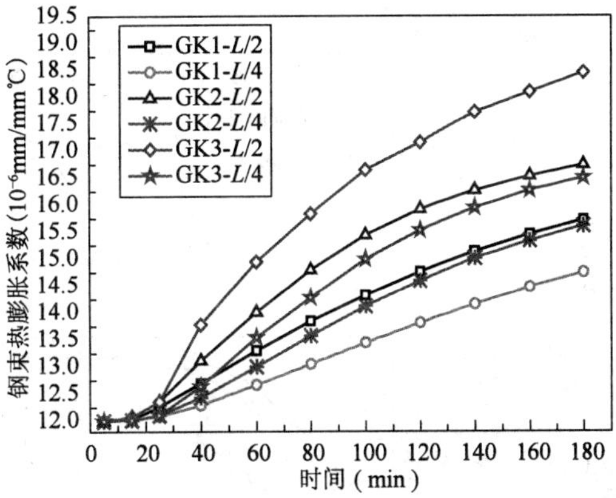

图 8.49 钢束 N4 热膨胀系数

8.5.6 时程损失

为了更加有效地分析考虑混凝土高温爆裂下 PC 箱梁预应力的损失情况，设定了四种不同的混凝土高温爆裂工况，且选择了跨中、四分点的预应力损失值进行了对比分析，不同混凝土爆裂深度下各钢束的预应力损失值如图 8.51 ~ 图 8.55 所示。对于预应力管道外露的预应力钢束，认定其失效，预应力损失量不再予以研究。

图 8.51 所示为不同爆裂深度下钢束 N1 预应力损失时程曲线。随着受火时间的增加，前三种火灾爆裂工况下的预应力损失都呈递增趋势。由于混凝土高温爆裂，工况 GK3 下的预

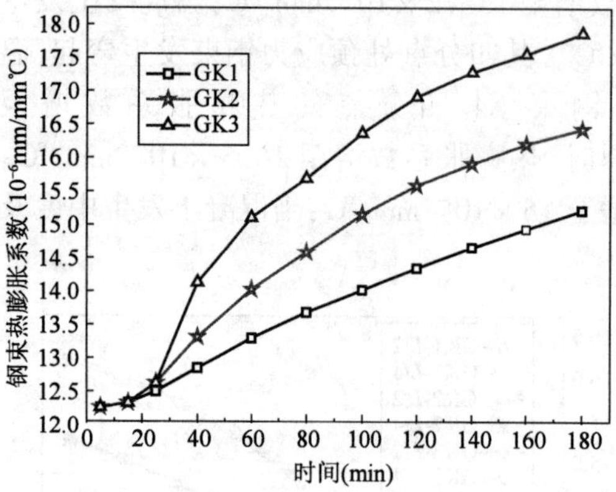

图 8.50 钢束 N5 热膨胀系数

应力损失较大,发生轻度爆裂的工况 GK2 预应力损失次之,未发生混凝土爆裂的工况 GK1 预应力损失最小。其中,工况 GK4 下混凝土发生严重爆裂,预应力损失小于中度爆裂的预应力损失量,主要是因为混凝土发生严重爆裂,预应力管道直接受火,钢束的温度迅速升高,力学性能出现严重下降,钢束丧失强度,此时其余预应力钢束施加在截面上的压应力减小,混凝土收缩徐变导致的预应力损失减小,导致钢束 N1 的预应力损失增长量下降,相对于工况 GK3 的损失量有所降低。

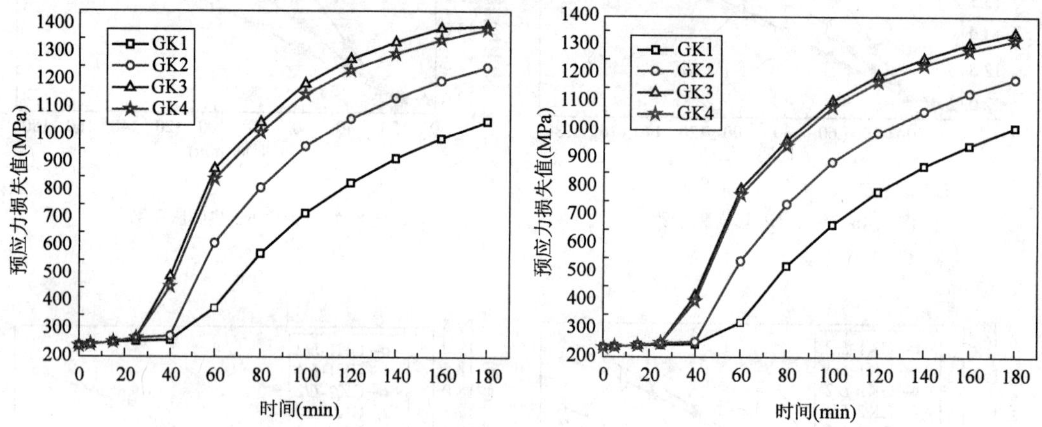

a)跨中

b)四分点

图 8.51 钢束 N1 的预应力损失量变化情况

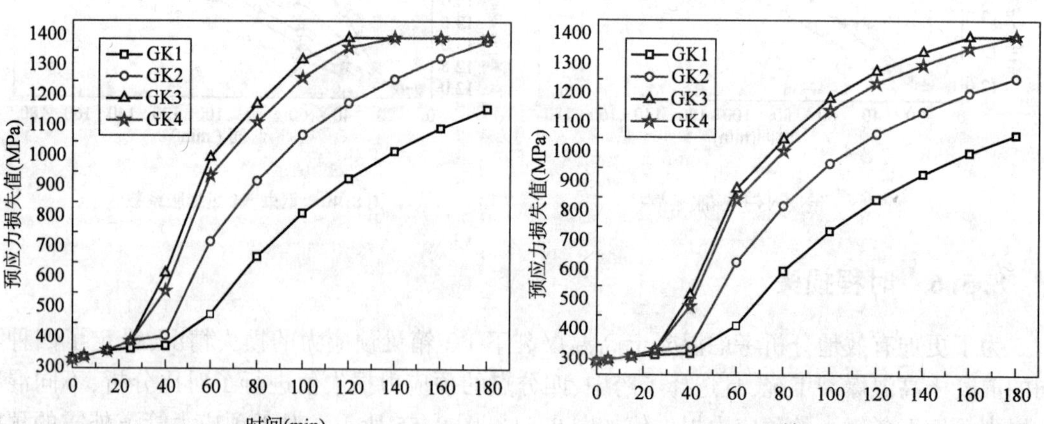

a)跨中

b)四分点

图 8.52 钢束 N2 的预应力损失量变化情况

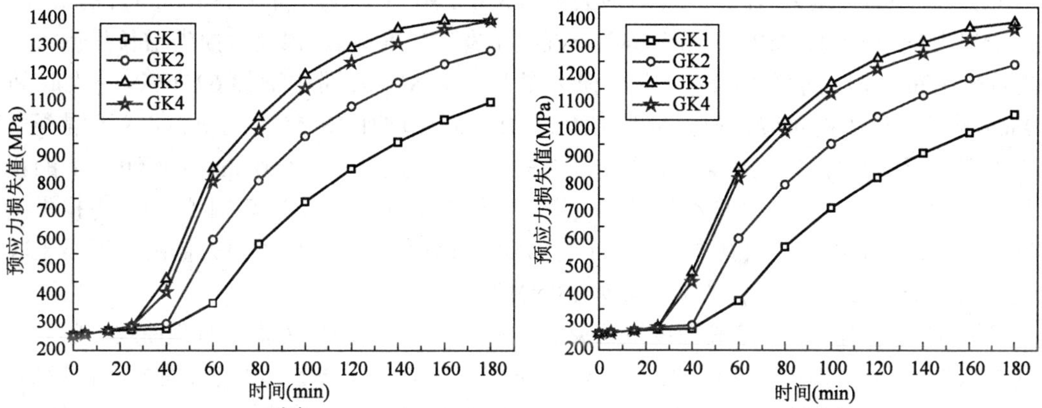

a)跨中　　b)四分点

图 8.53　钢束 N3 的预应力损失量变化情况

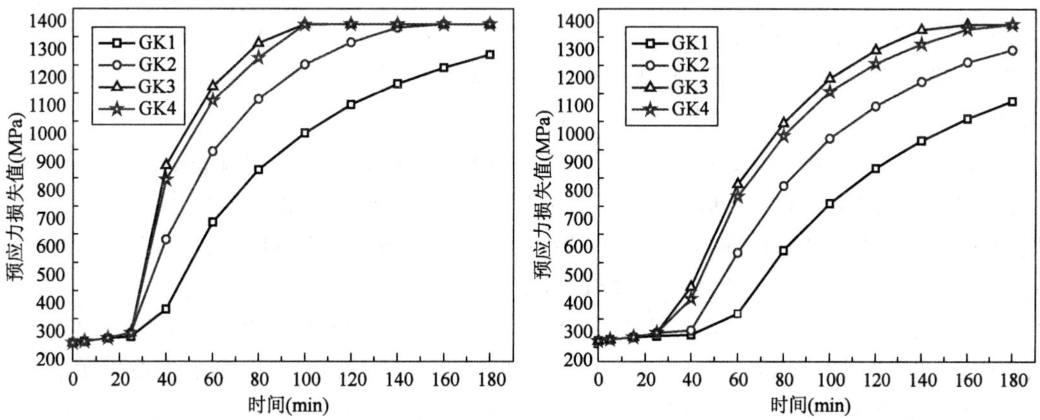

a)跨中　　b)四分点

图 8.54　钢束 N4 的预应力损失量变化情况

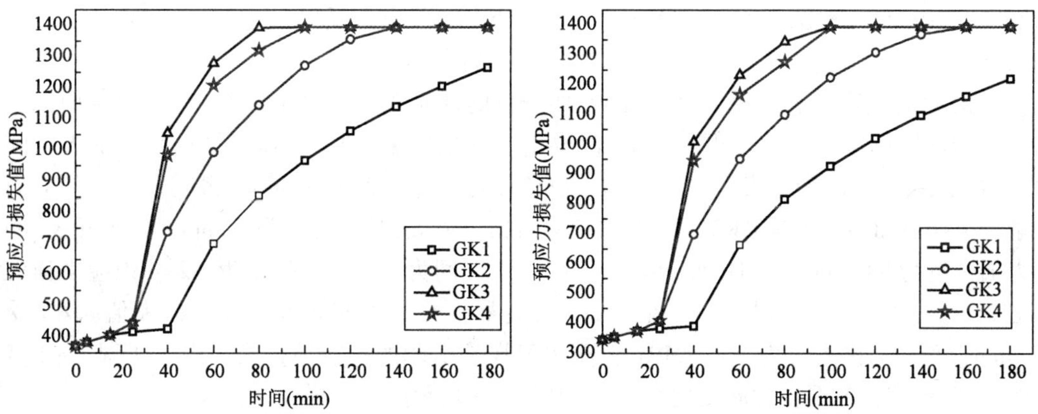

a)跨中　　b)四分点

图 8.55　钢束 N5 的预应力损失量变化情况

图 8.51a)给出了各混凝土爆裂深度下钢束 N1 跨中的预应力损失时程曲线,随着受火时间的增加,预应力损失不断增加。工况 GK1 下混凝土未发生爆裂,预应力损失增长量最小,受

火时间为60min时,钢束N1的预应力损失量为376.2MPa;受火时间为180min时,钢束N1的预应力损失量为1051.4MPa。工况GK2下混凝土发生轻度爆裂,预应力损失增长量增大。受火时间为60min时,钢束N1的预应力损失量为611.8MPa,同比增加62.6%;受火时间为180min时,钢束N1的预应力损失量为1246.2MPa,同比增加18.5%。工况GK3下混凝土发生中度爆裂,预应力损失发生突变,预应力损失最大。受火时间为60min时,钢束N1的预应力损失量为879.3MPa,同比增加133.7%;受火时间为160min时,钢束N1的预应力损失量为1388MPa,钢束N1预加应力基本丧失。工况GK4下钢束N1的预应力损失量由于混凝土收缩徐变引起的损失量减少,最后的损失量为1384MPa。

图8.51b)给出了不同爆裂深度下钢束N1在四分点处的预应力损失时程曲线。随着受火时间的增加,预应力损失不断增加,工况GK1下混凝土未发生爆裂,预应力损失增长量最小。受火时间为60min时,钢束N1的预应力损失量为321.9MPa;受火时间为180min时,钢束N1的预应力损失量为1008.4MPa。工况GK3下混凝土发生中度爆裂,预应力损失发生突变,预应力损失最大。受火时间为60min时,钢束N1的预应力损失量为793.2MPa,同比增加146.4%;受火时间为180min时,钢束N1的预应力损失量为1340.8MPa,同比增加33%。工况GK4下混凝土发生重度爆裂,曝火的预应力钢束失效,其他预应力钢束因梁体收缩徐变预应力损失减小,所以其损失量低于工况GK3。

图8.52为不同爆裂深度下钢束N2预应力损失时程曲线。由图可知,火灾下预应力损失发展规律与钢束N1相同,不同爆裂深度下损失量都呈递增趋势。钢束N2同样受混凝土高温爆裂的影响,工况GK3下的预应力损失量最大,混凝土未发生爆裂的工况GK1预应力损失最小。工况GK4下,部分钢束直接曝火失效,预应力损失小于工况GK3。

图8.52a)给出了不同混凝土高温爆裂深度下钢束N2在跨中处的预应力损失时程曲线。由图可知,随着火灾时间的持续,预应力损失不断增加,工况GK1下,混凝土未发生爆裂,预应力损失增长量最小。受火时间为60min时,钢束N2的预应力损失量为478.8MPa;受火时间为180min时,钢束N2的预应力损失量为1160.5MPa。工况GK3下,混凝土发生中度爆裂,损失量发生突变,预应力损失最大。受火时间为60min时,钢束N2的预应力损失量为998.3MPa,同比增加108.5%;受火时间为120min时,钢束N2的预应力损失量达到1395MPa,预应力已经完全损失。工况GK4下,受火140min时,预应力损失殆尽。

图8.52b)给出了各工况下钢束N2在四分点的预应力损失时程曲线。随着受火时间的增加,预应力损失不断增加,工况GK1下,混凝土未发生爆裂,预应力损失量最小。受火时间为60min时,钢束N2的预应力损失量为415.6MPa;受火时间为180min时,钢束N2的预应力损失量为1061.6MPa。工况GK3下,N2的预应力损失最大,受火时间为60min时,钢束N2的预应力损失量为880.5MPa,同比增加111.9%;受火时间为160min时,钢束N2的预应力损失量达1395MPa,预应力完全损失。工况GK4下,混凝土徐变收缩导致预应力损失值减小,受火60min时,预应力损失量为841.7MPa,低于中度爆裂引起的预应力损失。由于工况GK4爆裂程度较高,预应力的温度发展变化快,受火180min时,预应力同样完全损失。

图8.53和图8.54所示为不同混凝土高温爆裂深度下箱梁的钢束N3和N4的预应力损失时程曲线。由图可知,火灾下预应力损失发展趋势与钢束N1变化趋势相同。火灾工况GK3下的预应力损失量最大;混凝土未发生爆裂的火灾工况GK1下的预应力损失最小;虽然工况GK4混凝土爆裂深度最大,但是部分预应力钢束失效;其他钢束的预应力损失量小于工

况 GK3。

由图 8.53 可知,工况 GK1 下,混凝土未发生爆裂,预应力损失量最小,受火时间为 180min 时,钢束 N3 的预应力损失量为 1099.3MPa。工况 GK2 下,混凝土的轻微爆裂导致预应力损失加大,整个受火过程,预应力损失达到 1284.8MPa。工况 GK3 下,混凝土高温爆裂深达保护层厚度,钢束的保护层也随之减小,钢束温度升高,损失量也随之增大。受火时间为 140min 时,钢束 N3 的预应力损失量为 1365.5MPa,即将损失殆尽。工况 GK4 下,部分预应力管道直接受火失效,箱梁受压程度降低,混凝土收缩徐变导致的预应力损失减小,受火 160min 时,跨中预应力损失量为 1362.5MPa,低于工况 GK3 引起的预应力损失。由于钢束 N3 主要受腹板火灾影响,四分点处受火灾影响程度与跨中相近,发展规律相近。

在腹板与底板共同受火下,钢束 N4 跨中部分温度较高,预应力钢束高温蠕变导致的预应力损失相对于其他钢束有所增加。由图 8.54 可知,工况 GK1 混凝土未发生爆裂,预应力损失量最小。受火时间为 60min 时,钢束 N4 的预应力损失量为 693.6MPa,高于其他钢束同时期的预应力损失;受火时间为 180min 时,钢束 N4 的预应力损失量为 1287.9MPa。工况 GK2 下,混凝土发生初次爆裂,火灾下烧损程度高于工况 GK1。受火时间为 140min 时,预应力损失量高达 1383.5MPa。工况 GK3 下的混凝土发生中度爆裂,预应力损失发生突变,损失量最大。受火时间为 80min 时,钢束 N4 的预应力损失量为 1327.6MPa,预应力迅速减少。工况 GK4 下,混凝土发生严重的高温爆裂,受火时间为 100min 时,钢束 N4 的预应力损失量为 1393.7MPa。钢束 N4 的四分点存在弯起,其受火灾影响程度相对跨中较小,所以四分点处的预应力损失下降速率相对跨中较小。

图 8.55 所示为不同混凝土高温爆裂深度下 PC 箱梁钢束 N5 的预应力损失时程曲线。钢束 N5 与 N2 同为首批张拉的钢束,初始预应力损失较大,底板束 N5 的保护层厚度比腹板束小,受混凝土高温爆裂的影响显著。工况 GK3 下,预应力损失量最大,混凝土未发生爆裂的火灾工况 GK1 预应力损失最小。

底板束 N5 的中心点到底板下缘的距离为 9cm,小于腹板束中心到边缘的距离 10cm,所以底板束受火灾影响更为深刻。由图 8.55 可知,随着火灾的持续发展,GK1 混凝土未发生爆裂时,底板钢束 N5 受火 60min 时跨中的预应力损失量为 701MPa,四分点处的损失量为 663.5MPa;受火 180min 时,底板束 N5 的预应力损失量为 1266.3MPa,同比增加 80.6%,四分点处的损失量为 1221.4MPa,同比增加 84.1%。工况 GK2 下,混凝土发生初次爆裂,受火 120min 时,底板束 N5 跨中的预应力损失量为 1356.3MPa,四分点处的损失量在受火 140min 时达到 1370MPa。工况 GK3 下,混凝土发生中度爆裂,预应力损失突然增大,受火 80min 时,底板钢束 N5 跨中的预应力损失量为 1393.2MPa,四分点处的损失量在受火 80min 时达到 1344MPa。工况 GK4 下,部分预应力管道裸露,底板束 N5 受其失效影响,受火 80min 时,底板束 N5 的预应力损失量低于工况 GK3 的损失量,底板束 N5 跨中损失量为 1320.9MPa,四分点的损失量在受火 100min 时达到 1393MPa,预应力基本失效。

综上所述,油罐车火灾下不同混凝土爆裂深度的 PC 箱梁的预应力损失呈现明显的规律性。受火初期,由于混凝土保护层的存在,钢束温度较低,钢束未发生高温蠕变,预应力损失主要由混凝土损伤产生。随着受火时间的增加,钢束温度升高,钢束高温蠕变导致的预应力损失占据主导地位,预应力损失迅速增大,直至失效。当混凝土发生严重爆裂时,预应力管道裸露在火灾下,曝火的预应力钢束将会迅速失效,梁体所承受的压应力减小,混凝土收缩徐变导致预应力损失减小。

8.5.7 计算公式

前节计算了不同爆裂深度下箱梁各预应力钢束在 $L/2$、$L/4$ 处的预应力损失量，为了得到任意受火时间下预应力损失量，拟采用 ORIGINLAB 建立受火时间与预应力损失量的全过程计算公式。由于工况 GK4 下，混凝土高温爆裂导致预应力管道外露的数量与位置都不确定，本节仅对中度爆裂及以下的混凝土爆裂状况进行分析。

采用二次多项式来表示预应力损失量的发展过程，公式如下：

$$\sigma_{N,t} = \begin{cases} a_1 + b_1 t + c_1 t^2 & (0\text{min} \leqslant t \leqslant t_x \text{min}) \\ a_2 + b_2 t + c_2 t^2 & (t_x \text{min} < t \leqslant 180\text{min}) \end{cases} \tag{8.5.2}$$

式中：$\sigma_{N,t}$——受火 t min 时，钢束 N 损失量；

t_x——不同混凝土高温爆裂工况下，预应力变化的时间节点。混凝土保护层较厚，受火 25～40min 内钢束蠕变较小，预应力损失量增长缓慢，t_x 为 40min；爆裂深度较大，钢束温度显著升高，预应力损失量迅速增加，t_x 为 25min；

a、b、c——分项系数，其系数取值见表表 8.14～表 8.18；

R^2 为拟合度，其取值见表 8.14～表 8.18。

钢束 N1 的分项系数　　表 8.14

钢束名称		N1							
钢束位置		$L/2$				$L/4$			
火灾工况	时间(min)	a_i	b_i	c_i	R^2	a_i	b_i	c_i	R^2
GK1	0～40	232.13	8.285	-0.498	0.9806	229.95	4.5657	-0.2656	0.9806
	40～180	44.756	204.89	-9.885	0.9962	31.519	188.89	-8.267	0.992
GK2	0～40	234.35	4.4313	0.8189	0.9847	231.25	2.4088	0.4523	0.9836
	40～180	23.035	315.1	-20.729	0.9911	8.2403	291.3	-18.457	0.9953
GK3	0～25	240.92	-2.7681	2.384	1	234.99	1.6835	1.3419	1
	25～180	-87.368	369.26	-23.018	0.9911	-91.443	336.99	-20.082	0.9889

钢束 N2 的分项系数　　表 8.15

钢束名称		N2							
钢束位置		$L/2$				$L/4$			
火灾工况	时间(min)	a_i	b_i	c_i	R^2	a_i	b_i	c_i	R^2
GK1	310.6	18.129	-1.0714	282.6	0.9845	11.157	0.6429	310.6	0.9830
	164.11	194.96	-8.7665	121.92	0.9959	184.01	-8.275	164.11	0.9952
GK2	316.41	8.5932	2.0754	286.21	0.9839	5.2965	1.2754	316.41	0.9845
	159.29	302.57	-19.091	105.45	0.9937	285.02	-18.041	159.29	0.9946
GK3	331.53	-7.9656	5.6752	295.36	0.9995	-4.7258	3.4542	331.53	0.9998
	-33.734	422.48	-30.462	-23.38	0.9898	351.77	-22.022	-33.73	0.9917

钢束 N3 的分项系数　　表 8.16

钢束名称		N3							
钢束位置		L/2				L/4			
火灾工况	时间(min)	a_i	b_i	c_i	R^2	a_i	b_i	c_i	R^2
GK1	0 ~ 40	244.6	10.157	-0.6429	0.9774	253	6.8429	-0.3571	0.9888
	40 ~ 180	50.877	205.44	-9.2143	0.9936	68.06	195.11	-8.8933	0.9956
GK2	0 ~ 40	247.78	5.0121	1.0362	0.9838	255.39	3.0056	0.8911	0.9819
	40 ~ 180	31.56	313.02	-19.885	0.9958	44.845	302.55	-19.55	0.9928
GK3	0 ~ 25	255.92	-3.8989	2.9734	1	261.64	-3.8474	2.3809	0.9982
	25 ~ 180	-111.92	382.04	-24.273	0.9892	-63.16	353.56	-21.577	0.9907

钢束 N4 的分项系数　　表 8.17

钢束名称		N4							
钢束位置		L/2				L/4			
火灾工况	时间(min)	a_i	b_i	c_i	R^2	a_i	b_i	c_i	R^2
GK1	0 ~ 40	256.5	7.8	1E - 13	0.9688	263.2	8.7	- 0.5	0.9868
	40 ~ 180	153.62	287.98	-18.668	0.9915	49.773	211.64	-9.553	0.9901
GK2	0 ~ 25	266.69	-5.1076	3.3967	1.000	265.9	4.2821	0.9544	0.9852
	25 ~ 80	-67.72	410.87	-28.844	0.9968	25.666	318.12	-20.037	0.998
GK3	0 ~ 25	266.69	-5.1076	3.3967	1.000	272.77	-3.2445	2.5907	0.9994
	25 ~ 180	-357.94	767.75	-84.264	0.993	-100.16	374.61	-23.363	0.9905

钢束 N5 的分项系数　　表 8.18

钢束名称		N5							
钢束位置		L/2				L/4			
火灾工况	时间(min)	a_i	b_i	c_i	R^2	a_i	b_i	c_i	R^2
GK1	0 ~ 40	350.67	21.988	-1.3096	0.9839	325.8	18.857	-1.1429	0.9821
	40 ~ 180	240.68	238.25	-14.103	0.9908	205.73	236.96	-14.097	0.9906
GK2	0 ~ 25	375.62	-9.1074	6.7243	0.9997	347.87	-8.6312	5.9556	0.9997
	25 ~ 180	117.92	361.9	-25.79	0.9989	111.8	335.4	-22.109	0.9976
GK3	0 ~ 25	375.62	-9.1074	6.7243	0.9997	347.87	-8.6312	5.9556	0.9997
	25 ~ 180	-218.18	790.73	-94.549	0.9867	-220	749.87	-86.511	0.9837

8.6 混凝土高温爆裂时 PC 箱梁抗弯性能衰变

在油罐车火灾作用下,PC 箱梁中的混凝土、钢筋、钢绞线等材料的特性会产生退化,导致箱梁的正截面抗弯承载能力显著下降,使结构出现不利于继续承载的变形,一旦混凝土发生爆裂,其组成材料的力学性能退化会更加严重,显著降低结构的承载能力。因此,在不同混凝土爆裂深度温度场分析的基础上,研究不同混凝土爆裂深度下 PC 箱梁承载能力,并且通过建立热-力耦合模型研究混凝土高温爆裂影响下 PC 箱梁的挠度发展路径,分析不同爆裂深度对 PC 箱梁挠度的影响程度。

8.6.1 计算假定

进行火灾下 PC 箱梁的抗弯承载能力分析时,作出如下假设[34]:

(1)油罐车火灾作用下,预应力混凝土梁桥符合平截面假定。

(2)火灾导致混凝土与钢筋的材料特性发生劣化,分析过程不考虑二者之间的黏结滑移问题。

(3)不考虑混凝土的抗拉强度。

8.6.2 钢束和钢筋强度

(1)预应力钢束的烧损计算

因为钢束在腹板内存在竖向弯曲,竖向位置不断变化,所以应通过获取箱梁 $L/2$、$L/4$ 截面抗弯承载能力来研究火灾下混凝土爆裂程度对 PC 箱梁的影响。通过获取各预应力钢束的温度值,计算抗拉强度折减系数,获得钢束烧损后的有效强度。

图 8.56 ~ 图 8.60 给出了不同混凝土高温爆裂深度下预应力钢束强度烧损变化曲线。由图可知,工况 GK1 下,PC 箱梁混凝土未发生爆裂,受火 180min 时,钢束 N1、N2 的 $L/2$、$L/4$ 截面处以及钢束 N3 的 $L/4$ 截面处的温度升至 330℃,抗拉强度折减系数取 0.752,抗拉强度为 948MPa,虽然以上预应力钢束存在明显的竖向弯曲,但其主要受腹板高温的影响,温度几乎相同;预应力钢束 N3 的 $L/2$ 截面处受底板火源、腹板火源共同影响,温度达到 353℃,抗拉强度折减系数取 0.715,抗拉强度为 900MPa,由于钢束 N4 位于底板与腹板相交处,受两个方向火灾的共同影响,温度变化更加显著。钢束 N4 的 $L/2$ 截面、$L/4$ 截面处的温度值分别为 485℃、363℃,抗拉强度折减系数分别取 0.469、0.697,抗拉强度分别为 590MPa、878MPa。钢束 N5 主要受底板火源的影响,沿纵桥向弯曲较小,各个截面处的温度都为 391℃,抗拉强度折减系数取 0.646,强度值为 814MPa。火灾爆裂工况 GK2 下,混凝土发生轻度爆裂,受火 180min 时,钢束的温度分布规律与工况 GK1 相近。由于混凝土发生轻度爆裂,钢束的保护层厚度减少,其温度有所升高,钢束 N1、N2 的 $L/2$、$L/4$ 截面以及 N3 的 $L/4$ 截面处温度达到 433℃,强度折减至 715MPa。钢束 N3 的 $L/2$ 截面处温度达到 460℃,钢束 N4 的 $L/2$ 截面处的温度最高为 612℃,其 $L/4$ 截面处的温度为 471℃。钢束 N5 的各个截面处的温度为 543℃,钢束的抗拉强度均出现一定的下降。火灾爆裂工况 GK3 下,受火 180min 时,混凝土爆裂深度更大,但是温度分布与工况 GK1、工况 GK2 相同,其中钢束 N4 的 $L/2$ 截面处的温度最高,达到 760℃,抗拉强度折减系数取 0.068,钢束强度仅为 86MPa;火灾爆裂工况 GK4 下,PC 箱梁发生重度爆裂,预应力管道直接曝火。若设定箱梁右侧腹板束 N2、N3 与底板束 N5 外侧混凝土深度爆裂,强度损失较大,基本丧失抗拉强度。

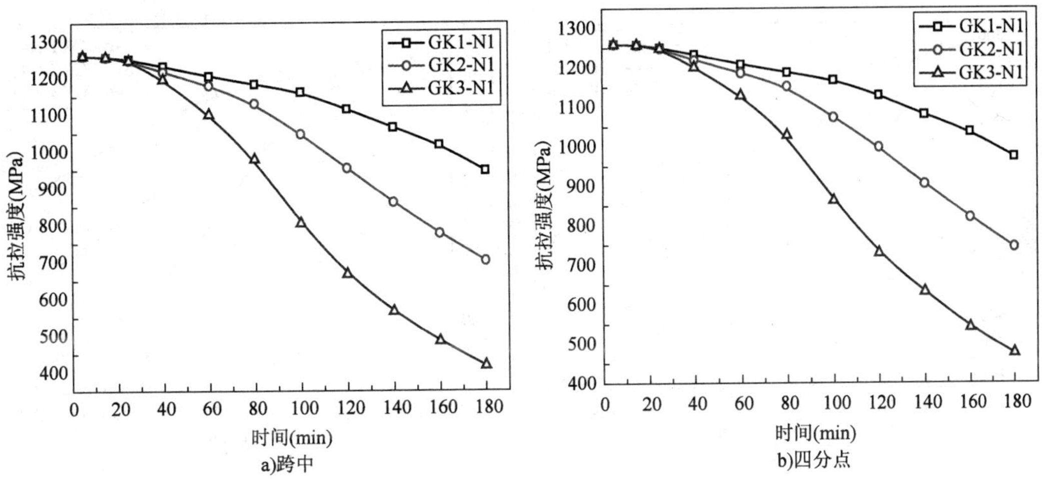

图 8.56 钢束 N1 抗拉强度烧损曲线

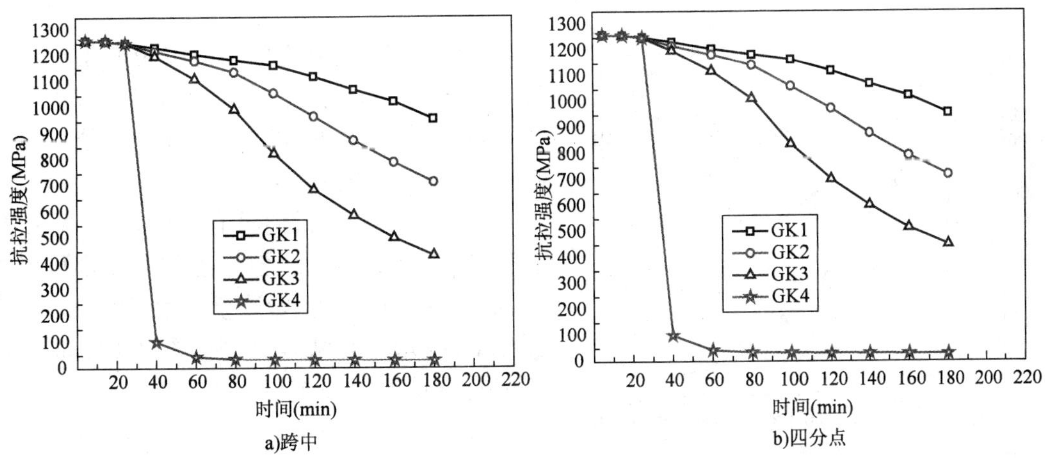

图 8.57 钢束 N2 抗拉强度烧损曲线

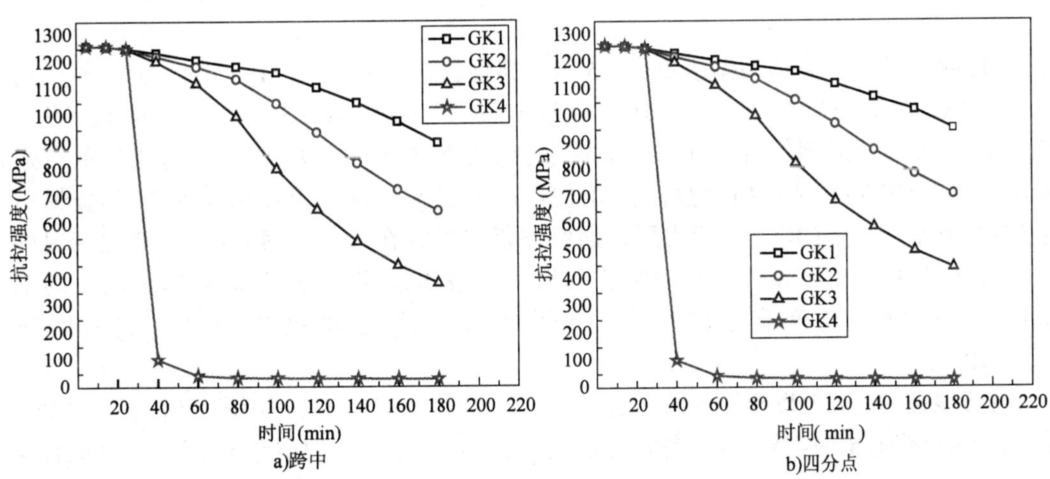

图 8.58 钢束 N3 抗拉强度烧损曲线

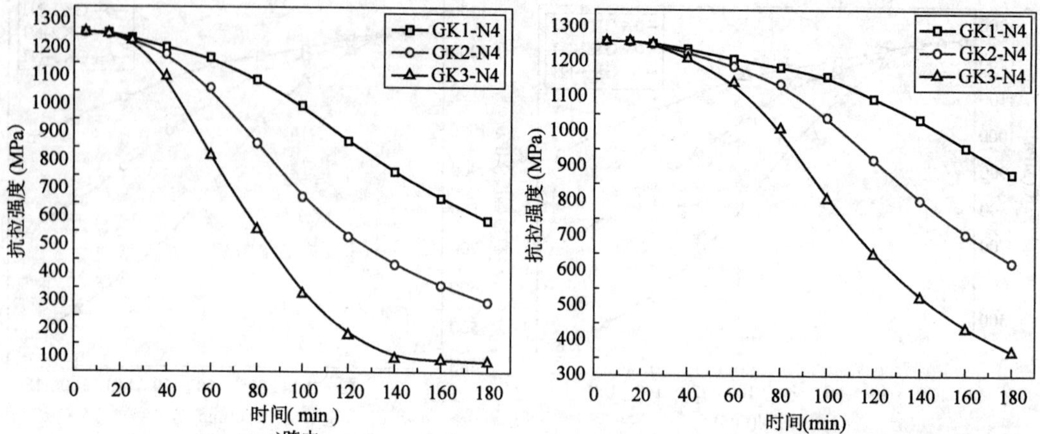

a)跨中　　b)四分点

图 8.59　钢束 N4 抗拉强度烧损曲线

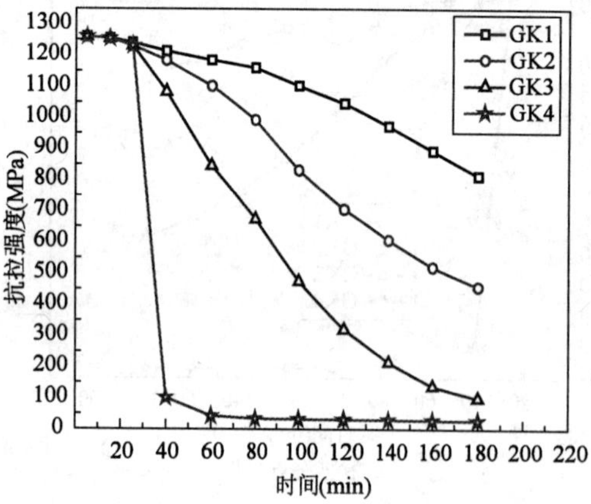

图 8.60　钢束 N5 抗拉强度烧损曲线

综上所述，混凝土的高温爆裂使钢束的强度出现严重下降，这必将导致箱梁承载能力出现下降，严重威胁桥梁结构的安全性能。

(2)钢筋强度的折减

普通钢筋在纵桥向没有竖向弯曲，温度是相等的，所以取其上任意一点的温度都可以进行普通钢筋的烧损计算。由图 8.61 和图 8.62可知，工况 GK1 下，受火 180min 时，底板近火层的普通钢筋温度达到 544℃，其烧损后强度为 109MPa，远火层普通钢筋温度为 265℃，其烧损后强度为 255MPa。工况 GK2 下，受火 180min 时，由于混凝土发生轻度爆裂，钢筋保护层削弱，普通钢筋温度会逐渐升高，底板近火层的普通钢筋温度高达 757℃，其烧损后强度为 23MPa，远火层普通钢筋温度为 384℃，其烧损后强度为 193MPa。工况 GK3 下，受火 180min 时，由于混凝土发生中度爆裂，近火层普通钢筋直接暴露在火灾下，普通钢筋会迅速失效，底板近火层的普通钢筋温度高达 1026℃，其烧损后强度为 8MPa，远火层普通钢筋温度为 498℃，其烧损后强度为 133MPa。工况 GK4 下，近火层普通钢筋仍然暴露在火灾下，强度损失变化情况同工况 GK3 中的 S1。由于预应力管道附近的混凝土发生爆裂，靠近预应力爆裂区段的部分远火层普通钢筋温度会继续增高，受火 180min 时，温度高达 580℃，烧损后强度为 90MPa。

底板混凝土的高温爆裂导致普通钢筋的保护层厚度减小，爆裂深度较大时，普通钢筋直接受火，近火层普通钢筋容易失效，丧失强度。远火层普通钢筋保护层厚度削弱，温度同样会升高，强度出现更加显著的降低。

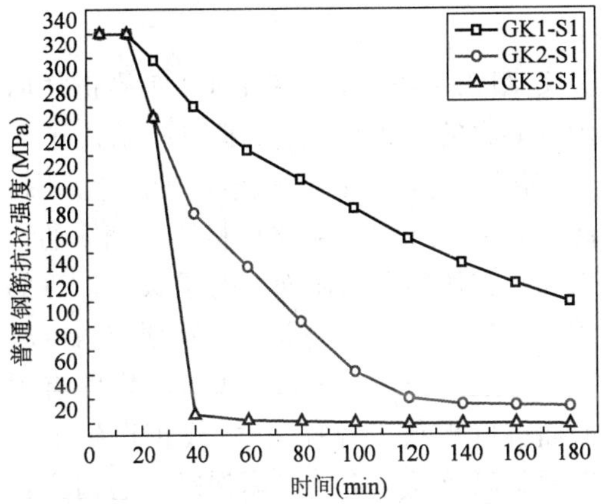

图 8.61 普通钢筋 S1 抗拉强度烧损曲线

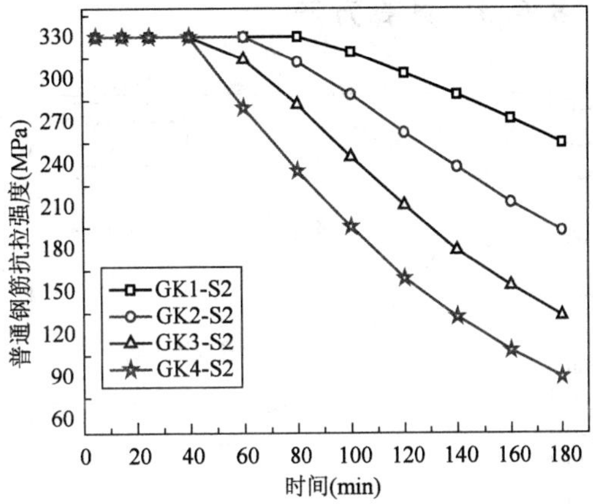

图 8.62 普通钢筋 S2 抗拉强度烧损曲线

图 8.63、图 8.64 给出的是不同爆裂深度下腹板普通钢筋的强度变化曲线。由图可知，工况 GK1 下，受火 180min 时，腹板近火层的普通钢筋烧损后强度为 92MPa，远火层普通钢筋烧损后强度为 279MPa。工况 GK2 下，受火 180min 时，混凝土发生轻度爆裂，钢筋保护层削弱，普通钢筋温度会逐渐升高。腹板近火层的普通钢筋烧损后强度为 22MPa，远火层普通钢筋烧损后强度为 240MPa。工况 GK3 下，混凝土发生中度爆裂，近火层普通钢筋直接暴露在火灾下，普通钢筋会迅速失效，腹板近火层的普通钢筋烧损后强度为 9MPa，远火层普通钢筋烧损后强度为 192MPa。工况 GK4 下，近火层普通钢筋仍然暴露在火灾下，强度损失变化情况同工况 GK3 中的 S3。由于预应力管道附近的混凝土发生爆裂，靠近预应力爆裂区段的部分远火层普通钢筋温度会继续增高，受火温度高达 488℃，烧损后强度为 138MPa。

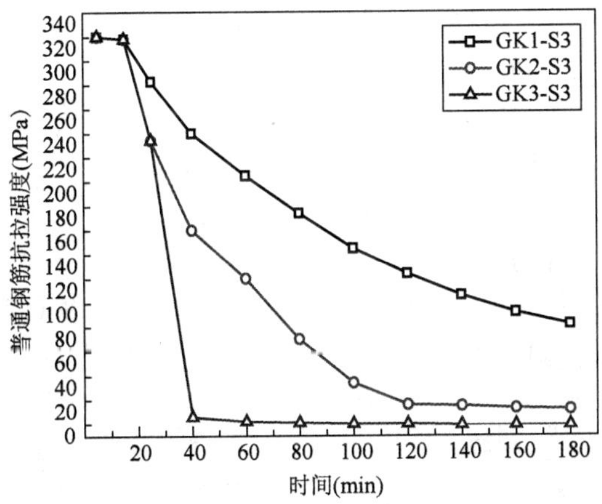

图 8.63 普通钢筋 S3 抗拉强度烧损曲线

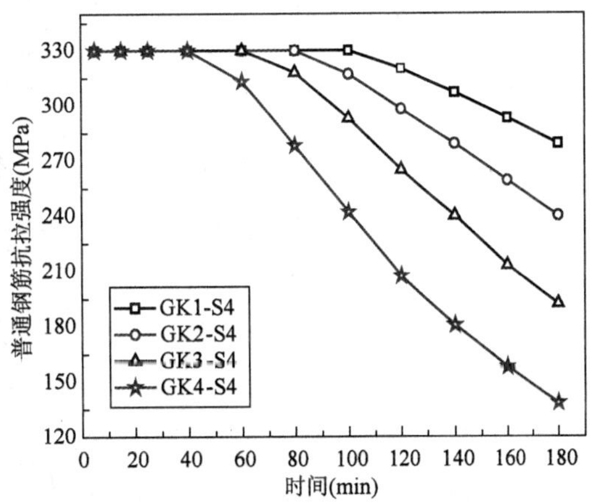

图 8.64 普通钢筋 S4 抗拉强度烧损曲线

图 8.65 给出的是翼板受火区域普通钢筋的强度变化曲线。由图可知，受火 180min 时，翼板下缘受火区域的普通钢筋温度高达 566℃，烧损后强度为 97MPa；翼板上缘受火区域的普通钢筋温度高达 269℃，烧损后强度为 253MPa。

8.6.3 计算方法

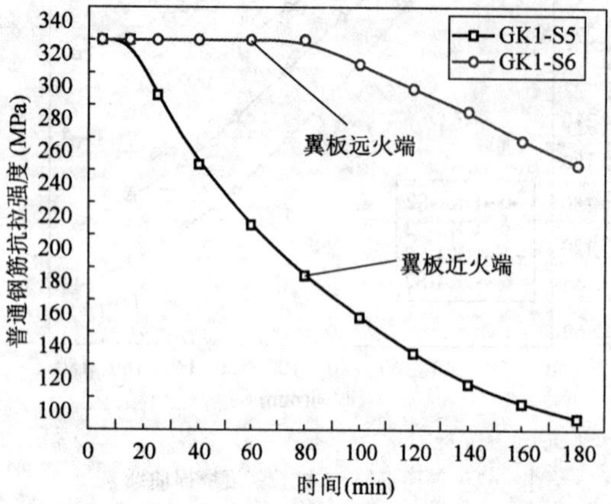

图 8.65　普通钢筋 S5、S6 抗拉强度烧损曲线

文献[38]提出了火灾下 PC 箱梁正截面抗弯承载能力的修正公式，文献[39]给出了火灾下 PC 箱梁正截面抗弯承载能力的计算图式。在此基础上，考虑 PC 箱梁材料等效烧损的计算结果与火灾作用下正截面抗弯承载力计算的基本假定，参考《公路钢筋混凝土及预应力混凝土桥涵设计规范》(JTG 3362—2018)[40]中有关的正截面抗弯承载力计算公式，修正得到了考虑火灾因素以及混凝土高温爆裂影响的箱梁正截面抗弯承载能力计算公式。

通过对受拉钢筋合力作用点求力矩，得到公式(8.6.1)：

$$\gamma_0 M_{\mathrm{d}} \leqslant M_{\mathrm{u,t}} = f_{\mathrm{cd}} b x_{\mathrm{t}}\left(h_{0,\mathrm{t}} - \frac{x_{\mathrm{t}}}{2}\right) + f_{\mathrm{sd,T}} A_{\mathrm{s}}(h_{0,\mathrm{t}} - a_{\mathrm{s,t}}) \tag{8.6.1}$$

通过对受压区混凝土与受压钢筋合力作用点求力矩，得到计算公式(8.6.2)：

$$\gamma_0 M_{\mathrm{d}} \leqslant M_{\mathrm{u,t}} = f_{\mathrm{sd,T}} A_{\mathrm{s}}\left(h - h_{\mathrm{z,t}} - h_{\mathrm{es,t}} - h_{\mathrm{s,t}} - \frac{x_{\mathrm{t}}}{2}\right) + f_{\mathrm{pd,T}} A_{\mathrm{p}}\left(h - h_{\mathrm{z,t}} - h_{\mathrm{es,t}} - h_{\mathrm{p,t}} - \frac{x_{\mathrm{t}}}{2}\right) \tag{8.6.2}$$

$$f_{\mathrm{cd}} b x_{\mathrm{t}} + f'_{\mathrm{sd,T}} A'_{\mathrm{s}} = f_{\mathrm{sd,T}} A_{\mathrm{s}} + f_{\mathrm{pd,T}} A_{\mathrm{p}} \tag{8.6.3}$$

$$h_{\mathrm{st}} = \frac{\sum_{i=1}^{N} f_{\mathrm{sd,T}} A_{\mathrm{s,i}} h_{\mathrm{s,i}}}{\sum_{i=1}^{N} f_{\mathrm{sd,T}} A_{\mathrm{s,i}}} \tag{8.6.4}$$

$$h_{\mathrm{p,t}} = \frac{\sum_{i=1}^{N} f_{\mathrm{pd,T}} A_{\mathrm{p,i}} h_{\mathrm{p,i}}}{\sum_{i=1}^{N} f_{\mathrm{pd,T}} A_{\mathrm{p,i}}} \tag{8.6.5}$$

$$h_{\mathrm{t}} = \frac{f_{\mathrm{sd,T}} A_{\mathrm{s}} h_{\mathrm{s,t}} + f_{\mathrm{pd,T}} A_{\mathrm{p}} h_{\mathrm{p,t}}}{f_{\mathrm{sd,T}} A_{\mathrm{s}} + f_{\mathrm{pd,T}} A_{\mathrm{p}}} \tag{8.6.6}$$

$$h_{0,\mathrm{t}} = h - h_{\mathrm{es,t}} - h_{\mathrm{z,t}} - h_{\mathrm{t}} \tag{8.6.7}$$

式中：M_{d}——箱梁正截面的弯矩组合设计值；

γ_0——结构重要性系数；

$M_{\mathrm{u,t}}$——受火 t min 时，箱梁正截面的抗弯承载力；

f_{cd}——混凝土轴心抗压强度设计值；

$f'_{sd,T}$ ——受火 t min 时,纵向受压钢筋抗压强度设计值;

$f_{pd,T}$ ——受火 t min 时,预应力钢束抗拉强度设计值;

x_t ——受火 t min 时,箱梁受压区高度;

b——截面宽度;

h——箱梁截面高度;

$h_{0,t}$、$h_{z,t}$、$h_{es,t}$ ——受火 t min 时,截面的有效高度、烧损厚度、爆裂深度;

$h_{s,t}$、$h_{p,t}$ ——受火 t min 时,受拉区普通钢筋、预应力钢束合力作用点到箱梁下缘的高度;

h_t ——受火 t min 时,受拉区预应力钢束和普通钢筋合力点到箱梁下缘的高度;

$h_{s,i}$、$h_{p,i}$ ——受火 t min 时,受拉区任意普通钢筋、预应力钢束到箱梁下缘的高度;

A_s、A_p ——受拉普通钢筋、预应力钢束的面积;

$A_{s,i}$、$A_{p,i}$ ——受拉区任意普通钢筋、预应力钢束的截面积。

8.6.4 计算过程

根据式(8.6.1)~式(8.6.7)得到火灾下箱梁 $L/2$、$L/4$ 截面正截面抗弯承载能力衰减全过程,不同工况下的抗弯承载能力数值变化见表 8.19~表 8.22。为了更加明确地衡量承载能力变化情况,引入承载能力保有率概念,计算公式为式(8.6.8)。

$$\gamma_t = \frac{M_{u,t}}{M_{u,0}} \tag{8.6.8}$$

式中:γ_t ——受火 t min 时,正截面抗弯承载能力保有率(%);

$M_{u,0}$ ——未受火时,正截面抗弯承载能力(kN·m);

$M_{u,t}$ ——受火 t min 时,正截面抗弯承载能力(kN·m)。

GK1 和 GK2 箱梁 $L/2$ 截面的抗弯承载能力 表 8.19

箱梁截面	$L/2$			
火灾工况	GK1		GK2	
时间(min)	$M_{u,t}$(kN·m)	γ_t(%)	$M_{u,t}$(kN·m)	γ_t(%)
5	19366	99.28	19366	99.28
15	19073	97.77	19073	97.77
25	18714	95.93	18332	93.97
40	18133	92.96	17275	88.56
60	17497	89.69	16072	82.39
80	16860	86.43	14582	74.75
100	16016	82.10	12680	65.00
120	15002	76.90	11043	56.61
140	13945	71.49	9730	49.88
160	12924	66.25	8605	44.11
180	11848	60.73	7681	39.38

GK3 和 GK4 箱梁 $L/2$ 截面的抗弯承载能力

表 8.20

箱梁截面	$L/2$			
火灾工况	GK3		GK4	
时间(min)	$M_{u,t}$ (kN·m)	γ_t (%)	$M_{u,t}$ (kN·m)	γ_t (%)
5	19366	99.28	19366	99.28
15	19073	97.77	19073	97.77
25	18332	93.97	18332	93.97
40	15361	78.75	11588	59.40
60	13327	68.32	9774	50.10
80	11267	57.76	8133	41.69
100	8785	45.03	6291	32.25
120	6869	35.21	4898	25.11
140	5517	28.28	3940	20.20
160	4617	23.67	3350	17.17
180	3956	20.28	2900	14.87

GK1 和 GK2 箱梁 $L/4$ 截面的抗弯承载能力

表 8.21

箱梁截面	$L/4$			
火灾工况	GK1		GK2	
时间(min)	$M_{u,t}$ (kN·m)	γ_t (%)	$M_{u,t}$ (kN·m)	γ_t (%)
5	17190	99.17	17190	99.17
15	16905	97.53	16905	97.53
25	16587	95.69	16226	93.61
40	16078	92.76	15289	88.20
60	15517	89.52	14355	82.82
80	15065	86.91	13398	77.29
100	14421	83.20	11949	68.93
120	13686	78.96	10617	61.25
140	12911	74.49	9454	54.54
160	12075	69.66	8446	48.72
180	11158	64.37	7603	43.86

GK3 和 GK4 箱梁 $L/4$ 截面的抗弯承载能力

表 8.22

箱梁截面	$L/4$			
火灾工况	GK3		GK4	
时间(min)	$M_{u,t}$ (kN·m)	γ_t (%)	$M_{u,t}$ (kN·m)	γ_t (%)
5	17190	99.17	17190	99.17
15	16905	97.53	16905	97.53

续上表

箱梁截面	L/4			
火灾工况	GK3		GK4	
时间(min)	$M_{u,t}$ (kN·m)	γ_t (%)	$M_{u,t}$ (kN·m)	γ_t (%)
25	16226	93.61	16226	93.61
40	13575	78.32	10317	59.52
60	12337	71.17	9285	53.57
80	10929	63.05	8240	47.54
100	8900	51.34	6751	38.95
120	7250	41.82	5538	31.95
140	6018	34.72	4626	26.69
160	5012	28.91	3887	22.42
180	4313	24.88	3357	19.37

表8.19~表8.22给出了不同混凝土高温爆裂深度下PC箱梁 *L*/2、*L*/4 截面的抗弯承载能力变化数值。由表8.19、表8.20可知,未发生火灾时,该箱梁跨中截面的正截面抗弯承载力能力 $M_{u,0}$ 为19507kN·m。工况GK1下,受火60min时,箱梁的正截面抗弯承载能力 $M_{u,60}$ 为17497kN·m,其保有率为89.69%;受火180min时,箱梁的正截面抗弯承载能力 $M_{u,180}$ 为11848kN·m,保有率降低至60.73%。工况GK2下,受火60min时,箱梁的正截面抗弯承载能力 $M_{u,60}$ 为16072kN·m,其保有率为82.39%;受火180min时,箱梁的正截面抗弯承载能力 $M_{u,180}$ 为7681kN·m,保有率降低至39.38%。工况GK3下,受火60min时,箱梁的正截面抗弯承载能力 $M_{u,60}$ 为13327kN·m,其保有率为68.32%;受火180min时,箱梁的正截面抗弯承载能力 $M_{u,180}$ 为3956kN·m,保有率显著下降,仅为20.28%。工况GK4下,受火60min时,箱梁的正截面抗弯承载能力 $M_{u,60}$ 为9774kN·m,其保有率为50.1%;受火180min时,箱梁的正截面抗弯承载能力 $M_{u,180}$ 为2900kN·m,正截面抗弯承载能力保有率降低至14.87%。

由表8.21、表8.22可知,未发生火灾时,该箱梁 *L*/4 截面的正截面抗弯承载力能力 $M_{u,0}$ 为17334kN·m。工况GK1下,受火60min时,箱梁 *L*/4 截面的正截面抗弯承载能力 $M_{u,60}$ 为15517kN·m,其保有率为89.52%;受火180min时,箱梁 *L*/4 截面的正截面抗弯承载能力 $M_{u,180}$ 为11158kN·m,其保有率降低至64.37%。工况GK2下,受火60min时,箱梁 *L*/4 截面的正截面抗弯承载能力 $M_{u,60}$ 为14355kN·m,其保有率为82.82%;受火180min时,箱梁 *L*/4 截面的正截面抗弯承载能力 $M_{u,180}$ 为7603kN·m,其保有率为43.86%。工况GK3下,受火60min时,箱梁 *L*/4 截面的正截面抗弯承载能力 $M_{u,60}$ 为12337kN·m,其保有率为71.17%;受火180min时,箱梁 *L*/4 截面的正截面抗弯承载能力 $M_{u,180}$ 为4313kN·m,其保有率为24.88%。工况GK4下,受火60min时,箱梁 *L*/4 截面的正截面抗弯承载能力 $M_{u,60}$ 为9285kN·m,其保有率为53.57%;受火180min时,箱梁 *L*/4 截面的正截面抗弯承载能力 $M_{u,180}$ 为3357kN·m,其保有率仅为19.37%。

通过对以上不同火灾爆裂工况下箱梁 *L*/2、*L*/4 截面抗弯承载能力的分析,不难发现混凝土的爆裂程度对正截面抗弯承载能力具有显著的影响。当混凝土发生严重爆裂时,箱梁 *L*/2 截面的抗弯承载能力保有率从60.73%降至14.87%;箱梁 *L*/4 截面的抗弯承载能力保有率从

64.37%降至19.37%。由此可见,混凝土的高温爆裂对PC箱梁有巨大的破坏性。

8.6.5 衰变规律

图8.66、图8.67给出了火灾全过程考虑混凝土高温爆裂下PC箱梁正截面抗弯承载能力衰变曲线及其对比分析曲线。随着火灾的持续发展,不同爆裂深度下箱梁L/4、L/2截面的正截面抗弯承载能力体现了如下的规律:

(1)火灾导致PC箱梁的抗弯承载能力出现衰减,四种工况下箱梁的L/4、L/2截面承载能力均出现不同程度的降低。其中,工况GK1下混凝土未发生爆裂,截面的抗弯承载能力衰变相对缓慢;工况GK2下截面的抗弯承载能力相对混凝土未爆裂的工况GK1有所降低;工况GK3下混凝土发生中度爆裂,截面的抗弯承载能力明显下降;工况GK4下混凝土发生重度爆裂,部分预应力管道裸露,直接受火,截面的抗弯承载能力下降最快,箱梁迅速丧失承载能力。

由此可见,混凝土爆裂会对结构的承载能力产生显著的影响,进行火灾评估时应该予以充分考虑。

(2)在三级爆裂的影响下,承载能力呈显著的多阶段下降,承载能力下降速率加大。混凝土未爆裂或者轻度爆裂时,箱梁截面承载能力呈现二阶段下降趋势。箱梁刚开始受火,由于混凝土热惰性,截面抗弯承载能力平稳下降。在承载能力衰变阶段S2,温度向内延伸,预应力钢束与普通钢筋的温度升高,强度逐渐下降,截面抗弯承载能力的下降速率加快,如图8.66a)、图8.66b)所示。

工况GK3下,箱梁截面抗弯承载能力呈现三阶段下降趋势,混凝土发生中度爆裂时,外层普通钢筋直接受火,预应力钢束的混凝土保护层厚度减少。在承载能力衰变阶段S2,箱梁截面的抗弯承载能力出现显著下降;在承载能力衰变阶段S3,火灾持续发生,截面的抗弯承载能力呈现凹函数的下降趋势,如图8.66c)所示。

工况GK4下,箱梁截面抗弯承载能力呈现四阶段下降趋势,较高的混凝土爆裂深度导致预应力钢束直接受火。在承载能力衰变阶段S2,曝火失效的预应力钢束致使抗弯承载能力出现骤降现象;在S3承载能力衰变阶段,随着受火时间的增加,其余预应力钢束强度下降,截面的抗弯承载能力继续下降;在承载能力衰变阶段S4,材料力学性能衰变速率减小,导致截面的抗弯承载能力呈现凹函数的下降趋势,下降速度放缓,如图8.66d)所示。

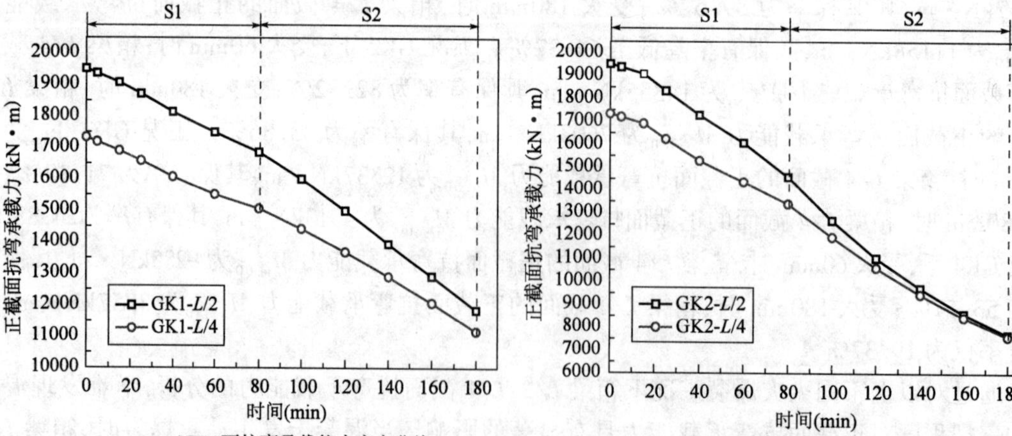

a)GK1下抗弯承载能力衰变曲线

b)GK2下抗弯承载能力衰变曲线

图 8.66

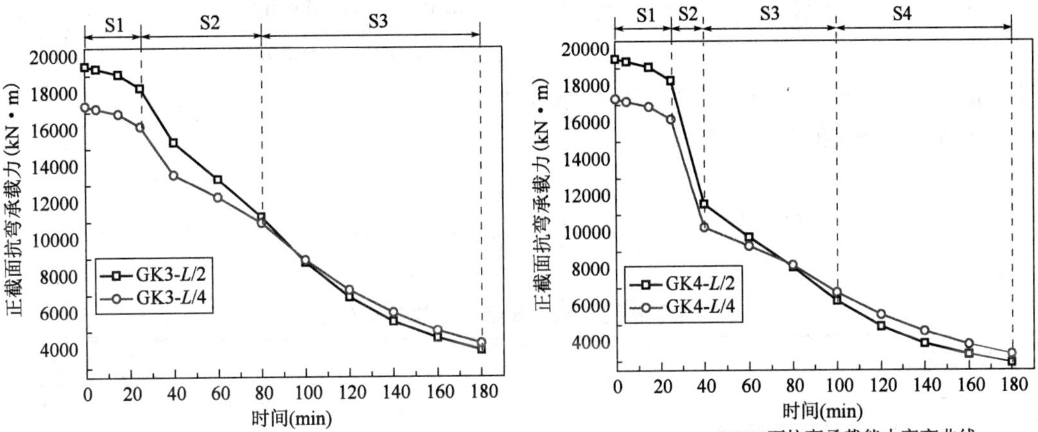

c)GK3下抗弯承载能力衰变曲线　d)GK4下抗弯承载能力衰变曲线

图 8.66　不同爆裂工况下抗弯承载能力衰变曲线

(3)通过对比火灾全过程截面抗弯承载能力的变化趋势(图 8.67),可以发现混凝土高温爆裂显著影响桥梁结构的抗火性能。混凝土一旦发生爆裂,钢筋的保护层厚度会减小,材料劣化加剧,截面的正截面抗弯承载能力会迅速衰变,桥梁结构安全系数明显降低。

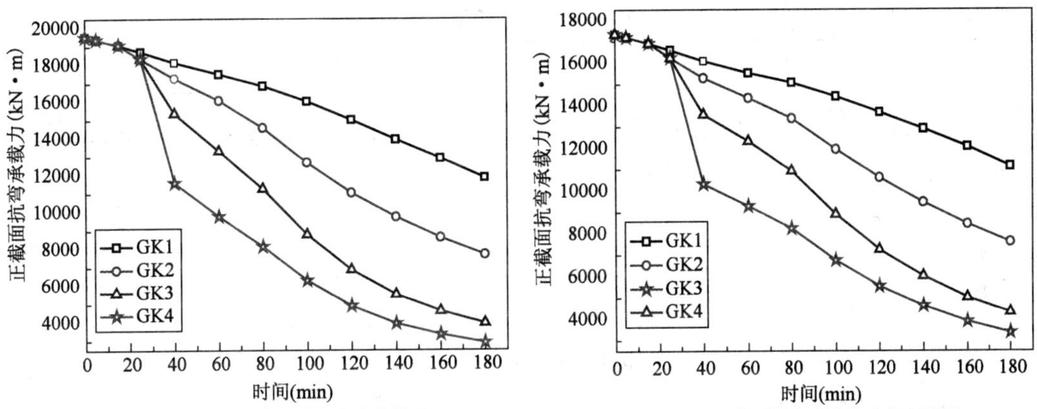

a)*L*/2截面抗弯承载能力衰变情况　b)*L*/4截面抗弯承载能力衰变情况

图 8.67　各截面抗弯承载能力衰变曲线

8.6.6　衰变公式的提出

8.6.5 节根据箱梁 *L*/2、*L*/4 截面抗弯承载能力衰变曲线,分析了考虑混凝土高温爆裂下桥梁结构承载能力的衰变规律。为了更加方便地得到任意时间的截面抗弯承载能力,拟采用 ORIGINLAB 建立火灾发生时间与截面抗弯承载能力之间的全过程计算公式。根据不同混凝土爆裂深度下截面抗弯承载能力的衰变曲线,采用多阶段公式表示截面抗弯承载能力的衰变过程,采用多项式来表示每个阶段的变化情况。

混凝土未爆裂与轻度爆裂下的二阶段公式:

$$M_{u,t}=\begin{cases}a_1+b_1t+c_1t^2 & (0\text{min}<t\leqslant 80\text{min})\\ a_2+b_2t+c_2t^2 & (80\text{min}<t\leqslant 180\text{min})\end{cases}\tag{8.6.9}$$

式中：$M_{u,t}$——受火 t min 时，正截面抗弯承载能力；

t——受火时间；

a_i、b_i、c_i——系数。

混凝土未爆裂与轻度爆裂下承载能力计算公式的分项系数与拟合程度 R^2 的具体取值见表 8.23、表 8.24。

GK1 下抗弯承载力衰变公式的分项系数 表 8.23

火灾工况	GK1							
箱梁截面	L/2				L/4			
受火时间(t)	a_i	b_i	c_i	R^2	a_i	b_i	c_i	R^2
0~80min	19539	−34.413	0.0094	0.9989	17362	−33.911	0.0617	0.9987
80~180min	20171	−36.771	−0.053	0.9997	17054	−18.505	−0.0791	1

GK2 下抗弯承载力衰变公式的分项系数 表 8.24

火灾工况	GK2							
箱梁截面	L/2				L/4			
受火时间(t)	a_i	b_i	c_i	R^2	a_i	b_i	c_i	R^2
0~80min	19611	−46.61	−0.207	0.9964	17450	−50.218	−0.0121	0.9942
80~180min	24519	−149.22	0.310	0.9999	20829	−108.24	0.193	1.000

混凝土中度爆裂下的三阶段公式：

$$M_{u,t}=\begin{cases}a_1+b_1t+c_1t^2 & (0\text{min}<t\leqslant 25\text{min})\\ a_2+b_2t+c_2t^2 & (25\text{min}<t\leqslant 80\text{min})\\ a_3+b_3t+c_3t^2 & (80\text{min}<t\leqslant 180\text{min})\end{cases}\tag{8.6.10}$$

式中：$M_{u,t}$——受火 t min 时，正截面抗弯承载能力；

t——受火时间；

a_i、b_i、c_i——系数。

混凝土中度爆裂即 GK3 下承载能力计算公式的分项系数与拟合程度 R^2 的具体取值见表 8.25。

GK3 下抗弯承载力衰变公式的分项系数 表 8.25

火灾工况	GK3							
箱梁截面	L/2				L/4			
受火时间(t)	a_i	b_i	a_i	R^2	a_i	b_i	a_i	R^2
0~25min	19481	−5.133	−1.618	0.9948	17310	−7.964	−1.402	0.9957
25~80min	23545	−241.4	1.113	0.9932	20801	−220.01	1.224	0.9988
80~180min	24228	−207.62	0.529	0.9993	22092	−172.82	0.412	1.000

混凝土重度爆裂下的四阶段公式：

$$M_{u,t}=\begin{cases}a_1+b_1t+c_1t^2 & (0\text{min}<t\leqslant 25\text{min})\\ a_2+b_2t & (25\text{min}<t\leqslant 40\text{min})\\ a_3+b_3t+c_3t^2 & (40\text{min}<t\leqslant 100\text{min})\\ a_4+b_4t+c_4t^2 & (100\text{min}<t\leqslant 180\text{min})\end{cases} \tag{8.6.11}$$

式中：$M_{u,t}$——受火 t min 时，正截面抗弯承载能力；

t——受火时间；

a_i，b_i，c_i——系数。

混凝土重度爆裂即 GK4 下承载能力计算公式的分项系数与拟合程度 R^2 的具体取值见表 8.26。

GK4 下抗弯承载力衰变公式的分项系数 表 8.26

火灾工况	GK4							
箱梁截面	$L/2$				$L/4$			
受火时间(t)	a_i	b_i	a_i	R^2	a_i	b_i	a_i	R^2
0～25min	19481	-5.133	-1.618	0.9948	17310	-7.964	-1.402	0.9957
25～40min	29572	-449.6	—	1	26074	-393.9	—	1
40～100min	15006	-85.21	-0.0175	0.9995	11502	-18.728	-0.2856	0.9981
100～180min	18739	-169.42	0.4541	0.9991	16400	-126.14	0.2988	0.9998

8.6.7 安全指数

油罐车火灾下箱梁的混凝土出现爆裂，材料出现劣化，正截面抗弯承载能力下降严重，爆裂后箱梁能否满足使用要求往往是人们关注的重点。依据《公路钢筋混凝土与预应力混凝土桥涵设计规范》(JTG 3362—2018)[40]与《NBC 规范》[40]设计的两种荷载工况来判断桥梁结构的安全性。

考虑火灾实际发生时，可能存在桥面上无车辆（无荷载）与有车辆（有荷载）两种情况，建立如下两种荷载组合：

(1)桥面上无车辆

$$S_d = S_{G1k} + S_{G2k} \tag{8.6.12}$$

(2)桥面上有车辆

$$S_d = S_{G1k} + S_{G2k} + 0.3S_{Q1k} \tag{8.6.13}$$

式中：S_d——作用效应组合值；

S_{G1k}——结构自重；

S_{G2k}——二期荷载；

S_{Q1k}——汽车荷载效应标准值，公路一级；

通过以上公式求出预应力混凝土箱梁在 $L/2$、$L/4$ 截面的作用效应组合值,见表 8.27。

箱梁关键截面作用效应组合值 S_d(单位:kN·m) 表 8.27

作用效应组合值 S_d	$L/2$ 截面	$L/4$ 截面
无车工况	5738.9	4944
有车工况	8066.23	6717.64

基于 $L/2$、$L/4$ 截面的截面抗弯承载能力与作用效应组合值,定义二者比值为桥梁结构的安全系数,来评估桥梁是否处于安全状态。

由图 8.68 所示,桥面上无车辆时, 工况 GK1 下,箱梁 $L/2$ 截面的安全系数由 3.4 降至 2.06,$L/4$ 截面的安全系数由 3.51 降至 2.26。当发生轻度爆裂(工况 GK2),安全系数有所降低,箱梁 $L/2$、$L/4$ 截面的安全系数分别降至 1.34、1.54;当发生中度爆裂(工况 GK3),混凝土的高温爆裂导致普通钢筋外露,截面的抗弯承载能力下降,$L/2$、$L/4$ 截面的安全系数分别降至 0.69、0.87,$L/2$ 截面在火灾发生 136min 时结构就会发生破坏。GK4 工况下,预应力管道直接曝火,承载能力显著下降,设定受火阶段内,$L/2$、$L/4$ 截面的安全系数分别降至 0.51、0.68,$L/2$ 截面在火灾发生 107min 时就达到承载能力极限状态。

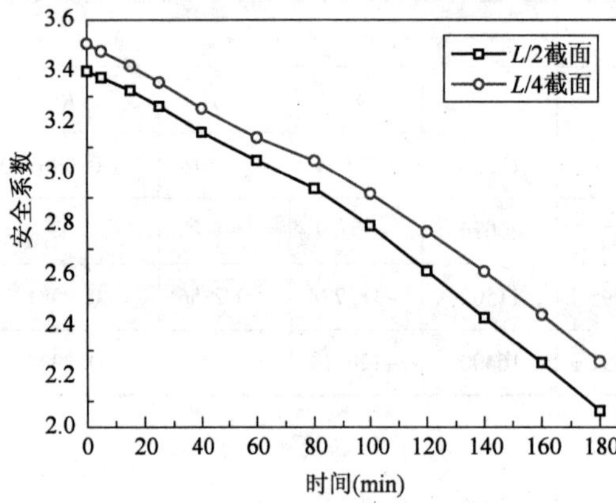

a)工况GK1下(无车)的安全系数

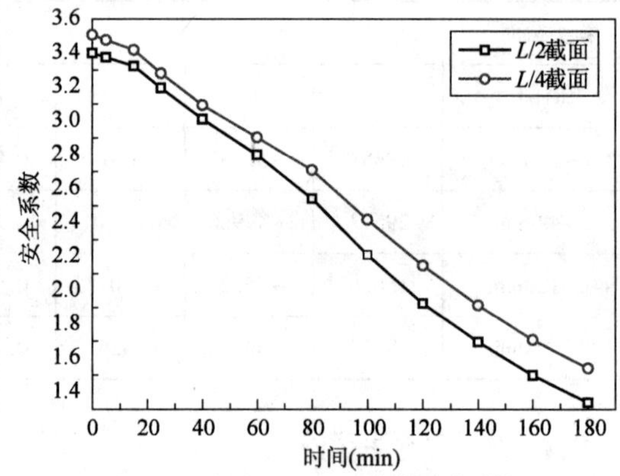

b)工况GK2下(无车)的安全系数

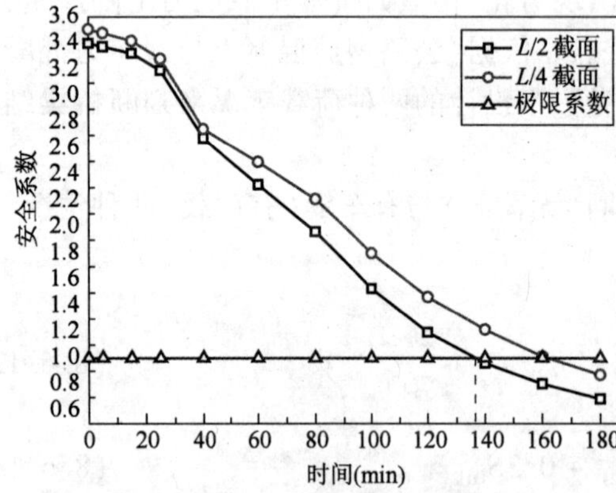

c)工况GK3下(无车)的安全系数

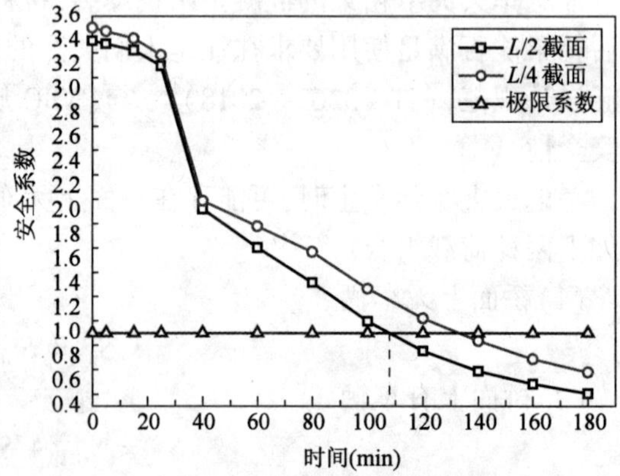

d)工况GK3下(无车)的安全系数

图 8.68 各工况下(无车)的安全系数

由图 8.69 所示,桥上存在车辆时,工况 CK1 下,箱梁 $L/2$ 截面的安全系数由 2.42 降至

1.47,*L*/4 截面的安全系数由 2.58 降至 1.66;当发生轻微爆裂(工况 GK2)时,安全系数有所降低,箱梁 *L*/2、*L*/4 截面的安全系数分别降至 0.95、1.13,箱梁 *L*/2 截面在 172min 时发生破坏;工况 GK3 下,混凝土发生中度爆裂,*L*/2、*L*/4 截面的安全系数分别降至 0.49、0.64,*L*/2 截面在火灾发生 108min 时发生破坏。工况 GK4 下,混凝土发生重度爆裂,*L*/2、*L*/4 截面的安全系数分别降至 0.36、0.5,*L*/2 截面在火灾发生 80min 时发生破坏。

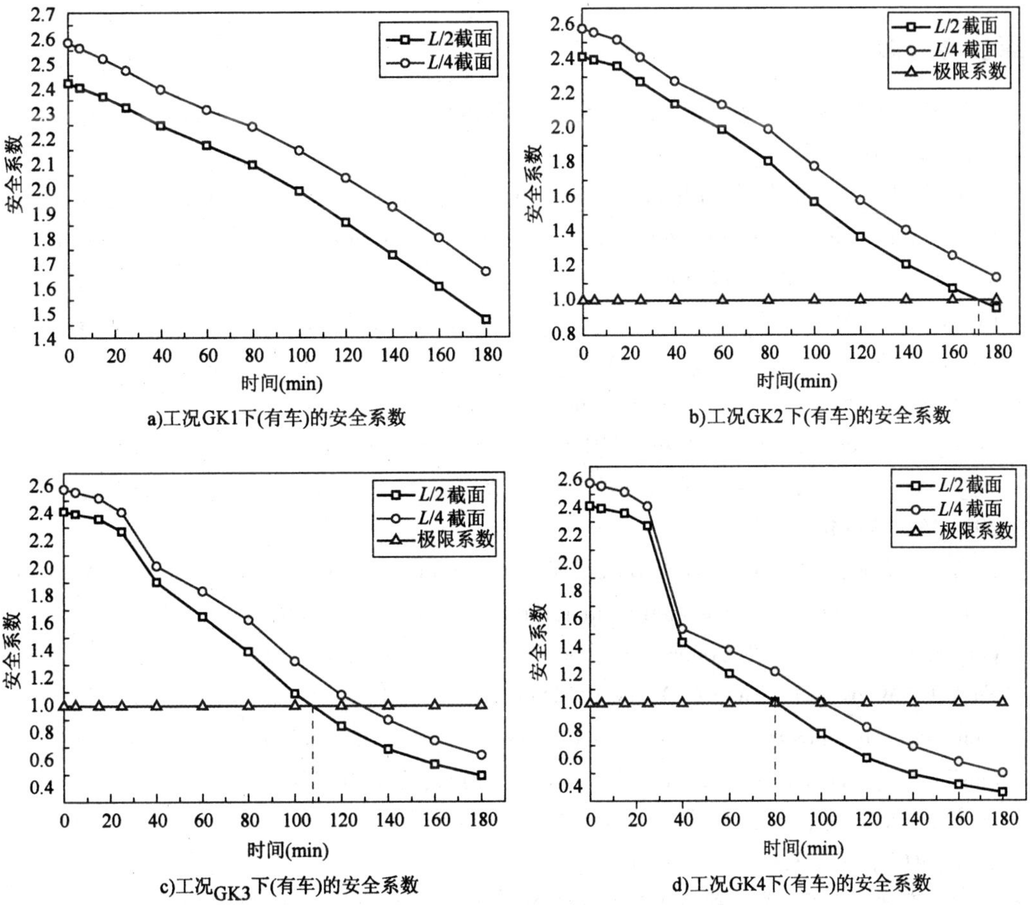

图 8.69 各工况下(有车)的安全系数

8.7 本章小结

本章主要研究了混凝土高温爆裂对桥梁结构的火灾行为影响程度,提供了混凝土高温爆裂的一种分析思路和计算方法。混凝土高温爆裂是混凝土结构受火时的一个显著特征,具有相当大的随机性,是研究混凝土桥梁结构火灾行为的焦点,也是进行火灾下混凝土桥梁结构高度非线性分析的难点。如何在计算机仿真分析中合理地引入混凝土高温爆裂,难度非常大,这严重影响到计算的收敛,可导致计算的失败,一方面要求计算方法的处理,另一方面需要混凝土爆裂本构的建立。为了流畅地分析火灾下预应力混凝土桥梁的结构响应,对于 C50 强度以下和使用年限已久的混凝土,一般不建议考虑高温爆裂,同时,浅层爆裂也不予考虑。对于高强混凝土(C55 以上)和新建桥梁,需要考虑混凝土高温爆裂对结构的影响。

本章参考文献

[1] 刘红彬,李康乐,鞠杨,等.高强高性能混凝土的高温力学性能和爆裂机理研究[J].混凝土,2009(7):11-14.

[2] Bangi M R, Horiguchi T. Effect of fibre type and geometry on maximum pore pressures in fibre-reinforced high strength concrete at elevated temperatures[J]. Cement & Concrete Research, 2012, 42(2):459-466.

[3] Dougill J W. Modes of failure of concrete panels exposed to high temperatures[J]. Magazine of Concrete Research, 1972, 24(79):71-76.

[4] Fu Y, Li L. Study on mechanism of thermal spalling in concrete exposed to elevated temperatures[J]. Materials & Structures, 2011, 44(1):361-376.

[5] 王里,刘红彬,鞠杨,等.高强高性能混凝土高温爆裂机理研究进展[J].力学与实践,2014,36(4):403-412.

[6] Fu Y F, Wong Y L, Tang C A, et al. Thermal induced stress and associated cracking in cement-based composite at elevated temperatures - Part II: thermal cracking around multiple inclusions[J]. Cement & Concrete Composites, 2004, 26(2):113-126.

[7] Fu Y F, Wong Y L, Tang C A, et al. Thermal induced stress and associated cracking in cement-based composite at elevated temperatures - Part I: thermal cracking around multiple inclusion [J]. Cement & Concrete Composites, 2004, 26(2):99-111.

[8] 傅宇方,黄玉龙,潘智生,等.高温条件下混凝土爆裂机理研究进展[J].建筑材料学报,2006,9(3):323-329.

[9] 吴波,袁杰,李惠,等.高温下高强混凝土的爆裂规律与柱截面温度场计算[J].自然灾害学报,2002,11(2):65-69.

[10] 郑文忠,许名鑫,石东升,等.火灾下预应力板混凝土爆裂规律试验研究[J].土木工程学报,2006,39(10):48-53.

[11] 刘其伟,夏凌,王成明.预应力混凝土空心板梁火灾中行为特点的试验研究[J].公路交通科技,2017,34(1):67-75.

[12] 石东升,王海波,刘曙光.影响火灾下混凝土爆裂因素的试验研究[J].内蒙古工业大学学报,2007,26(2):129-135.

[13] JanotkaI. Pore Structures, Permeabilities, and Compressive Strengths of Concrete at Temperatures up to 800℃[J]. Aci Materials Journal, 2002, 99(2):196-200.

[14] Sanjayan G, Stocks L J. Spalling of High-Strength Silica Fume Concrete in Fire[J]. Aci Materials Journal, 1993, 90(2):170-173.

[15] Crozier D A, Sanjayan J G. Tests of load-bearing slender reinforced concrete walls in fire [J]. Aci Structural Journal, 2000, 97(2):243-251.

[16] 魏东，赵涟琦. 油罐火灾燃烧特性研究的现状与发展[C]// 火灾科学与消防工程国际学术会议. 2003.

[17] 郑学志. 油罐内油品燃烧火焰的特性[J]. 消防科学与技术，1983(2):19.

[18] 中华人民共和国行业规范. JTG D60—2015 公路桥涵设计通用规范[S]. 北京:人民交通出版社股份有限公司，2015.

[19] Design of concrete structures—Part1. 2: General rules—Structural fire design(1995), Eurocode2—Part1. 2, ENV1992-2-2.

[20] Lie T T, Irwin R J. Method to calculate the fire resistance of reinforced concrete columns with rectangular cross section[J]. Aci Structural Journal, 1993, 90(1):52-60.

[21] 陆洲导. 钢筋混凝土梁对火灾反应的研究[D]. 上海：同济大学，1989.

[22] 过镇海. 常温和高温下混凝土材料和构件的力学性能[M]. 北京:清华大学出版社，2006.

[23] Lawson R M. Fire engineering design of steel and composite buildings[J]. Journal of Constructional Steel Research, 2001, 57(12):1233-1247.

[24] CEN(European Committee for Standardisation) DAFTENV 1993, Eurocode 3: Design of Steel Structures[S]. British Standards Institution, 1995, 7.

[25] Design of composite steel and concrete structures—Part1. 2: General rules—Structural fire design(October 1994), Eurocode4-Part1. 2, ENV1994-1-2.

[26] 蒋首超. 钢-混凝土组合楼盖抗火性能理论与实验研究[D]. 上海:同济大学，2001.

[27] 王新敏. ANSYS 工程结构数值分析[M]. 北京:人民交通出版社股份有限公司，2007.

[28] 凌桂龙，沈再阳. ANSYS 结构单元与材料应用手册[M]. 北京:清华大学出版社，2013.

[29] 王新敏，李义强，许宏强. ANSYS 结构分析单元与应用[M]. 北京:人民交通出版社，2011.

[30] ASCE Manuals and Reports on Engineering Practice No. 78, Structural Fire Protection, Published by ASCE, New York.

[31] International Standard ISO 834, Fire-Resistance Tests Elements of Building Construction. Amendment 1, Amendment 2, 1980.

[32] 王俊，蔡跃，黄鼎业. 预应力钢筋高温蠕变试验研究及有限元分析应用[J]. 土木工程学报，2004，37(11):1-5.

[33] CEN(European Committee for Standardisation) DAFTENV 1993, Eurocode 3: Design of Steel Structures[S]. British Standards Institution, 1995, 7.

[34] 刘其伟，夏凌，王成明. 预应力混凝土空心板梁火灾中行为特点的试验研究[J]. 公路交通科技，2017，34(1):67-75.

[35] 熊学玉，蔡跃，李春祥，等. 预应力混凝土结构火灾研究现状及展望[J]. 自然灾害学报，2004，13(3):152-156.

[36] 武余波. 火灾下 PC 梁桥预应力损失研究及灾后损伤评价方法[D]. 西安:长安大学，2013.

[37] 张岗, 刘天龙, 王翠娟,等. 刚度高温衰变的混凝土箱梁预应力时程损失研究[J]. 武汉理工大学学报, 2015, 37(6):66-71.

[38] 程海鲲. 火灾下预应力混凝土箱梁承载能力研究[D]. 西安:长安大学, 2016.

[39] 谢金成. 预应力混凝土箱梁的抗火性能研究[D]. 西安:长安大学, 2017.

[40] 中华人民共和国行业规范. JTG 3362—2018 公路钢筋混凝土及预应力混凝土桥涵设计规范[S]. 北京:人民交通出版社股份有限公司,2018.

[41] NBC, National Building Code of Canada. National Research Council of Canada, Ottawa, Ontario, Canada, 2005.

[42] 侯炜. 预应力混凝土箱梁结构抗火性能研究[D]. 西安:长安大学, 2014.

第9章

火灾下钢-混凝土组合箱梁抗火性能计算方法

9.1 工程研究对象的选取

选取某钢-混凝土组合箱梁作为研究对象,图9.1所示为钢-混凝土组合箱梁截面尺寸示意图。由图9.1可知,该钢-混凝土组合箱梁由高为1.6m的钢箱梁和厚0.14~0.2m的钢筋混凝土板组合而成,混凝土强度等级采用C50,混凝土顶板宽为3.1m,混凝土板翼缘板宽度为0.6m。钢筋采用直径为12mm的HPB300钢筋,钢筋间距为150mm。钢箱梁采用Q345钢材,钢箱梁底板宽为1.5m,钢箱翼板厚为22mm,钢箱腹板厚为18mm,钢箱底板厚为24 mm;每3m设置一道横隔板,每1m设置一道竖向加劲肋。钢箱腹板及底板均采用一字形加劲肋。

表9.1为该梁各构件详细参数,包括计算跨径、梁高、底板宽度及厚度、腹板高度及厚度、翼板宽度及厚度、横隔板厚度、加劲肋高度及厚度、普通钢筋直径、混凝土板宽度以及混凝土板厚度。

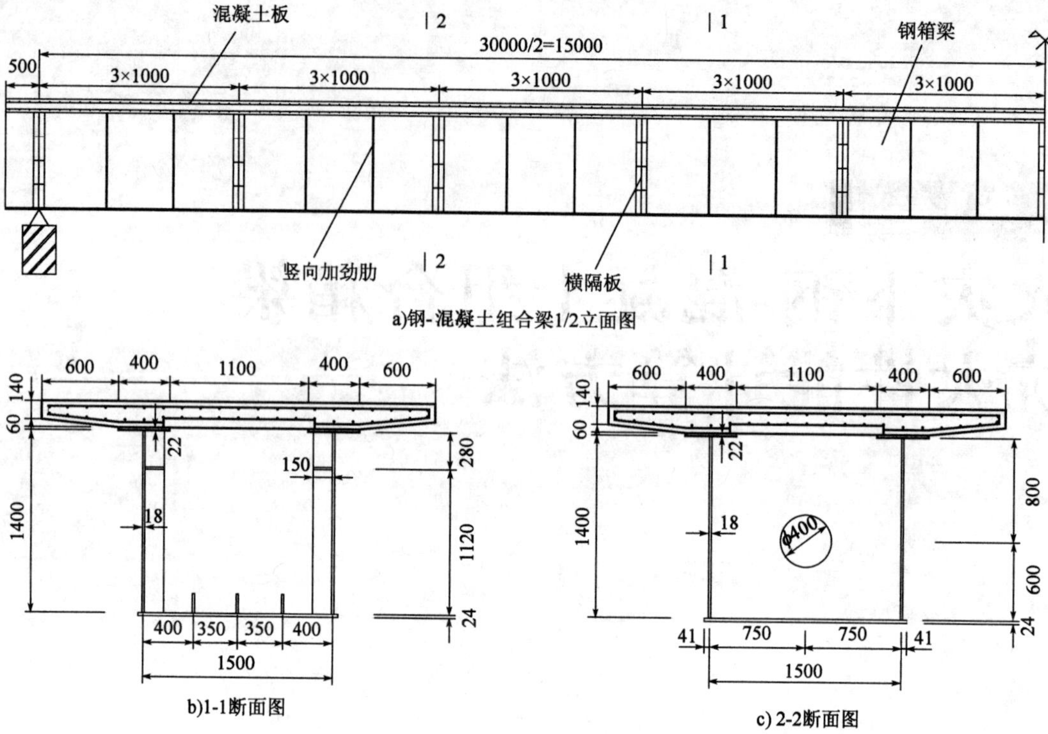

图 9.1　工程概图(尺寸单位:mm)

钢-混凝土组合梁各构件尺寸　　表 9.1

参数	跨径（m）	钢梁高（mm）	钢梁底板（mm）	钢梁腹板（mm）	钢梁翼板（mm）	横隔板厚度（mm）	加劲肋（mm）	钢筋直径（mm）	顶板宽（m）	混凝土板厚度（m）
	30	1446	1500 × 24	1400 × 18	400 × 22	18	200 × 18	12	3.1	0.14 ~ 0.2

9.2　温度分析

9.2.1　火灾场景

正如以上章节所述,桥梁火灾多由碳氢运输车辆、油罐车等引发[1~24],且通常空间开阔,供氧充足,可在短时间内迅速升至很高的温度。通常选用碳氢燃烧(Hydrocarbon,HC)温升曲线进行桥梁抗火研究,该火灾场景下升温迅速,延火 7min 即超过 1000℃。

9.2.2　受火模式

图 9.2 所示为钢-混凝土组合箱梁横向火灾分布及测点布置。由图 9.2 可知,钢-混凝土

组合梁下部三面受火。分析了碳氢火灾模式下,截面温度随延火时间变化时程及分布梯度。不考虑温度沿梁纵向热传导。混凝土板对称布置 10 个温度测点,钢翼板、腹板、底板及加劲肋分别对称布置 3 个温度测点。T_c(c 代表 concrete)为混凝土板温度的平均值,T_f(flange 的简写)为钢箱翼板温度的平均值,T_w(w 代表 web)为钢箱腹板温度的平均值,T_b(b 代表 bottom slab)为钢箱底板温度的平均值,T_s(s 代表 stiffener)为钢箱梁加劲肋温度的平均值。T_c、T_f、T_w、T_b、T_s旨在得出截面竖向的温度梯度。

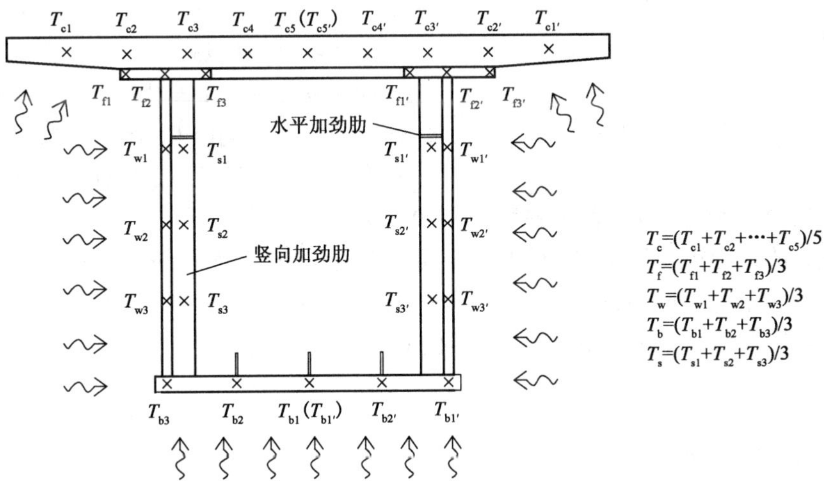

图 9.2 截面受火模式及计算测点

图 9.3 所示为纵向普通钢筋温度测点布置情况。本章在计算极限抗弯承载力时考虑全部纵向普通钢筋的作用。根据钢-混凝土组合箱梁构造情况及温度场分布情况,将普通钢筋按温度分布横桥向简要分为 4 部分。测点 1 及测点 5 分别为混凝土翼板下、上层钢筋,温度测点 2 及测点 6 分别为钢翼板外侧上部混凝土板下、上层钢筋,温度测点 3 及测点 7 分别为钢翼板内侧上部混凝土板下、上层普通钢筋,温度测点 4 及测点 8 分别为钢箱内混凝土板下、上层普通钢筋。

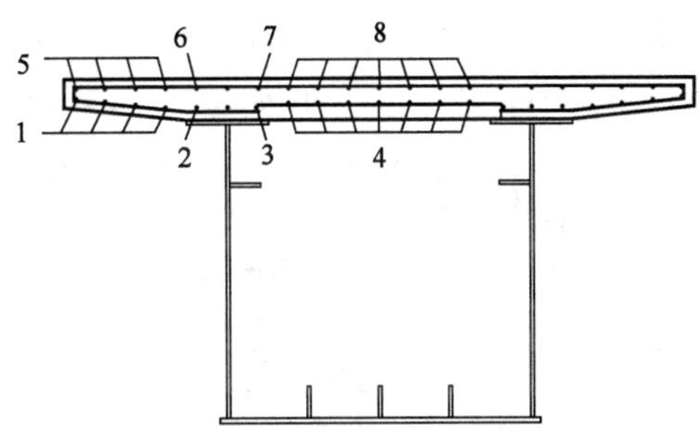

图 9.3 纵向普通钢筋温度测点布置情况

9.2.3 模型建立

采用大型空间通用有限元程序 ANSYS 对钢-混凝土组合箱梁在碳氢火灾及标准火灾作用下的截面温度分布规律进行了模拟。温度场分析中混凝土单元采用 SOLID70,钢箱梁采用 SHELL57,钢筋采用 LINK33。其中,SOLID70 是 8 节点实体单元,每节点有 1 个温度自由度,可进行三向热传导瞬态分析;SHELL57 是 4 节点三维热层壳单元,每节点有 1 个温度自由度,具有面内热传导能力,可进行稳态或瞬态热分析;LINK33 为三维二节点线单元,每节点有 1 个温度自由度。本章采用瞬态热分析,钢梁翼缘与混凝土板采用公共节点,单元网格尺寸50mm×50mm。

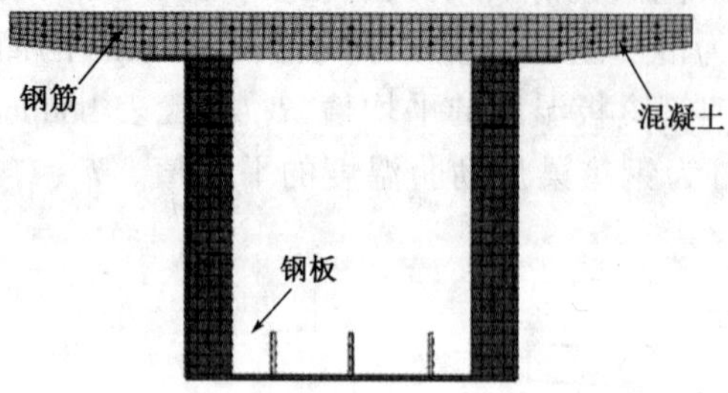

图9.4　温度场有限元模型(横隔板未示出)

桥下碳氢火灾下火焰温度高,故火焰的热辐射对火焰临近无隔热保护构件升温有一定影响。但火焰有一定几何尺寸,且钢箱属于封闭结构,属于有限面产生的辐射,与接受辐射面和火焰面之间的相对空间位置有关。因此钢-混凝土组合箱梁有限元计算模型考虑了热对流及热辐射两种热学边界条件,即火焰对受火面的对流辐射及钢箱腹板与底板对箱内混凝土顶板的热辐射。由于仅考虑温度沿截面分布,为降低计算成本,取计算跨径为1.5m的钢-混凝土组合箱梁进行温度场分析,如图9.4所示。

不考虑钢-混凝土组合箱梁沿跨径方向的温度梯度,底板表面辐射系数取0.5,腹板表面辐射系数取0.4,钢翼板外侧及混凝土翼板下缘表面辐射系数取0.3;考虑钢箱对箱内混凝土顶板辐射,腹板辐射系数取0.5,底板辐射系数取0.4;α_c为对流传热系数,对于碳氢火灾,其值为50W/(m^2·℃)。

9.2.4 模型验证

参照文献[1]中钢-混凝土组合梁试验梁G1,根据8.2.3节所述单元类型及热工参数建立了ANSYS瞬态热分析模型,进行了ASTM119火灾场景下的温度场分析,并将计算结果与该梁试验实测温度值进行了对比分析。该梁计算跨径为3.66m,梁高0.718m,截面详细构造如图9.5所示。图9.6所示为G1梁ANSYS温度场分析模型。

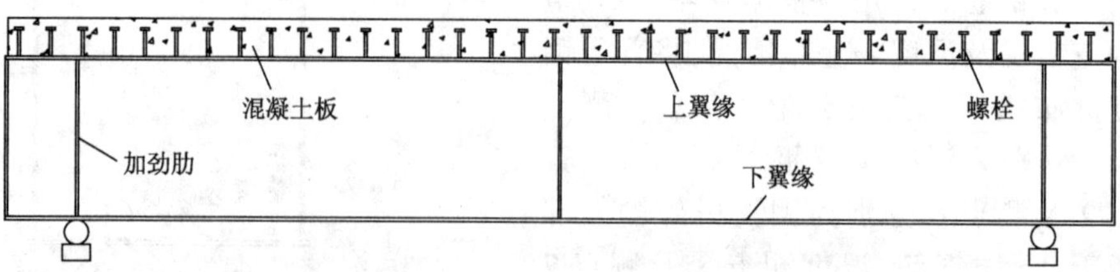

图9.5　试验梁G1截面详细构造

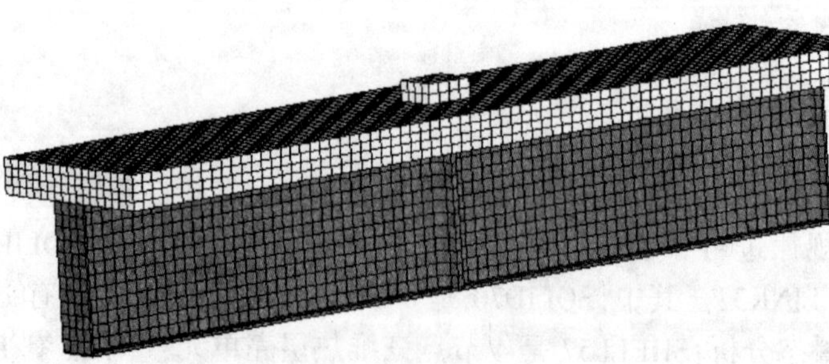

图9.6　G1梁ANSYS温度场模型

图9.7所示为文献[1]中G1梁各构件实测温度值与本节有限元计算值的对比结果。由图9.7可知,有限元模型可以计算出较为理想的预测结果。但在延火初期,计算值较实测值存在偏差,这是由于欧洲规范给定火场对流换热系数为常量,使延火初期由于热对流造成的温度上升幅度偏低。另外,对于上翼缘而言,由于其与混凝土板间存在热量交换,其热学边界条件较为复杂,很难通过有限元程序准确模拟。总体而言,ANSYS有限元模型能够良好反映组合梁在ASTM119火灾场景下的温度变化趋势,说明本节有限元计算模型中采用基本假定、材料热工参数及建模过程均合理。

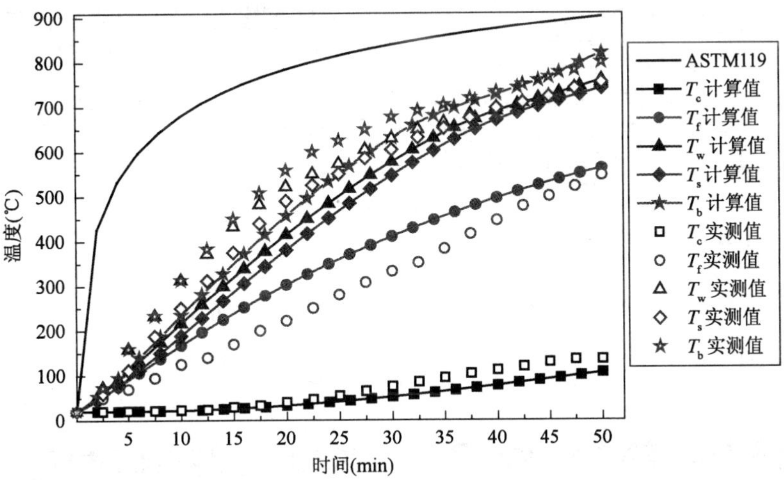

图9.7 温度场分析有限元模型验证

9.2.5 温度时程

图9.8a)所示为碳氢火灾环境下,钢-混凝土组合箱梁混凝土板、钢翼板、腹板、底板及加劲肋各测点温度均值所得时程曲线。由图9.8a)中各曲线对比发现,钢箱梁的温度时变曲线趋势接近,但腹板温度始终相对最高,底板及翼板次之,加劲肋温度相对最低。例如,腹板温度在60min时达到1079℃,此时底板、翼板温度分别为995℃、816℃,而加劲肋温度仅为613℃。这是由于钢箱梁翼板与混凝土板连接处存在热量自钢板至混凝土板的热传导现象,从而导致钢翼板温度降低;同时,腹板厚度较底板薄,而受火表面相对较大,从而导致其温度上升速率较快,而加劲肋未直接受火,因此,在同一火灾场景下,钢箱梁腹板、底板、翼板及加劲肋间的相对温度由高至低依次递减。由于混凝土为热的不良导体,同时,箱内混凝土顶板受钢箱保护,未直接受火,其主要受热方式为空气热对流及钢箱热辐射,因此,混凝土板温度相对最低,其平均温度在延火60min时为104℃,基本呈线性增长。图9.8b)为碳氢火灾下普通钢筋各温度测点温度-时间曲线。由图9.8b)可知,测点1~测点8温度均随延火时间呈增长趋势。由于火场分布为下部受火,因此,下部钢筋测点1~测点4始终较测点5~测点8温度高,延火60min时,测点1~测点4温度分别为362℃、401℃、313℃、216℃,而测点5~测点8在延火60min内升温幅度较低,始终不及100℃。因此,根据欧洲规范EC2[5]及相关文献,本节在计算抗弯承载力时无须考虑上层普通钢筋强度折减。

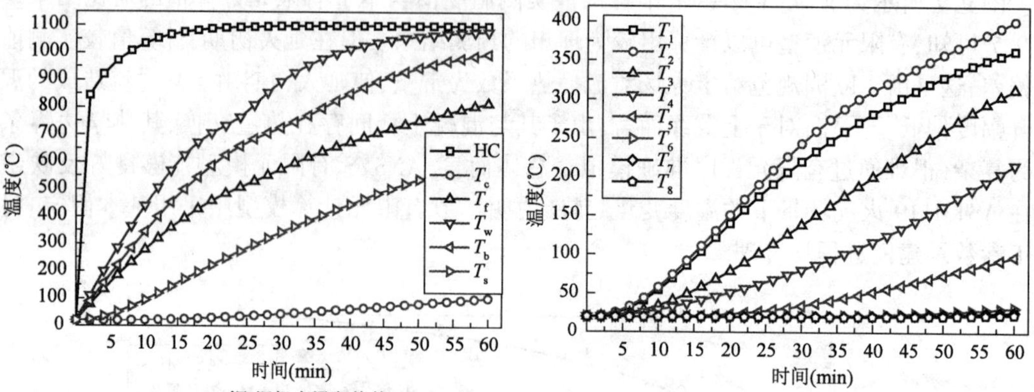

a)钢-混组合梁各构件　　b)普通钢筋

图 9.8　钢-混组合箱梁测点温度-时间曲线

9.2.6　温度云

图 9.9 所示为钢-混组合箱梁在碳氢火灾作用下,延火 60min 时的 1-1 断面及 2-2 断面温度场分布云图。由图 9.9 可知,钢-混组合箱梁 1-1 断面在碳氢火灾作用下延火 60min 时的温度峰值为 1088℃;而 2-2 断面在该时刻温度峰值为 973℃,相对较低。

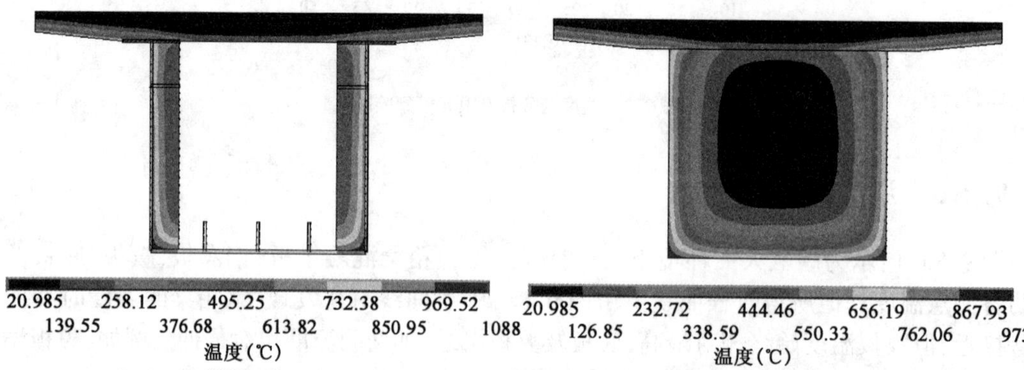

a)1-1 断面(60min)　　b)2-2 断面(60min)

图 9.9　截面温度云

由于横隔板对腹板角点的热量分散(吸热)作用,2-2 断面温度较 1-1 断面温度低。同时,由于混凝土材料为热的不良导体,在桥下受火 60min 时混凝土板上缘温度未受火场温度影响,仍保持初始的 20℃。同时,由图 9.9 不难看出,钢-混凝土组合箱梁截面温度从外至内呈层状分布,随延火时间增加逐渐向内扩展且扩展宽度递增,使得横隔板在 60min 时未受火区域呈椭圆形分布。

9.2.7　温度梯度

进一步研究钢-混凝土组合箱梁沿梁高方向的截面温度梯度(本节指腹板温度均值与混凝土板温度均值之差),旨在分析截面温度梯度对钢-混凝土组合箱梁在火灾高温下的结构响应及截面抗力的影响程度。图9.10给出钢-混凝土组合箱梁沿梁高方向各构件在特定延火时间处的温度分布，该图中右侧曲线图各点分别对应钢-混凝土组合箱梁在该时刻的混凝土板、钢翼板、腹板及底板平均温度。由图9.10可知，腹板温度测点 T_{w1} 及 T_{w3} 温度相差较小，延火15min时，腹板温度远高于混凝土板温度，温度梯度为571℃；而由于钢材较混凝土导热快，延火60min时，温度梯度为975℃。因此，碳氢火灾下钢-混凝土组合梁较混凝土梁存在沿梁高方向更高温度梯度，使得钢-混凝土组合箱梁腹板底部及底板产生较大热应变，造成梁体产生明显热弯曲，即使对于静定梁(无约束梁)也将产生很高热应力。这一现象将导致钢-混凝土组合箱梁在延火初期材料强度未退化即出现一定程度的下挠。因此，火灾下钢-混凝土组合箱梁变形初期主要与截面温度梯度有关，而当钢材温度达到400℃后，由于强度退化而造成梁体变形进一步发展。

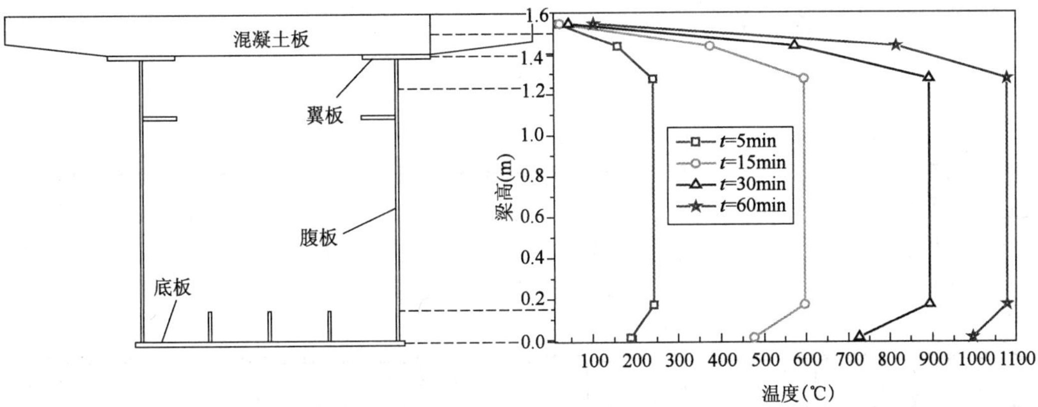

图9.10　梁高方向温度分布梯度

9.3　钢-混凝土组合箱梁桥耐火极限

9.3.1　参数拟定

公路交通系统纷繁复杂，各类易燃易爆品运输车辆及桥下可燃物引起的桥梁火灾时有发生，其火场位置及火灾形式更是难以预料，而钢-混凝土组合箱梁桥火灾下结构响应也可能由于受火位置不同而存在区别。同时，由于常温下钢-混凝土组合箱梁容易发生由于腹板屈曲造成的局部失稳，通常通过增加腹板厚度或设置腹板加劲肋来缓解这一现象，其中设置横隔板用钢量少，且形式多样，能够达到较好的效果[10]，因此值得进一步探究腹板水平加劲肋对钢-混组合箱梁抗火性能的影响程度。此外，目前关于组合结构桥梁抗火破坏准则通常为 $L/30$，而截面一定(回转半径不变)时，随着计算跨径 L 的变化，$L/30$ 也随之改变，因此，长细比大小对钢-混组合箱梁桥抗火性能的影响也值得探究。

总之，有必要以受火位置(范围)、腹板水平加劲肋及长细比为参数展开研究，为钢-混组合箱梁抗火设计及火灾后抢险判断提供理论依据[6,9]。

9.3.2 火灾模式

为研究钢-混凝土组合箱梁在桥下局部火灾作用下的抗火性能，拟定三种火灾工况，分别研究受火位置及火源长度对钢-混凝土组合箱梁的挠变规律、耐火极限及破坏模态的影响程度。图9.11所示为钢-混凝土组合箱梁桥桥下局部火灾分布情况。图9.11中L为桥下纵向火灾区长度，X为桥下纵向火灾区域边缘至桥梁支撑中心线的距离，L'为桥梁的计算跨径。图中"×"为腹板水平位移测点，纵桥向距支座10.5m，竖向位于腹板中心；竖向挠度测点均为跨中断面底板中心位置。

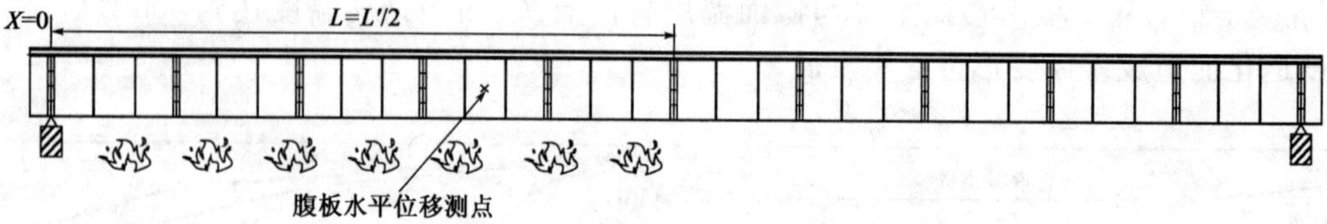

a)FM1

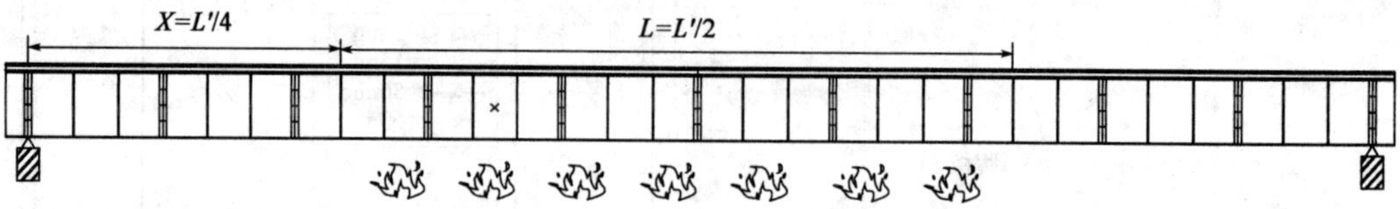

b)FM2

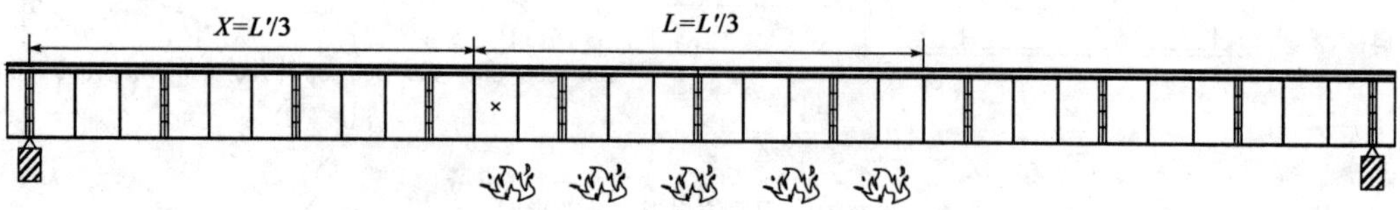

c)FM3

图9.11 桥下局部火灾模型

表9.2为钢-混凝土组合箱梁局部火灾工况设计详细参数及荷载施加情况。由表9.2可知，根据《公路桥涵设计通用规范》(JTG D60—2015)[11]及《NBC规范》[12]，工况FM1~FM3恒载均为自重加二期恒载，活载按照30%车道荷载施加。桥梁计算跨径L均为30m，火场升温采用碳氢升温曲线。工况1中X、L分别设置为0、$L'/2$，工况2中X、L分别设置为$L'/4$、$L'/2$，工况3中X、L均设置为$L'/3$及$L'/3$。

钢-混组合梁局部火灾设计工况　　表9.2

工况序列	工况代码	受火区域	荷载	X	L	L'	火灾场景
工况1	FM1	单侧二分之一区	自重+二期恒载+0.3倍车道荷载	0	$L'/2$	30m	HC
工况2	FM2	跨中二分之一区	自重+二期恒载+0.3倍车道荷载	$L'/4$	$L'/2$	30m	HC
工况3	FM3	跨中三分之一区	自重+二期恒载+0.3倍车道荷载	$L'/3$	$L'/3$	30m	HC

9.3.3 模型建立

为研究钢-混凝土组合箱梁桥在火场高温荷载、自重及车道荷载等综合作用下的结构响应,编制 APDL 语言,采用大型通用程序 ANSYS 基于间接法进行了热-力耦合分析。首先进行温度场分析,混凝土单元采用三维 8 节点六面体热等参元 SOLID70,钢板采用 4 节点三维热层壳单元 shell57,钢筋采用三维热传导杆单元 LINK33,将热分析结果中节点温度以 *. temp 格式储存;在结构分析中,将热分析中储存的节点温度结果 *. temp 用 ldread 命令读取,混凝土应力单元转化为三维 8 节点六面体单元 SOLID65,钢板应力单元转化为三维 4 节点层壳单元 shell181,可模拟腹板局部屈曲及组合箱梁的横向扭转屈曲[13],钢筋应力单元转化为三维两节点杆单元 LINK8。混凝土板及钢板采用共用节点连接,模拟完全抗剪连接。温度场分析有限元参数设置见 9.2.3 节。假定混凝土单元各向同性且材料热工特性随时间变化。热-力耦合有限元模型如图 9.12 所示,图 9.12a)为 ANSYS 有限元模型截面布置情况,图 9.12b)为钢-混组合箱梁 1/4 有限元模型。为降低计算成本,利于非线性计算收敛,结构分析模型中网格尺寸为 15cm,采用映射网格划分。由图 9.12b)可知,在混凝土板跨中位置建立了加载垫块以便于计算收敛。

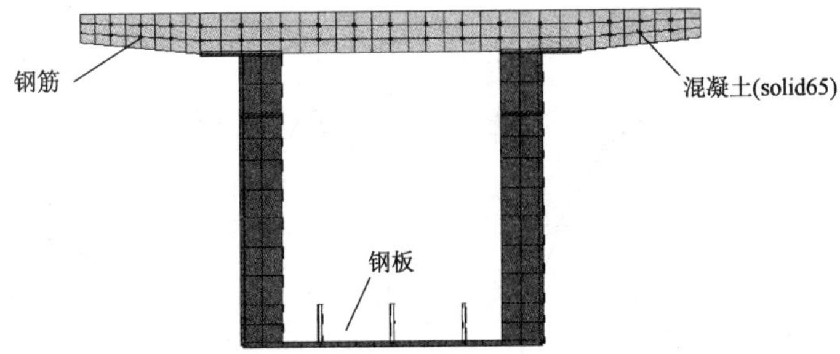

a) 有限元模型截面(横隔板未示出)

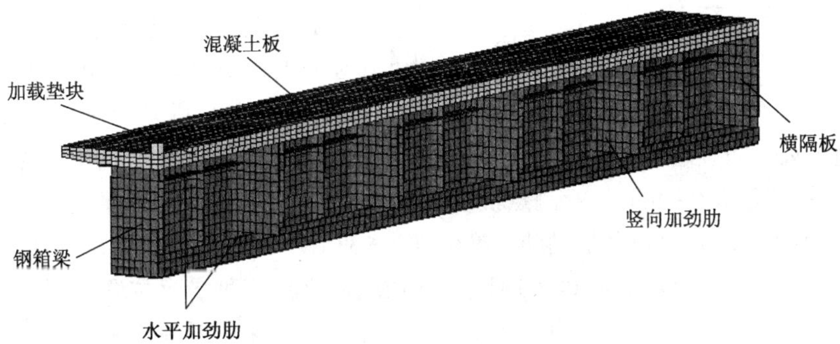

b)1/4模型

图 9.12 有限元模型

9.3.4 模型验证

采用 ANSYS 程序对文献[1]中给出的 3.66m 跨径的钢-混凝土组合箱梁 G1 进行数值模拟,相关几何尺寸、边界条件、荷载比及火场布置均采用文献[1]所提供的试验信息,材料特性的选择见第 3 章,单元选取及建模过程如 9.3.3 节所述。图 9.13 所示为 ANSYS 有限元结构分析模型。图 9.14 所示为 ANSYS 有限元分析所得跨中挠度随时间变化曲线与文献[4]中试验值对比结果。由图 9.14 可知,有限元分析结果能够较理想地反映该钢-混凝土组合梁在 ASTM119 火灾模式下的挠变趋势,由此说明本节在进行钢-混凝土组合箱梁热-力耦合分析时的基本假定、材料高温特性及建模过程选用合理。

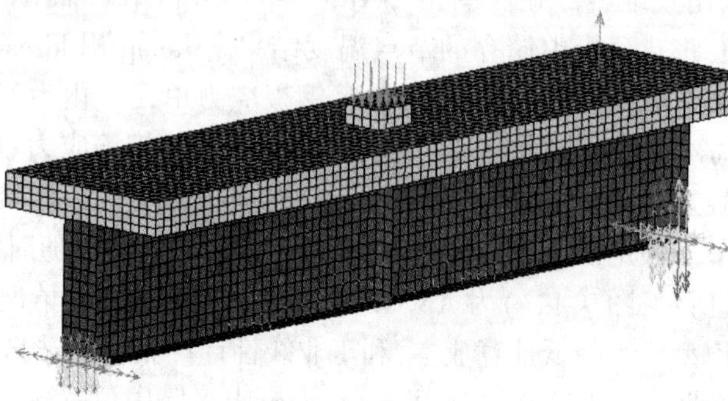

图 9.13　G1 梁结构分析模型

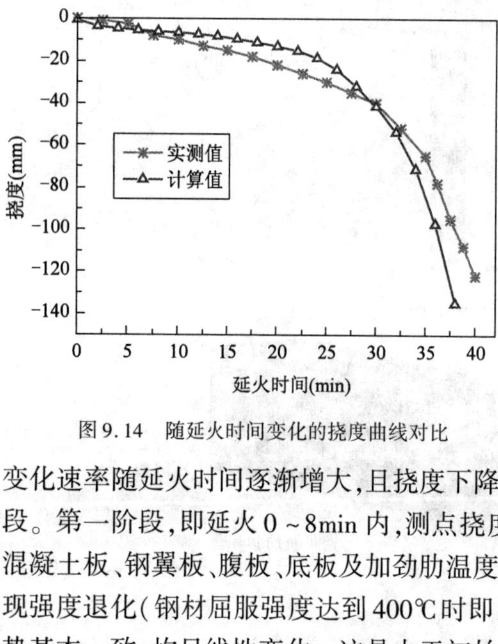

图 9.14　随延火时间变化的挠度曲线对比

9.3.5　破坏准则

由于当前桥梁抗火尚未形成相关规范,所以参考文献[1],假定钢-混凝土组合箱梁跨中挠度超过 $L/30$(L 为计算跨径)即破坏。

9.3.6　结构响应

图 9.15a)为钢-混凝土组合箱梁不同受火位置下的竖向变形破坏路径。由图 9.15a)可知,三种工况下测点挠度随延火时间变化逐渐增加,变化速率随延火时间逐渐增大,且挠度下降趋势基本一致,可将三种挠变时程曲线分为三个阶段。第一阶段,即延火 0~8min 内,测点挠度呈线性增加,直至钢材发生屈服。延火 8min 时,混凝土板、钢翼板、腹板、底板及加劲肋温度分别为 233℃、364℃、284℃及 72℃,即钢箱梁未出现强度退化(钢材屈服强度达到 400℃时即出现强度退化),三种受火位置下测点挠度变化趋势基本一致,均呈线性变化。这是由于初始阶段梁体挠度变化主要源于截面竖向温度梯度产生的梁底热应力,使得梁体出现热弯曲。第二阶段,即延火 8~30min 内,腹板及底板温度很快达到 400℃,钢材强度出现退化,且截面温度梯度进一步增加,使得挠度变化速率明显增加。第三阶段,即延火 30~52min,腹板及底板温度均超过 600℃,强度严重退化,不及常温下屈服强度的 1/2,且高温蠕变效应使得梁体最大位移处出现塑性铰,进而变形显著增加,直至挠度达到 $L/30$,此时,梁体无法继续承载,发生破坏。

图 9.15b)为不同受火位置下的钢-混凝土组合箱梁腹板水平位移时程曲线。由图 9.15b)可知,FM1、FM2 及 FM3 三种局部火灾工况下,由于腹板塑性不断扩展及其剪切能力的逐渐降

低,均出现腹板屈曲现象。从延火初始至延火 40min 时,腹板水平位移持续增加,但增长速率逐渐降低,直至发生剪切破坏。这一现象主要由于钢-混凝土组合箱梁腹板横、纵向加劲肋、翼板和底板将腹板划分为若干矩形方格,而四边支撑的腹板在其屈曲后中面的横向张力逐渐增大,使得腹板屈曲后强度增大。因此,钢-混凝土组合箱梁在腹板初始发生剪切屈曲后仍可以继续承载,直至破坏。

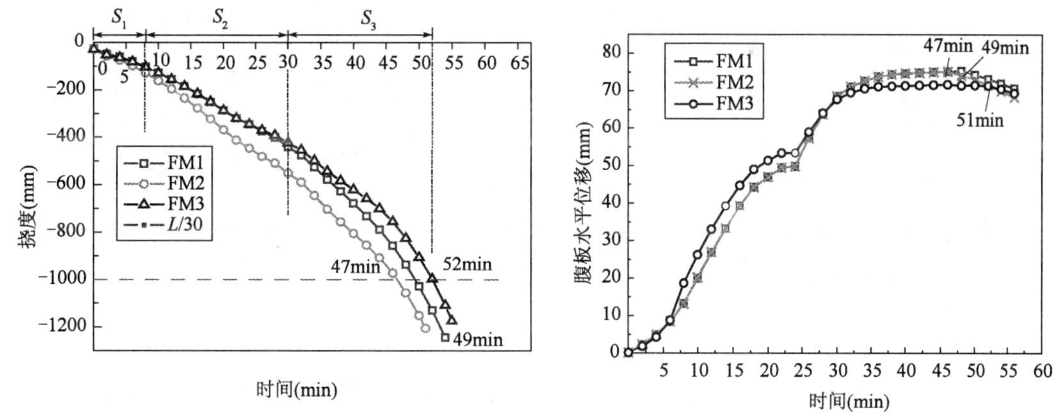

a)跨中竖向位移　　b)腹板水平位移

图 9.15　不同局部火灾工况挠度-时间曲线

由图 9.15a)可知,桥下受火位置(范围)对钢-混组合箱梁变形影响明显。延火 8min 时,工况 FM1 及工况 FM3 挠度达到 10cm,工况 FM2 挠度达到 12cm,较为接近,且延火第一阶段(0 ~ 8min)挠度路径基本一致。这是由于,钢-混凝土组合箱梁在延火初期挠度变化主要源于截面温度梯度产生的梁底热膨胀效应,与桥下纵向受火位置无关。延火第二阶段(8 ~ 30min),三种火灾工况下挠度仍保持线性增加,且挠度发展路径基本一致。但三种工况变形速率均增大,同时,由于跨中截面附近荷载效应较大,在同等火灾作用下,工况 FM2 挠度下降较为迅速。延火第三阶段(30 ~ 52min),三种受火工况挠度下降速率逐渐增大,相比之下,工况 FM1 挠度下降速率突增显著,这一阶段挠度由大到小依次为工况 FM2、工况 FM1 及工况 FM3。然而,对比腹板水平位移曲线[见图 9.15b)]发现,延火过程中工况 FM1 与工况 FM2 腹板挠度测点水平位移变化路径始终保持一致,工况 FM3 挠度路径也与其类似,但水平位移峰值略有偏低。这一现象的主要原因在于,工况 FM2 较工况 FM3 受火区域大,结构强度折损区域较大,使得腹板中面的横向张力减弱,因此工况 FM2 屈曲现象相对严重;同时,由于工况 FM1 与工况 FM2 受火区域大小相同,造成该测点处二者屈曲程度相当,但由于工况 FM1 在延火过程中支座附近腹板抗剪承载力不足,产生主压应力造成的 45°火方向严重屈曲现象,从而发生剪切屈曲破坏。

图 9.15 所示为不同纵桥向受火位置下的钢-混凝土组合箱梁的耐火极限。由图 9.15 可知,对于工况 FM1 及 FM2,几乎同时发生弯曲破坏及腹板剪切(屈曲)破坏,其耐火极限分别为 49min 及 47min;而工况 FM3 在延火 51min 时即发生腹板剪切(屈曲)破坏。由此可见,钢-混组合箱梁沿纵向受火长度均为 15m 时,跨中 15m 受火较半跨受火对桥梁结构更不利,耐火极限降低约 4%,时间差为 2min;而跨中附近发生局部火灾时,受火长度为 15m 较受火 10m 耐火极限减小约 9.6%,时间差为 5min。

钢-混凝土组合箱梁耐火极限见表 9.3。

钢-混凝土组合箱梁耐火极限 表 9.3

工况	FM1	FM2	FM3
挠度破坏临界值(mm)	$L/30 = 1000$	$L/30 = 1000$	$L/30 = 1000$
腹板最大水平位移(mm)	74	74	71
腹板剪切破坏时间(min)	49	47	51
整体破坏时间(min)	49	47	52
破坏极限状态	弯曲(屈服)/剪切(屈曲)	弯曲(屈服)/剪切(屈曲)	剪切(屈曲)

9.3.7 破坏模态

(1)屈曲模式

由图 9.1 可知,横向加劲肋及纵向加劲肋将钢-混凝土组合箱梁腹板形成若干四边支承的矩形区格。这些区格一般受到弯曲正应力、剪应力及局部压应力作用。在弯曲正应力单独作用下,腹板的失稳形式如图 9.16a)所示,凸凹波形的中心靠近其压应力合力的中心线。在剪应力单独作用下,腹板在 45°方向产生主应力,主拉应力和主压应力数值上都等于剪应力。在主压应力作用下,腹板失稳形式如图 9.16b)所示,为大约 45°方向倾斜的凸凹波形。在局部压应力单独作用下,腹板失稳形式如图 9.16c)所示,产生一个靠近横向压应力作用边缘的鼓曲面[25]。

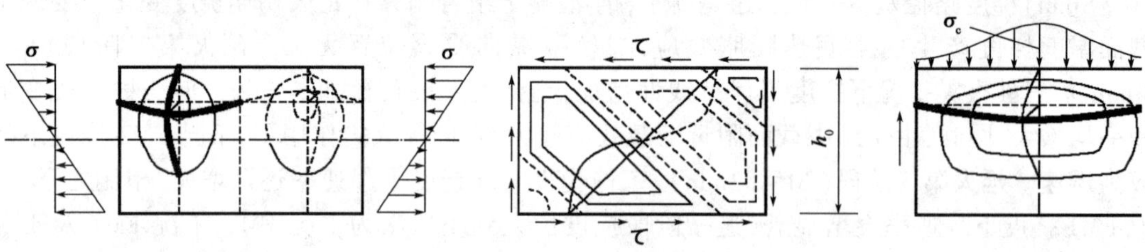

a)屈曲模式Ⅰ b)屈曲模式Ⅱ c)屈曲模式Ⅲ

图 9.16 梁腹板失稳形式

(2)失效行为分析

通过对 ANSYS 有限元热-结构分析模型后处理,提取了 FM1、FM2 及 FM3 三种火灾工况下达到破坏挠度临界值时的破坏形式。图 9.17 为 FM1、FM2 及 FM3 三种工况在碳氢火灾作用下钢-混凝土组合箱梁挠度达到 $L/30$ 时的破坏模态。为进一步研究三种局部火灾工况下,局部受火区域的腹板屈曲情况,各图中分别将受火区域梁体部分放大,以便于对比分析(下同)。

由图 9.17a)可知,当钢-混凝土组合箱梁下部自支座处至跨中受火时,梁体受火半跨随延火时间出现明显下挠,同时伴随着受火跨腹板屈曲现象,直至破坏。由图 9.17a)不难看出,受火跨内,由横、纵向加劲肋形成的方格内腹板均出现一定规律的屈曲现象。屈曲竖向区域为水平加劲肋至底板,高度约为 1.14m。纵向自支座至跨中 9m 处,由于该段剪应力较大,在主压应力作用下，腹板大约45°方向产生倾斜的凹凸波形屈曲，屈曲示意如图9.17b)所示；自跨中至支座方向6m处，由于弯曲正应力作用，腹板产生垂直于中性轴的凹凸波形，凹凸面呈椭圆形，屈曲示意如图9.17a)所示。

由图9.17b)可知，当钢-混凝土组合梁跨中15m(沿跨中对称)受火时，梁体跨中15m受火跨随延火时间逐渐下挠至破坏，且变形呈"V"字形对称。不难看出，工况FM2下钢-混凝土组合箱梁挠度达到$L/30$(1m)时，受火跨内腹板均出现如图9.17a)所示的屈曲现象，且自跨中向支座处发展，逐渐增强。

由图9.17c)可知，当钢-混凝土组合箱梁跨中10m(沿跨中对称)受火时，仍出现与工况FM2类似的屈曲模态，即相对于跨中对称的"V"字形模态，且腹板呈图9.17a)所示的屈曲模式，主要区别在于，工况FM3下腹板屈曲范围为跨中10m区域内。三种局部火灾工况下的破坏模态具体参数见表9.4。对比图9.17a)及图9.17b)发现，腹板水平位移测点处($X=10.5$m)，工况FM1与工况FM2均出现由弯曲正应力产生的椭圆形鼓曲面，其水平位移时程曲线如图9.15所示。然而，工况FM1作用下支座处腹板出现严重45°倾斜鼓曲面，而工况FM2与工况FM3支座处均无屈曲现象，由此进一步说明图9.17a)中FM1竖向挠度发展速率最为突出。

表9.4为不同局部火灾工况下钢-混凝土组合箱梁破坏模态参数，包括腹板屈曲跨度、屈曲高度以及屈曲模式。

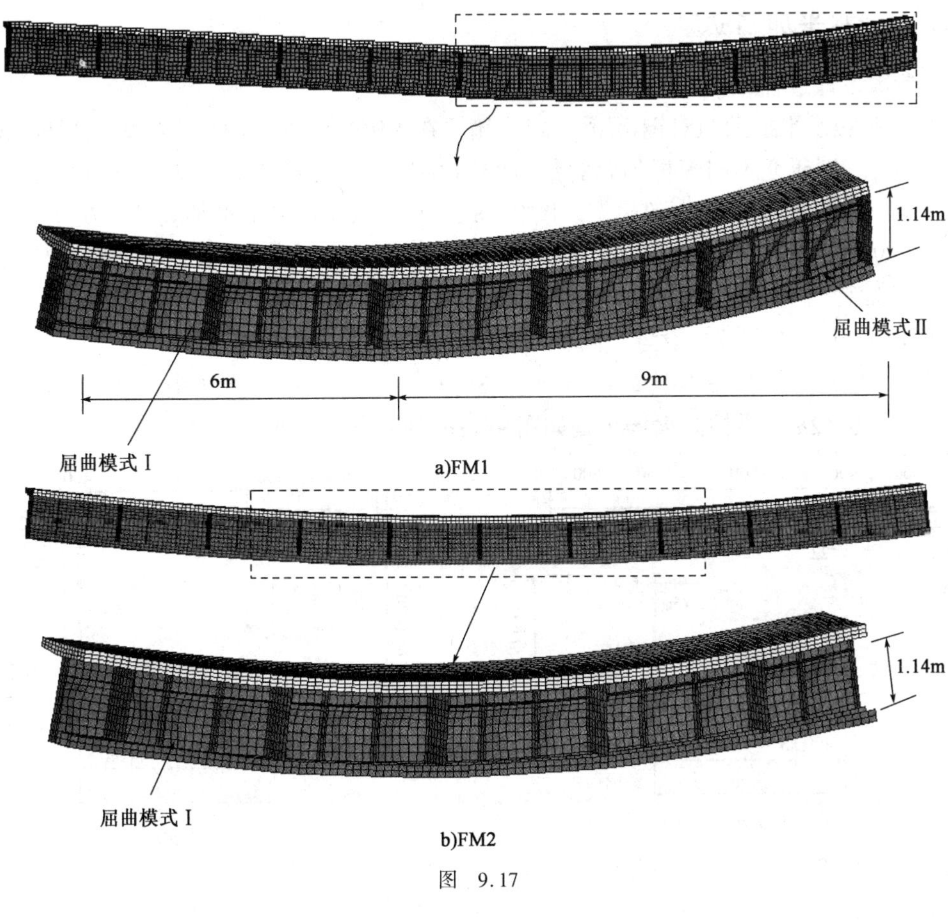

图 9.17

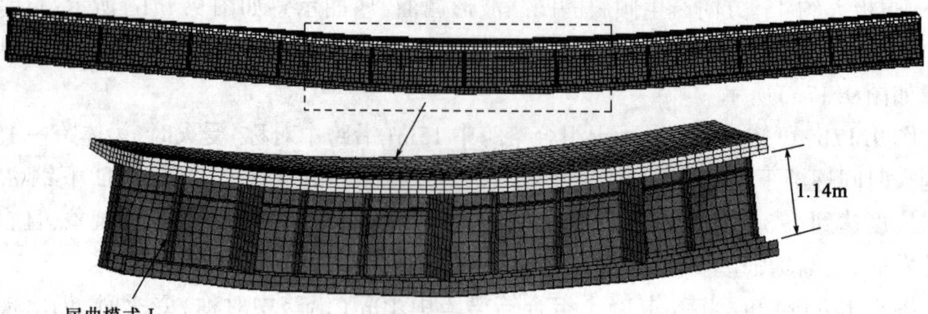

c)FM3

图 9.17　局部火灾破坏模态

不同局部火灾工况下破坏模态参数　　表 9.4

火灾工况	FM1	FM2	FM3
屈曲跨度(m)	15	15	10
屈曲高度(m)	1.14	1.14	1.14
屈曲模式	模式Ⅰ、模式Ⅱ	模式Ⅰ	模式Ⅰ

9.3.8　水平加劲肋

(1)参数设计过程

为研究腹板水平加劲肋对钢-混凝土组合箱梁在火灾高温下结构响应的影响程度,拟定三种火灾工况,分别研究不同腹板加劲肋数量的钢-混凝土组合箱梁的挠变规律,并对比分析三种火灾工况下的结构响应及失效模态。图 9.18 所示为三种腹板水平加劲肋工况下的截面尺寸,其中 h 为腹板高度,h_1 为腹板上部加劲肋至底板高度,h_2 为腹板中间加劲肋距底板高度,h_3 为腹板下部加劲肋至底板高度。

根据相关规范[14]及教材设置不同工况下的 h_1、h_2 及 h_3 的取值。

工况 1 中, $h_1 = 0.8h$;工况 2 中, $h_1 = 0.86h$, $h_2 = 0.64h$;工况 3 中, $h_1 = 0.86h$, $h_2 = 0.64h$, $h_3 = 0.42h$ 。纵桥向火场布置如图 9.11c)所示。

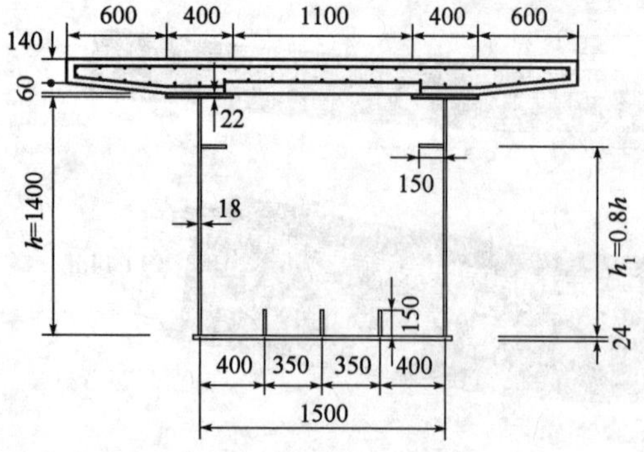

a)FM1

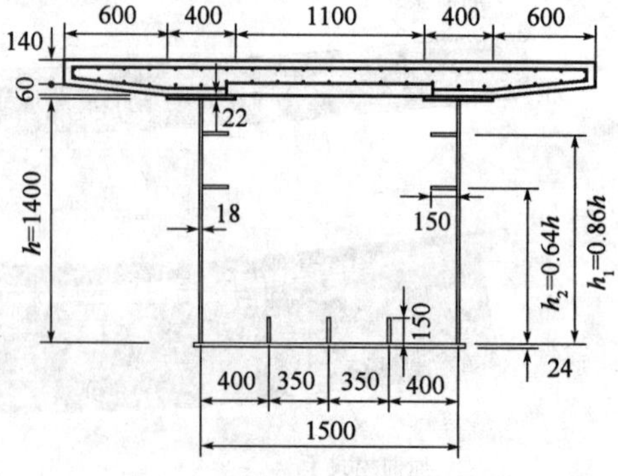

b)FM2

图　9.18

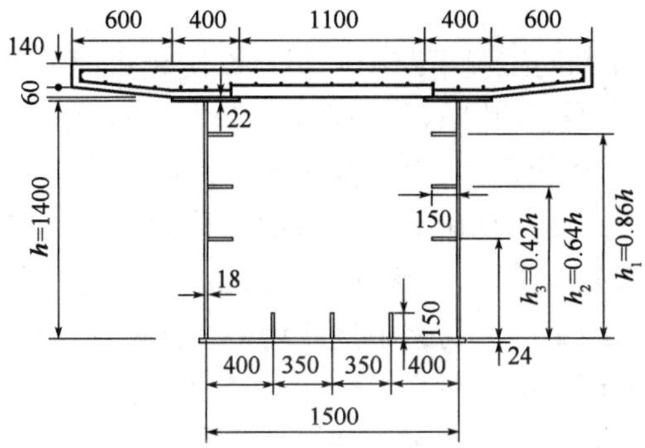

c)FM3

图 9.18 不同加劲肋工况下的钢-混凝土组合箱梁截面(尺寸单位:mm)

表 9.5 为不同腹板水平加劲肋工况设置参数。由表 9.5 可知,工况 FM1 ~ FM3 腹板单侧水平加劲肋数量依次为 1 ~3 段。桥下受火区域均为跨中三分之一区,火灾模式为碳氢火灾升温曲线。

钢-混凝土组合箱梁不同加劲肋火灾工况(单位:mm) 表 9.5

工况序列	工况代码	加劲肋数量	荷　　载	h	h_1	h_2	h_3	火灾场景
工况 1	FM1	1	自重 + 二期恒载 +0.3 倍车道荷载	1400	$0.8h$	0	0	HC
工况 2	FM2	2	自重 + 二期恒载 +0.3 倍车道荷载	1400	$0.86h$	$0.64h$	0	HC
工况 3	FM3	3	自重 + 二期恒载 +0.3 倍车道荷载	1400	$0.86h$	$0.64h$	$0.42h$	HC

不同加劲肋工况下,ANSYS 数值分析模型建立过程及参数设置如前所述。

图 9.19 所示为三种腹板水平加劲肋工况下的 1/4 模型。由图 9.19 可知,不同模型中主要改变腹板水平加劲肋位置及数量来探究其对钢-混凝土组合箱梁高温下结构响应的影响。

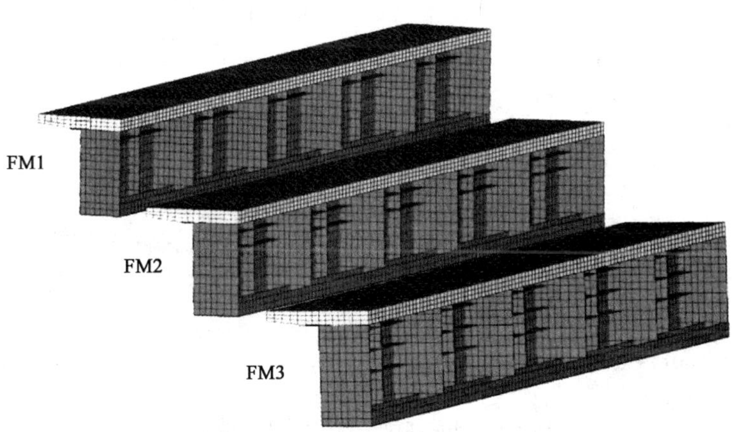

图 9.19 三种腹板水平加劲肋工况下的 1/4 模型

(2)结构响应分析

在碳氢火灾作用下,钢-混凝土组合箱梁主要发生梁体弯曲及腹板局部失稳等现象,因此,可通过分析跨中竖向位移在延火过程中的变化路径及腹板水平位移规律对钢-混凝土组合箱梁的火灾响应进行评价。

图9.20a)所示为不同加劲肋工况下跨中底板挠度随延火时间变化曲线。由图9.20a)可知,各加劲肋工况下,跨中竖向挠度均随延火时间逐渐增加,变化速率亦逐渐增大,且三者位移变化路径基本一致。然而,在延火后期,由于截面几何性质发生改变,导致跨中变形增加速率各不相同。按照延火全过程挠度变化速率可将跨中位移时程分为三阶段,即延火0~8min为第一阶段、延火8~30min为第二阶段、延火30~58min为第三阶段。由图9.20a)不难看出,延火第一、二阶段,三种加劲肋工况下的跨中挠度均呈线性增加,且变化路径相吻合,主要区别为,延火第二阶段,由于部分钢材出现屈服,导致跨中挠变速率增加,但仍继续保持线性下降。然而,延火第三阶段(30~58min),由于钢翼板、腹板及底板温度均达到550℃以上(钢翼板574℃,腹板893℃,底板725℃),即强度降至初始屈服强度的1/2以下,因此,跨中挠度显著增加。与此同时,跨中挠度增加速率在延火第三阶段随着水平加劲肋的增加而减小,其耐火极限也随之增大。图9.20b)为不同加劲肋工况下的腹板水平位移随延火时间变化曲线。由图9.20b)可知,工况FM1在延火初期(0~8min),腹板即出现较小屈曲现象,且呈线性平稳增长,而此阶段截面温度不高,主要由于结构恒载及车辆荷载产生的弯曲正应力导致的腹板微小屈曲。延火8min后,由于腹板温度超过400℃,材料强度出现退化,腹板屈曲现象显著恶化。延火至51min时,工况FM1跨中挠度为980mm(未达到$L/30$),但此时腹板水平位移达到峰值,即发生腹板剪切屈曲破坏;延火至54min时,工况FM2跨中挠度达到$L/30$,而此时腹板水平位移也达到峰值,钢-混组合箱梁几乎同时发生整体弯曲破坏及腹板剪切屈曲破坏;而延火至58min时,工况FM3跨中挠度达到$L/30$,发生整体弯曲破坏,此时,腹板未达到剪切破坏。由此说明,腹板水平加劲肋可以有效抑制钢-混凝土组合箱梁腹板在火灾高温下的屈曲程度,从而有效提高整体耐火极限。

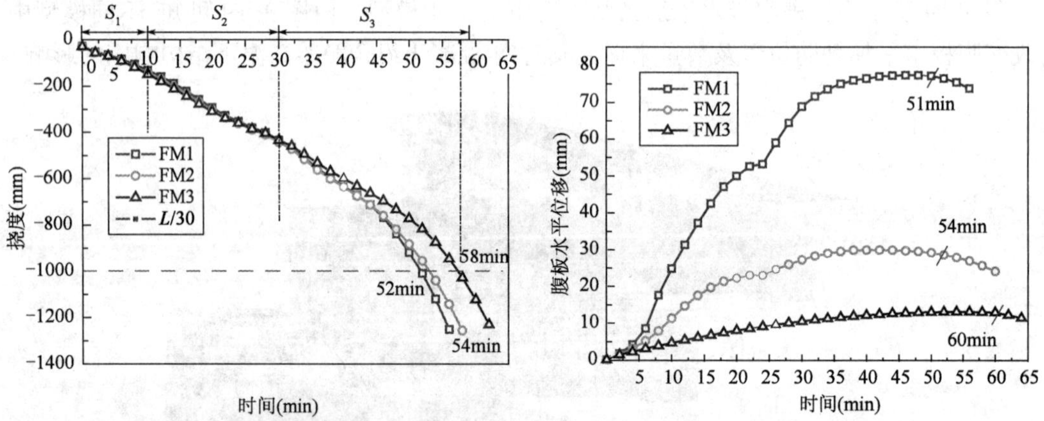

a)跨中竖向位移　　b)腹板水平位移

图9.20　不同加劲肋工况挠度-时间曲线

表9.6为三种加劲肋工况下钢-混凝土组合箱梁腹板最大水平位移及其耐火极限。由表9.6可知,当腹板对称设置两段水平加劲肋时,钢-混凝土组合箱梁耐火极限延长3min,较设置一段加劲肋提高6%;当腹板设置三段水平加劲肋时,其耐火极限较设置一段加劲肋延长6min,相对提高约13.7%。由此说明,腹板水平加劲肋能够有效抑制腹板在火灾高温下的屈

曲现象，提高钢-混凝土组合箱梁腹板局部稳定性，进而起到延长结构整体耐火极限的作用。因此，在钢-混凝土组合箱梁抗火设计中，可根据具体情况合理增加腹板水平加劲肋，以提高结构在火灾高温全过程中的整体稳定性，并为失火后抢险救灾争取时间。

不同加劲肋工况下钢-混凝土组合箱梁腹板最大水平位移及其耐火极限 表9.6

工况	FM1	FM2	FM3
挠度破坏临界值(mm)	$L/30=1000$	$L/30=1000$	$L/30=1000$
腹板最大水平位移(mm)	78	28	12
腹板剪切破坏时间(min)	51	54	60
整体破坏时间(min)	52	54	58
破坏极限状态	剪切(屈曲)	弯曲(屈服)/剪切(屈曲)	弯曲(屈服)

(3)破坏模态

图9.21为三种加劲肋工况下，钢-混凝土组合箱梁达到挠度限值$L/30$时的失效模态。为便于说明，列出其局部破坏模型。当在钢-混凝土组合箱梁腹板设置一道加劲肋时，其在碳氢火灾作用下沿跨中呈“V”字形对称弯曲，受火跨内均出现腹板屈曲现象，呈椭圆形鼓曲面，且自跨中至两端方向越发明显，屈曲形式如图9.21a)所示。腹板屈曲高度为腹板水平加劲肋至底板处，高度h_1为1.14m。由图9.21b)可知，当在腹板设置两道加劲肋时，腹板在结构达到破坏状态时仍存在屈曲现象，其失效模态及纵桥向分布规律与图9.21a)类似。但不同的是，其竖向鼓曲范围为下部水平加劲肋至梁底，因而h_2相对较小，为0.92m。同时，对比图9.21可知，设置两道腹板水平加劲肋能够有效降低腹板在火灾高温下的鼓曲程度。由图9.21c)可知，当在腹板设置三道水平加劲肋，结构整体在达到破坏时，失效模态仍为基于跨中截面对称的“V”字形，但观察受火跨放大模型发现，该梁达到耐火极限时腹板未出现明显鼓曲现象。对比图9.21可知，在同一水平位移测点处，设置三道水平加劲肋时腹板水平位移最大值仅为12mm，且很快恢复至6mm。

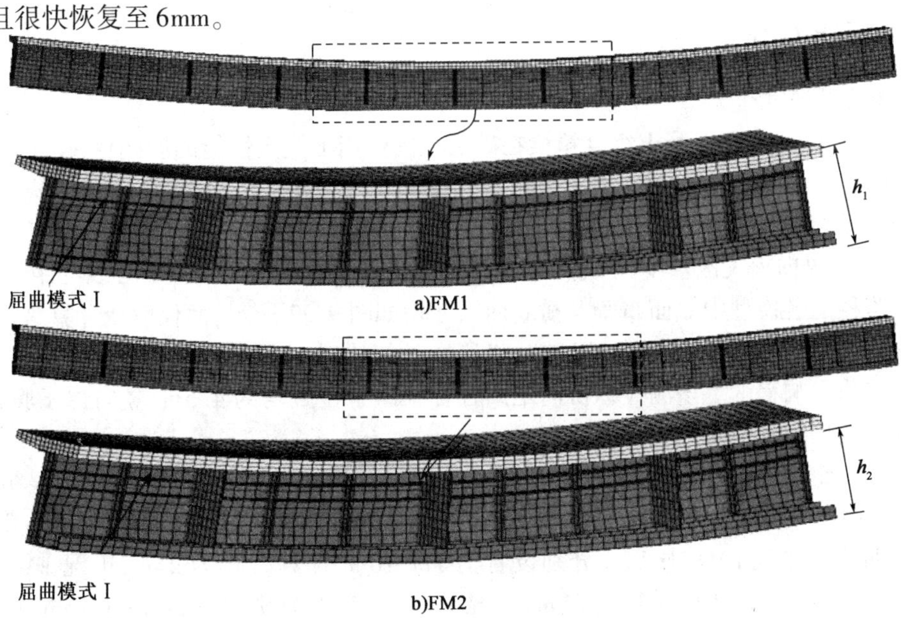

图 9.21

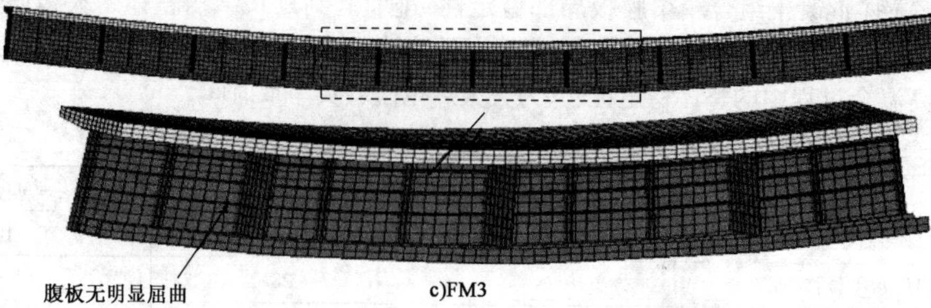

图9.21　不同加劲肋工况下的梁体破坏模态

综上可知,钢-混组合箱梁设置不同数量的水平加劲肋时,其整体破坏模态类似,均呈大“V”字形,且腹板屈曲范围均为跨中10m受火位置。但水平加劲肋能够有效控制钢-混凝土组合箱梁腹板沿梁高方向屈曲范围,从而起到提高腹板局部稳定性、增强梁体抗火性能,进而延长结构耐火极限的作用。表9.7为不同加劲肋工况下结构破坏模态参数,包括腹板屈曲跨度、屈曲高度以及屈曲模式。由表3.6可知,钢-混凝土组合箱梁下部受火时,仅受火跨发生腹板屈曲。

不同加劲肋工况下破坏模态参数　表9.7

工况	FM1	FM2	FM3
屈曲跨度(m)	10	10	10
屈曲高度(m)	1.14	0.92	未出现
屈曲模式	模式Ⅰ	模式Ⅰ	—

9.3.9　长细比

(1)参数设计过程

为研究长细比对钢-混凝土组合箱梁在碳氢火灾作用下抗火性能的影响,拟定了三种火灾工况,分别研究不同长细比的钢-混凝土组合箱梁的挠变规律,并对比分析三种火灾工况下的耐火极限及破坏模态。图9.22所示为不同长细比的钢-混凝土组合箱梁火灾分布工况。图9.22中L为桥下纵向火灾区长度,X为桥下纵向火灾区域边缘至桥梁支撑中心线的距离,L'为桥梁的计算跨径。各模型中立面布置及横断面尺寸均如图9.22所示,而仅改变计算跨径。在图中“×”处布置腹板水平位移测点,以进一步研究长细比对钢-混凝土组合箱梁随延火时间变化的腹板屈曲影响程度。该测点纵桥向距离各片梁跨中位置均为4.5m,竖向位于腹板中心;竖向挠度测点均为跨中断面底板中心位置。

表9.8为钢-混组合箱梁不同长细比火灾工况设计详细参数及荷载施加情况。由表9.8可知,工况FM1～FM3荷载均按照自重+二期恒载+0.3倍车道荷载施加。火场升温采用碳氢升温曲线。工况FM1中X、L分别设置为7m、10m,计算跨径为24m;工况FM2中X、L分别设置为10m、10m,计算跨径为30m;工况FM3中X、L分别设置为13m、10m,计算跨径为36m。

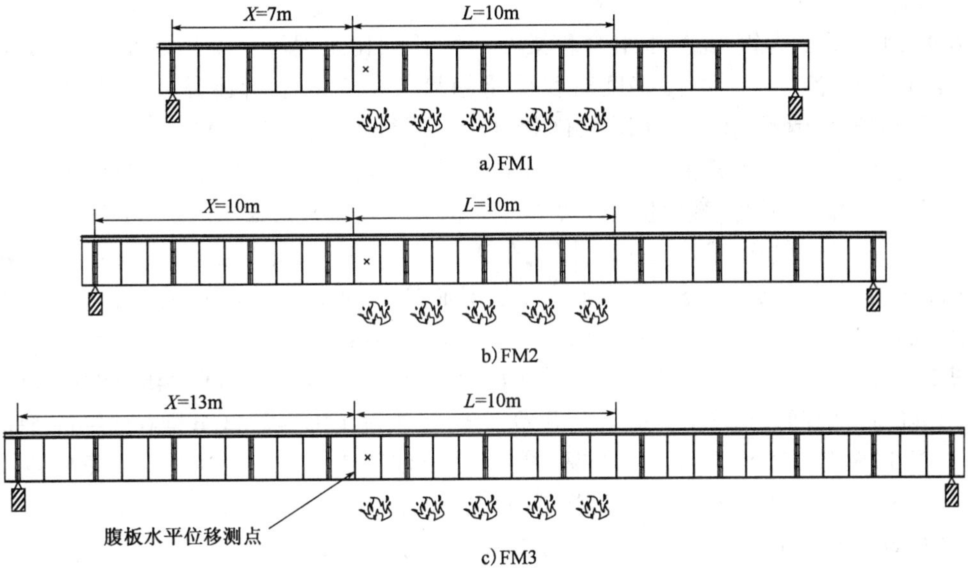

图 9.22　不同长细比火灾模型

钢-混组合梁不同长细比火灾工况(单位:m)　　表 9.8

工况序列	工况代码	长细比	荷载	X	L	L'	火灾场景
工况 1	FM1	59	自重 + 二期恒载 +0.3 倍车道荷载	7	10	24	HC
工况 2	FM2	74	自重 + 二期恒载 +0.3 倍车道荷载	10	10	30	HC
工况 3	FM3	89	自重 + 二期恒载 +0.3 倍车道荷载	13	10	36	HC

ANSYS 有限元模型单元选取及参数设置与 9.3.3 节所述相同。图 9.23 所示为 ANSYS 热-力耦合分析 1/4 有限元模型。由图 9.23 可知,三种火灾工况模型采用同一截面,网格密度一致且横纵向加劲肋设置均相同,而仅改变模型长度及火灾区域。

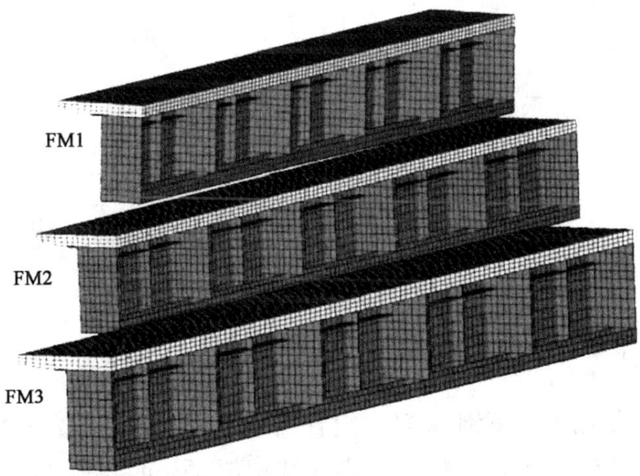

图 9.23　ANSYS 热-力耦合分析 1/4 有限元模型

(2)结构响应分析

图9.24a)所示为钢-混凝土组合箱梁在三种长细比工况下的竖向变形时程曲线。由图9.24a)可知,各工况下测点挠度时程变化趋势与9.3.6节所述类似,按照变化速率仍可分为三个阶段。但不同的是,工况FM3挠度发展明显较快,工况FM2次之,而工况FM1变形路径最为平缓。这一现象主要是由于长细比不同造成的。工况FM1与FM2相比,二者受火长度相等且为同一截面(截面抗弯刚度相等),但后者较前者长细比更大,进而由自重、二期恒载及车道荷载产生的荷载效应提高,因此在延火10min时,工况FM2跨中挠度达128mm,而此时工况FM1跨中挠度仅为82mm。而由于工况FM3长细比更大,其在延火10min时跨中挠度达200mm。因此,跨中挠度变化速率随长细比增大而提高。

图9.24b)为三种不同长细比工况下的腹板水平位移路径。由图9.24b)明显看出,腹板水平位移随延火时间逐渐增大至峰值后开始下降,且工况FM1~FM3分别在53min、51min及42min时达到峰值。延火41min时,工况FM3跨中挠度即达到$L/30$(1200mm),发生整体弯曲破坏;延火51min时,工况FM2即发生腹板剪切屈曲破坏,此时,跨中挠度为936mm,未达到整体弯曲破坏;延火53min时,工况FM1即发生腹板剪切屈曲破坏,此时跨中挠度为530mm,未达到整体弯曲破坏。对比图9.24a)及图9.24b)不难发现,工况FM2及FM3虽跨中变形在同时刻较FM1大,但二者腹板水平位移破坏峰值均较FM1小。这一现象主要是由于三种长细比工况中腹板几何性质相等,受火跨径相等,且腹板横纵向加劲肋间距相等,即由横纵向加劲肋形成的腹板闭合方格尺寸不变,从而产生的腹板横向张力相等。因此,三种长细比工况下,距跨中同一位置的腹板,其水平位移随延火时间变化的上升速率相等。由此说明,钢-混凝土组合箱梁在火灾高温下达到极限破坏状态时的腹板屈曲程度随长细比增加而减小,但随着长细比增大,腹板越容易发生剪切屈曲破坏。

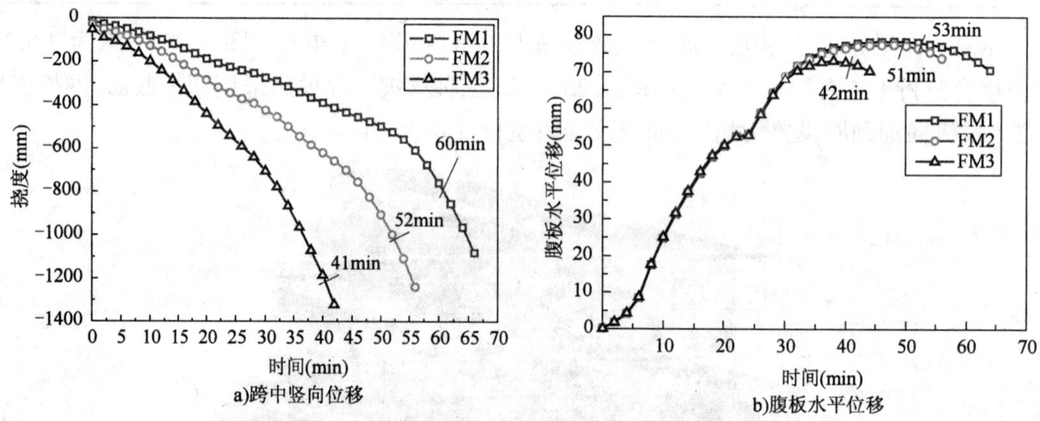

图9.24　不同长细比工况挠度-时间曲线

表9.9为三种长细比工况下钢-混凝土组合箱梁耐火极限。由表9.9可知,工况FM1~FM3耐火极限分别为53min、51min、41min。长细比增加25%时,耐火极限降低4%;长细比增加50%时,耐火极限降低23%。由此说明,同等火场条件下,钢-混组合箱梁耐火极限随长细比增大而降低,且截面回转半径一定时,随着桥梁跨径增加,耐火极限降幅愈大。

不同长细比工况下耐火极限 表9.9

工况	FM1	FM2	FM3
挠度破坏临界值(mm)	$L/30=1000$	$L/30=1000$	$L/30=1000$
腹板最大水平位移(mm)	78	77	73
腹板剪切破坏时间(min)	53	51	42
整体破坏时间(min)	60	52	41
破坏极限状态	剪切(屈曲)	剪切(屈曲)	弯曲(屈服)

(3)破坏模态

图9.25所示为不同长细比工况下的钢-混凝土组合箱梁达到挠度限值 $L/30$ 时的破坏模态。由图9.25可知,由于三种长细比工况均为跨中10m范围受火,因此各片梁均出现受火范围梁体明显下挠,腹板屈曲高度均为1.14m,且其腹板破坏模式及分布规律基本一致,均出现图9.25a)所示屈曲模式,即由于弯曲正应力产生的腹板椭圆形鼓曲现象。由此可知,不同长细比虽然影响火灾高温下钢-混凝土组合箱梁跨中挠度变化速率,从而影响其耐火极限,但对结构破坏模态基本无影响。

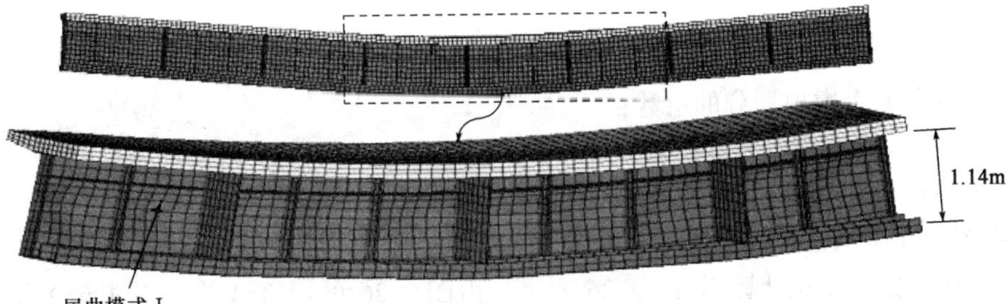

a)FM1

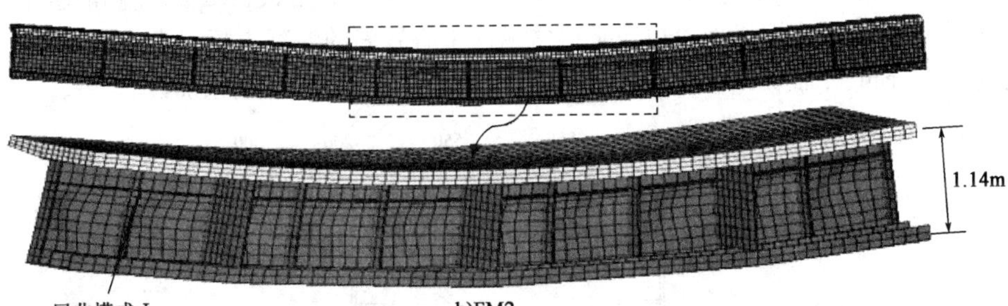

b)FM2

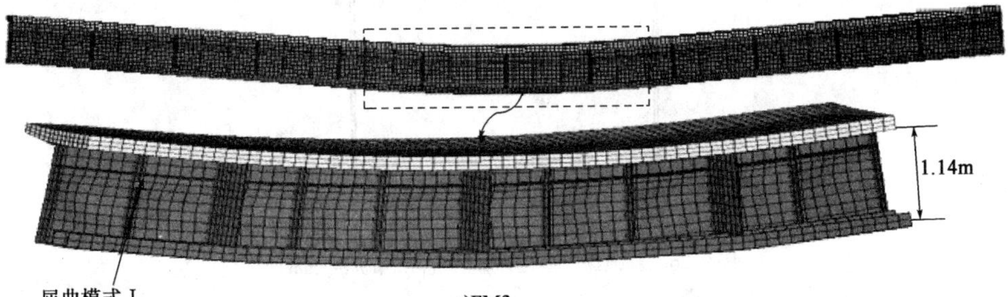

c)FM3

图9.25 不同长细比工况下破坏模态

9.4 抗弯承载能力计算方法

9.4.1 基本假定

(1)火灾高温下,钢-混凝土组合箱梁截面变形符合平截面假定。

(2)不考虑钢板与混凝土板之间的相对滑移。

(3)忽略抗拉区混凝土抗拉强度[15]。

(4)忽略腹板水平加劲肋对截面抗弯承载力的影响。

9.4.2 混凝土强度

(1)计算方法

按虚拟层烧损深度的原理,根据自身材料的力学特性,每层对截面均有强度贡献,若干层的强度总和即为截面的抗力总强度[15]。计算公式如下:

$$\sigma A = \sum_{i=1}^{N} \sigma_i A_i \tag{9.4.1}$$

式中:N——截面上虚拟划分的层数;

σ_i——第 i 个虚层的材料强度;

A_i——第 i 个虚拟层截面面积。

根据图 9.9 所示钢-混凝土组合箱梁截面温度分布情况,将混凝土板按照温度梯度分为 8 部分,进行烧损深度折减计算,如图 9.26 所示。由图 9.26 可知,TS1 为钢翼板至一侧混凝土翼板边缘部分混凝土板;TS2、TS3 分别为钢翼板上部等分混凝土板,TS2 为外侧混凝土板,TS3 为内侧混凝土板;TS4 为钢翼板内边缘至梁体纵向中心线间的混凝土板。由于该梁结构对称,且温度场对称分布,下面只对横桥向 1/2 混凝土板进行等效烧损深度累加计算[17]。

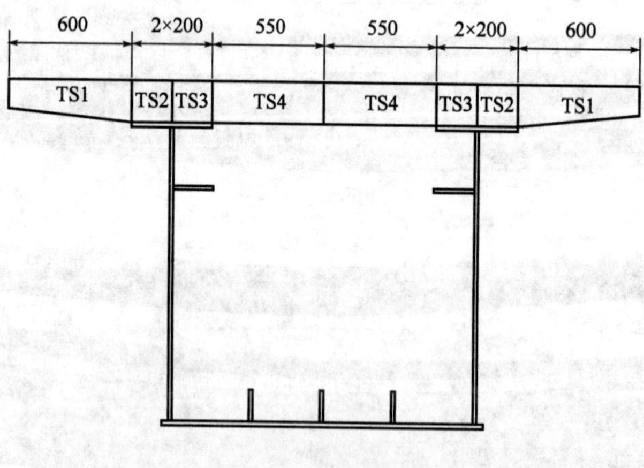

图 9.26 烧损深度简化计算模型(尺寸单位:mm)

(2)TS1 烧损深度等效换算

根据式(9.4.1)及 TS1 温度场分布情况,分别得到 $h=2\mathrm{cm}$、$h=4\mathrm{cm}$、$h=6\mathrm{cm}$、$h=8\mathrm{cm}$、$h=$

10cm、$h = 12$cm处的混凝土随温度变化的抗压强度折减系数，进而得到TS1每2cm处在火损后的剩余厚度，见表9.10～表9.15。当$h > 12$cm时，混凝土温度小于100℃，无须进行强度折减。表9.16为TS1在碳氢火灾桥下受火时基于强度的烧损深度等效累加值。由表9.16可知，在碳氢火灾作用下，TS1部位直接受火，且无隔热保护层，因此，TS1相对烧损严重，延火40min时烧损深度达到3.92cm，延火60min时烧损深度达到4.88cm。

TS1烧损深度的等效换算(0～2cm)　　表9.10

时间(min)	温度(℃)	烧损后强度	换算后厚度(cm)	初始强度
4	395	0.74	1.48	1.00
8	570	0.49	0.97	1.00
12	717	0.25	0.51	1.00
16	783	0.16	0.33	1.00
20	828	0.11	0.23	1.00
24	850	0.09	0.19	1.00
28	867	0.08	0.16	1.00
32	879	0.07	0.14	1.00
36	890	0.06	0.12	1.00
40	901	0.05	0.11	1.00
44	914	0.04	0.09	1.00
48	929	0.04	0.07	1.00
52	950	0.03	0.05	1.00
56	963	0.02	0.04	1.00
60	971	0.02	0.04	1.00

TS1烧损深度的等效换算(2～4cm)　　表9.11

时间(min)	温度(℃)	烧损后强度	换算后厚度(cm)	初始强度
4	113	0.94	1.88	1.00
8	232	0.88	1.77	1.00
12	338	0.80	1.61	1.00
16	407	0.73	1.45	1.00
20	455	0.66	1.33	1.00
24	484	0.62	1.24	1.00
28	504	0.59	1.18	1.00
32	521	0.56	1.13	1.00
36	538	0.54	1.08	1.00
40	555	0.51	1.02	1.00
44	575	0.48	0.96	1.00
48	598	0.44	0.88	1.00
52	628	0.39	0.78	1.00
56	651	0.35	0.71	1.00
60	668	0.33	0.65	1.00

TS1 烧损深度的等效换算(4~6cm) 表 9.12

时间(min)	温度(℃)	烧损后强度	换算后厚度(cm)	初始强度
4	40	0.98	1.97	1.00
8	89	0.95	1.90	1.00
12	150	0.92	1.85	1.00
16	207	0.90	1.80	1.00
20	255	0.87	1.74	1.00
24	293	0.84	1.69	1.00
28	320	0.82	1.64	1.00
32	345	0.80	1.59	1.00
36	368	0.77	1.55	1.00
40	388	0.75	1.50	1.00
44	408	0.73	1.45	1.00
48	427	0.70	1.40	1.00
52	447	0.67	1.35	1.00
56	465	0.65	1.30	1.00
60	480	0.63	1.25	1.00

TS1 烧损深度的等效换算(6~8cm) 表 9.13

时间(min)	温度(℃)	烧损后强度	换算后厚度(cm)	初始强度
4	24	1.00	1.99	1.00
8	39	0.98	1.97	1.00
12	67	0.96	1.93	1.00
16	100	0.95	1.89	1.00
20	134	0.93	1.86	1.00
24	166	0.92	1.84	1.00
28	193	0.91	1.81	1.00
32	217	0.89	1.79	1.00
36	240	0.88	1.76	1.00
40	260	0.87	1.74	1.00
44	280	0.85	1.71	1.00
48	298	0.84	1.68	1.00
52	316	0.82	1.65	1.00
56	333	0.81	1.62	1.00
60	347	0.80	1.59	1.00

TS1 烧损深度的等效换算(8 ~ 10cm)　　表 9.14

时间(min)	温度(℃)	烧损后强度	换算后厚度(cm)	初 始 强 度
4	21	1.00	2.00	1.00
8	25	0.99	1.99	1.00
12	35	0.99	1.97	1.00
16	51	0.97	1.95	1.00
20	70	0.96	1.93	1.00
24	91	0.95	1.90	1.00
28	112	0.94	1.88	1.00
32	131	0.93	1.87	1.00
36	150	0.92	1.85	1.00
40	168	0.92	1.83	1.00
44	185	0.91	1.82	1.00
48	201	0.90	1.80	1.00
52	217	0.89	1.79	1.00
56	233	0.88	1.77	1.00
60	247	0.88	1.75	1.00

TS1 烧损深度的等效换算(10 ~ 12cm)　　表 9.15

时间(min)	温度(℃)	烧损后强度	换算后厚度(cm)	初 始 强 度
4	20	1.00	2.00	1.00
8	21	1.00	2.00	1.00
12	24	1.00	1.99	1.00
16	31	0.99	1.98	1.00
20	40	0.98	1.96	1.00
24	52	0.97	1.95	1.00
28	65	0.97	1.93	1.00
32	78	0.96	1.92	1.00
36	92	0.95	1.90	1.00
40	106	0.94	1.89	1.00
44	119	0.94	1.88	1.00
48	133	0.93	1.86	1.00
52	146	0.93	1.85	1.00
56	159	0.92	1.84	1.00
60	171	0.92	1.83	1.00

TS1 烧损深度等效换算累加值 h_t 表 9.16

延火时间(min)	h=2cm	h=4cm	h=6cm	h=8cm	h=10cm	h=12cm	有效厚度(cm)	累计烧损深度(cm)
4	1.48	1.88	1.97	1.99	2.00	2.00	11.32	0.68
8	0.97	1.77	1.90	1.97	1.99	2.00	10.60	1.40
12	0.51	1.61	1.85	1.93	1.97	1.99	9.86	2.14
16	0.33	1.45	1.80	1.89	1.95	1.98	9.40	2.60
20	0.23	1.33	1.74	1.86	1.93	1.96	9.05	2.95
24	0.19	1.24	1.69	1.84	1.90	1.95	8.80	3.20
28	0.16	1.18	1.64	1.81	1.88	1.93	8.61	3.39
32	0.14	1.13	1.59	1.79	1.87	1.92	8.43	3.57
36	0.12	1.08	1.55	1.76	1.85	1.90	8.25	3.75
40	0.11	1.02	1.50	1.74	1.83	1.89	8.08	3.92
44	0.09	0.96	1.45	1.71	1.82	1.88	7.90	4.10
48	0.07	0.88	1.40	1.68	1.80	1.86	7.70	4.30
52	0.05	0.78	1.35	1.65	1.79	1.85	7.47	4.53
56	0.04	0.71	1.30	1.62	1.77	1.84	7.28	4.72
60	0.036	0.654	1.254	1.591	1.753	1.831	7.118	4.88

(3)TS2 烧损深度等效计算

根据式(9.4.1)及 TS2 温度场分布情况,分别得到 $h=2$cm、$h=4$cm、$h=6$cm、$h=8$cm 处的混凝土随温度变化的抗压强度折减系数,进而得到 TS2 每 2cm 处在火损后的剩余厚度,如表 9.17 ~ 表 9.20 所示。当 $h>8$cm 时,混凝土温度小于 100℃,无须进行强度折减。表 9.21 为 TS2 在碳氢火灾桥下受火时基于强度的烧损深度等效累加值。由表 9.21 可知,在碳氢火灾作用下,TS2 部位未直接受火,其温度主要源于钢翼板外缘的热传递作用,因此 TS2 烧损深度相对 TS1 较小,延火 40min 时烧损深度达到 2.74cm,延火 60min 时烧损深度达到 3.71cm。

TS2 烧损深度的等效换算(0 ~ 2cm) 表 9.17

时间(min)	温度(℃)	烧损后强度	换算后厚度(cm)	初始强度
4	238	0.88	1.76	1.00
8	416	0.72	1.43	1.00
12	583	0.46	0.93	1.00
16	687	0.30	0.59	1.00
20	753	0.20	0.41	1.00
24	829	0.11	0.23	1.00
28	885	0.06	0.13	1.00
32	917	0.04	0.09	1.00
36	939	0.03	0.06	1.00
40	955	0.02	0.05	1.00

续上表

时间(min)	温度(℃)	烧损后强度	换算后厚度(cm)	初始强度
44	968	0.02	0.04	1.00
48	980	0.01	0.03	1.00
52	990	0.01	0.02	1.00
56	1000	0.01	0.02	1.00
60	1009	0.01	0.01	1.00

TS2 烧损深度的等效换算(2 ~4cm) 表 9.18

时间(min)	温度(℃)	烧损后强度	换算后厚度(cm)	初始强度
4	51	0.97	1.95	1.00
8	114	0.94	1.88	1.00
12	192	0.91	1.81	1.00
16	264	0.86	1.73	1.00
20	330	0.81	1.62	1.00
24	379	0.76	1.52	1.00
28	417	0.71	1.43	1.00
32	441	0.68	1.36	1.00
36	459	0.66	1.31	1.00
40	475	0.63	1.27	1.00
44	490	0.61	1.22	1.00
48	507	0.59	1.17	1.00
52	525	0.56	1.12	1.00
56	548	0.52	1.04	1.00
60	577	0.47	0.95	1.00

TS2 烧损深度的等效换算(4 ~6cm) 表 9.19

时间(min)	温度(℃)	烧损后强度	换算后厚度(cm)	初始强度
4	24	1.00	1.99	1.00
8	38	0.98	1.97	1.00
12	63	0.97	1.93	1.00
16	95	0.95	1.90	1.00
20	132	0.93	1.86	1.00
24	168	0.92	1.83	1.00
28	201	0.90	1.80	1.00
32	230	0.89	1.77	1.00
36	256	0.87	1.74	1.00
40	277	0.86	1.71	1.00
44	297	0.84	1.68	1.00

续上表

时间(min)	温度(℃)	烧损后强度	换算后厚度(cm)	初始强度
48	313	0.83	1.65	1.00
52	329	0.81	1.63	1.00
56	347	0.80	1.59	1.00
60	367	0.77	1.55	1.00

TS2 烧损深度的等效换算(6～8cm) 表 9.20

时间(min)	温度(℃)	烧损后强度	换算后厚度(cm)	初始强度
4	20	1.00	2.00	1.00
8	23	1.00	1.99	1.00
12	29	0.99	1.98	1.00
16	40	0.98	1.97	1.00
20	54	0.97	1.94	1.00
24	72	0.96	1.92	1.00
28	91	0.95	1.90	1.00
32	110	0.94	1.88	1.00
36	129	0.93	1.87	1.00
40	148	0.93	1.85	1.00
44	165	0.92	1.84	1.00
48	181	0.91	1.82	1.00
52	196	0.90	1.81	1.00
56	210	0.90	1.79	1.00
60	225	0.89	1.78	1.00

TS2 烧损深度等效换算累加值 h_t 表 9.21

延火时间(min)	$h=2$cm	$h=4$cm	$h=6$cm	$h=8$cm	有效厚度(cm)	累计烧损深度(cm)
4	1.76	1.95	1.99	2.00	7.70	0.30
8	1.43	1.88	1.97	1.99	7.27	0.73
12	0.93	1.81	1.93	1.98	6.66	1.34
16	0.59	1.73	1.90	1.97	6.19	1.81
20	0.41	1.62	1.86	1.94	5.84	2.16
24	0.23	1.52	1.83	1.92	5.51	2.49
28	0.13	1.43	1.80	1.90	5.26	2.74
32	0.09	1.36	1.77	1.88	5.11	2.89
36	0.06	1.31	1.74	1.87	4.98	3.02
40	0.05	1.27	1.71	1.85	4.88	3.12
44	0.04	1.22	1.68	1.84	4.78	3.22
48	0.03	1.17	1.65	1.82	4.68	3.32

续上表

延火时间(min)	$h=2$cm	$h=4$cm	$h=6$cm	$h=8$cm	有效厚度(cm)	累计烧损深度(cm)
52	0.02	1.12	1.63	1.81	4.57	3.43
56	0.02	1.04	1.59	1.79	4.44	3.56
60	0.01	0.95	1.55	1.78	4.29	3.71

(4)TS3 烧损深度等效换算

根据式(9.4.1)及 TS3 温度场分布情况,分别得到 $h=2$cm、$h=4$cm、$h=6$cm 处的混凝土随温度变化的抗压强度折减系数,进而得到 TS3 每 2cm 处在火损后的剩余厚度,见表 9.22 ~ 表 9.24。当 $h>6$cm 时,混凝土温度小于 100℃,无须进行强度折减。表 9.25 为 TS3 在碳氢火灾桥下部受火时基于强度的烧损深度等效累加值。由表 9.25 可知,TS3 部位在碳氢火灾作用下未直接受火,其温度主要源于钢翼板内缘的热传递,且钢翼板内缘亦未直接受火(热边界主要为面面辐射及热传递作用),因此 TS3 烧损深度相对较小,延火 40min 时烧损深度达到 0.85cm,延火 60min 时烧损深度达到 1.43cm。

TS3 烧损深度的等效换算(0 ~ 2cm) 表 9.22

时间(min)	温度(℃)	烧损后强度	换算后厚度(cm)	初始强度
4	38	0.98	1.97	1.00
8	73	0.96	1.92	1.00
12	117	0.94	1.88	1.00
16	164	0.92	1.84	1.00
20	210	0.90	1.79	1.00
24	253	0.87	1.74	1.00
28	293	0.84	1.69	1.00
32	329	0.81	1.62	1.00
36	363	0.78	1.56	1.00
40	394	0.74	1.49	1.00
44	424	0.71	1.41	1.00
48	450	0.67	1.34	1.00
52	474	0.64	1.27	1.00
56	497	0.60	1.20	1.00
60	517	0.57	1.14	1.00

TS3 烧损深度的等效换算(2 ~ 4cm) 表 9.23

时间(min)	温度(℃)	烧损后强度	换算后厚度(cm)	初始强度
4	23	1.00	1.99	1.00
8	32	0.99	1.98	1.00
12	47	0.98	1.96	1.00
16	67	0.96	1.93	1.00
20	91	0.95	1.90	1.00

续上表

时间(min)	温度(℃)	烧损后强度	换算后厚度(cm)	初始强度
24	116	0.94	1.88	1.00
28	142	0.93	1.86	1.00
32	168	0.92	1.83	1.00
36	194	0.90	1.81	1.00
40	219	0.89	1.78	1.00
44	243	0.88	1.76	1.00
48	265	0.86	1.73	1.00
52	287	0.85	1.70	1.00
56	309	0.83	1.66	1.00
60	329	0.81	1.62	1.00

TS3 烧损深度的等效换算(4~6cm) 表 9.24

时间(min)	温度(℃)	烧损后强度	换算后厚度(cm)	初始强度
4	20	1.00	2.00	1.00
8	22	1.00	1.99	1.00
12	27	0.99	1.99	1.00
16	34	0.99	1.97	1.00
20	44	0.98	1.96	1.00
24	56	0.97	1.94	1.00
28	70	0.96	1.93	1.00
32	85	0.95	1.91	1.00
36	101	0.95	1.89	1.00
40	117	0.94	1.88	1.00
44	134	0.93	1.86	1.00
48	151	0.92	1.85	1.00
52	167	0.92	1.83	1.00
56	184	0.91	1.82	1.00
60	200	0.90	1.80	1.00

TS3 烧损深度等效换算累加值 h_t 表 9.25

延火时间(min)	$h=2$cm	$h=4$cm	$h=6$cm	有效厚度(cm)	累计烧损深度(cm)
4	1.97	1.99	2.00	5.96	0.04
8	1.92	1.98	1.99	5.89	0.11
12	1.88	1.96	1.99	5.82	0.18
16	1.84	1.93	1.97	5.74	0.26
20	1.79	1.90	1.96	5.66	0.34
24	1.74	1.88	1.94	5.57	0.43

续上表

延火时间(min)	$h=2$cm	$h=4$cm	$h=6$cm	有效厚度(cm)	累计烧损深度(cm)
28	1.69	1.86	1.93	5.47	0.53
32	1.62	1.83	1.91	5.37	0.63
36	1.56	1.81	1.89	5.26	0.74
40	1.49	1.78	1.88	5.15	0.85
44	1.41	1.76	1.86	5.03	0.97
48	1.34	1.73	1.85	4.92	1.08
52	1.27	1.70	1.83	4.80	1.20
56	1.20	1.66	1.82	4.68	1.32
60	1.14	1.62	1.80	4.57	1.43

(5)TS4 烧损深度等效计算

根据式(9.4.1)及 TS4 温度场分布情况,分别得到 $h=2$cm、$h=4$cm 处的混凝土随温度变化的抗压强度折减系数,进而得到 TS4 每 2cm 处在火损后的剩余厚度,见表 9.26～表 9.27。当 $h>4$cm 时,混凝土温度小于 100℃,无须进行强度折减。表 9.28 为 TS4 在碳氢火灾桥下受火时基于强度的烧损深度等效累加值。由表 9.28 可知,在碳氢火灾作用下,TS4 部位为箱内混凝土板,未直接受火,其温度边界条件主要为面面辐射(腹板及底板的辐射)。因此,TS4 烧损深度相对最小,延火 40min 时烧损深度仅为 0.36cm,延火 60min 时烧损深度达到 0.54cm。

TS4 烧损深度的等效换算(0～2cm) 表 9.26

时间(min)	温度(℃)	烧损后强度	换算后厚度(cm)	初始强度
4	35	0.99	1.97	1.00
8	53	0.97	1.95	1.00
12	76	0.96	1.92	1.00
16	99	0.95	1.89	1.00
20	124	0.94	1.87	1.00
24	148	0.93	1.85	1.00
28	171	0.92	1.83	1.00
32	194	0.91	1.81	1.00
36	214	0.89	1.79	1.00
40	234	0.88	1.77	1.00
44	252	0.87	1.75	1.00
48	270	0.86	1.72	1.00
52	286	0.85	1.70	1.00
56	302	0.84	1.67	1.00
60	317	0.82	1.65	1.00

TS4 烧损深度的等效换算(2～4cm) 表9.27

时间(min)	温度(℃)	烧损后强度	换算后厚度(cm)	初始强度
4	22	1.00	1.99	1.00
8	27	0.99	1.99	1.00
12	35	0.99	1.97	1.00
16	46	0.98	1.96	1.00
20	58	0.97	1.94	1.00
24	71	0.96	1.92	1.00
32	98	0.95	1.90	1.00
36	112	0.94	1.88	1.00
40	126	0.93	1.87	1.00
44	140	0.93	1.86	1.00
48	153	0.92	1.85	1.00
52	166	0.92	1.84	1.00
56	179	0.91	1.82	1.00
60	191	0.91	1.81	1.00

TS4 烧损深度等效换算累加值 h_t 表9.28

延火时间(min)	$h=2$cm	$h=4$cm	有效厚度(cm)	累计烧损深度(cm)
4	1.97	1.99	3.97	0.03
8	1.95	1.99	3.93	0.07
12	1.92	1.97	3.89	0.11
16	1.89	1.96	3.85	0.15
20	1.87	1.94	3.81	0.19
24	1.85	1.92	3.78	0.22
28	1.83	1.91	3.74	0.26
32	1.81	1.90	3.71	0.29
36	1.79	1.88	3.67	0.33
40	1.77	1.87	3.64	0.36
44	1.75	1.86	3.60	0.40
48	1.72	1.85	3.57	0.43
52	1.70	1.84	3.53	0.47
56	1.67	1.82	3.50	0.50
60	1.65	1.81	3.46	0.54

9.4.3 钢材强度

(1)基于强度的结构钢强度折减

根据欧洲规范EC3规定的普通结构钢(Q345)强度折减系数,按照线性内插法对钢板温度超过400℃时进行强度折减计算。表9.29所示为钢-混凝土组合箱梁钢翼板随延火时间折减后的剩余强度。由表9.29可知,碳氢火灾下,钢翼板强度随延火时间受损较为严重。延火32min时,等效强度为165MPa,为初始强度的47.9%;延火60min时,等效强度为35MPa,仅为初始强度的10.2%。由此可知,随延火时间增加,钢翼板强度退化较为迅速,强度损失严重。

钢翼板强度折减　　表9.29

延火时间(min)	温度(℃)	强度折减系数	烧损后强度(MPa)
4	133	1.000	345
16	394	1.000	345
20	458	0.872	301
24	508	0.755	261
28	552	0.619	213
32	597	0.479	165
36	639	0.376	130
40	675	0.292	101
44	708	0.220	76
48	738	0.184	64
52	767	0.150	52
56	793	0.118	41
60	816	0.102	35

表9.30为腹板随延火时间折减后剩余强度。由表9.30可知,腹板强度随延火时间退化迅速,在延火16min时强度即不及初始强度的1/2,此时剩余强度为141MPa,为初始强度的41%;在延火60min时,剩余强度仅为8MPa,为初始强度的2.4%。由此可知,由于腹板较薄,随延火时间增加升温快,因此其强度退化快,受损严重。

腹板强度折减　　表9.30

延火时间(min)	温度(℃)	强度折减系数	烧损后强度(MPa)
4	200	1.000	345
8	364	1.000	345
12	506	0.761	263
16	625	0.410	141
20	705	0.224	77
24	765	0.152	52

续上表

延火时间(min)	温度(℃)	强度折减系数	烧损后强度(MPa)
28	854	0.099	34
32	927	0.055	19
36	978	0.044	15
40	1014	0.037	13
44	1039	0.032	11
48	1055	0.029	10
52	1066	0.027	9
56	1074	0.025	9
60	1079	0.024	8

表9.31为底板随延火时间变化的剩余屈服强度。由表9.31可知,延火24min时,底板强度降为114MPa,为初始强度的33.1%;延火60min时,底板屈服强度为14MPa,仅为初始强度的14%。由此可见,底板强度退化亦较为迅速。

底板强度折减

表9.31

延火时间(min)	温度(℃)	强度折减系数	烧损后强度(MPa)
4	156	1.000	345
12	399	1.000	345
16	500	0.782	270
20	586	0.513	177
24	658	0.331	114
28	706	0.223	77
32	747	0.174	60
36	797	0.114	39
40	850	0.085	29
44	894	0.063	22
48	930	0.054	19
52	958	0.048	17
56	979	0.044	15
60	995	0.041	14

综上可知,钢-混凝土组合箱梁翼板、腹板及底板强度退化情况与三者温度场时程分布紧密相关,腹板强度退化最快,三者强度退化速率由大到小依次为腹板、底板及翼板。

(2)基于强度的普通钢筋强度折减

在桥下碳氢火灾作用下,根据钢-混凝土组合箱梁的结构对称性及温度场分布情况,将普通钢筋沿横桥向分为4部分,分别对应TS1、TS2、TS3及TS4混凝土板内上、下层普通钢筋。根据欧洲规范EC2[5]对测点处普通钢筋进行随延火时间变化的强度折减计算,进而得出普通钢筋火损后的剩余强度。由于测点5~测点8延火温度始终不及100℃,按照欧洲规范EC2[5]及相关文献,无须进行强度折减。

表9.32～表9.35分别为测点1～测点4处普通钢筋随延火时间变化的剩余屈服强度。由表9.32～表9.35可知，延火40min时，测点1处普通钢筋温度为311℃，此时剩余强度为173MPa，为初始强度的57.5%，受损严重；测点2处普通钢筋在延火40min时温度为282℃，此时剩余强度为184MPa，为初始强度的61.3%，强度退化较为严重；延火40min时，测点3处普通钢筋温度为200℃，其剩余屈服强度降至初始强度的72.2%，为217MPa，受损相对较小；测点4处普通钢筋在延火40min时温度仅为117℃，其剩余强度降至初始强度的84.2%，为253MPa，强度退化相对最小。

测点1处钢筋强度折减 表9.32

延火时间(min)	温度(℃)	强度折减系数	烧损后强度(MPa)
4	26	0.981	294
8	44	0.952	286
12	74	0.906	272
16	111	0.850	255
20	151	0.792	238
24	190	0.736	221
28	227	0.686	206
32	259	0.642	193
36	288	0.605	181
40	311	0.575	173
44	330	0.552	166
48	349	0.529	159
52	367	0.507	152
56	384	0.487	146
60	401	0.467	140

测点2处钢筋强度折减 表9.33

延火时间(min)	温度(℃)	强度折减系数	烧损后强度(MPa)
4	24	0.983	295
8	41	0.956	287
12	69	0.913	274
16	104	0.861	258
20	140	0.808	242
24	175	0.758	227
28	206	0.714	214
32	234	0.677	203
36	259	0.643	193
40	282	0.613	184
44	302	0.587	176
48	320	0.564	169

续上表

延火时间(min)	温度(℃)	强度折减系数	烧损后强度(MPa)
52	336	0.544	163
56	350	0.527	158
60	362	0.512	154

测点3处钢筋强度折减 表9.34

延火时间(min)	温度(℃)	强度折减系数	烧损后强度(MPa)
4	22	0.987	296
8	29	0.976	293
12	41	0.956	287
16	58	0.930	279
20	79	0.899	270
24	102	0.864	259
28	126	0.828	249
32	150	0.793	238
36	175	0.757	227
40	200	0.722	217
44	225	0.689	207
48	248	0.657	197
52	272	0.626	188
56	294	0.597	179
60	313	0.573	172

测点4处钢筋强度折减 表9.35

延火时间(min)	温度(℃)	强度折减系数	烧损后强度(MPa)
4	21	0.987	296
8	26	0.980	294
12	33	0.969	291
16	41	0.956	287
20	51	0.941	282
24	62	0.924	277
28	74	0.906	272
32	87	0.886	266
36	101	0.865	259
40	117	0.842	253
44	134	0.817	245
48	153	0.790	237
52	173	0.760	228
56	194	0.731	219
60	216	0.700	210

由此可知，由于 TS1 ~ TS4 混凝土板受火程度依次减弱，导致其板内普通钢筋温度强度退化幅度依次降低，下层普通钢筋火损程度最大为测点 1 处，最小为测点 4 处。

9.4.4 衰变规律

(1)计算方法

以混凝土的等效换算有效厚度及钢材折减后强度计算结果为基础，并满足 9.4.1 节中钢-混凝土组合箱梁截面抗弯承载力计算的基本假定条件下，本节根据《钢-混凝土组合桥梁设计规范》(GB 50917—2013)5.1.3 节[18]，按照塑性设计方法计算钢-混组合梁正弯矩区抗弯承载力计算公式：

①塑性中和轴在钢梁截面内，如图 9.27 所示。

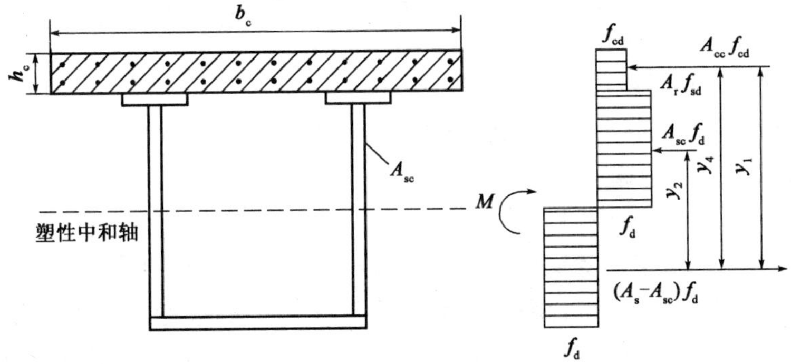

图 9.27　塑性中和轴在钢梁内时的钢-混组合箱梁截面及应力图形

$A_c f_{cd} + A_r f_{sd} < A_s f_d + A_p \sigma_{pu,d}$ 时，极限抗弯承载力计算公式：

$$\gamma_0 M \leqslant k(A_c f_{cd} y_1 + A_{sc} f_d y_2 + A_p \sigma_{pu,d} y_3 + A_r f_{sd} y_4) \tag{9.4.2}$$

$$A_{sc} = \frac{A_s f_d + A_p \sigma_{pu,d} - A_c f_{cd} - A_r f_{sd}}{2f_d} \tag{9.4.3}$$

②塑性中和轴在混凝土桥面板内，如图 9.28 所示。

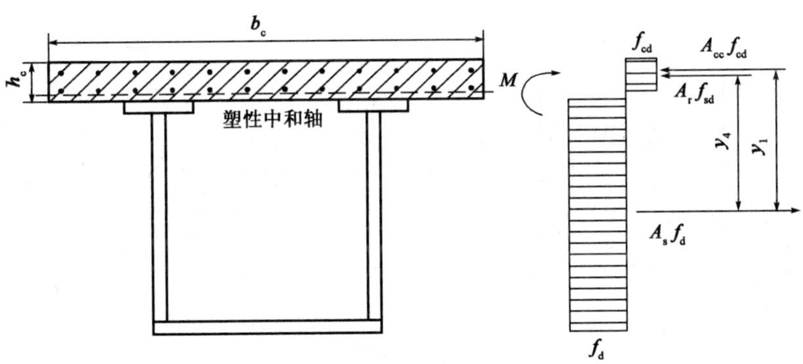

图 9.28　塑性中和轴在混凝土桥面板内时的钢-混组合箱梁截面及应力图形

$A_c f_{cd} + A_r f_{sd} \geqslant A_s f_d + A_p \sigma_{pu,d}$ 时，极限抗弯承载力计算公式：

$$\gamma_0 M \leqslant k(A_{cc} f_{cd} y_1 + \sigma_{pu,d} A_p y_3 + A_r f_{sd} y_4) \tag{9.4.4}$$

$$A_{cc} = b_c x = \frac{A_s f_d + A_p \sigma_{pu,d} - A_r f_{sd}}{f_{cd}} \tag{9.4.5}$$

式中：γ_0——桥梁结构的重要性系数，本书取 1.0；

M——正弯矩设计值（N·mm）；

A_c——混凝土桥面板的截面面积（mm^2）；

A_{sc}——钢梁受压区的截面面积（mm^2）；

A_r——塑性中和轴上侧混凝土桥面板内纵向钢筋的截面面积（mm^2）；

A_s——钢梁的截面面积（mm^2）；

y_1——混凝土桥面板受压区截面形心至钢梁受拉区截面形心的距离（mm）；

y_2——钢梁受压区截面形心至钢梁受拉区截面形心的距离（mm）；

y_4——混凝土桥面板内纵向钢筋的截面形心至钢梁受拉区截面形心的距离；

f_{cd}——混凝土的抗压强度设计值（MPa）；

f_d——钢材的抗拉强度设计值（MPa）；

f_{sd}——混凝土桥面板内纵向钢筋的抗拉强度设计值（MPa）。

（2）抗弯承载力衰变规律

由式（9.4.2）～式（9.4.5）可计算出火灾高温下钢-混凝土组合箱梁的截面抗弯承载力随火灾衰变全过程。由于该梁为等截面，且跨中荷载效应最大，故针对跨中截面进行极限弯矩延火计算。表 9.36 为钢-混凝土组合箱梁在碳氢火灾作用下的抗弯承载力随延火时间变化情况。如表 9.36 所示，依次列出跨中截面在碳氢火灾作用下的计算参数 y_1（m）、y_2（m）、y_4（m）、M_i（kN·m）、λ_i（%）（抗力折减系数）及塑性中性轴位置随延火时间的变化值。其中抗力折减系数 λ_i定义如下[19]：

$$\lambda_i = \frac{M_i}{M_0} \times 100\% \tag{9.4.6}$$

式中：λ_i——截面抗力折减系数；

M_i——延火时间为 t 时的截面抗弯承载力；

M_0——初始时刻截面抗弯承载力。

跨中截面抗弯承载力

表 9.36

t (min)	y_1 (m)	y_2 (m)	y_4 (m)	M_i (kN·m)	λ_i (%)	塑性中性轴位置
0	1.16	1.05	1.21	39009	1.00	钢腹板
4	1.17	1.05	1.21	38929	0.99	钢腹板
8	1.18	1.05	1.21	38882	0.98	钢翼板
12	1.12	1.01	1.21	34353	0.88	钢翼板
16	0.83	—	0.89	24260	0.62	混凝土板内
20	0.86	—	0.89	17572	0.45	混凝土板内
24	0.88	—	0.89	13520	0.35	混凝土板内
28	0.90	—	0.89	10428	0.27	混凝土板内
32	0.91	—	0.89	8120	0.21	混凝土板内
36	0.91	—	0.89	6486	0.17	混凝土板内
40	0.92	—	0.89	5425	0.14	混凝土板内

续上表

t(min)	y_1(m)	y_2(m)	y_4(m)	M_i(kN·m)	λ_i(%)	塑性中性轴位置
44	0.92	—	0.89	4562	0.12	混凝土板内
48	0.93	—	0.89	4142	0.11	混凝土板内
52	0.93	—	0.89	3793	0.10	混凝土板内
56	0.93	—	0.89	3498	0.09	混凝土板内
60	0.93	—	0.89	3325	0.09	混凝土板内

由表9.36不难看出,在碳氢火灾作用下,钢-混凝土组合箱梁抗弯承载力随延火时间逐渐降低,且截面抗力衰变的同时塑性中和轴位置也自腹板向混凝土板移动。

由表9.36可知,钢-混凝土组合箱梁跨中截面在常温下的极限抗弯承载力 M_i 为39009kN·m。在碳氢火灾作用下,延火4min时,截面极限抗弯承载力降低幅度很小,M_4 为38929kN·m,承载能力剩余99%,此时塑性中性轴位于腹板之间;当延火8min时,截面抗力虽降幅仍很小,仅为2%,但此时塑性中性轴移至钢翼板之间;而当延火16min时,截面抗弯承载力降至62%,降幅明显,此时塑性中性轴上升至混凝土板内;当延火至60min时,塑性中性轴仍位于混凝土板内,此时 M_{60} 为3325kN·m,承载能力仅剩余9%。

由表9.36可以进一步发现,碳氢火灾延火时间 $t \geq 16$min时,塑性中和轴始终位于混凝土板内。这是由于钢材导热系数较混凝土高,温度上升相对较快,同一时刻钢材强度折损较混凝土大,塑性中性轴随延火时间不断上移。同时,混凝土抗拉强度很低,计算中忽略不计。因此,当塑性中性轴位于混凝土板内时,截面抗力取决于钢材剩余强度,即混凝土板厚度无法提高截面抗力。由此可见,钢-混凝土组合箱梁抗火设计中,可通过提高结构钢强度或厚度来延长耐火极限(基于截面抗力判断),而增大混凝土板厚度无法延长其耐火极限[20-24]。

图9.29所示为碳氢火灾下钢-混凝土组合箱梁抗弯承载力随延火时间变化曲线。由图9.29可知,钢-混凝土组合箱梁截面抗力在延火初期($t \leq 8$min)降幅很小,可忽略不计,而延火8min后截面抗力显著降低。因此按照抗力折减速率可将钢-混凝土组合箱梁截面抗力衰变过程分为两个阶段,即第一阶段(0~8min),由于延火初期,钢材温度不足400℃,屈服强度保持不变,且混凝土阻热能力较强,强度折损甚微,截面抗力呈线性缓慢下降;延火第二阶段(8~60min),由于钢材在400~800℃屈服强度下降迅速,如图9.29所示,导致截面抗力急剧降低,但降低速率逐渐减小,呈三次抛物线变化。

(3)破坏准则的修正

为判断碳氢火灾下钢-混凝土组合箱梁跨中截面抗弯承载力是否满足使用要求,分别计算9.3.9节中所述三种长细比工况,即计算跨径为24m、30m及36m的钢-混组合箱梁在火灾下截面抗力降至荷载效应时的耐火时间,结合我国《公路桥涵设计通用规范》(JTG D60—2015)[11]及加拿大NBC[12]规范,采用荷载组合为

$$S_d = S_{G1} + S_{G2} + 0.3S_{Q1} + 0.3S_{Q2}$$

式中:S_d——荷载效应值;

S_{G1}——结构自重;

S_{G2}——二期恒载;

S_{Q1}——汽车荷载,取公路一级;

S_{Q2} ——人群荷载。

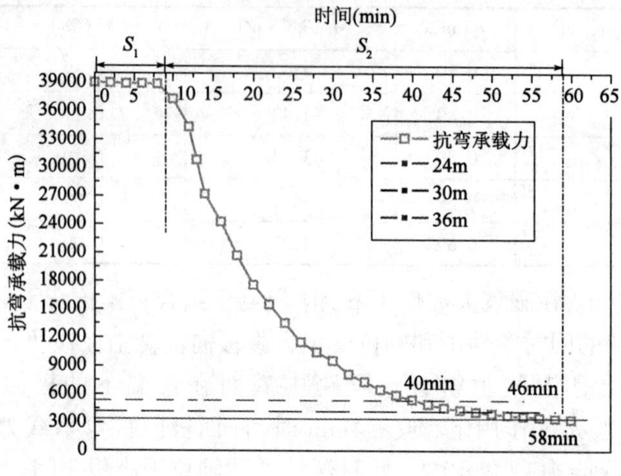

图 9.29 截面抗弯承载力

由表 9.9 可知,计算跨径为 24m 时,其荷载效应为 3420kN,基于截面抗力判断的耐火极限为 58min;计算跨径为 30m 时,其荷载效应为 4186kN,基于截面抗力判断的耐火极限为 46min;计算跨径为 36m 时,其荷载效应为 5365kN,基于截面抗力判断的耐火极限为 40min。

由于不考虑腹板纵向加劲肋数量及间距对截面抗弯承载力的影响,故所述三种腹板加劲肋工况下的截面抗力火损变化情况均见表 9.6。各参数下的结构分别基于跨中挠度及截面抗弯承载力判定的耐火极限及其破坏原因见表 9.37。由表 9.37 可知,九种工况均由于跨中截面极限抗弯承载力不足而破坏,因此按照假定的破坏准则(跨中挠度达到 $L/30$ 即破坏)判定的钢-混凝土组合箱梁耐火极限偏于危险,该准则不适用于局部火灾下的钢-混凝土组合箱梁桥耐火极限判定,应作出修正。

破坏准则修正　　表 9.37

影响参数	火灾工况	耐火极限(挠度)	耐火极限(抗力)	挠度比(抗力)	破坏原因
受火位置	FM1	49	46	$L/35$	抗力不足
	FM2	47	46	$L/35$	抗力不足
	FM3	52	46	$L/35$	抗力不足
加劲肋	FM1	52	46	$L/35$	抗力不足
	FM2	54	46	$L/35$	抗力不足
	FM3	58	46	$L/35$	抗力不足
长细比	FM1	60	58	$L/35.5$	抗力不足
	FM2	52	46	$L/35$	抗力不足
	FM3	41	40	$L/30$	抗力不足

表 9.37 中给出了钢-混凝土组合箱梁达到截面抗力临界值时的跨中挠度与计算跨径的比值,可供具体工程参考。综上,本节建议以跨中挠度达到 $L/35$ 作为判定钢-混凝土组合梁桥局部火灾下的破坏准则更为安全。

(4)公式的提出

基于最小二乘法,采用 ORIGINLAB 拟合钢-混凝土组合箱梁跨中截面抗弯承载力的计算公式。由图 9.29 所示火灾高温下截面抗弯承载力退化规律可知,M_t 随延火时间变化速率可分为两阶段,故其函数拟合也可近似分为两段函数。

当延火时间 $t \leqslant 8$min 时,采用一次函数拟合;当延火时间 $t > 8$min 时,采用三次抛物线进行拟合,拟合表达式如下:

$$M_t = \begin{cases} a_1 + b_1 t & (0\text{min} \leqslant t \leqslant 8\text{min}) \\ a_2 + b_2 t + c_2 t^2 + dt^3 & (8\text{min} < t \leqslant 60\text{min}) \end{cases} \tag{9.4.7}$$

式中:M_t——截面抗弯承载力(kN·m);

a、b、c、d——分项系数;

t——延火时间(min)。

跨中截面在碳氢火灾作用下的抗弯承载力表达公式的分项系数见表 9.38。

抗弯承载力拟合公式系数 表 9.38

t(min)	a	b	c	d	R^2
[0,8]	39006	-16.4	0	0	0.9794
(8,60]	69051	-3921.4	80.593	-0.5611	0.9971

根据表 9.38 计算所得式(9.8),绘制拟合曲线及计算所得抗弯承载力散点图如图 9.30 所示。由图 9.30 可知,拟合公式与计算值吻合较好,能够较准确反映钢-混凝土组合箱梁在碳氢火灾作用下延火 60min 内跨中截面的抗弯承载力变化规律。

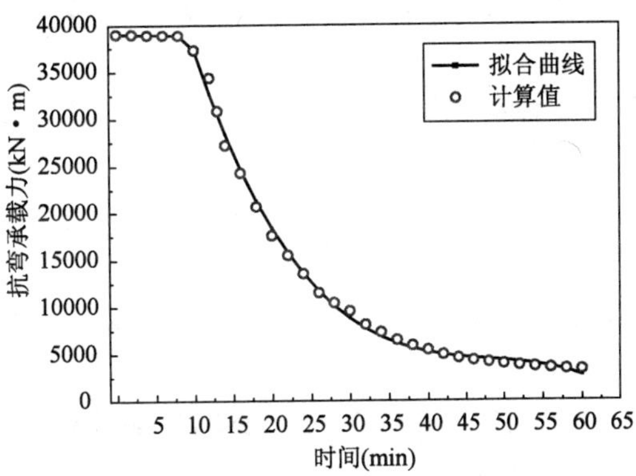

图 9.30 抗弯承载力拟合曲线

9.5 本章小结

当前,钢结构桥梁因其施工快、低污染等特点逐步占据市场,另外,交通运输部于 2016 年 7 月 5 日发布文件,鼓励推进公路钢结构桥梁建设,以提升我国公路桥梁建设的品质,更加重视对桥梁抗火性能的研究,这一举措无疑将使钢-混凝土组合梁桥在我国公路桥梁领域得到进一步推广。所以本章针对钢-混组合箱梁的抗火性能进行了分析,提供了提高钢-混凝土组合箱梁抗火性能的方法,指出了钢结构桥梁抗火研究的关键方法,并对相应规范中的破坏准则进行了修正,提出抗弯承载力衰变公式。

本章参考文献

[1] 贺拴海,张岗,黄侨. 火灾下桥梁结构灾变机理及安全性评价与加固技术研究[R]. 西安:长安大学,2014.

[2] 秦智源, 张岗,王高峰,等. 油罐车火灾下钢-混组合连续箱梁性能及失效机理[J]. 长安大学学报(自然科学版),2018,38(6):98-108.

[3] 张岗,宗如欢,施颖,等. 钢-混组合简支箱梁耐火性能研究[J]. 桥梁建设,2017,47(3):41-46.

[4] Aziz E M, Kodur V K R, Glassman J D, et al. Behavior of steel bridge girders under fire conditions [J]. Journal of Constructional Steel Research, 2015, 106: 11-22.

[5] Eurocode 2: Design Of Concrete Structures - Part 1-2: General Rules - Structural Fire Design [S].

[6] 王卫永,李国强. 钢-混凝土组合梁抗火性能研究综述[J]. 建筑钢结构进展,2014(5):1-8.

[7] 马建,孙守增,杨琦,等. 中国桥梁工程学术研究综述 2014[J]. 中国公路学报,2014,27(5):1-96.

[8] 宋天诣,韩林海. 组合结构耐火性能研究的部分新进展[J]. 工程力学,2008(S2):230-253.

[9] 李国强,吴波,蒋首超. 工程结构抗火研究进展与建议[J]. 建筑钢结构进展,2010,12(5):13-18.

[10] 陈玲珠,蒋首超,李国强,等. 不同规范组合梁抗火设计方法的比较和分析[J]. 防灾减灾工程学报,2015(1):69-78.

[11] 中华人民共和国行业规范. JTG D60—2015 公路桥涵设计通用规范[S]. 北京:人民交通出版社股份有限公司, 2015.

[12] NBC, National Building Code of Canada. National Research Council of Canada, Ottawa, Ontario, Canada, 2005.

[13] 王新敏. ANSYS 工程结构数值分析[M]. 北京:人民交通出版社,2007.

[14] 张岗,贺拴海. 焰流效应下混凝土空心薄壁墩热-力耦合形差与层剥分析[J]. 中公路学报,2014,27(11):46-54.

[15] 毛小勇,肖岩. 标准升温下轻钢-混凝土组合梁的抗火性能研究[J]. 湖南大学学报:自然科学版, 2005, 32(2): 64-70.

[16] 朱建明,王晓纯,魏东,等. 火灾后混凝土构件的剩余刚度估计[J]. 工程力学,2011,28(8):193-197.

[17] 傅传国,商圣强,王玉镯,等.火灾下预应力型钢混凝土梁抗弯承载力计算[J].西南交通大学学报,2013,48(4):625-631.
[18] 中华人民共和国行业规范. GB 50917—2013 钢-混凝土组合桥梁设计规范[S].北京:中国建设工业出版社,2013.
[19] 毛小勇,肖岩.标准升温下轻钢-混凝土组合梁的抗火性能研究[J].湖南大学学报:自然科学版,2005,32(2):64-70.
[20] 丁发兴,周政,王海波,等.局部火灾下多层钢-混凝土组合平面框架抗火性能分析[J].建筑结构学报,2014,35(6):23-32.
[21] 蒋翔,童根树,张磊.耐火钢-混凝土组合梁抗火性能非线性有限元分析[J].钢结构,2016,31(3):29-34.
[22] 陈玲珠,李国强,蒋首超,等.组合梁抗火设计方法的改进[J].建筑结构,2015(11):70-74.
[23] 赵菲,楼文娟.钢-混凝土组合结构的抗火性能研究进展[J].科技通报,2010,26(1):143-149.
[24] 韩林海,宋天诣,谭清华.钢-混凝土组合结构抗火设计原理研究[J].工程力学,2011(A02):54-66.
[25] 戴国欣.钢结构[M].4版.武汉:武汉理工大学出版社,2012.
[26] 聂建国.钢-混凝土组合结构桥梁[M].北京:人民交通出版社,2011.

第 10 章
工程应用

10.1 桥梁工程背景

某钢管混凝土系杆拱桥(见图 10.1 ~ 图 10.4),跨径 64m,拱轴线采用二次抛物线,拱矢高 $f=12.8\mathrm{m}$,理论计算跨度 $L=64.0\mathrm{m}$,理论拱轴线方程为:$y=0.8x-0.0125x^2$。横桥向设置两道拱肋,拱肋中心间距 7.7m。系梁采用预应力混凝土简支箱梁,横截面为单箱两室截面。结构设计为刚性箱梁刚性拱,设两道拱肋,拱肋采用外径 $\varphi650\mathrm{mm}$,壁厚 $\delta=16\mathrm{mm}$ 的钢管混凝土哑铃形截面,上下弦管中心距 0.85m,拱肋截面高 1.5m,拱肋上下弦管之间连接缀板 $\delta=16\mathrm{mm}$,缀板间距 76cm。

拱肋之间共设 3 道横撑、2 组斜撑,横撑及斜撑的桁式结构。横撑弦管采用外径 $\varphi=700\mathrm{mm}$、壁厚 $\delta=16\mathrm{mm}$ 的钢管,斜撑采用外径 $\varphi=500\mathrm{mm}$、壁厚 $\delta=14\mathrm{mm}$ 的钢管。两片拱肋共设 11 对吊杆,第一根吊杆距离支点 8m,其余吊杆中心间距均为 4.8m。每处吊杆均由单根 55 丝 $\varphi7\mathrm{mm}$ 的平行钢束组成。在距梁顶 3m 范围内,吊杆除采用 PE 护套外,加设 0.8mm 厚的不锈钢管予以防护。吊杆的张拉端位于拱肋上端,吊杆张拉需在拱肋混凝土强度及弹性模量达到设计强度的 90% 以上且龄期不小于 14d 以后方可进行。

钢管混凝土系梁全长 66.0m,采用等高度、单箱双室箱形截面,梁高 2.5m,梁顶宽 11.0m,底宽 8.05m,梁端拱脚处 4.85m 范围内梁底加宽至 8.90m;边腹板厚 35cm,拱脚处加厚至

120cm；中腹板厚 30cm，拱脚处加厚至 170cm。吊杆处隔墙厚 30cm，隔墙开设 1.6m×0.8m 的过人洞。箱梁梁顶设有 2% 的横坡，为减少箱梁内外温差，边、中腹板沿桥纵向每隔 4.8m 左右设 φ10cm 通风孔 1 处。系梁截面底部采用的纵向受力钢筋直径为 ϕ16，钢筋截面中心至混凝土外层的距离为 6cm。系梁横截面一般构造如图 10.2～图 10.4 所示。

图 10.1　某钢管混凝土系杆拱桥

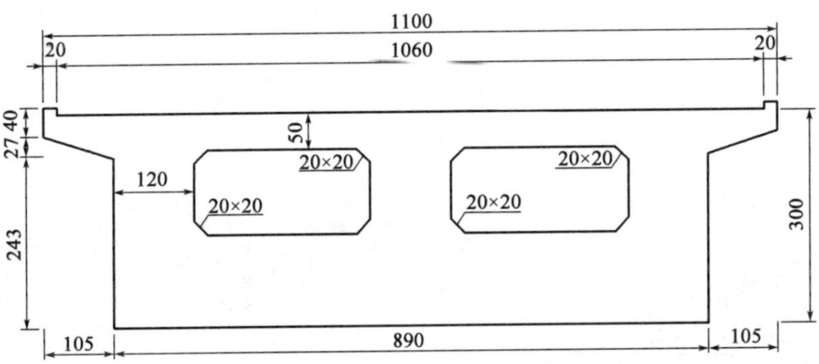

图 10.2　支点截面(尺寸单位：cm)

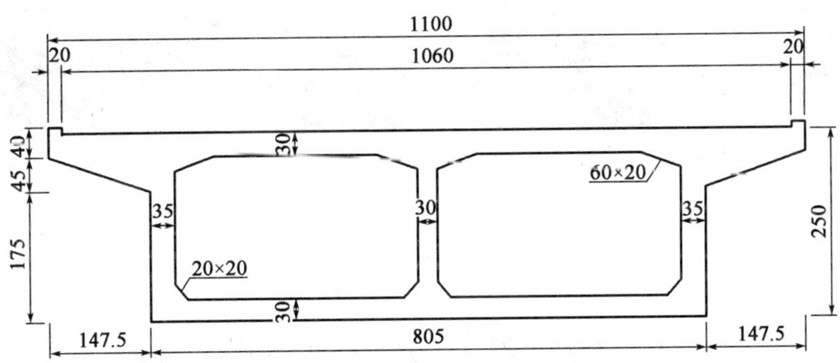

图 10.3　跨中截面(尺寸单位：cm)

该桥设计车速 80km/h，设计荷载等级为中—活载，人群荷载 4kN · m，地震峰值加速度 0.10g。

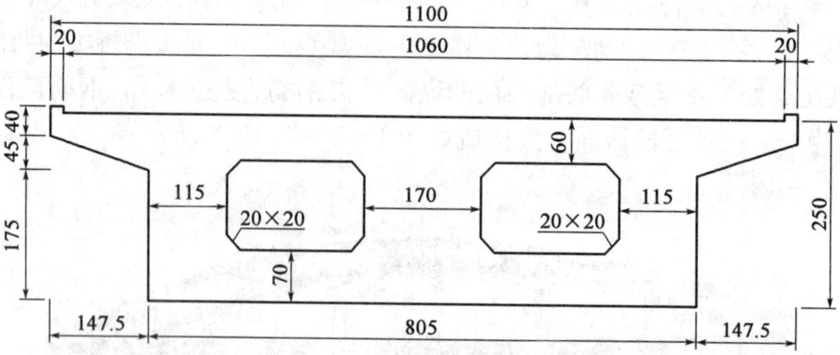

图10.4　跨中横隔截面(尺寸单位:cm)

10.2　火灾发生概况

该桥施工当日,在焊接钢管拱过程中导致梁底方木、竹胶板起火,因梁体浇筑时在方木之间铺设了棉絮用于梁体保温,且因长时间搁置,加之本地区现阶段气候干燥,明火很快引燃棉絮,采用水泵已无法完全压制火势,发生安全事故。根据现场调查,火灾燃烧时长约45min,火灾衰减时长约70min,火灾总持续时长约114min。经现场观察取证发现,该桥箱梁经火灼烧后底板混凝土出现不同程度的开裂、剥落和掉角,少部分构造钢筋外露;受火严重区域混凝土略显浅红色。桥梁火灾现场和受火状况如图10.5所示[1~2]。

a)燃烧物　　b)梁底混凝土剥落

图10.5　桥梁受火现场

10.3　桥梁结构火灾现场的还原

10.3.1　火损区域的确定

通过火灾现场观察和量测,确定混凝土梁体的火损区域,以明确结构温度场推定的范围,现将火损范围标定并示于图 10.6。

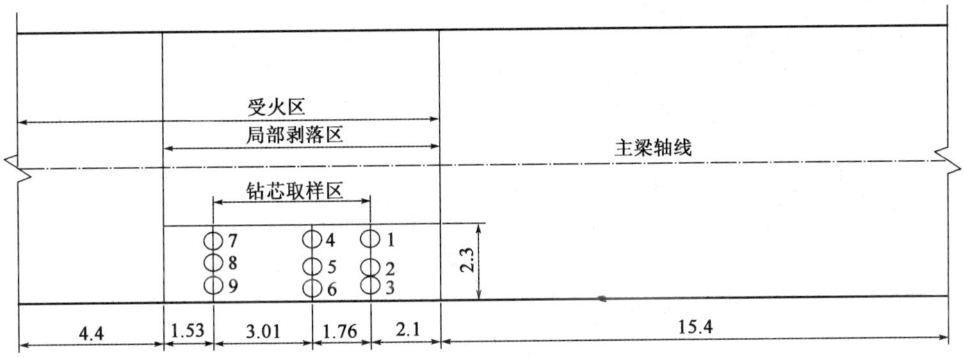

图 10.6 火损区域示意图(尺寸单位:m)

10.3.2 混凝土火损面积

梁体混凝土火损面积是判定混凝土受损程度的有力依据,由于在火灾作用下,梁体经过大火的烟熏,造成受火区混凝土表面颜色发生变化,给人一种整个受火区混凝土发生严重破坏的假象。但是实际上,在火灾作用下,有些受火区域的混凝土只是被烟熏黑,混凝土并没有发生严重损坏。基于上述原因,根据混凝土受损面积的大小,可以判定混凝土在整个火灾过程中损伤比较严重的区域[1~31]。

梁体最大剥落面积计算:虽然梁体在火灾下并没有出现整体剥落的情况,但是出于安全考虑,剥落面积按照局部剥落区完全剥落的情况进行计算(局部剥落区尺寸详见图 10.6)。

混凝土剥落面积:$S_1 = (1.53 + 3.01 + 1.76 + 2.1) \times (8.05/2) = 33.81(\mathrm{m}^2)$

梁底混凝土总面积:

$$S_2 = 8.05 \times 49.3 + 4.85 \times 8.9 \times 2 + (8.05 + 8.9) \times 2.5 \times 2/2 = 525.57(\mathrm{m}^2)$$

剥落面积所占比例:$S_1/S_2 = 6.4\%$

由此可知,梁体混凝土在火灾作用下并没有出现大面积剥落,只是底板局部混凝土浅层剥落,累计烧损面积 33.81 m^2,占底板面积的 6.4%(远小于底板面积的 20%),属于 2 类标度。

10.3.3 混凝土火损深度

混凝土在火灾作用下的剥落深度是评定混凝土受损严重程度的又一个重要指标。在火灾作用下,梁体达到比较高的温度时,混凝土的强度就会受到一定程度的影响,甚至在高温下,混凝土出现不同程度的剥落,通过现场观察与量测混凝土的火损深度,可以更加明确混凝土梁体的损伤程度。

采用受损区域分割法将受火区划分成 8 个测区,分割思路如图 10.7 所示,各测区火损深度评定过程列于表 10.1、表 10.2 中。

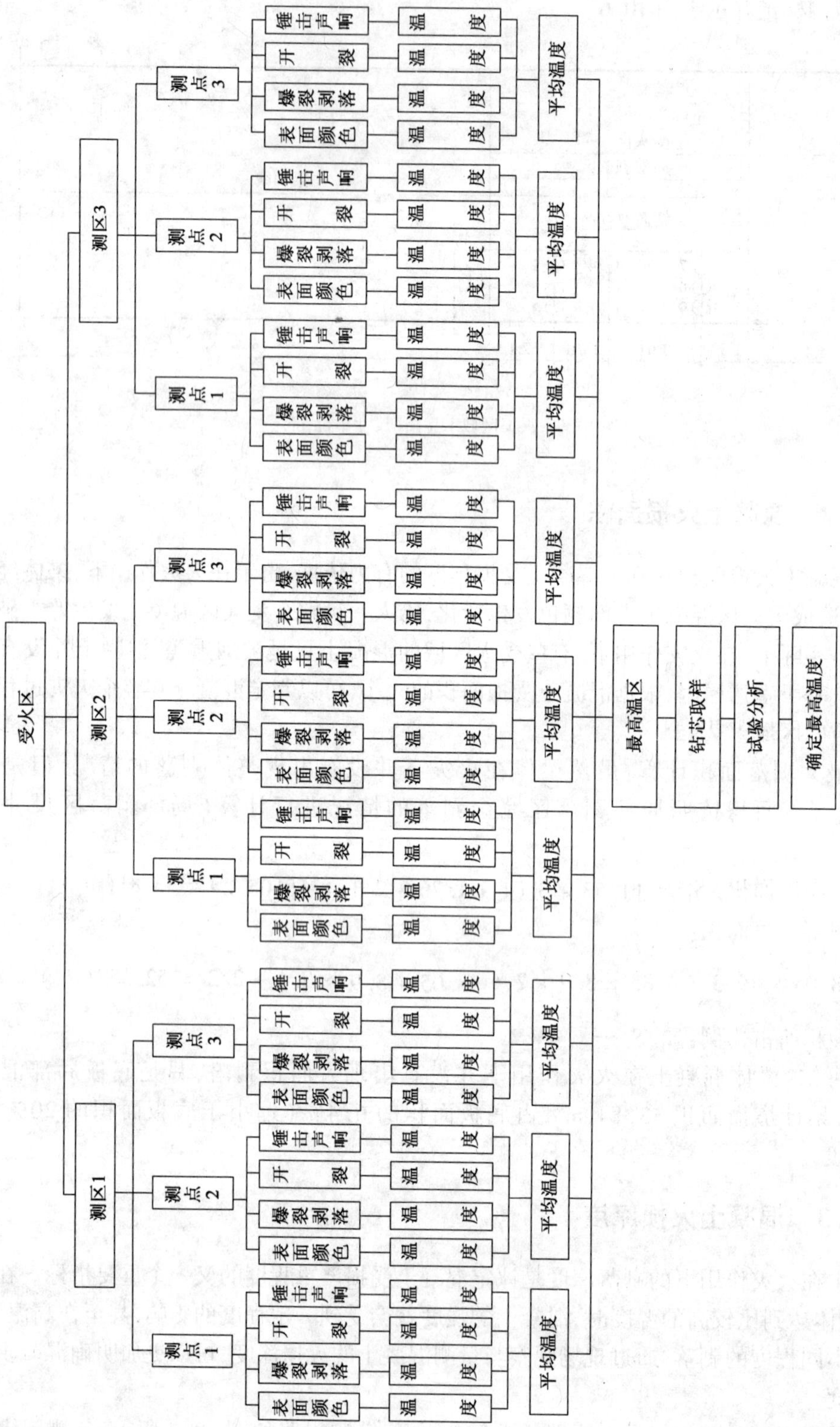

图10.7 烧损区域分割法

混凝土火损深度及面积 表 10.1

编号		测区 1	测区 2	测区 3	测区 4
样本图片					
火损程度	特征	无剥落	局部点状剥落	局部点状剥落	局部点状剥落
	深度	0 cm	0.3 cm	0.3 cm	0.2 cm

混凝土火损深度及面积(续 1) 表 10.2

编号		测区 5	测区 6	测区 7	测区 8
样本图片		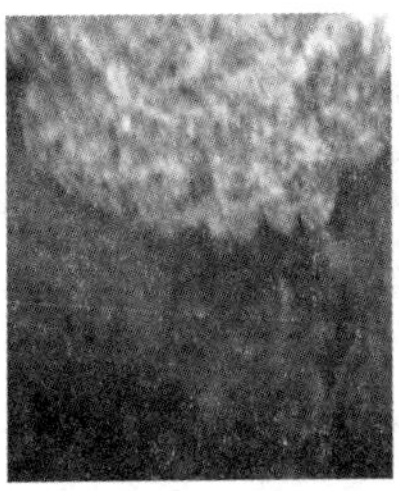	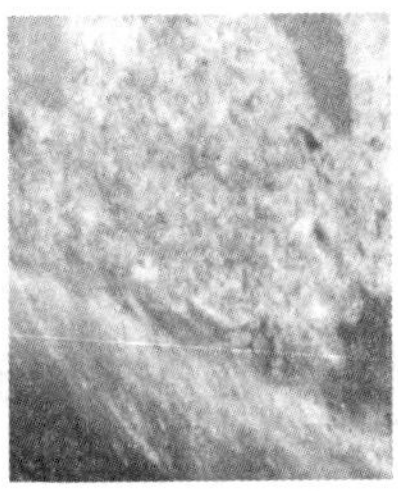	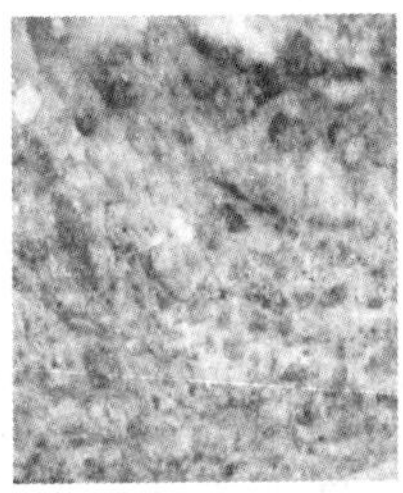	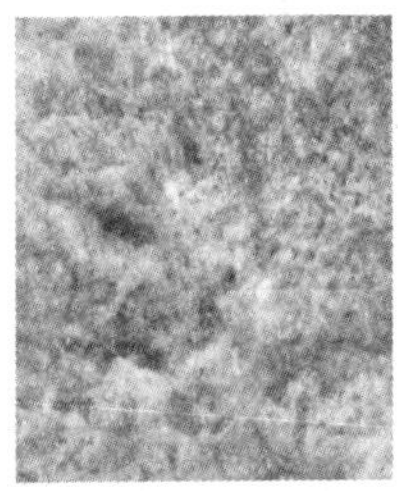
火损程度	特征	局部片状剥落	局部片状剥落	片状剥落	片状剥落
	深度	0.2 cm	0.4 cm	0.7 cm	0.6 cm
结论		梁体混凝土并非全部受火区都发生剥落,大部分面积完好,只是部分高温区混凝土出现剥落,剥落深度小于 1 cm			

由此可知,整个受火区域梁体混凝土最大剥落深度 0.7cm,远小于 1.5cm,根据上述评定标准,梁体混凝土火损深度属于 1 类标度。

10.3.4 混凝土表面颜色与特征分析

通过现场观察,明确梁体火损区域,对指定火损区域的混凝土进行外观颜色、剥落、爆裂、开裂、锤击声响等方面特征的对比分析,推定火灾下梁体混凝土的温度,并对局部剥落区域进行混凝土钻芯取样,从而进一步确定火灾下混凝土的最高温度。

实施思路与步骤:根据以上评定标准,将过火区分割成 8 个区域,对其进行整体温度的评定,确定每个区域在火灾下达到的最高温度;为了进一步明确火灾下混凝土温度的变化,在已经确定的高温最不利区域进行钻芯取样,逐层观察混凝土的颜色变化,合理确定混凝土的最不利温度,为温度场的分析提供准确数据。具体过程见过火区整体温度的评定和钻芯取样点温度的评定。

根据现场对受火的 8 个代表区域的混凝土进行温度推定,汇总于表 10.3 和表 10.4 中。

过火区不同测点混凝土温度推定情况　　表 10.3

编号		测区 1		测区 2		测区 3		测区 4	
样本图片		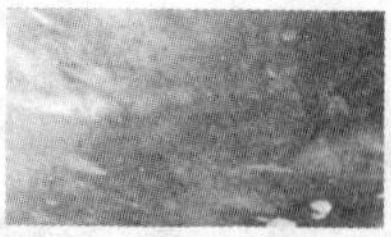						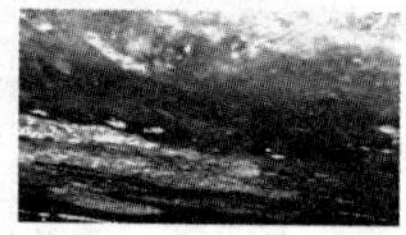	
样本特征描述		特征	各项评定温度值	特征	各项评定温度值	特征	各项评定温度值	特征	各项评定温度值
	颜色	灰青，近正常	<200	灰青，近正常	<200	灰青，近正常	<200	灰青，近正常	<200
	爆裂	无	<200	无	<200	无	<200	无	<200
	剥落	无	<200	无	<200	局部微小剥落	200 ~ 300	局部轻微剥落	200 ~ 300
	开裂	无	<200	无	<200	无	<200	无	<200
	锤击反应	声音响亮、表面不留痕迹	<200	声音响亮、表面不留痕迹	<200	声音响亮、表面不留痕迹	<200	声音响亮、表面不留痕迹	<200
最终温度		<200		<200		<300		<300	

过火区不同测点混凝土温度推定情况(续 1)　　表 10.4

编号		测区 5		测区 6		测区 7		测区 8	
样本图片		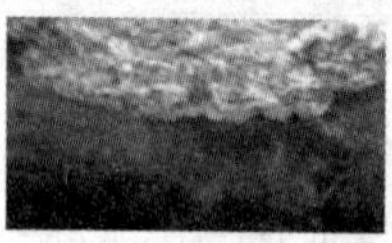		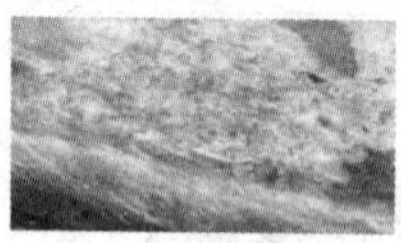				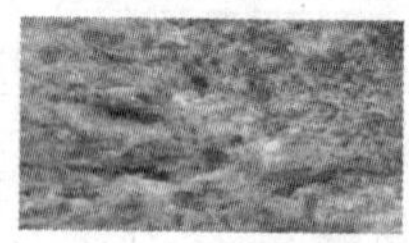	
样本特征描述		特征	各项评定温度值	特征	各项评定温度值	特征	各项评定温度值	特征	各项评定温度值
	颜色	浅灰	300 ~ 500	浅灰	300 ~ 500	浅灰	300 ~ 500	浅灰	300 ~ 500
	爆裂	无	<200	无	<200	无	<200	无	<200
	剥落	局部剥落	300 ~ 500	局部剥落	300 ~ 500	局部剥落	300 ~ 500	局部剥落	300 ~ 500
	开裂	无	<200	无	<200	无	<200	无	<200
	锤击反应	较响亮、表面未留下较明显痕迹	200 ~ 500	较响亮、表面未留下较明显痕迹	200 ~ 500	较响亮、表面未留下较明显痕迹	200 ~ 500	较响亮、表面未留下较明显痕迹	200 ~ 500
最终温度		<200		<200		<300		<300	

注：以上表格中，无论是各项评定温度值还是最终温度，其单位均为摄氏度(℃)。

通过对过火区混凝土表面温度的推定可知，过火区混凝土的温度分布差异较大，并非所有区域都达到最高温度，由于通风面积太小，通风不利，因而大部分面积混凝土只是被烟熏黑，并未烧损；其次，由上可知局部混凝土最高温不到500℃。

根据现场勘查以及对过火区8个代表性测区混凝土表面温度的推定，在分析过火区温度分布情况的基础上，对温度较高区域9个点（详见表10.5～表10.8）的混凝土进行钻芯取样（钻芯深度4cm），进一步确定火灾下混凝土的最高温度及过火深度，具体分析情况如下。

过火区钻芯取样点混凝土温度推定情况 表10.5

编号		测点1(0～4cm)			测点2(0～4cm)			测点3(0～2cm)			测点3(2～3cm)		
样本图片		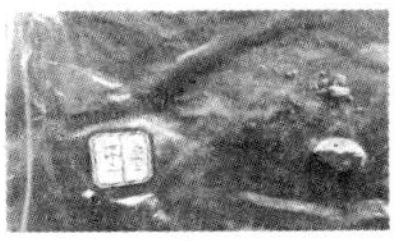											
各层颜色变化	0～1cm	表层浅灰，内部灰青近正常	各项评定温度值	<500	表层浅灰，内部灰青近正常	各项评定温度值	<500	表层浅灰，内部灰青近正常	各项评定温度值	<500	—	各项评定温度值	—
	1～2cm	灰青，略显浅灰		<300	灰青，略显浅灰		<300	灰青，略显浅灰		<300	—		—
	2～3cm	灰青		<200	灰青		—	—		—	灰青		<200
	3～4cm	灰青，近正常		<200	灰青，近正常		—	—		—	—		—
最终温度		<500			<500			<500			<200		

过火区钻芯取样点混凝土温度推定情况（续1） 表10.6

编号		测点3(3～4cm)			测点4(0～2cm)			测点4(2～4cm)			测点5(0～1cm)		
样本图片		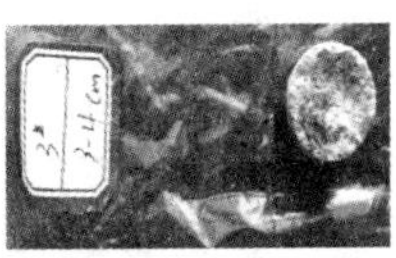									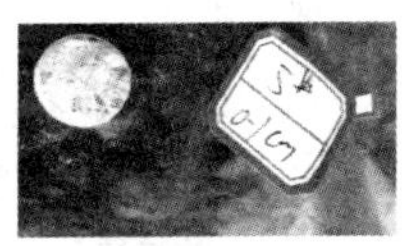		
各层颜色变化	0～1cm	—	各项评定温度值	—	表层浅灰，内部灰青近正常	各项评定温度值	<500	—	各项评定温度值	—	表层浅灰，内部灰青近正常	各项评定温度值	<500
	1～2cm	—		—	灰青，略显浅灰		<300	—		—	—		—
	2～3cm	—		—	—		—	灰青		<200	—		—
	3～4cm	灰青，近正常		<200	—		—	灰青，近正常		<200	—		—
最终温度		<200			<500			<200			<500		

过火区钻芯取样点混凝土温度推定情况(续2)　　表10.7

编号		测点5(1~2cm)			测点5(2~3cm)			测点5(3~4cm)			测点6(0~4cm)		
样本图片		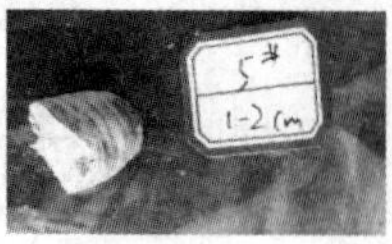			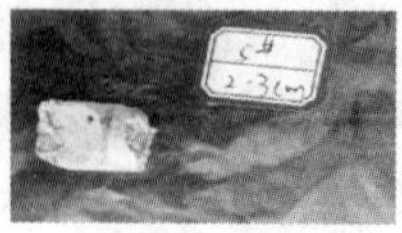						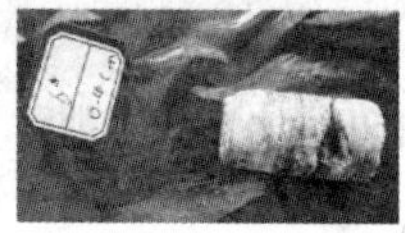		
各层颜色变化	0~1 cm	—	各项评定温度值	—	—	各项评定温度值	—	—	各项评定温度值	—	表层浅灰，内部灰青近正常	各项评定温度值	<500
	1~2 cm	灰青，略显浅灰		<300	—		—	—		—	灰青，略显浅灰		<300
	2~3 cm	—		—	灰青		<200	—		—	灰青		<200
	3~4 cm	—		—	—		—	灰青，近正常		<200	灰青近正常		<200
最终温度		<300			<200			<200			<500		

过火区钻芯取样点混凝土温度推定情况(续3)　　表10.8

编号		测点7(0~4cm)			测点8(0~2cm)			测点8(2~4cm)			测点9(0~4cm)		
样本图片													
各层颜色变化	0~1 cm	表层浅灰，内部灰青近正常	各项评定温度值	<500	表层浅灰，内部灰青近正常	各项评定温度值	<500	—	各项评定温度值	—	表层浅灰，内部灰青近正常	各项评定温度值	<500
	1~2 cm	灰青，略显浅灰		<300	灰青，略显浅灰		<300	—		—	灰青，略显浅灰		<300
	2~3 cm	灰青		<200	—		—	灰青		<200	灰青		<200
	3~4 cm	灰青，近正常		<200	—		—	灰青，近正常		<200	灰青，近正常		<200
最终温度		<500			<500			<200			<500		

注：1. 以上表格中，无论是各项评定温度值还是最终温度，其单位均为摄氏度(℃)。

2. 以上表格中，符号"—"表示"没有此项内容"。

根据以上整体分析(表10.3~表10.4)以及局部钻芯取样分析(表10.5~表10.8)情况，可以看出局部混凝土在火灾下的最高温度在500℃以下，考虑到整个区域的结构温度分布状态,按加权平均法计算温度值为 390℃;按最高温考虑,温度取值为 500℃。所以在后续的计算分析中,截面受火面的温度可按 400 ~ 500℃进行分析。

10.3.5 混凝土材料微观特征分析

对指定火损区域的混凝土进行取样,进行 X 衍射分析试验,明确火灾后混凝土的组成变化。X 衍射分析数据报告及样本分析图像如图 10.8 及表 10.9 所示。

a)0～1cm　　b)1～2cm　　c)2～4cm

图 10.8　混凝土粉末样本

X 衍射分析数据　　表 10.9

样品编号	1#(0 ~ 1cm)	2#(1 ~ 2cm)	3#(2 ~ 4cm)
分析编号	X161200001	X161200002	X161200003
矿物名称	含量(%)		
斜长石	19	23	20
石英	17	22	22
角闪石	14	14	13
钙石	4	2	3
钾长石	4	3	4
方解石	3	2	3
绿泥石	4	—	4
黑云母	13	7	19
非晶相	20	25	10
未检出	2	2	2

根据混凝土 X 光衍射实验分析数据可以看出,主要成分组成变化不大,绿泥石含量相同。由此可以判定,混凝土水化物基本正常,外层平均温度低于 300℃。

10.3.6 钢筋材料微观特征分析

由于受到混凝土保护层的保护,钢筋是否受到损伤并不十分确定,对指定火损区域的钢筋进行取样鉴定,明确火灾后钢筋的组成变化,以确定钢筋的烧损程度,再考虑是否进行钢筋强度的折减。实验样本及图像如图 10.9 ~ 图 10.11 所示。

由钢筋电镜扫描结果可知,未受火的钢筋与处于火灾场的钢筋截面境像基本相同,故钢筋过火温度不高。

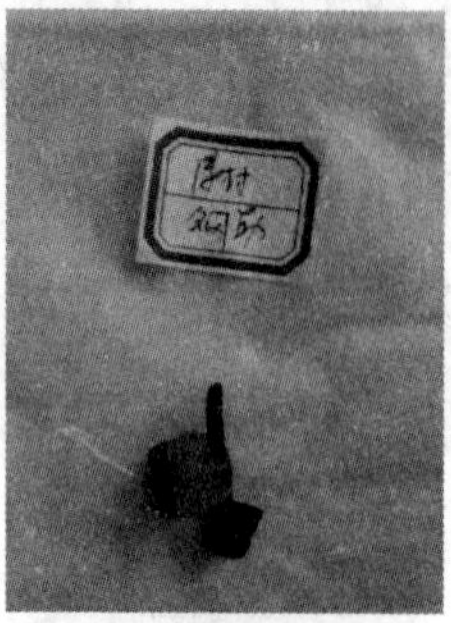

a)钢筋原材

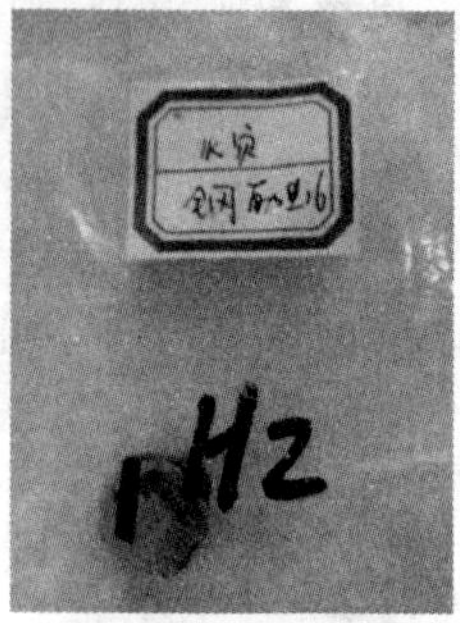

b)过火的ϕ16钢筋

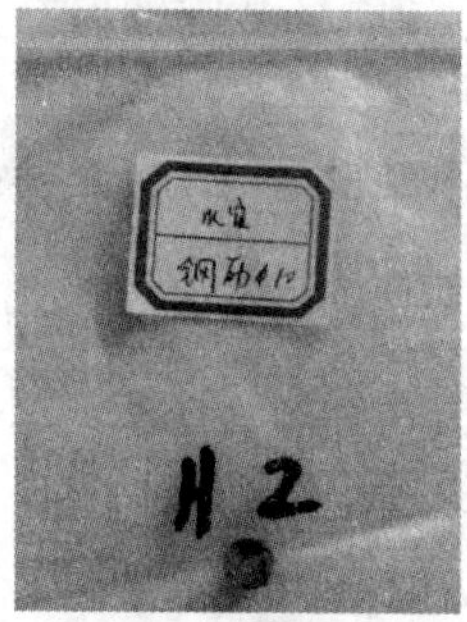

c)过火的ϕ10钢筋

图 10.9　钢筋样本

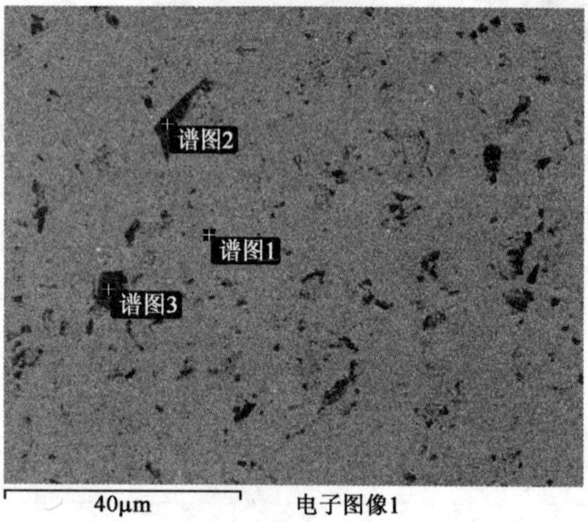

a)ϕ16钢筋原材

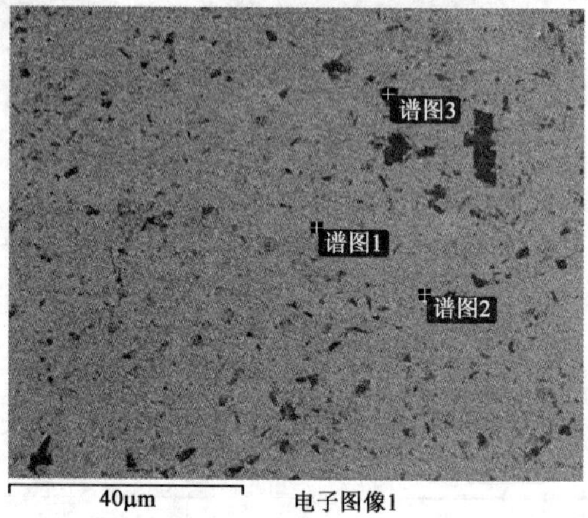

b)过火的ϕ16钢筋

图 10.10　钢筋截面分析图像

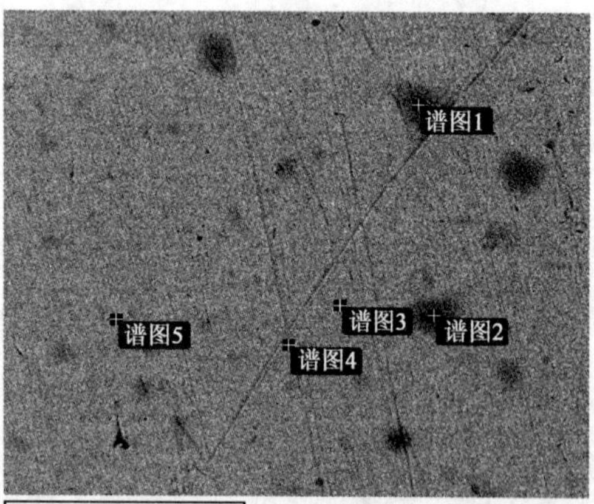

a)ϕ10钢筋原材

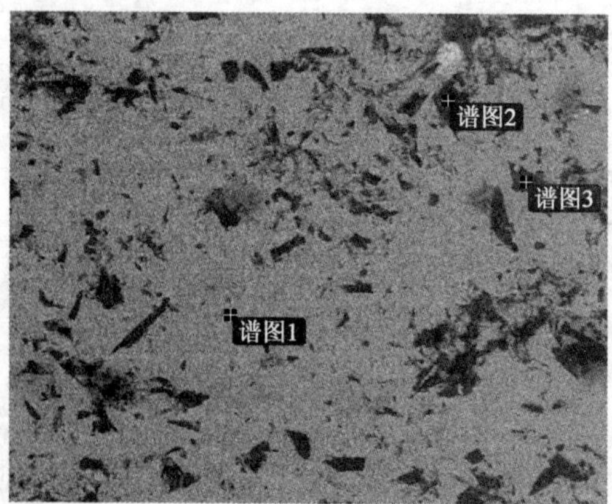

b)过火的ϕ10钢筋

图 10.11　钢筋截面分析图像

10.4 结构温度场分析

10.4.1 热工参数的选择

混凝土的高温导热系数、比热容和重度选择见第 3 章欧洲规范。

10.4.2 温度模型

选取箱梁阶段模型进行温度场全过程分析。采用 SOLID70 进行温度场分析(见图 10.12),网格划分采用 esize = 1.0cm 的尺寸划分(见图 10.13)。

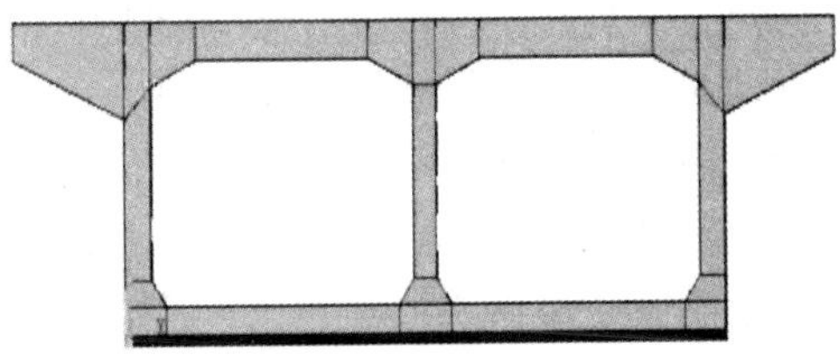

图 10.12 整体模型

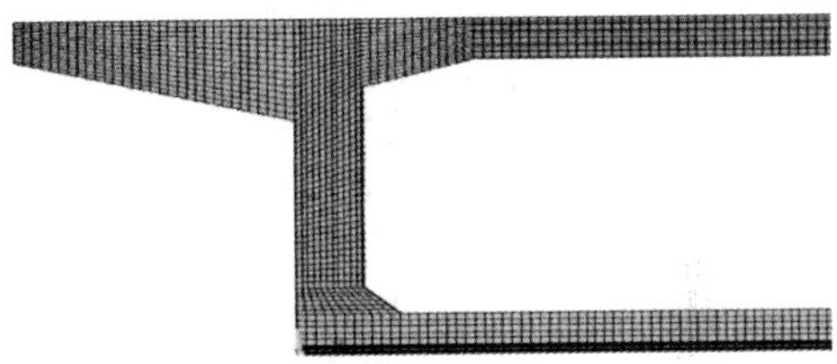

图 10.13 网格局部

10.4.3 温度梯度

图 10.14 为混凝土箱梁温度分布云图。由图 10.14 可知,延火 6min 时,混凝土表面温度可达 202.34℃;延火 42min 时,混凝土表面温度可达 223.56℃;延火 114min 时,混凝土表面温度可达 447.819℃。

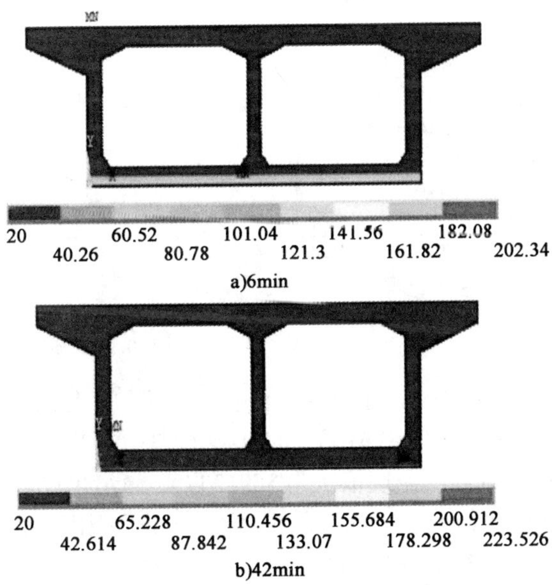

图 10.14

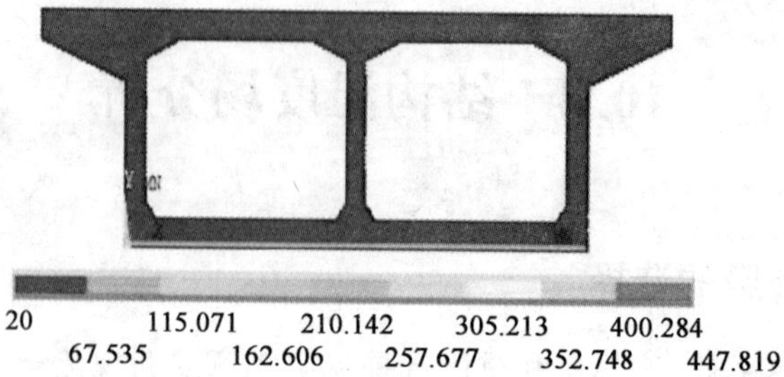

c)114min

图 10.14　温度梯度

10.4.4　温度时程

由 10.4.3 节可知，为了得到整个火灾过程中混凝土以及钢筋的温度分布，在使用 ANSYS 建立模型进行温度场分析时将混凝土自梁底外层向上分成七层（每层厚度 1.0cm，6.0cm 的位置为钢筋所在层），提取整个火灾过程中每层混凝土的温度结果，从而可以在数值变化上更清晰地看到火灾下混凝土的温度分布情况，为后续混凝土强度的折减提供数据。

图 10.15 所示为延火过程中各层混凝土温度变化曲线。由图 10.15 可知，随着延火时间的增加，混凝土表面及外层温度增长速度较快，并与火场形势一致，内层温度增长速度较缓。延火 45min，钢筋中心处的温度约为 88℃，由于混凝土为热的不良导体，延火后期，外层高温继续向里扩展，致使整个火灾过程中，钢筋的瞬态温度峰值可达 150℃。图 10.16 所示为预应力钢束温度变化曲线。由图 10.16 可知，延火 114min 时，预应力钢束处瞬态温度峰值约为 45℃。

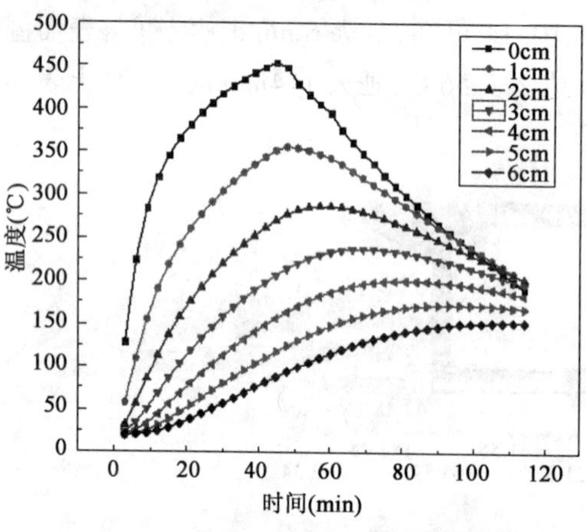

图 10.15　各层混凝土温度变化曲线

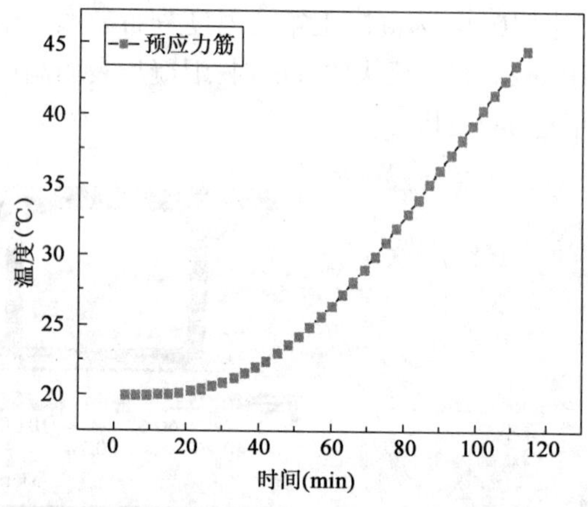

图 10.16　预应力钢束温度变化曲线

由表 10.10 可知，延火 12min 时，混凝土表面及距离表面 1～6cm 的温度依次为 320.195℃、190.317℃、113.116℃、68.616℃、44.082℃、31.247℃、24.777℃；延火 24min 时，混凝土表面及距离表面 1～6cm 的温度依次为 359.237℃、276.947℃、192.221℃、132.751℃、91.52℃、63.402℃、44.517℃，延火 36min 时，混凝土表面及距离表面 1～6cm 的温度依次为 434.041℃、325.791℃、242.438℃、179.120℃、131.524℃、95.852℃、69.304℃；延火 45min 时，混凝土表面及距离表面 1～6cm 的温度依次为 453.787℃、351.435℃、270.050℃、

206.124℃、156.267℃、117.602℃、87.697℃。大于45min后,最外层混凝土温度开始下降,由于外层混凝土温度高于内部,根据热传导原理,内部混凝土温度继续升高,但最高温度依然小于混凝土表层最高温度。

各层温度时程变化值 表10.10

时间(min)	1层	2层	3层	4层	5层	6层	7层
3	128.181	57.722	31.840	23.430	20.935	20.243	20.060
6	223.526	109.214	56.970	34.370	25.256	21.816	20.577
9	284.655	154.766	85.930	50.556	33.370	25.510	22.069
12	320.195	190.317	113.116	68.616	44.082	31.247	24.777
15	345.674	218.329	137.007	86.437	56.002	38.446	28.619
18	365.558	241.180	157.746	103.142	68.170	46.482	33.354
21	381.708	260.413	175.999	118.575	80.088	54.897	38.723
24	395.237	276.947	192.221	132.751	91.520	63.402	44.517
27	406.888	291.377	206.715	145.756	102.371	71.820	50.572
30	417.043	304.133	219.776	157.743	112.647	80.067	56.775
33	426.017	315.525	231.626	168.825	122.359	88.089	63.041
36	434.041	325.791	242.438	179.120	131.524	95.852	69.304
39	441.267	335.110	252.364	188.719	140.202	103.355	75.519
42	447.819	343.623	261.531	197.697	148.437	110.603	81.657
45	453.787	351.435	270.050	206.124	156.267	117.602	87.697
48	447.955	355.861	277.350	213.925	163.709	124.358	93.630
51	429.077	354.740	282.373	220.681	170.586	130.786	99.397
54	416.741	351.425	285.142	226.116	176.760	136.840	104.978
57	405.794	347.431	286.439	230.329	182.159	142.440	110.319
60	394.965	342.889	286.693	233.526	186.802	147.550	115.374
63	375.585	335.654	285.614	235.758	190.722	152.159	120.109
66	361.500	327.663	283.228	236.963	193.901	156.255	124.511
69	349.043	319.826	280.089	237.296	196.363	159.832	128.563
72	337.179	312.099	276.487	236.946	198.183	162.905	132.256
75	323.257	303.759	272.387	236.017	199.437	165.505	135.591
78	311.195	295.359	267.823	234.546	200.169	167.659	138.578
81	299.785	287.114	262.980	232.622	200.429	169.394	141.223
84	288.666	278.966	257.940	230.328	200.271	170.739	143.538
87	277.689	270.840	252.729	227.719	199.742	171.725	145.538
90	266.777	262.686	247.350	224.831	198.880	172.377	147.237
93	255.880	254.467	241.800	221.684	197.712	172.719	148.649
96	247.029	246.774	236.234	218.329	196.268	172.772	149.787
99	237.758	239.278	230.719	214.839	194.590	172.559	150.667

续上表

时间(min)	1层	2层	3层	4层	5层	6层	7层
102	228.421	231.795	225.188	211.230	192.711	172.108	151.303
105	219.079	224.293	219.602	207.500	190.649	171.438	151.712
108	209.734	216.754	213.937	203.641	188.414	170.565	151.908
111	200.381	209.170	208.186	199.649	186.008	169.496	151.901
114	191.007	201.531	202.340	195.522	183.435	168.240	151.698

注:以上表格中,各层温度的单位均为摄氏度(℃)。

10.5 烧损深度分析

火灾后结构材料的强度及相关力学特性必定会有所下降,如果不考虑材料强度的折减,那么在后续的应力场分析中其结果是偏低的,对结构也是偏于不安全的。根据混凝土各层温度变化情况,可以换算出混凝土的累积烧损换算深度(混凝土强度的选取见第3章),为后面的强度分析奠定基础。考虑到混凝土表层高温时受过冷水影响,故而最底两层按照高温水冷却的方式折减,内部混凝土不受水的影响,按照自然降温强度衰减考虑。综合两种强度折减方式,将各层混凝土折减系数及换算深度列于表10.11。

混凝土强度折减　　表10.11

时间(min)	1层	2层	3层	4层	5层	6层	7层	换算深度
3	0.8819	0.9468	1.0000	1.0000	1.0000	1.0000	1.0000	0.1712
6	0.7941	0.8994	1.0000	1.0000	1.0000	1.0000	1.0000	0.3065
9	0.7378	0.8575	1.0000	1.0000	1.0000	1.0000	1.0000	0.4047
12	0.7051	0.8247	1.0000	1.0000	1.0000	1.0000	1.0000	0.4702
15	0.6816	0.7989	1.0000	1.0000	1.0000	1.0000	1.0000	0.5194
18	0.6633	0.7779	1.0000	1.0000	1.0000	1.0000	1.0000	0.5588
21	0.6484	0.7602	1.0000	1.0000	1.0000	1.0000	1.0000	0.5914
24	0.6360	0.7449	1.0000	1.0000	1.0000	1.0000	1.0000	0.6191
27	0.6253	0.7316	1.0000	1.0000	1.0000	1.0000	1.0000	0.6431
30	0.6159	0.7199	1.0000	1.0000	1.0000	1.0000	1.0000	0.6642
33	0.6076	0.7094	1.0000	1.0000	1.0000	1.0000	1.0000	0.6830
36	0.6002	0.6999	1.0000	1.0000	1.0000	1.0000	1.0000	0.6998
39	0.5936	0.6914	1.0000	1.0000	1.0000	1.0000	1.0000	0.7150
42	0.5876	0.6835	1.0000	1.0000	1.0000	1.0000	1.0000	0.7289
45	0.5821	0.6763	1.0000	1.0000	1.0000	1.0000	1.0000	0.7416
48	0.5874	0.6723	1.0000	1.0000	1.0000	1.0000	1.0000	0.7403
51	0.6048	0.6733	1.0000	1.0000	1.0000	1.0000	1.0000	0.7219
54	0.6162	0.6763	1.0000	1.0000	1.0000	1.0000	1.0000	0.7075

续上表

时间(min)	1层	2层	3层	4层	5层	6层	7层	换算深度
57	0.6263	0.6800	1.0000	1.0000	1.0000	1.0000	1.0000	0.6937
60	0.6362	0.6842	1.0000	1.0000	1.0000	1.0000	1.0000	0.6796
63	0.6541	0.6909	1.0000	1.0000	1.0000	1.0000	1.0000	0.6551
66	0.6671	0.6982	1.0000	1.0000	1.0000	1.0000	1.0000	0.6347
69	0.6785	0.7054	1.0000	1.0000	1.0000	1.0000	1.0000	0.6160
72	0.6895	0.7126	1.0000	1.0000	1.0000	1.0000	1.0000	0.5980
75	0.7023	0.7202	1.0000	1.0000	1.0000	1.0000	1.0000	0.5775
78	0.7134	0.7280	1.0000	1.0000	1.0000	1.0000	1.0000	0.5586
81	0.7239	0.7356	1.0000	1.0000	1.0000	1.0000	1.0000	0.5405
84	0.7341	0.7431	1.0000	1.0000	1.0000	1.0000	1.0000	0.5228
87	0.7442	0.7506	1.0000	1.0000	1.0000	1.0000	1.0000	0.5052
90	0.7543	0.7581	1.0000	1.0000	1.0000	1.0000	1.0000	0.4876
93	0.7643	0.7656	1.0000	1.0000	1.0000	1.0000	1.0000	0.4700
96	0.7725	0.7727	1.0000	1.0000	1.0000	1.0000	1.0000	0.4548
99	0.7810	0.7796	1.0000	1.0000	1.0000	1.0000	1.0000	0.4394
102	0.7896	0.7865	1.0000	1.0000	1.0000	1.0000	1.0000	0.4239
105	0.7982	0.7934	1.0000	1.0000	1.0000	1.0000	1.0000	0.4083
108	0.8068	0.8004	1.0000	1.0000	1.0000	1.0000	1.0000	0.3928
111	0.8154	0.8074	1.0000	1.0000	1.0000	1.0000	1.0000	0.3772
114	0.8241	0.8144	1.0000	1.0000	1.0000	1.0000	1.0000	0.3615

注：以上表格中，换算深度单位为cm。

由表10.11可知，延火12min，表面及距离表面1～6cm的混凝土强度衰减系数依次为0.7051、0.8247、1.0、1.0、1.0、1.0、1.0；延火24min，表面及距离表面1～6cm的混凝土强度衰减系数依次为0.6360、0.7449、1.0、1.0、1.0、1.0、1.0；延火36min，表面及距离表面1～6cm的混凝土强度衰减系数依次为0.6002、0.6999、1.0、1.0、1.0、1.0、1.0；延火45min，表面及距离表面1～6cm的混凝土强度衰减系数依次为0.5821、0.6763、1.0、1.0、1.0、1.0、1.0。延火45min可得到混凝土的最大累积烧损换算深度约0.75cm，其后逐渐降低。

由以上分析可知：

(1)基于过火混凝土表面颜色与特征可知局部混凝土的表面最高温度小于500℃，大部分区域混凝土表面温度小于300℃。

(2)通过混凝土钻芯取样推定局部混凝土表面最高温度小于500℃，距离混凝土表面4cm处的温度小于200℃。

(3)根据过火混凝土材料微观成分的鉴定结果可推定混凝土表层平均温度小于300℃。

(4)根据钢筋的电镜分析可知钢筋温度不高。

(5)根据程序分析可知混凝土系杆在整个火灾过程中，钢筋处的瞬态最高温度约为150℃。

(6)根据程序分析整个火灾过程中,预应力钢束处下层的瞬态最高温度约为45℃。

(7)依据混凝土的喷水冷却强度衰减及混凝土的自然冷却强度衰减,混凝土的累积烧损换算深度最大值约为0.7416cm。

10.6 强度分析

10.6.1 分析方法

过火后梁体出现部分烧损,从温度场分析的结果看出,延火时间约114min,考虑到混凝土表层高温时受过冷水影响,内部混凝土不受水的影响,所以本次折减按照冷却后混凝土累积烧损换算深度以及高温时混凝土累积烧损换算深度综合考虑,其最大换算深度约为0.75cm,为保证工程具有足够的安全富余量,最终按照1cm折减。

所以采用两种方案对全桥进行强度分析:

第一种方案,先按设计图纸,对全桥进行应力验算并与手算支座反力进行对比,保证有限元模型的正确性。

第二种方案,按烧损累积换算深度进行分层折减计算,主梁底板按1cm折减并进行应力验算。

10.6.2 强度模型

采用桥梁专用有限元计算程序进行建模,拱肋钢管混凝土及横撑、斜撑采用梁单元模拟,系杆采用梁单元模拟,吊杆采用桁架单元模拟。全桥模型共有节点161个,单元161个,其中梁单元139个,桁架单元22个,哑铃形拱肋采用施工阶段联合截面模拟施工过程。

根据原设计文件,活载采用规范标准中活载[28~31];人行道活载取4kN·m,计算主梁时人行道竖向净活载不与列车活载同时组合;系统温度按照升、降温25℃考虑,不均匀温度按主梁顶板升温8℃考虑。

强度模型如图10.17所示。

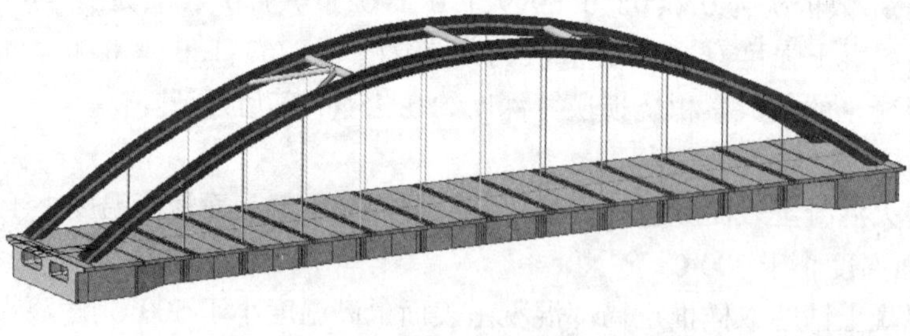

图10.17 强度模型

模型建立的要点如下:

(1)定义混凝土"时间依存材料",再将混凝土进行"时间依存材料连接"来实现对混凝土收缩徐变的考虑。

(2)采用施工联合截面功能模拟施工过程(架设空钢管—浇筑上弦杆和下弦杆混凝土—浇筑缀板内混凝土,架设横、斜撑空钢管—浇筑横、斜撑混凝土)中形成的组合截面。施工联合截面就是将之前定义的拱肋、横撑、斜撑组合截面按照不同的材料在不同的施工阶段进行激活,以达到模拟拱肋、横撑、斜撑施工过程的目的。

(3)采用梁单元模拟系杆,梁与吊杆的连接方式为弹性连接中的刚性。

(4)满堂支架采用只受压的“节点弹性支承”模拟。由于采用梁单元模拟系杆,所以程序只可进行对纵向钢束的张拉。

(5)计算温度荷载时,不均匀温度按顶板升温8℃考虑,成桥运营阶段按升温25℃、降温25℃考虑。计算时只考虑了主梁混凝土的收缩徐变,未计入钢管内混凝土的收缩徐变。

10.6.3 施工过程

为了尽可能详尽地模拟该桥的施工过程,现将施工步骤划分为19步,另采用施工阶段联合截面模拟钢管与拱肋混凝土的联合作用。具体划分信息见表10.12。

施 工 阶 段　　表10.12

施工阶段	安装的构件	施加荷载	边界条件
1	搭设主梁支架浇筑混凝土	结构自重	主梁支架
2	张拉主梁预应力钢筋	预应力施工阶段荷载	主梁支架
3	主拱肋支架拼接	所加构件自重	拱肋 + 主梁支架
4	横撑施工	所加构件自重	拱肋 + 主梁支架
5	斜撑施工	所加构件自重	拱肋 + 主梁支架
6	灌注拱肋混凝土	所加构件自重	拱肋 + 主梁支架
7	灌注缀板混凝土	所加构件自重	拱肋 + 主梁支架
8	灌注横撑混凝土	所加构件自重	拱肋 + 主梁支架
9	灌注斜撑混凝土	所加构件自重	拱肋 + 主梁支架
10	拆除拱肋支架	结构自重	主梁支架
11	张拉第一组吊杆	吊杆张拉力1	主梁支架
12	张拉第二组吊杆	吊杆张拉力2	主梁支架
13	张拉第三组吊杆	吊杆张拉力3	主梁支架
14	张拉第四组吊杆	吊杆张拉力4	主梁支架
15	张拉第五组吊杆	吊杆张拉力5	主梁支架
16	张拉第六组吊杆	吊杆张拉力6	主梁支架
17	拆除主梁支架	结构自重	主梁简支支承
18	二期铺装	二期恒载	主梁简支支承
19	10年收缩徐变	自重 + 二期恒载	主梁简支支承
20	施工阶段联合截面	—	—

10.6.4 模型验证

验证思路:根据设计图纸,手算桥梁在自重作用下的支座反力,然后与桥梁专用有限元计算程序中计算的支座反力进行对比。

数据资料:

跨中截面面积:8.59 m^2。

梁端截面面积:21.4 m^2。

过渡段截面面积:15 m^2。

拱肋等效面积:0.205 m^2。

混凝土重度:25 kN。

钢材重度:76.98 kN。

钢绞线及各类钢筋用量: 37075.8 + 7779 + 194289.7 = 2391(kN)。

拱肋长度:70m。

横、斜撑钢管混凝土: 11 × 25 + 98 = 373kN。

自重:

$$W = 8.59 \times 50 \times 25 + 0.205 \times 70 \times 76.98 \times 2 + 21.4 \times 4.85 \times 25 \times 2 + 15 \times 2.5 \times 25 \times 2 + 373 + 2391 = 22775.326\text{kN}$$

支座反力: $F = 22775.3264 = 5693.8\text{kN}$。

桥梁专用有限元计算程序中计算的支座反力:5740kN。

两者相差:0.81%,说明建立的有限元模型是正确的。

10.6.5 结果分析

基于计算出来的结构各截面在各种荷载作用下的内力,根据《铁路桥涵钢筋混凝土和预应力混凝土结构设计规范》(TB 10002.3—2005)的要求,对主梁进行验算,并提取关键截面(支点、1/4L、1/2L)的结果(见表10.13)。

验 算 结 果　　表10.13

验算序列	验算内容	原桥验算结果	烧损后验算
1	正截面抗弯验算	符合设计	符合规范
2	斜截面抗弯验算	符合设计	符合规范
3	正截面抗裂验算	符合设计	符合规范
4	斜截面抗裂验算(运营阶段)	符合设计	符合规范
5	混凝土压应力验算(运营阶段)	符合设计	符合规范
6	混凝土剪应力验算(运营阶段)	符合设计	符合规范
7	预应力钢筋应力验算(运营阶段)	符合设计	符合规范
8	混凝土剪应力验算(运营阶段)	符合设计	符合规范
9	混凝土法向应力验算(传力锚固阶段)	符合设计	符合规范
10	预应力钢筋应力幅验算(运营阶段)	符合设计	符合规范

第一种方案:计算模型正确,原桥验算符合 TB 10002.3—2005 的设计要求。

第二种方案:按烧损累积换算深度进行分层折减计算,过火区混凝土主梁底板按1cm 折减;因钢筋以及预应力钢筋最高温度均小于200℃,所以不予折减。计算结果显示,各项验算指标未超出 TB 10002.3—2005 的设计要求。

10.7 评 价 结 果

10.7.1 火灾现场温度评估

(1)由施工单位提供的火灾发生状况分析可知,整个火灾过程中,梁底部呈局部点状燃烧且火势不大,未造成大面积的明火。

(2)从火场剩余燃烧物来看,燃烧物残渣仍露有原木,由此可以判断,可燃物燃烧空间不足且数量有限,从而发生不完全燃烧,造成大量黑烟流动、火场整体强度降低,只是梁体混凝土局部温度稍高。

(3)从混凝土表面颜色来看,通过现场勘查发现,过火区梁体混凝土表面大部分被烟熏黑,混凝土未出现大面积烧损,虽然混凝土表面局部有剥落,但通过钻芯取样发现剥落面以及内部混凝土颜色正常。

(4)对过火区不同部位的混凝土进行锤击时,锤击声音响亮,混凝土表面未留痕迹,这说明经历过火灾后的梁体混凝土依然保持坚硬密实,内部结构没有出现蓬松疏落的状况。

10.7.2 结构温度场

(1)由过火混凝土表面颜色与特征可知,局部混凝土的表面最高温度小于500℃,大部分区域混凝土表面温度小于300℃。

(2)对过火区梁体混凝土样品进行X光衍射分析,发现混凝土样品各组成成分所占比例与未过火的原混凝土组成成分比例相似,由此可推定混凝土表层平均温度小于300℃。

(3)通过混凝土钻芯取样推定局部混凝土表面最高温度小于500℃,距离混凝土表面4cm处的温度小于200℃。

(4)对过火区梁内钢筋样品进行钢筋切面电镜扫描分析,发现钢筋样品各组成成分所占比例与未过火的同批次钢筋组成成分比例相似,由此可知钢筋温度不高;根据程序分析可知,混凝土系杆在整个火灾过程中,钢筋处的瞬态最高温度约为150℃。

(5)根据程序分析整个火灾过程中,预应力钢束处下层的瞬态最高温度约为45℃。

10.7.3 强度分析

(1)依据混凝土的喷水冷却强度衰减及混凝土的自然冷却强度衰减,混凝土的累积烧损换算深度最大值约为0.75cm。

(2)利用桥梁专用计算程序对折减后的桥梁进行应力验算,计算结果表明在过火区梁底混凝土实际折减1cm(理论折减厚度为0.7416cm)的情况下,主梁应力验算仍然满足《铁路桥涵钢筋混凝土和预应力混凝土结构设计规范》(TB 10002.3—2005)中的各项要求。

通过以上构件外观检测、混凝土温度场分析、构件应力场分析等可以判定,本结构轻度烧灼,但未对结构材料及结构性能产生明显影响,尚不影响结构安全和正常使用,属于二类等级(状态Ⅱ—轻度烧灼,但未对结构材料及结构性能产生明显影响,尚不影响结构安全和正常使用,应采取耐久性或外观修复措施,一般可不采取加固措施,必要时进行详细检测),应采取耐久性或外观修复措施。

10.7.4 处理方案

拱桥系梁底部混凝土需要耐久性补强,其步骤如下:

(1)将过火严重部位的混凝土仔细清理干净(能看到新鲜混凝土颜色为止)。

(2)将表面烟熏黑的混凝土进行打磨处理。

(3)用膨胀锚栓植筋并外挂钢丝网,重新喷射同强度等级的混凝土或同强度等级的其他补强材料,恢复梁体表面。

10.8 本章小结

本章提供了火灾后桥梁结构温度场计算、力学行为分析与安全评价的一种思路,给出了工程实例应用的详细过程及精细化方法,包括工程背景、火灾概况的调研,结构火灾现场的还原,温度场分析方法,强度分析方法,以供桥梁工程建设工作者和养护技术人员参考。

本章参考文献

[1] 贺拴海,张岗,黄侨. 火灾下桥梁结构灾变机理及安全性评价与加固技术研究[R]. 西安:长安大学,2014.

[2] 张岗,王高峰,毛东,等. 火灾后钢管混凝土拱桥的承载力研究[J]. 公路,2018,(1):56-63.

[3] 李国强,韩林海,楼国彪,等. 钢结构及钢混凝土组合结构抗火设计[M]. 北京:中国建筑工业出版社,2006,5.

[4] 徐彧,徐志胜,朱玛. 高温作用后混凝土强度与变形试验研究[J]. 长沙铁道学院学报,2000,18(2):13-16.

[5] 徐彧,徐志胜. 高温作用后混凝土强度试验研究[J]. 混凝土,2000,(2):44-45.

[6] 胡海涛,董毓利. 高温时高强混凝土强度和变形的试验研究[J]. 土木工程学报,2002,35(6):44-48.

[7] 郑继光. 意外火灾对预应力混凝土桥梁结构的损伤分析[J]. 北方交通,2007,12.

[8] 中华人民共和国行业规范. CECS 252—2009 火灾后建筑结构鉴定标准[S]. 北京:中国工程建设标准化协会,2009.

[9] 刘向华,周安. 火灾后建筑结构鉴定的实用方法[J]. 工程与建设,2007,22(1):126-128.

[10] 郑文忠, 许名鑫, 石东升,等. 火灾下预应力板混凝土爆裂规律试验研究[J]. 土木工程学报, 2006, 39(10):48-53.

[11] 刘其伟, 夏凌, 王成明. 预应力混凝土空心板梁火灾中行为特点的试验研究[J]. 公路交通科技, 2017, 34(1):67-75.

[12] 吴波, 袁杰, 李惠,等. 高温下高强混凝土的爆裂规律与柱截面温度场计算[J]. 自然灾害学报, 2002, 11(2):65-69.

[13] 石东升, 王海波, 刘曙光. 影响火灾下混凝土爆裂因素的试验研究[J]. 内蒙古工业大学学报, 2007, 26(2):129-135.

[14] Janotka I. Pore Structures, Permeabilities, and Compressive Strengths of Concrete at Temperatures up to 800℃[J]. Aci Materials Journal, 2002, 99(2):196-200.

[15] Sanjayan G, Stocks L J. Spalling of High-Strength Silica Fume Concrete in Fire[J]. Aci Materials Journal, 1993, 90(2):170-173.

[16] Crozier D A, Sanjayan J G. Tests of load-bearing slender reinforced concrete walls in fire [J]. Aci Structural Journal, 2000, 97(2):243-251.

[17] 张岗,刘天龙. 高温下预应力损失计算系统 V1.0,中国,中华人民共和国国家知识版权局,2015SR060282.

[18] 长安大学成矿作用及其动力学实验室. 过火钢筋与未过火钢筋图像鉴定,2016,7.

[19] 西安地质矿产研究所实验测试中心. 混凝土 X 光衍射分析[R]. 西安:2016.

[20] 李世安. 预应力混凝土梁桥高温力学性能分析及灾后评价方法[D]. 西安:长安大学,2012.

[21] 蒋首超. 钢-混凝土组合楼盖抗火性能理论与试验研究[D]. 上海:同济大学,2001.

[22] 张昊宇,郑文忠. 高温下 1770 级 ΦP5 钢丝蠕变及应力松弛性能试验研究[J]. 土木工程学报,2006,39(8):7-13.

[23] 周焕廷,李国强,蒋首超. 高温下钢绞线材料力学性能的试验研究[J]. 四川大学学报:工程科学版,2008, 40(9): 106-110.

[24] 张岗,贺拴海. 火灾后混凝土桥梁高温场优权评判方法与安全评价[J]. 安全与环境学报,2011,10(5):151-156.

[25] 张岗,王亚堃,王翠娟. 过火混凝土桥梁评价方法及耐久性损伤评估模型[J]. 公路交通科技:学术版,2010,27(9):88-92.

[26] 张岗,刘天龙,王翠娟. 强度减损下混凝土箱梁预应力高温损失分析[J]. 解放军理工大学学报:自然科学版,2015(4): 345-352.

[27] 张岗,贺拴海. 焰流效应下混凝土空心薄壁墩热-力耦合形差与层剥分析[J]. 中国公路学报,2014,27(11): 46-54.

[28] 中华人民共和国行业规范. TB 10002.1—2005 铁路桥涵设计基本规范[S]. 北京:中国铁道出版社,2005.

[29] 中华人民共和国行业规范. TB 10002.3—2005 铁路桥涵钢筋混凝土和预应力混凝土结构设计规范[S]. 北京:中国铁道出版社,2005.

[30] 中华人民共和国行业规范. TB 10005—2010 铁路混凝土结构耐久性设计规范[S]. 北京:中国铁道出版社,2010.

[31] 中华人民共和国行业规范. TB 10002.4—2005 铁路桥涵混凝土和砌体结构设计规范[S]. 北京:中国铁道出版社,2005.